Heibonsha Library

［新装版］

世界の調律

The Tuning of the World

サウンドスケープとはなにか

R.マリー・シェーファー著
鳥越けい子・小川博司
庄野泰子・田中直子
若尾裕訳

平凡社

本書は一九八六年一二月、平凡社より刊行され、二〇〇六年五月、
平凡社ライブラリーとして刊行されたものの新装版です。

世界サウンドスケープ・プロジェクトの仲間たちに捧ぐ

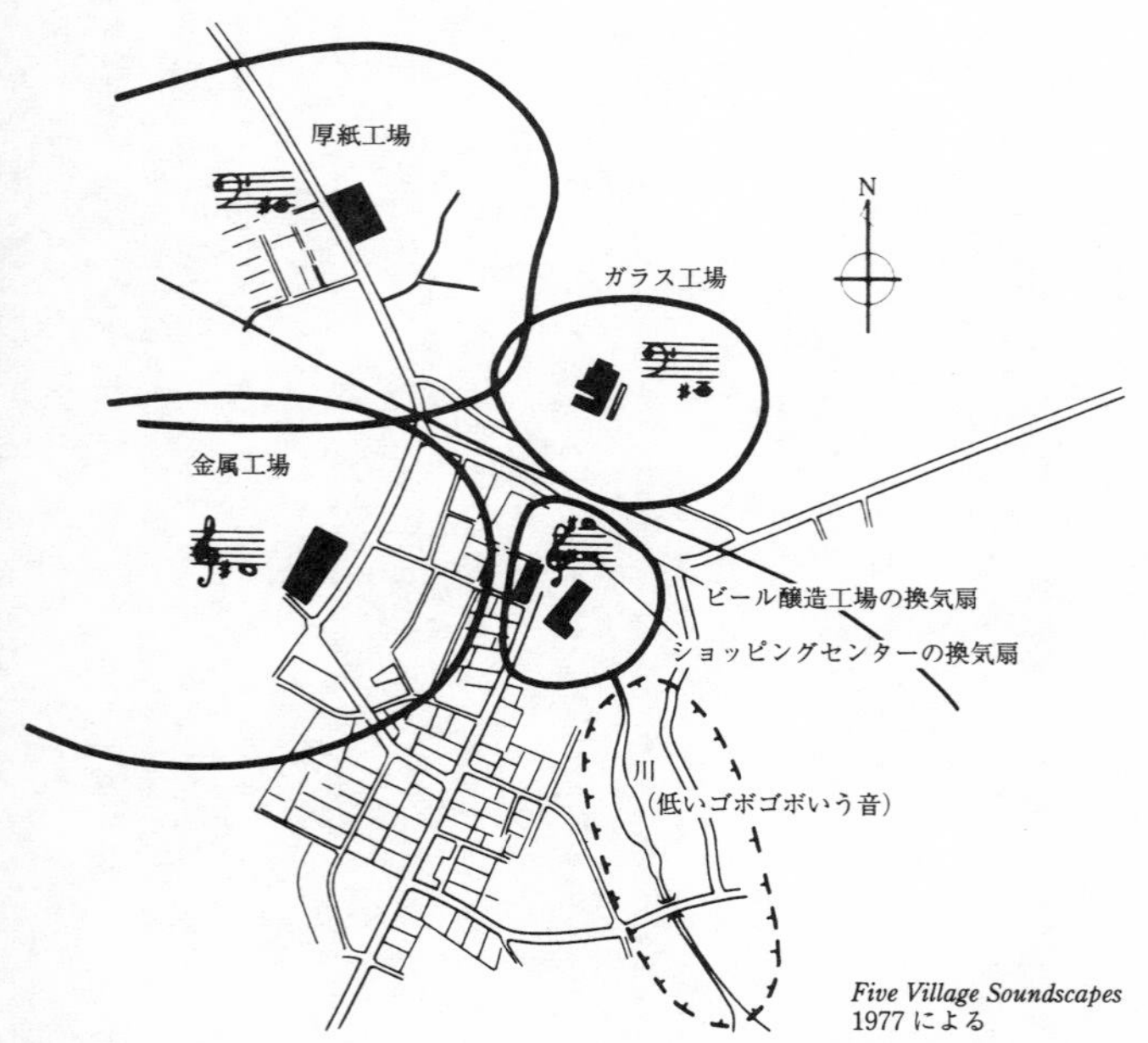

●口絵１——スウェーデンの村スクルーヴでは，それぞれの工場が異なるピッチをもった音を奏でている（225頁参照）。

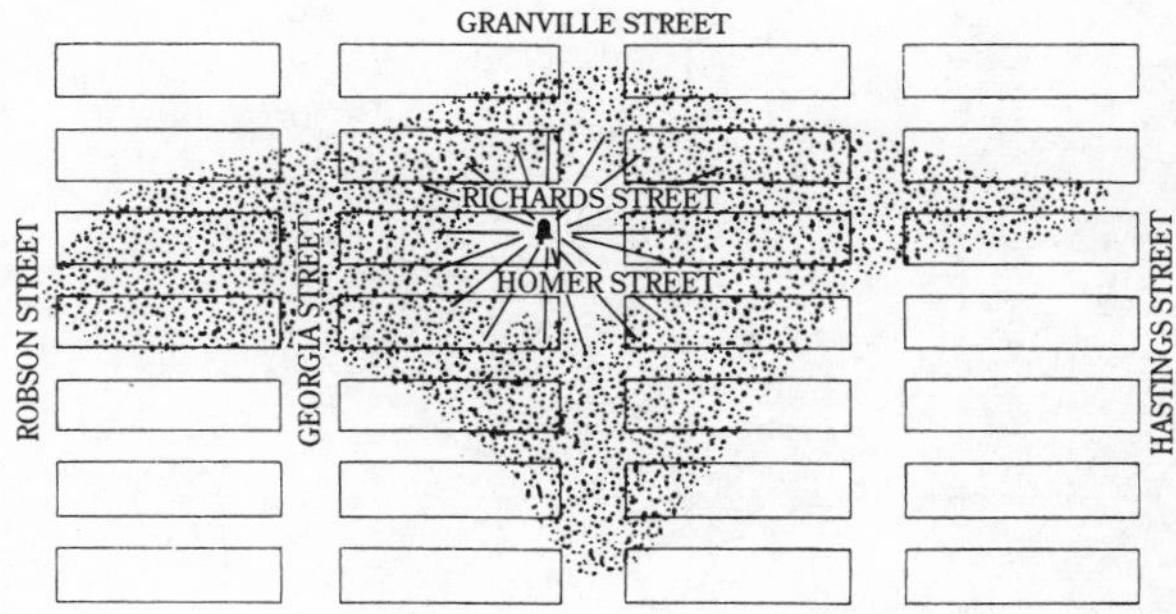

The Vancouver Soundscape 1974 による

●口絵２――ヴァンクーヴァーの下町で，聖ロザリー・カテドラルの鐘の音は，年々増加する周囲の交通騒音の中に埋もれている（359頁参照）。

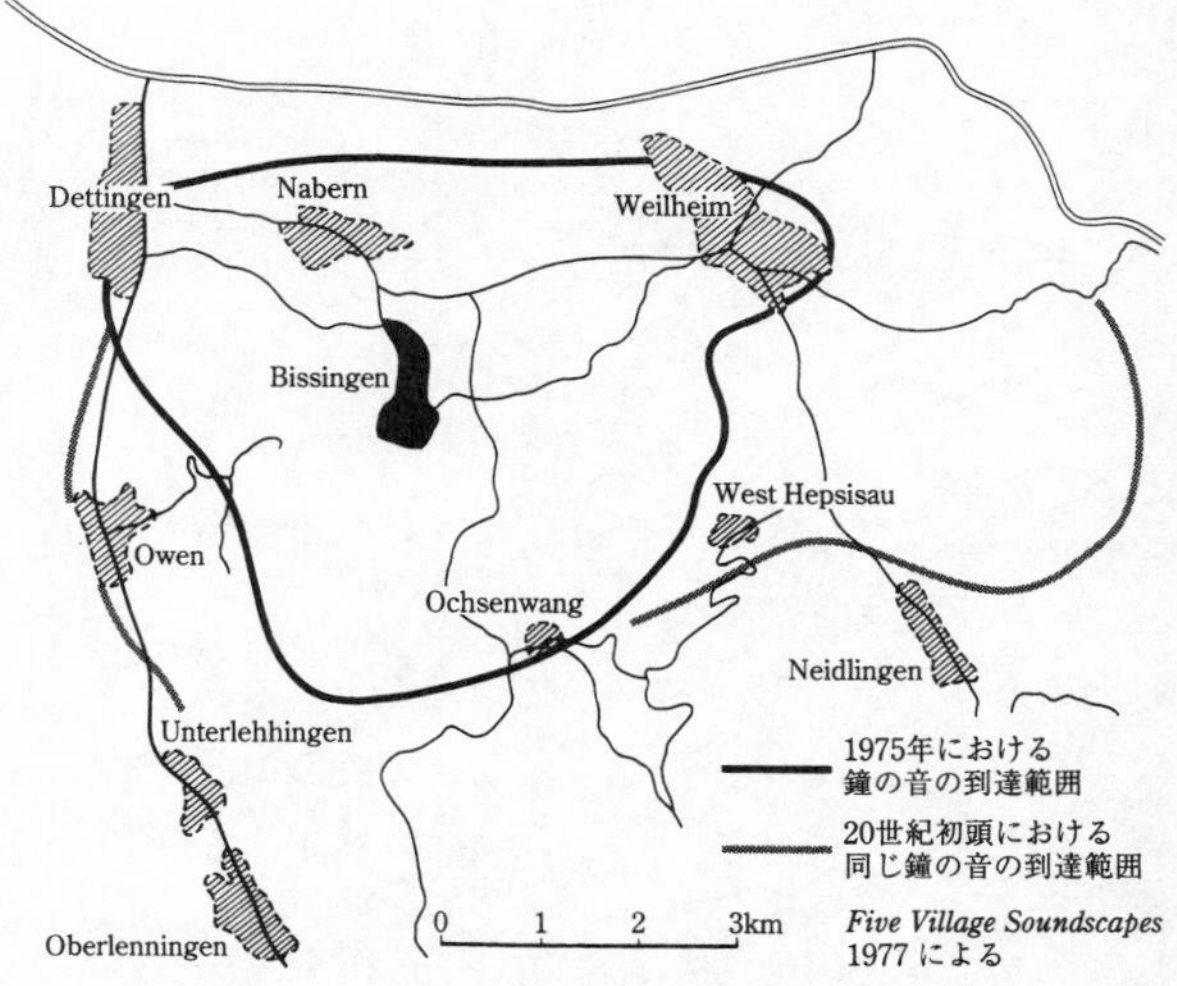

Five Village Soundscapes 1977 による

●ビッシンゲンの教会の鐘の到達範囲は，20世紀初頭に比べると著しく縮まっている（同上）。

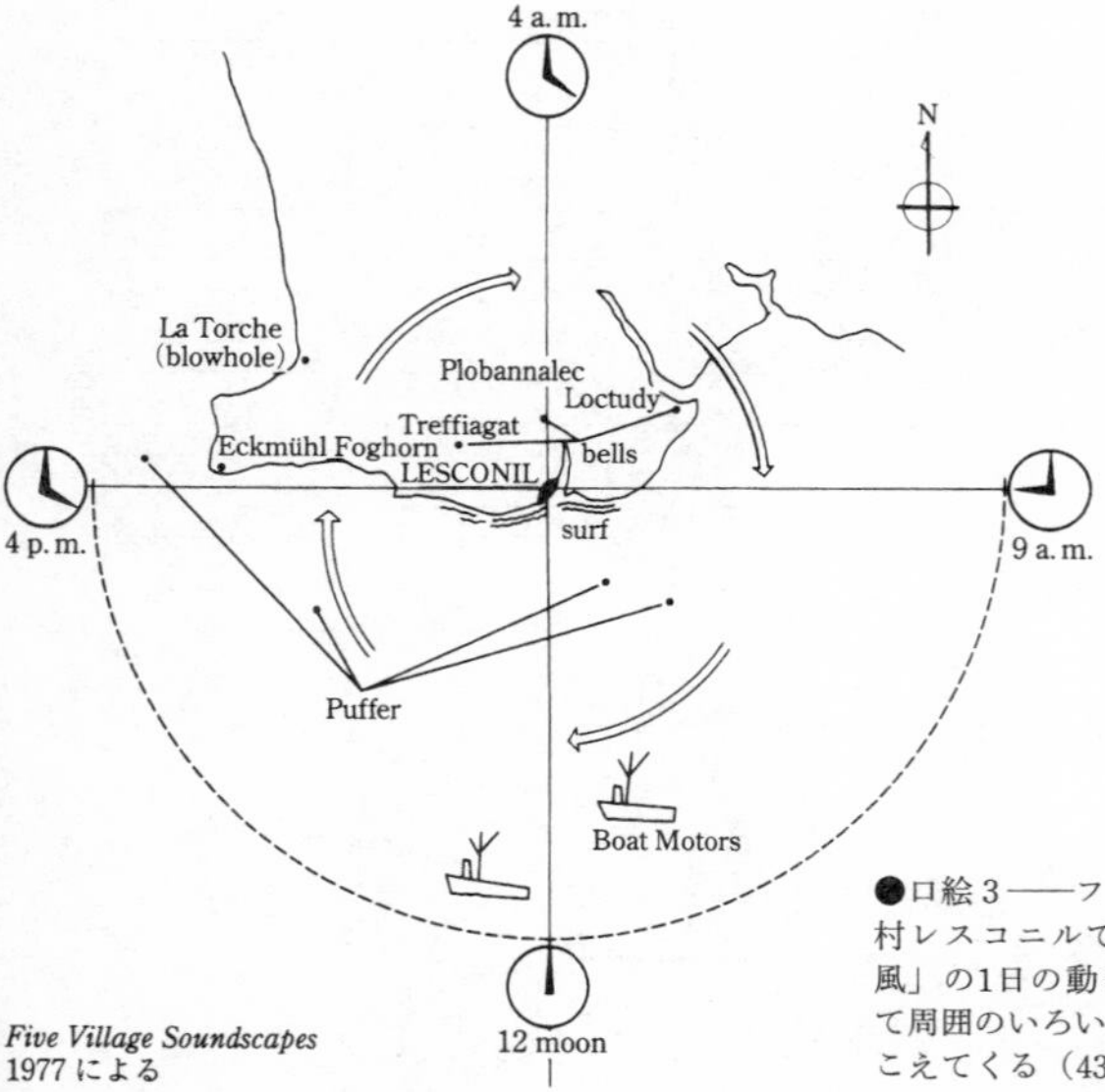

4 a. m.

N

La Torche
(blowhole)

Plobannalec

Loctudy

Treffiagat

Eckmühl Foghorn

bells

LESCONIL

4 p. m.

surf

9 a. m.

Puffer

Boat Motors

12 moon

Five Village Soundscapes
1977 による

●口絵 3――フランスの漁村レスコニルでは，「太陽風」の1日の動きに合わせて周囲のいろいろな音がきこえてくる（435頁参照）。

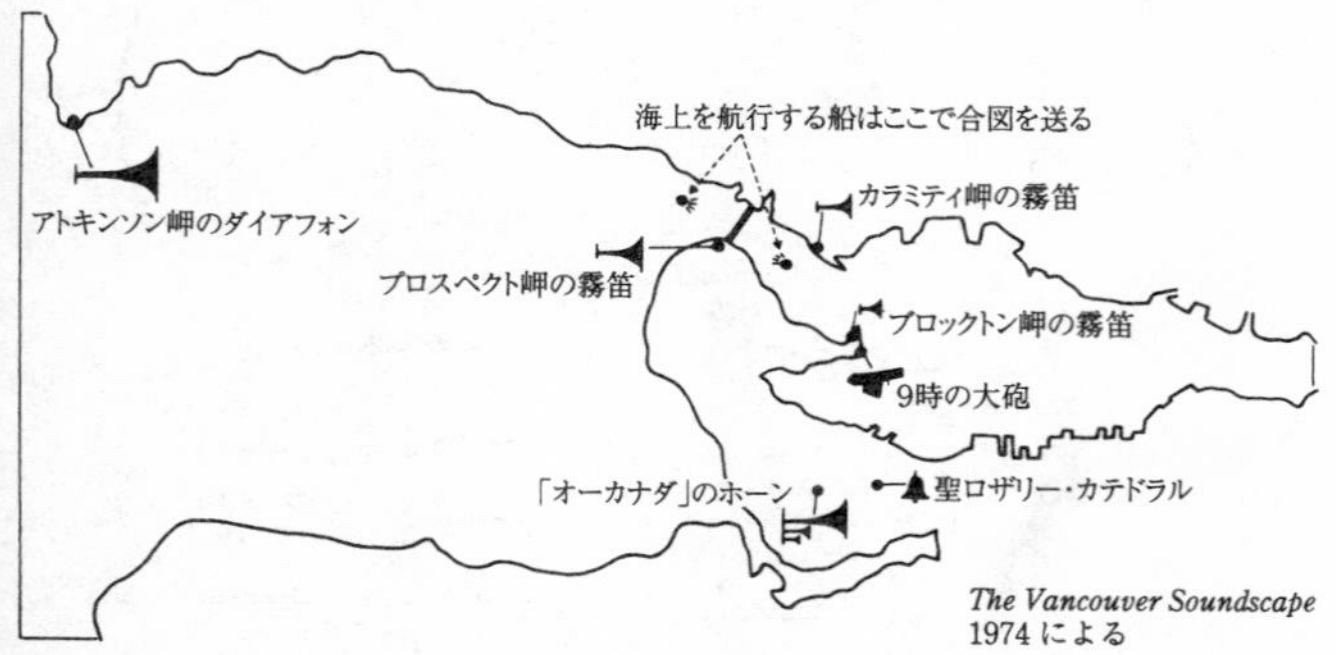

The Vancouver Soundscape
1974 による

●口絵 4――ヴァンクーヴァーにはいくつかの標識音〔Soundmark〕がある（480頁参照）。

目次

第三部　分析

第四部　サウンドスケープ・デザインに向かって

凡例

本書中の記号は、以下のように使用する

★　原注

☆　訳注

＊　原書脚注

〈　〉サウンドスケープ用語

［　］原語をそのまま示したもの

〔　〕訳者による補足――なお注においては〔　〕をもって代用した

序

音環境の研究を始めて以来ずっと、私は自分の仕事を一冊の本にまとめて将来の調査研究のガイドとして役立てたいと望んできた。したがって本書は、これまでの私の著作の多くから幅広く素材を引いている。なかでも『新しいサウンドスケープ』、『騒音の本』、そして世界サウンドスケープ・プロジェクトによるいくつかの報告書、特に『環境の音楽』や最初の包括的野外調査『ヴァンクーヴァー・サウンドスケープ』には多くを負っている。しかし本書では、これらの一時的な資料をより慎重に編集し全体を構成するよう努めている。

また、意外なところから情報が送られてきたり、考察をさらに重ねたり、仲間の調査員から刺激を受けたりすることによって、当初考えていたことの中で訂正したり切り捨てたものも少なくない。本書は、現時点で可能な限り完璧を期してはいるものの、確かなことは神のみぞ知るという意味ではやはりひとつの試案とみなさなければなるまい。

本書の資料の大半は、さまざまな機関から助成金を受けた「世界サウンドスケープ・プロジェクト」という国際的な研究によって得られたものである。刺激に富んだ会合やディスカッションを数えきれないほど共にしたプロジェクトの仲間たちには深く感謝している。本書は私の本であると同時に、彼らの本でもある。なぜなら、原稿を読み、批評を加え、資料面でも精神面でも援助してくれたのは彼らだからである。とりわけヒルデガード・ウェスターカンプ、ハワード・ブルームフィールド、ブルース・ディヴィス、ピーター・ヒューズ、そしてバリー・トゥルアックスには謝意を表したい。また、現在私の妻であるジーン・リードは出典をチェックし、膨大な数の草稿を読み、著者の気まぐれに我慢強くつき合ってくれた。

さまざまな分野における多くの学者たちもサウンドスケープ研究を励ましてくれた。多くの人々が、本書の各部分を読み、有益なコメントをくださった。調査の新たな観点を示唆してくださった人々、ほかには手に入れようもなかったような資料を海外から送ってくださった人々もあった。とりわけ、以下の学者の方々には謝意を表したいと思う。ウィーンの音楽・舞踊・演劇研究所のクルト・ブラウコップ教授とデズモンド・マーク博士、ユネスコパリ支局のG・S・メトローとアニー・マルルー、ユタ大学生物工学部のフィリップ・ディッキンソン博士、サウサンプトン大学の音響振動調査研究所のジョン・ラージ教授、ロンドン・ユニバーシティ・カレッジ地理学部のデイヴィッド・ローウェンタール博士、カリフォルニア大学のラングレイ・ポーター神経精神医学研究所のピーター・オストワルド博士、トロント大学の文化・科学技術センターのマーシャル・マクルーハン、パリ国立視聴覚研究所のミシェル・P・フィリポ、アデレード大学のキャサリン・エリス博士、ヨーク大学のジョン・ペインター教授、モントリオール大学のジャン＝ジャック・ナティエ教授、トロント大学のパット・シャンド教授。

さらに、サウンドスケープの調査研究を絶えず励ましてくださったイェフディ・メニューヒンと、本文に貴重なコメントをいただいたオットー・ラスケ博士には特にお世話になった。

また、多くの国々から送られた膨大な数にのぼる報告や確証なしには、「世界サウンドスケープ・プロジェクト」などと称することもできないのである。特別な情報を提供し、その翻訳の手助けをしてくださった以下の方々に謝意を表したい。デイヴィッド・アハーン、カルロス・アラウジョ、レナータ・ブラウン、ジュンコ・カロザース、ミエコ・イケガメ、ロジャー・レンツィ、ベヴァリー・マツ、ジュディス・マクシー、アルバート・マイル、マルク・メトロー、ウォルター・オトヤ、ジョン・リマー、トルケル・シグルビョルンソン、トゥルグト・ヴァル、イングヴェ・ヴィルカンダー——以上の方々である。また貴重な図書館調査をしてくれたニック・リードにも特に感謝したい。

膨大な手書きの草稿をタイプしてくれたパット・テイト、ジャネット・クヌードソン、リンダ・クラークにも感謝している。著者の考えがやたらと変わるとき、タイピストの仕事は一番つらいものである。

R・マリー・シェーファー

一九七六年八月　ヴァンクーヴァーにて

日本語版への序文

カナダの一研究グループが、ヴァンクーヴァーで「世界サウンドスケープ・プロジェクト」を発足させてから一五年になる。われわれにはもとより、こうした試みに対して専有権を確立するつもりは全くなかった。むしろ逆に、サウンドスケープを研究することの価値と必要性に気づいた他の研究者がこのテーマを取り上げて彼ら自身の環境に応用すること、そしていつかはサウンドスケープ研究という領域が世界中でよりよく理解されるようになることを望んでいた。

サウンドスケープ研究の最終的な目標は、サウンドスケープ・デザイン——すなわち、聴覚環境の意識的計画を導くことにある。けれどもこの考えはしばしば誤解もされてきた。サウンドスケープ・デザインは、決して上からのデザインであってはならず、むしろ内からのデザインでなければならない。それは、自分自身のサウンドスケープを深く理解する人々、その好ましい特性をいつくしむ人々、その欠陥に対しては敢然と立ち向かう人々によってのみ行なわれ得るものである。したがってサウンドスケープ・デザイナーは、何にもましてまず教育者である。人々に自分たちのサウンドスケープの特性や独自性を知らせることが彼もしくは彼女の仕事なのだ。なぜなら、自分たちのサウンドスケープを創りあげてそれを奏でるのはそうした一般の人々であり、それを美しくするのも破壊するのも、彼らの手にかかっているからである。これを行なうための最良の方法は、「音の教育（サウンド・エデュケイション）」とも呼ぶべき感性を養うための課程を学校に設けることだろう。第二の方法は、世界のさまざまなサウンドスケープに独自性をもたらしている諸特徴を調査し、これらの特殊性を広く知らせることのできる記録資料——ラジオやテレビ番組、記事、書籍、録音など——にまとめ、一般市民がその価値を学べるようにすることである。第三には、今までにはない想像力に富んだやり方で、過去と未来の結合を追求する新たなサウンドスケープを生み出していくことである。

常日頃このように考えているので、一九八四年に初めて日本を訪れたとき、これらのテーマへの挑戦を自らのものとし、その積極的実現に向けて奮闘している若い研究者や教育者のグループに出会って、私は本当に嬉しかった。日本の生活においては、サウンドスケープは常に重要な役割を担ってきた。茶の宗匠は釜で音楽を奏で、庭師は水の戯れを耳に心地良く響かせるため、庭に水車や共鳴壺を仕掛けるという。

このような感性がどのようにして培われたのかをあれこれ考えているうちに、おそらくそれは、和紙を使った壁と窓でできた家に住んでいるためだろうという結論に至った。紙の窓は、ガラスの窓とは全く違う。ガラスは音をさえぎる。けれども紙ならば音はもれ聞こえてくる。紙の窓には耳の意識がはたらいているのだ。

感覚知覚の研究に必要な材料は今ようやくまとまり始めたばかりだ。文化が異なれば、聴き方も異なる。音の組み合わせに対する好みがさまざまな音楽に応じて違うということが、これを示唆している。あらゆる感覚知覚が持っている重要な特徴のひとつは、焦点を合わせることである。視覚に関してこれは、東洋と西洋の美術を比較してみることでよくわかる。西洋の画家は、諸々の事象を、観察者から地平線まで相互に比例して縮小していく一列の線上に組織する――いわゆる遠近法である。そのような絵画を鑑賞するためには、視点を消点に合わせる必要がある。つまりひとつの視点を選ぶのであり、逆に選ばれるべき視点はただひとつしかないということである。東洋の画家は、絵画の要素を彼ら自身の空間の中に浮遊させる。それらは一見ばらばらなようだが、形と間(ま)とのより広い分配に関する相互依存関係においてバランスを保っている。したがって鑑賞の際には、絵の全体に目を走らせてそれらの事象を関係づけなければならない――いわば周辺視を促す営みである。これに似たものが、禅の瞑想の中で行なわれる焦点なき心描である。

さて、これらの相反する習慣を耳によって実践することもまた可能である。より正確に言えば、周辺的に――すなわちあらゆる方向から等しく――音を聴き取るように訓練されている耳もあれば、弱い音に対して強い音、望ましくない音に対して望ましい音というように、相互につり合いのとれた連続性の中に音を位置付けるよう訓練された耳もあるのだ。

外部のサウンドスケープにおいて耳は、この二つの選択の間を絶えず揺れ動いている。耳はあらゆる方向から情報を吸い取っている。すぐ近くで動いている音ならどんな音でも注意を引く。

だが遠くの音でも重要な情報をもたらすことがある。私たちは常にサウンドスケープの中心にいて、あらゆる方向にむかって同時に音を聴いているのだ。西洋音楽は、石とレンガの壁によってサウンドスケープから隔離されてきた。これに対し、日本の精神はいまなお音楽と環境の統合を味わうことができる。しかしその日本においてさえ、ガラスとセメントの家へと移り変わるにつれて、こうした感性が消えていく不吉な兆候が現われている。

この感性を守り、広げていくことが、日本の芸術家および学者のひたむきなグループの真の目標であり、私は本書の邦訳を、彼ら――鳥越けい子、若尾裕、田中直子、庄野泰子、小川博司に捧げたい。だがこのリストはここで終わるべきではない。『世界の調律』は、耳と想像力を持ったすべての人に捧げられるものなのだから。

R・マリー・シェーファー

一九八五年七月三日　トロントにて

序章

ぼくはもう何もしないで聞くだけにしよう……
ぼくには聞こえる、合流し、結びつき、溶けあい、あるいは追いすがるすべての音が、
都会の音と都会の外の音とが、昼と夜の音とが……

ウォルト・ホイットマン「ぼく自身の歌[☆1]」

世界のサウンドスケープは変化しつつある。現代人はこれまでとは本質的に異なった音環境の世界に暮らし始めている。これらの新しい音は、質においても強さにおいても過去の音とは異なっており、ひときわたくさんの大きな音が人間生活のあらゆる場所に帝国主義的にみさかいなく蔓延する危険を多くの研究者たちに警告している。騒音公害は今や世界的な問題である。どうやらわれわれの時代に至って世界のサウンドスケープは劣悪の極みに達したようだ。多くの専門家がすでに、この問題に直ちに手を打たなければ最終的には世界中の人間の耳がおかしくなると予告している。

音に関する数多くの独立した研究領域において、世界各地で重要な研究が手掛けられつつある。

音響学、音響心理学、耳科学、国際的な騒音規制の実施とその手続、通信と録音の技術（電気音響学、および電子音楽）、聴覚のパターン認識、言語や音楽の構造分析などがそうした領域であるが、これらの研究は互いに関連している。つまり、それぞれが世界のサウンドスケープの異なった側面を扱っているのである。そうした分野でさまざまなテーマに携わっている研究者たちは、それぞれのやり方で同じ問題を問いかけている。すなわち、人間とその環境の音との関係は何か、またこれらの音が変化する時に何が起こるのか。サウンドスケープ研究とはこれらさまざまな研究を統合する試みである。

騒音公害は人間が音を注意深く聴かなくなった時に生じる。騒音とはわれわれがないがしろにするようになった音である。騒音公害は今日、騒音規制によって対処されているが、これは消極的（ネガティヴ）なアプローチである。環境音響学を積極的（ポジティヴ）な研究プログラムにする道を探らなければならない。どの音を残し、どの音を広め、どの音を増やしたいのか？　これがわかれば、退屈な音や破壊的な音の正体もはっきりしてくるし、それらを排除しなければならない理由も明らかになろう。このように音環境を総合的に理解してはじめて、世界のサウンドスケープのオーケストレーションを改善する方法が得られる。私は長年にわたって、工場での聴力検査などを追放するため、学校での〈イヤー・クリーニング〉の実践をめざして努力してきた。必要なのは耳栓ではなく〈透聴力〉である。私はこうした考えをいつまでも私個人だけのものにしておきたくはない。[*1]

＊1——〈イヤー・クリーニング〉〈透聴力〉などの特別な用語の定義については、巻末の用語集を参照。

サウンドスケープ研究の本領はさしずめ科学、社会、芸術の三者の中間地帯ということになろう。音響学と音響心理学からは、音がどのような物理的特性を持ち、それが人間の脳によってどのように解釈されるかを学ぶ。社会からは、人間が音に関してどのような行動をとり、音が人間に対してどのような影響や変化をもたらすかを学ぶ。芸術、特に音楽からは、もうひとつの別の世界、すなわち想像力や心霊瞑想の世界のために人間がどのような理想的なサウンドスケープを創造するかを学ぶ。これらの研究からわれわれは〈サウンドスケープ・デザイン〉という新たな学際領域の基礎を築き始めるのだ。

インダストリアル・デザインからサウンドスケープ・デザインへ

二〇世紀の美術教育における最も重要な改革は、一九二〇年代にかの有名なドイツの学校、バウハウスによってなし遂げられた。建築家ヴァルター・グロピウスの指揮のもと、バウハウスは優れた工芸家と共に、クレー、カンディンスキー、モホイ＝ナジ、ミース・ファン・デル・ローエといった当時の偉大な画家や建築家を教授陣に集めた。はじめのうち、この学校の卒業生が芸術家として彼らの指導者たちと肩を並べるところにまでいかなかったのは、期待はずれに思われた。しかし、学校の目的はもともと別のところにあった。教授陣の技術の学際的な協力によってひとつの新しい研究領域全体が生まれた。つまりこの学校はインダストリアル・デザインという分野を新たに生み出したのである。バウハウスは機械と大量生産（マス・プロダクション）に美学をもたらした。

今やわれわれもまた、〈サウンドスケープ・デザイン〉と呼べるような分野を創始することになる。それは、音楽家、音響学者、心理学者、社会学者、その他の分野の人々が音環境を改善するために知力を尽くした提案を出し合うため、世界のサウンドスケープを共に研究する学際領域である。この領域は、サウンドスケープの重要な特徴を記録し、その相違、類似、傾向を書き留め、絶滅に瀕している音を収集し、新しい音が環境の中に野放図に解き放たれるまえにそれらの影響を調べ、音が人間に対して持っている豊かな象徴性を研究し、異なった音環境における人間の行動パターンを研究することなどから成り立ち、こうした知識を人類の未来環境の設計に用いようとするものである。異なった文化に基づいた実例が、世界中から注意深く収集され、その意味が明らかにされなければならない。また、環境音の重要性について一般市民を教育する方法が開発されなければならない。そして、最終的に問うべきことは、世界のサウンドスケープはわれわれが手を下すことのできない不確定な作品であるのか、それともわれわれこそがそれに形式や美を与える責任を担う作曲家であり演奏者であるのか、ということである。

オーケストレーションは作曲家の仕事

私は、本書を通してずっと、世界をマクロコスモス的な音楽作品として扱っていくつもりだ。こうした考え方はあまり一般的ではないが、私はこのことを絶えず執拗に喚起していきたい。近年、音楽の定義は根本的な変化を遂げてきた。最近の定義のひとつにジョン・ケージの次のような言葉がある。「音楽は音である。[★1]コンサートホールの中と外とを問わず、われわれを取り巻く音である。ソローを見よ」。これは、ソローの『ウォールデン〔森の生活〕』のことであり、そこでソローは自然の音と光景に尽きることのない喜びを体験している。

音楽を単に音として定義することなど、何年か前には想像もできないことだったろう。しかし、今日受け入れられなくなってきているのはむしろ従来のより狭い諸定義のほうなのである。二〇世紀を通じて、昔ながらの音楽の定義はすべて、音楽家自身のさまざまな活動によって少しずつ打ち破られてきた。そうした活動には、まず第一に、オーケストラにおいて打楽器群が大幅に拡大されたことがある。打楽器の多くは、特定の音高をもたず、波形に周期性のない音を出す。次に偶然性の手法の導入。ここでは、作品の構成音を合理的に組織しようとするすべての意図が、エントロピー「増大」の法則に従わざるを得なくなる。そして、われわれが作品とかコンサートホールとか呼んでいる音楽の時空間上の容器を開き、その外側の新しい音の世界全体を取り入れるようにしたこと（たとえば、ケージの《4分33秒―沈黙》においてわれわれは作品そのものにとっては外側にあるさまざまな音だけをきくのであり、作品自体は単にひとつの休止が引きのばされているにすぎないのである）。さらに、ミュージック・コンクレートの実践。これは、周囲の環境のどのような音でもテープに採って作品に取り込む。そして最後に、電子音楽がある。これによってわれわれは音の全領域にわたる新たな種類の楽音を手に入れたのだが、その音の多くはおおむね世界の工業技術や電気工学に関連している。

今日すべての音は、音楽の包括的な領域内にあってとぎれのない可能性の場を形成している。新しいオーケストラ、鳴り響く森羅万象に耳を開け！

音を出すすべての人、すべてのものが音楽家なのだ！

音楽のアポロン的概念とディオニュソス的概念

音響技術者や聴覚学者が世界のサウンドスケープに対してどのような責任を持っているかをみていくことは、現代の音楽家がこのサウンドスケープという広大なテーマにいかにかかわっていくかその正確な方法を理解するよりも容易である。したがってこれからしばらくの間、この後者の点について論じていきたい。

音楽が何であるか、また何であるべきかという問題に関しては二つの基本的な考え方がある。それらは、音楽の起源を扱った二つのギリシア神話において非常にはっきりと示されている。ピンダロスの「ピュティア頌歌」第一二番は、アウロスがアテナによってどのようにして考案されたかを語っているが、それはメドゥーサが首を打ち落とされたのち、彼女の姉妹たちの心もはりさけんばかりの嘆きに心を打たれたアテナが彼女たちに敬意を表して特別なノモスをつくったときであったという。ホメロスのヘルメス讃歌にはこれとは別の音楽の起源が語られている。それによれば、リラが考案されたのは、ヘルメスが亀の甲羅を共鳴体として使えば音が出るのではないかと考えた時だという。

これらの神話のうち前者では音楽が主観的な感情として生まれているのに対し、後者では宇宙に存在する物質の音響特性を発見することによって音楽が生じている。その後の音楽理論はすべて、基本的にはこのどちらかの考え方に基づくものである。その特徴を言えば、リラはホメロスの楽器であり、叙事詩（エポス）、すなわち世界を静かに凝視する楽器である。一方、オーボエ系のリード楽器であるアウロスは、喜悦と悲劇の楽器、バッカスの讃歌とドラマの楽器である。リラはアポロンの楽器であり、アウロスはディオニュソスの祭りの楽器である。ディオニュソスの神話では音楽が人間の胸から湧き出てくる内なる音として考えられているのに対し、アポロンの神話では音楽は外なる音、神がわれわれに宇宙の調和（ハーモニー）を知らしめるために送った音なのである。アポロン的な考えでは音楽は、ユートピアや「天体のハーモニー」といった超越的な世界観と関連した精密な、静かですみわたった、数学的なものである。インドの音楽理論のアナーハタ[☆2]もまたそれであり、ピュタゴラスの思想、中世の理論家たちの考え方（音楽が算術、幾何、天文学と共に四学の一学科として教えられていた）、さらにはシェーンベルクの十二音技法の基礎にあるのもこうしたアポロン的な音楽観である。この場合、音楽を説明する方法には数の理論が用いられる。そして、サウンドスケープ・デザインによって世界に調和を与えようとするのも、やはりこうしたアポロン的音楽観に基づくものである。一方、ディオニュソス的な考え方では、音楽とは不合理で主観的なものである。音楽はテンポのゆらぎ、強弱の陰影、調性の色彩の違いといったさまざまな表現方法を用いる。それはたとえば、オペラ舞台の音楽、ベル・カントの音楽であり、リード楽器のようなその声はバッハの受難曲の中にもきくことができる。そして、一九世紀から二〇世紀の表現主義の音楽に至るまで有力であったロマン主義の芸術家による音楽表現はまさにディオニュソス的音楽観そのものである。また、音楽家の訓練を今日支配しているのもこうした音楽観なのである。

近代人にとって音を生み出すということは極めて主観的な問題であるため、今日のサウンドスケープにおいては精力的な快楽主義がその著しい特徴となっている。これから述べようとする研究は、音楽をわれわれの周囲の世界におけるさまざまな音の影響の調和を追求していく行為として再確認することなのである。ロバート・フラッドの『両宇宙誌』の中に「世界の調律」と題されたさし絵があり、それは地球が弦を張った楽器の胴体になっていて、その弦が神の手によって調律されているというものである。われわれはもう一度その調律の秘訣を見出そうとしなければならない。

音楽、サウンドスケープ、社会福祉

ヘルマン・ヘッセの『ガラス玉演戯』の中にひとつの興味深い考え方が出てくる。音楽と国家との関係についての次のような理論を、ヘッセは古代中国の文献から引用したものだとしている。「故に治世の音は、安くしてもって楽し、その政、平らかなればなり。乱世の音は、怨みてもって怒る、その政、そむけばなり。亡国の音は、悲しみてもって哀し、その政、危うければなり」[★2]。

このような理論は、マリア・テレサの(彼女が一七六八年に制定した刑法に示されているような)平等主義的で啓蒙的な統治と、モーツァルトの音楽の優雅さと均衡感とが偶然の一致ではないこと、あるいはリヒャルト・シュトラウスの情緒的な気まぐれが、同じオーストリア＝ハンガリー帝国の衰退と完全に一致することを示唆するものである。また、グスタフ・マーラーの音楽の中には、その後すぐにやってくる政治的な死の舞踏を予感させるような風刺に満ちたマーチやドイツのダンスが、その辛辣なユダヤ人の手で鮮明に描かれている。

この考え方は、部族社会では繁栄した共同体の厳格な統制のもとに音楽が厳密に構成されているのに対し、部族意識や風習を失った地域では個人個人が極めて感傷的な歌をうたうということにもうまく当てはまる。民族音楽学者なら誰しもこのことを裏付けられるだろう。かくして、音楽が時代の指標であること、そのメッセージを読み取るすべを心得ている人にとっては音楽が社会的な出来事、ひいては政治的な出来事を知る手掛りであることはほとんど疑いがない。

私はまた、ある社会の一般的な音環境も、それを生んだ社会的状況の指標のひとつとして読み取ることができ、さらにはそこからその社会の傾向や今後進んでいく方向について多くのことがわかるかもしれないと信じている。本書を通じて、このような関係についてのいろいろな事例を示していきたい。また、こうしたことをいくらか強調して行なうのがおそらく私の性格なので、個々の事例の中には多少納得のいかないものがあるかもしれないが、その方法論自体は有効なものと見なしていってほしい。それらの事例はすべて、今後より一層の検討を必要としているのである。

サウンドスケープの記譜法（ソングラフィー）

サウンドスケープとは、われわれが研究の対象とするすべての音響的フィールドである。ある音楽作品をひとつのサウンドスケープとして、あるラジオ番組をひとつのサウンドスケープとして、また、ある音環境をひとつのサウンドスケープとして考えることができよう。特定の風景（ランドスケープ）の特徴を研究できるのとちょうど同じように、ある音環境をひとつの研究フィールドとして分離することができる。しかしながら、サウンドスケープの正確な印象を系統立てて述べることはランドスケープの場合に比べるとそう容易ではない。ソノグラフィーには写真（フォトグラフィー）が生み出すことのできる瞬間的な印象に匹敵するものは何もない。カメラを使えば、ある視覚的なパノラマの明確な特徴を把握することができ、それは瞬時にして明らかなひとつの印象を生み出す。だが、マイクロフォンではこのようにはいかない。マイクは細部の音をひろう。マイクはいわばクローズアップを撮るもので、航空写真に対応するものは撮れないのだ。

同様に、地図を読むことに関しては誰しも何らかの体験があるし、建築家の描く図面や地理学者の用いる等高地図などの視覚的な風景の図式からは、多くの人が少なくとも意味のある情報を引き出すことができる。これに対し、音声学者、音響学者、あるいは音楽家が用いる極めて複雑な図を読みとることのできる人はほとんどいない。完全に納得のいくようなあるサウンドスケープのイメージを提示するには大変な技術と忍耐が必要だろう。というのも、何千という録音がとられ、何万という測定が行なわれ、その新たな表記法が工夫されなければならないからである。

サウンドスケープは、見られたものではなく、聴かれた事象によって構成される。音の記譜や表記は聴覚を超えた問題である。記されたものは音が出ないためにいくつかの問題が生じるが、そうした問題は本書の「分析」の部に特別な章を設けて論じることにする。もっとも本書では、音の出ないページの上で資料を提示しなければならないという不幸な制約があるため、その章に入る前にも音楽の記譜法と並んでいくつかのタイプの視覚的な投影図を使わざるを得ないだろう。その場合には、それらが見る人々の耳を開き、透聴力を刺激するのに役立ちさえすれば良い。

歴史的な展望を得る場合にもわれわれは不利である。ある風景が時代を通じてどのように変化したかは、さまざまな時代に撮影された数多くの写真によって、またそれ以前の時代に関しては絵画や地図によって知ることができる。これに対し、サウンドスケープの変化に関してはただ推論するしかない。ある特定の地域の一〇年間における新しい建物の数や人口の増加を厳密に知ることはできても、その同じ期間に環境騒音のレベルが何デシベル上がったかはわからない。さらに、音は、もっとも感受性豊かな歴史家たちからさえもほとんど何の言及もされないまま変化し、消えていく。したがって、現代のサウンドスケープを研究するのに最近の録音や分析の技術を用いていく一方、歴史的な展望の確立のためには、人類学や歴史の記録と並んで、文学や神話からとられた〈耳の証人〉の陳述にも耳を傾けなければなるまい。

耳の証人

本書の第一部は特にそうした陳述に多くを負っている。私は常に直接原典にあたるように心がけてきた。書き手が直接に体験した音や大変よく知っている音について書いている場合にのみ、その証人は信用できるものである。書き手がその場所や時間に実際に居合わせないで書かれたものは、まやかしであることが多い。わかりやすい例を挙げれば、ジョナサン・スウィフトはナイアガラの滝が「凄まじい押しつぶされるような音」をたてていると書いているが、この描写によってわれわれは彼が一度もその地を訪れていないということがわかるのである。これに対して、シャトーブリアンが一七九一年にナイアガラの滝の落下音を八マイルから一〇マイル離れたところで聞いたと語る場合、それは環境騒音レベルに関する有益な情報を提供しているのであり、今日の騒音レベルを測定してそれに比較することができるだろう。また、書き手が直接に体験したことについて偽りなく記述している場合でも、聴覚が時として人を迷わすことがある。たとえば、第一次世界大戦の際、塹壕の中のエリッヒ・マリア・レマルクは、彼のそばで砲弾が炸裂するのを聞いた後にその砲弾を発射した遠くの大砲の音が続くことを発見した。[★3] この聴覚的錯覚とも思われる事象は完全に説明がつく。つまり、砲弾は超音速で飛ぶためそれが実際に発射された時の爆発音よりも先に到着したのである。しかし、これは音響学に明るい者でなければ予知することができないことであった。『西部戦線異状なし』の場合、著者が実際にその場にいたため説得力がある。たとえばこれ以外にも、死体が音を出すといったような異常な音事象の記述に関しても著者を信用できる。「毎日暑さがつづいたが、戦死者の死体は、まだ埋められないでころがっていた。僕らはそれをみんな運んでしまうことができなかった。どこへもって行ったらいいかわからないからである。こういうのは、いずれ爆弾で埋めてしまうのだ。腹が風船のように膨れ上っている者も多い。この腹がしゅうと鳴ったり、きゅうという音を出したり、動いたりした。腹の中のガスの音だ」。[★4] ウィリアム・フォークナーも死体の音を聞き、それを次のように描写している。「ひそひそとした秘密のつぶやきを、時折ぽつりぽつり吐き出すようにつぶやいている」。[★5]

こうした方法で、〈耳の証人〉の信頼性が確立される。トルストイ、トマス・ハーディ、トーマス・マンのような小説家がそれぞれの場所や時代のサウンドスケープを把握したのは、まさにそうした作家たちの特別な才能によるものであり、彼らの記述は過去のサウンドスケープを再構築する際に役立つ最もよい指針となるのである。

サウンドスケープの諸特徴

サウンドスケープを分析する者がまず第一にすべきことは、そのサウンドスケープの重要な特徴を発見すること、つまりその個性、おびただしさ、支配力のいずれかの面で重要な音を発見することである。最終的には、包括的な分類のためのひとつないしは複数のシステムが考案されなければならず、それが本書の第三部の主題となる。最初の第一部と第二部においては、いわゆる〈基調音〉、〈信号音〉、そして〈標識音〉を区別することによってサウンドスケープのいくつか主要なテーマを分類することで十分だろう。これら三つに加えて、〈元型音〉も考慮されうるが、これはしばしば見事な象徴性を持った神秘的な昔の音で、はるか古代、あるいは先史時代からわれわれが受け継いできた音である。

基調音（キーノート）＝主音とは音楽用語であり、特定の楽曲の調や調性を決定する音である。いわば錨のように基盤をなす音で、たとえば素材が主音の周りでさまざまに変化し、しばしば主音の重要性をおおい隠すことがあっても、他のすべてのものがそれぞれ特別な意味を持つのはこの主音に対する関係に基づいている。サウンドスケープにおける基調音（キーノート）は意識的に聴かれる必要はない。しかし聞き逃すことはできても、決してないがしろにはできない音である。なぜなら基調音はいつの間にか聴くことの習慣そのものになってしまうからである。

心理学者は視覚に関して図と地ということを言う。図が注視されるものであるのに対し、地は図に輪郭と大きさを与えるためにのみ存在する。だが、図は地がなければ存在できない。地を取り去れば図は形を失い存在しなくなる。基調音は必ずしも常に意識的に聞かれないにもかかわらず、至るところに存在している——この事実は、それらがわれわれの行動や気分に深く広汎な影響を及ぼす可能性を示している。特定の地域の基調音は、そこに住む人間の性質を大まかに把握するのに役に立つという意味で重要である。

ある土地の基調音は、そこの地勢や風土、すなわち水、風、森、平野、鳥、虫、動物、などの要素でつくられている。これらの音の多くは、元型的な意味を持つことがある。つまり、それらの音はそれをきく人々の中に非常に深く刻み込まれているために、ひとたびそれらの音が取り去られると生活がひどくつまらないものに感じられることになる。基調音は社会の行動や生活様式に影響を与えることさえあるが、これについて述べるのは読者がサウンドスケープの問題一般により精通してからにしたい。

信号音(シグナル)は前景(フオアグラウンド)の音であり、意識的に聴かれる音である。心理学の用語を使えば、地ではなくむしろ図だということになる。どのような音でも意識的に聴くことができるのだから、どのような音でも図、すなわち信号音となり得るわけである。しかし、われわれの研究は共同体を中心にすえたものなので、ここではわれわれがどうしても聴かなければならない信号、つまり、ベル、汽笛、警笛、サイレンといった音響的な警告手段に考察の対象を限定したい。信号音は大変精巧なコードになっていることが多く、それを解釈できる人々にはかなり複雑なメッセージを伝えることができる。このようなものにはたとえば、狩の角笛、汽車や船の汽笛などがある。

標識音（サウンドマーク）という用語は陸標（ランドマーク）から造られたもので、その共同体の人々によって特に尊重され、注意されるような特質を持った共同体の音を意味する。ある音がひとたび標識音として確立されると、その音は保護される価値がある。なぜなら標識音はその共同体の音響的な生活を独自なものにするからである。これが本書の第四部で取り上げる主題であり、そこではサウンドスケープ・デザインの原理を論じたい。

その他すべてのサウンドスケープ用語については、それらを紹介する際、そのつど説明するようにしていきたい。本文の中で何らかの不明瞭な点があるといけないので、新しく造った言葉、あるいは特殊な意味で用いた言葉に関しては、巻末に簡単な用語集を設けた。また、複雑な音響上の用語はあまり使わないように努めたが、本書はやはり読者が音響学の基本的な知識を持っていて、音楽理論と音楽史に明るいという前提に立っている。

耳と透聴力

われわれは何も耳が優先権を得るべきだと主張しているのではない。西洋においては、ほぼルネサンス期に、印刷技術と遠近法の発達と共に、耳は目にその最も重要な情報収集器としての地位を譲り渡した。この変化を最も明らかに示すもののひとつが、神を想像する場合のやり方である。ルネサンスまでは神を描くことは不可能だった。それ以前、神は音や振動として理解されていたのである。ゾロアスター教では、スローシュと呼ばれる司祭（特殊な聴覚的能力を持った者）が人間と神々の神殿の中間に立ち、神のお告げをきき、それを人間に伝える。サマーアというのは聴力、あるいは聴くことを意味するスーフィーの言葉である。ジャラール・ウッディーン・ルーミーの信奉者は祈禱を繰り返し唱えながらゆるやかにぐるぐると旋回することによって神秘的なトランス状態へと至る。学者の中には彼らの踊りを太陽系を表わしたものだという者がいるが、それはまた、地球圏外の音楽、すなわち「天体の音楽」の存在に対する深く神秘的な信仰を思い出させる。こうした音楽はその振動に共鳴する魂にのみ時々きこえるだけなのである。けれども、私がここで透聴力と呼ぶこうした例外的な聴力は努力なくして獲得されるものではない。詩人サアディーは彼の抒情詩のひとつで次のようにうたっている。

兄弟(はらから)よ、私はサマーアが何かを語るまい、
聴き手が誰かを知らずして。

有史以前、予言者や叙事詩の時代には、聴覚は視覚よりも重要であった。神の言葉、部族の歴史、その他の重要な情報はすべて聞かれるものであり、見られるものではなかった。地球上のいくつかの地域では、聴覚がいまなお優位にたつ傾向がある。

……農村地帯のアフリカ人は、おもに音の世界に生きている。その世界とは、そこに住む人間がある音を聞いた場合、その音が直接彼自身に関わる意味を持っているような世界である。それに反し、西欧の人間は、彼自身とは概して関わりのない視覚的世界に住んでいる。……

西欧では音のこうした意味の大部分が失われている。西欧では、人は音を全く気にしない驚くべき能力を持つことが多いし、また持たねばならないのである。ヨーロッパ人にとって「百聞は一見に如かず」が一般的な心理ならば、アフリカの農村地帯の人々にとっては、眼でみるものよりは、耳で聞いたり、口で言われたりするものの方にはるかに多くの真実が宿っているように思われる。……たしかに多くのアフリカ人にとって、耳が主要な受容器官であり、眼は受容器官というよりは意志表現のためのひとつの道具と見なされていると信じざるを得ない。[★6]

マーシャル・マクルーハンは電気文化の到来以後、われわれはこのような聴覚優位の状態へ再び立ち戻ろうとしていると言っているが、私も彼に同感である。騒音公害が一般市民の関心事として話題になっていること自体、まさに現代人がついに耳から泥をかき出して、透聴力——澄んだ聴取能力を取り戻したいと願うようになったことを証明しているのである。

特別な感覚

触覚は五感のうちで最も個人的な感覚である。聞くことと触れることは可聴音の周波数の低い部分が肌で感じることのできる振動に移行するところ（およそ二〇ヘルツ）で重なる。聞くことは離れたものに触るひとつの方法である。人々が集まり何か特別なものを一緒に聞くといつでも、聴覚の中に潜むそうしたある種の触覚的な感覚がそのグループ全体に親密な一体感をもたらすのである。さきの文を読んで、ある民族音楽学者は次のように述べている。「私がよく知っている民族集団はどれも、肉体的な近接性と信じられないようなすばらしいリズム感とを同時に兼ね備えている。これら二つの特質は共存しているようだ」。

聴覚を意のままに停止させることはできない。耳にはまぶたにあたるものがないのだ。われわれが眠りにつくとき最後まで目覚めているのは聴覚だし、起きるときにも耳が一番先に目覚める。こうした事実に触発されてマクルーハンは次のように書いている。「恐怖はすべての話しことば社会の通常の状態である。なぜならそのような社会においては、すべての事柄がすべての成員に絶えず影響をおよぼすからである」[★7]。

耳が自らを保護する唯一の方法は、好ましい音に集中するために好ましくない音をフィルターにかけて取り除いてしまうという極めて精巧な心理的メカニズムによるものである。目は外側に出ているが、耳は内側に引っ込んでいる。耳は情報をすい込む。ヴァーグナーは「目には人間の外側しか見えないが、耳は人間の内側をきく」と言った。耳はエロティックな穴でもある。美しい音、たとえば音楽の響きを聴くことは、耳の中に恋人の舌を感じるようなものだ。かくして耳はその本来の性格から、本当に重要な音に集中するために、退屈で騒がしい音を妨げようとするのである。

結局のところ、本書が扱うのはわれわれにとって問題となる音である。それらがどの音であるかを明らかにするためには、重要でない音を取り除いていくことから始めなければならないかもしれない。第一部と第二部において、読者をサウンドスケープの長い歴史の旅へと連れ出そう。

西洋以外の素材が入手できたときにはいつもそれを取り入れるつもりだが、そこでは西洋世界のサウンドスケープにどうしても重い比重がかかることになるだろう。第三部では、第四部への準備として、サウンドスケープを批判的に分析していきたい。そして第四部では、少なくとも現在の時点で決定できる限りにおいて、サウンドスケープ・デザインの原理のあらましを述べたい。

音の調査研究はすべて沈黙をもって終わらなければならず、本書もやはり最後の数章でこの沈黙の問題を扱うことになる。そして、この沈黙という考えによって本書の初めと終わりがうまくつながり、それによって何よりも抒情的性格をそなえたこの本の全体がうまく統合されるということに読者は気づくことだろう。

最後の警告がある。聴覚や音響があたかも他の諸々のものから単独に抽出可能な領域であるかのように扱うことが今後まあるかもしれないが、私は何も、耳が多くの感覚器官のうちのたったひとつであることを忘れたわけではない。ただ、実験室から現実の環境というフィールドへ出るときが来たのである。そして、これを行なおうとするのがサウンドスケープ研究である。しかし、あらゆる可能性を考えればまだまだ最高の状態にあるとは言えないこの世界にあって、サウンドスケープ研究もまた、最終的には環境全体を対象とする広い研究の中に組みこまれていかねばならないのはいうまでもない。

原注

★1——R. Murray Schafer, *The New Soundscape*, London and Vienna, 1971, p. 1. より引用。

★2——Hermann Hesse, *The Glass Bead Game*, New York, 1969, 30.
ヘッセ『ガラス玉演戯』高橋健二訳、ヘッセ全集9、新潮社、二三頁。

★3——Erich Maria Remarque, *All Quiet on the Western Front*, Boston, 1929, 第四章を見よ。
レマルク『西部戦線異状なし』秦豊吉訳、新潮文庫。

★4——*Ibid.*, p. 126. 邦訳、一四六頁。

★5——William Faulkner, *As I Lay Dying*, New York, 1960, p. 202.
フォークナー『死の床に横たわりて』阪田勝三訳、『フォークナー全集』第六巻、冨山房、一八六頁。

★6——J. C. Carothers, "Culture, Psychiatry and the Written Word," *Psychiatry*, November, 1959, pp. 308-310.

★7——Marshall McLuhan, *The Gutenberg Galaxy*, Toronto, 1962, p. 32.
マクルーハン『グーテンベルクの銀河系』森常治訳、みすず書房、五四頁。

訳注

☆1——ホイットマン『草の葉』杉木喬・鍋島能弘・酒本雅之訳、岩波文庫（上）、一五五頁。

☆2——本書エピローグ五二四頁参照。

第一部　最初のサウンドスケープ

人間の耳にはその頃、あまたの科学や
魔法を使っても決して再現のできない
清らかさに満ちた音がきこえていた。
ヘルマン・ヘッセ『ガラス玉演戯』

第一章　自然のサウンドスケープ

海の声

　最初にきこえた音は何だったのだろうか？　それは水のなでさする音だった。プルーストは海を「まだ何の生物も存在していなかった頃のごとく、その気も遠くなるような太古の営みをいまだに続けている地球の哀れな母」と呼んでいる。ギリシア神話は、人間が海から次のようにして生まれ出たとしている。

「すべての神々とすべての生物は世界をとり囲むオケアノスの流れから生まれ、その子供たちすべての母親はテテュスであるという」[★1]。

　われわれの祖先である海は、われわれの母のみずみずしい子宮となって再現する。両者はまた化学的にも類似した関係にあるのだ。海と母。海の暗い水の中で、無情な水の塊が、最初の水中音響探知機である耳の上を通り過ぎていった。胎児の耳は羊水の中で動きながら、ひたひたと打ち寄せゴボゴボと流れる水の音に同調する。はじめ、その音は海中の響きで、波のしぶきはまだない。しかし、それから、……海は徐々に動きだし、その瞬間大きな魚やうろこにおおわれた生物たちの平安を乱した。やがて海はうねりだし、二段になって砕け散り、水中に住む生きものたちは恐怖にとらわれた。そして、白波が対になって押し寄せるごとに海のとどろきはいよいよ大きくなり、しぶきがくるおしくあがり、泡の環が立ち、大海原が深く割れ、水がそこここにはしり、波の荒れくるうたてがみがあちこちでぶつかった。[★2]

ある日、高波が打ち寄せて一番手前の岩礁をたたきつけたとき、両生類が海から上がってきた。この生物はときおり波に背を向けることはあっても、その遠い祖先の魔力からは決して逃れることはできない。「君子は水をよろこぶ」と老子は言っている。人の道もすべて水に通じるのだ。水は原音風景（サウンドスケープ）の基音であり、その無数の形に変容する水の音は、他の何にもましてわれわれに大きな喜びを与えてくれる。

オーステンデ[☆1]の浜辺は広々としていて、ホテルのほうにむかってほとんどわからないほどの傾斜がついている。このため、浜に立つと遠くの海のほうが海岸よりも高く感じ、やがて巨大でしずかな津波がすべてを忘却のかなたへ洗い流してしまうような思いにかられる。これと正反対なのがトリエステのアドリア海である。ここでは険しい山がそのまま海の中につっこんでおり、波の怒った拳（こぶし）が硬くてよく弾むゴムマリのようにやかましく岩をたたいている。オーステンデの地形は、その展望も調子も優しくおだやかである。

オーステンデには腰かける岩もない。そこで、南へ向かえば波を右耳に、北へ向かえば波を左耳にききながら何マイルも歩いていくと、全周波数にわたる水の鼓動が、遠い忘れかけていた意識をかき立てる。すべての道は水に通じる。機会さえあれば、おそらくすべての人間はこの元素――水の際（きわ）に、昼も夜もその気配をきけるところに住むことだろう。われわれは水から離れてさまようこともある。だが、それも束の間のことだ。

来る日も来る日も、さざ波ののんびりとしたしぶきをききながら浜辺を歩き、その音が徐々に音量を増しながら重い足どりに変わり、やがて隊列を組んだ戦（いくさ）のように寄せては砕け散る波となっていくのを耳で追う。砂や頁岩（けつがん）を洗い、流木や防波堤に砕ける水の無限の変形をとらえるためには、思考速度を落とさなければならない。それぞれのしずくはどれも違った音高で響き、尽きることなく供給されるホワイトノイズに、波がそれぞれ異なったフィルターをかける。断続的な音もあれば、連続的な音もある。海では、両者が原始の調和の中に融合している。海のリズムにはさまざまなものがある。生物の水準に達しないリズム――水はその音高や音色を、耳の分解能よりも速く変化させる――もあれば、生物的リズム――波は鼓動や呼吸と、潮は昼と夜と同じ韻を踏む――そして超生物的リズム――永遠の、消し去ることのできない水の存在――もある。ヘシオドスは、『仕事と日』の中で言う、「韻律を聴くのだ……雷鳴のようにとどろく海の韻律を聴かせてやろう」。

para thina polyphloisboio thalassēs
〔鞺鞳（とうとう）とざわめき立つ海の渚へ〕[☆2]

とホメロス（『イーリアス』第一書三四行）は言っているが、これは見事な波の大軍が海岸に押し寄せては退却していく様子を擬音的にとらえたものである。エズラ・パウンドの『詩篇二番』は次のように始まる。

哀れな年老いたホメロスは、盲いて、コウモリのごとく盲いて、
耳を、その潮騒にただ耳を傾け……★3

海への愛には深遠なる起源があり、世界中の数多くの海洋文学にその記録を留めている。水が部族の歴史を見守るとき、その叙事詩は海の大きな掌（てのひら）に包まれる。『オデュッセイア』全篇がその上にひもとかれる最も主要な素材は海である。「海とその揺れ動く海原から遠く離れて」ボイオティアに住んでいた農耕の民へシオドスも、海の魅惑から逃れることはできない。

夏至のあとの五十日
あの暑くてつらい季節
それが終わると
航海に絶好な季節がやってくる★4

古代スカンジナビア人は海の獰猛さを知っていた。彼らの航海中「波は船縁にあたって吼え、まるで漂礫（ひょうれき）が互いにぶつかり合っているような響きがした」[★5]。頭韻を踏んだ『エッダ』の詩歌は、船のこぎ手たちのための詩（うた）である。半行ごとに繰り返される子音によって、詩のアクセントはオールをひとこぎしてまた戻す調子（タイミング）に一致している。

櫂はしぶきをあげて海を打ち
鉄は鳴り響き
盾と盾がぶつかり合い
ヴァイキングたちは船を漕ぐ
王の命令のもと
波に切り込みながら
艦隊は舟足も速く
どんどん岸を離れゆく
コールガの妹の
せりあがった波がしらが
木端微塵に崩れ落ち
そのとき聞こえてきた音は
高波の寄せる轟き

波は岩にあたって砕け散る★6

世界をぐるりとまわったオーストラリアの熱帯地方では、波はもっと穏やかである。

波がやってくる
岩づたいに高波がやってくる
シー、シー、音をたてて崩れてゆく
海原に、月が高く明るく輝くとき
春の潮、潮が草地に流れてきて
シー、シー、音をたてて引いてゆく
この荒涼とした海原に
若き乙女たちは水浴びをする
聞け、戯れる彼女らがその手でたてる水音を！★7

海岸を訪れる者は誰もが波の独奏会(リサイタル)のすばらしさに感動するものだ。けれども、波や潮の寄せては返す韻律を正確に理解できるのは、海のオスティナートが生まれてから死ぬまでその耳の中でずっと鳴り響いている海の詩人だけである。エズラ・パウンドはその生涯の多くをイタリア半島の二つの海岸——ラパロとヴェネツィア——で暮らした。彼の『詩篇』も海の上で始まり、海の際でその弁証法の大部分を展開し、いったんはそこから離れるもののまた戻ってくる。地中海を旅人として訪れたスコット・フィッツジェラルドが、ただ「か弱くぐったりとした波の叫び」をきいたのと同じ場所で、パウンドは揺れ動く水の様子をこのように力強く詠(うた)っている。

水のしなやかなめぐり
　ポセイドーンの筋肉
暗い青空と鏡のような海
テューローのうえに玻璃の波がかぶさり
ぴったりとした蔽い、もがき
波の索綱を張りめぐらしたきらめくうねり
やがて波はしずまって
　淡黄色の砂浜のうえにおだやかに寄せ
海鳥が翼の関節をのばして
　岩間や砂のくぼみでしぶきを立てる
低い砂丘のそばの波打ちぎわで
日射しに映える逆巻く波の玻璃のきらめき
　ヘスペルスの白さ
灰色に尖った波のへり

　葡萄の実の色をした波
返しには灰色のオリーヴ
　遠くには灰色にけむる断層
鮭の色に似たピンクのミサゴの翼が
　水中に灰色の影を落とす
片目の大きな鶩鳥に似た塔が
　オリーヴの茂みからながい首をもたげる
そしてオリーヴの樹陰の乾し草の匂いのあいだで
半人半羊神（フォーヌ）たちがプロテウスを叱るのがきこえた
ほの暗い光のなかで
　半人半羊神たちに向かって蛙が鳴きだす
そうしてまた……★8

海はあらゆる海洋文明の基調音である。それはまた豊かな実りにみちた音の元型（アーキタイプ）なのだ。すべての道は水へもどる。そして、われわれもいつか海へ還っていくのだ。

水の変容

水が死ぬことはない。雨となり、泡だつ小川となり、滝や泉、うずまく川、深くよどんだ川となって、水は永遠にその姿を変えて生き続けるのだ。
耳を澄まして歩いていくと、山のせせらぎは、たくさんの構成音から成るひとつの和音がステレオフォニックに響いているようにきこえる。スイスの山の渓流から響いてくる絶え間ない水の音は、静かな谷をわたり、何マイルも離れたところにまで達する。ロッキー山脈では、渓流が百メートルもある滝を落ちるとき、まずほとんど恐怖にも近い静寂が張りつめ、次に流れが下の岩肌を打つすさまじい響きが続く。イギリスの荒野を流れる水にはこうした名人芸はとてもできない。だが、その編曲のしかたはもっと繊細だ。

この地方を旅する者は、静かな夜に暫しのあいだじっと動かずにいれば、荒野のあちこちでさまざまな響きを奏でるこれらの水の風変りなシンフォニーをきくことができるだろう。それはまるで照明装置のないオーケストラが演奏しているようである。朽ちた堰にあいた穴からは水のレシタティーボがきかれ、支流が石づくりの堤の上にそそぎ込むところでは陽気なトリルがきかれた。また、アーチの下では金属製のシンバルを打ち、ダノーバーの淵ではシューシューと音をたてた。[★9]

世界中にある川も、それぞれに固有な言語をしゃべる。ソローにとって「渦を巻き、チューチューと音をたてながら川底へもぐり、川岸に接吻しながら流れていく」メリマック川の優しいつぶやきは、まさに睡眠薬だった。[★10]一方、ジェイムズ・フェニモア・クーパーによれば、ニューヨーク州北部の川はその多くが「遠くの銃声の響きに似た、うつろな音をたてながら」岩の洞窟の中にゆっくりと流れ込んでいったのだった。[★11]

こうした川の音と全くちがうのは、ナイル川流域のアトバラやベルベル[☆3]のすさまじい瀑布の音である。

川は、おびただしい数の小島や岩を通りぬけながら、はるかかなたまで続く急流となり、どちらの方向へ進んでよいかわからなくなるとき、戦場の喧騒のごとき叫びをあげずにはいられない。あるローマの著述家[＊1]によれば、むかしここに住んでいた人々は耳がきこえなくなったために他の土地へ移り住んだという。けれども、今日のベルベルの人々の力強い声は、必要によっていかなる器官も強化されるということをわたしたちに証明してくれる。というのも、白人には十歩離れるともう互いの声がほとんど聞きとれないような場所で、ベルベルの人々の声はその急流のうえを堤から対岸の堤へと届くのである。[★12]

これと対照的なのが、サマセット・モームが「たとえようもない平和」を感じたシャムの静かな川である。モームは、その平和はほんのときおり「誰かが静かに家路を辿るときの櫂の静かな水音」によって破られるだけで、「私が夜中に目を覚ますと、屋形船が少し揺れるにつれ、かすかな動揺を感じ、空間ではなく時を流れる東洋の音楽の幻のように、水のごぼごぼいう小さな音が聞こえた[★13]」と述べている。トーマス・マンの『ヴェニスに死す』では、やつれ果て悲しみに沈んだ運河の流れが悲劇のライトモティーフになっている。「水はちゃぶちゃぶと音を立てながら木と石にあたる。半ばは警告の、半ばは挨拶の意をこめた船頭の呼び声に、この迷路の静けさの中から、しめし合せたように返事をするものがある」[★14]。

水は決して死なず、賢者は水をよろこぶ。雨だれのひとつひとつがみな違った響きをもっていることは、注意深く耳を傾ければすぐにわかることだ。ペルシアの雨とアゾレス諸島の雨は同じ音がするだろうか？　フィジーでは夏の集中豪雨のすさまじい降りが六〇秒もたたないうちに通り過ぎてしまうのに対し、ロンドンに降る雨はまるでビジネスマンの話のように退屈で、果てしなく延々と続く。また、オーストラリアでは地方によって、二年間あるいはそれ以上も雨が降らない。そのため、雨が降ると、小さな子どもたちがその音におびえることがある。北アメリカの太平洋岸では、一年に平均して一四八日も雨がしっとりと、だが絶え間なく降り続ける。カナダの画家エミリー・カーは、その雨の様子を巧みに描写している。

＊1——ここでいうローマの著述家とはプリニウス［『博物誌』第五巻第十節五四］のことで、彼はその巨大な滝がたいへんやかましいと述べているだけで、その音によって耳がきこえなくなったとは主張していない。それにもかかわらず、この話は滝の音が聴覚障害を起こすというところまで誇張されたようだ。というのも、職業病としての難聴について最初に言及したものとして注目すべき著作であるベルナルディーノ・ラマッツィーニの『働く人々の病気 *De Morbis Artificium*』の中にその話が登場するのだ。

雨はカチカチという小さな音を響かせながら屋根を打ちつける。あけ放した窓からきこえてくる木々の葉に降る雨の音は、また違う響きをもっている。それはむしろ長い溜め息——新しい空気を吸い込まずに絶えずはき続ける息に似ている。屋根に降る雨は、部屋のうつろな空間にジャラジャラと響きながら屋根を打って絶える。[★15]

穏やかなティンパニのように響く西海岸の雨に、覇気は感じられない。これとまるで違うのが、ロシアや北アメリカ中部の大平原に降る猛烈な雷雨である。南アメリカでも、雨は滝のように降り注ぐ。「……頭上で雷がとどろくと、雨が平原を横切ってやってくるのがきこえた。一瞬のうちに、雨は耳をつんざくばかりの音をたてながら鉄の屋根をたたいていた」[★16]。

地理と気候は、音風景(サウンドスケープ)それぞれの土地固有な基調音を決定する。地球の広大な北部地域では、冬の音は、凍った水——氷と雪——の音である。そこでは、地表の三〇～五〇パーセントは冬の一定期間雪でおおわれ、また二〇～三〇パーセントは毎年六カ月以上ものあいだ雪におおわれている。海の音が海洋生活の基調音であるように、氷と雪は北の内陸地方の明確な基調音をかたちづくるのだ。

氷と雪は気温によって調律される。ヴァージニア・ウルフは、ブラックフライアーで雪が「ずずっとすべり、どさりと地面に落ちる」のを聞いた。一方、スカンジナビアでは『古エッダ』に出てくる巨人ヒュミルが狩から帰ってきたとき、巨人の凍りついたあごひげから垂れ下がったつららが、カランカランと音をたてた。ジョバンニ・パスコーリは、その詩『オルファノ』の中でイタリアの雪がちらちらとゆっくり降る様子を次のように描写している。

Lenta la neva fiocca, fiocca, fiocca.

〔ヒラ、ヒラ、ヒラと雪が舞い降りる〕

気温がかろうじて零下になるイタリアの雪の音は、氷点下三〇度にもなるマニトバやシベリアの雪の音とはまるで違う。北部の大陸では、内陸に進むにつれて、最初は柔らかいクッションのような足もとの雪も、次第にパリパリと音をたてはじめ、やがてキュッキュッと苦しそうですらある響きに変わる。ボリス・パステルナークは『ドクトル・ジバゴ』の中で、ロシアの冬にフェルトのブーツで歩くと「一歩進むごとに雪がまるで腹をたてたようにキーキーと叫ぶ」と述べている。

海の風景は海洋民族の言語を豊かなものにしたが、寒冷な気候の文明もまた、それなりの言葉の豊かさを生み出した。エスキモーが雪を表現する言葉を多く持っていることは大変よく知られているが、こうした例は他にもたくさんある。『雪と氷の図解用語集』[★17]には、雪と氷に関する一五四の英語と、デンマーク語、フィンランド語、ドイツ語、アイスランド語、ノルウェー語、ロシア語、カナダのフランス語、およびアルゼンチンのスペイン語でそれらに当たる用語が示されている。その表現の多く——たとえば、永久凍土層［permafrost］、海上凍結［icebound］、積氷［pack ice］——は他の言語には存在しない。

雪は音を吸収する。そのため、北方文学は冬の静けさについてのさまざまな描写に満ち溢れている。

> 冬のあの静けさ、あの生命や音の欠如は何とも気味悪く、耐えがたい。地面に雪が積もると、確かに、動物や鳥、鹿、ときには熊の足跡を見ることができる。しかし、何の音も、叫びやささやきも、木の葉のざわめきすらも聞こえはしない。倒れた木の上に腰をかければ、静けさがだんだんと重くのしかかってきて、ほとんど苦痛なまでになってくる。頭上の高いところで、黒馬のたてがみのように枝を伸ばしているイトスギやマツ、それにイチイの木々の大枝から雪がザワザワと落ちてくるのをやっとのことで聞くと、それはほっとするものだ。[★18]

雪が降りたてでやわらかいときには、そりを走らす際のあのキュッキュッときしむ音も弱くなる。「……一夜にしてやわらかに降り積もった新雪の上を僕たちはすべっていった。いったんはずみをつけると、まるで滑空するようになめらかに音もなく進んだ……」[★19] 雪が降ると、都市さえも静まりかえる。

冬の朝、夜明け時の北の町の静けさに匹敵するものは他にない。ときおり、ささやくようにシューシューという音や窓をブラシでこするような音がしたが、それは雪の音だった。だが普通は、路面電車が雪の坂（コート・ド・ネージュ）を登り始めるまでは静寂の鼓動しかきこえなかった。そして私には、その電車の音までが古い排水路を吹きぬける風のようにきこえた。[★20]

北国の冬の静けさが除雪機やスノーモビルの氾濫によって破壊されたことは、二〇世紀のサウンドスケープに起こった最大の性格変化のひとつである。なぜなら、こうした機械は、あらゆる北方民族の気質を形成し、世界中の神話の中でも数多くのものを生み出してきた、いわば「北の理念」[☆4]を破壊しつつあるからだ。厳粛、かつ広大で人気のない北方という理念は、人の心に容易に恐怖心をかきたてるものだった（たとえば、ダンテは自らの作品で地獄の中心を凍った世界として描いたではなかったか）。だがそれはまた、純粋で、人の気をことさらにそそることもなく、静寂であるため、人々に強い畏怖の念をもかきたてたのだ。進歩主義をふりかざすテクノクラートたちは、彼らの機械類をけたたましく響かせながら北方へ侵入したが、それによって自分自身の心の有機的な全一性を切り刻み、ガソリンスタンドで厳粛なる神秘を黒く塗り込め、自分たちの伝説をプラスチックの安物の人形のようにしていることに気づいていない。静寂がこの世界から失われるとき、力強い神話もまた消え去ってしまう。それはつまり、エッダやサガを、そしてロシア、スカンジナビア、およびエスキモーの文学や芸術の真髄の多くの部分を理解することがさらに困難になることを意味する。

北国の昔ながらの冬の特徴は、その静けさにある。一方、北国の春は荒々しい。はじめに氷が大きな音でぎしぎしと鳴り、次に突如として大砲のとどろきのような音をたてながら川の中央が陥没して裂け、春の水がけたたましい音をたてながら猛烈な速さで氷を下流に運んでいく。ストラヴィンスキーは、ロシアで何が一番好きかと尋ねられた際、「大地全体がバリバリと音をたてて裂けながら、まるでほんの一時間で急に始まるような、あの荒々しいロシアの春だ[★21]」と言った。

風の声

古代人にとって、風は海と同じように神であった。ヘシオドスは『神統記』の中で、風の神、テュフォンがゼウスと戦い、敗れて地球の奥深くのタルタロスに追放された経緯を語っている。テュフォンは気まぐれな神であった。彼は百の蛇頭を持ち……

また彼のすべての怖ろしい頭には、あらゆる種類の言葉に尽くせぬ音をあげる声があった。すなわち、あるときには神々にも通ずる音声を放ったし、あるときにはまた気性鎮めようもなく獰猛で、威勢も激しく、吼え声あげる牡牛の声を、あるときには残忍な胆もつ獅子の声を、またあるときには聴くも奇怪な獣の仔に似た声を、さらにまたあるときに彼が颯颯(さつさつ)たる音をあげ放てば、その下で高い山々は鳴り響くのだった。[★22]

この物語は、たいへん興味深い幻聴現象のひとつに触れているという点で注目すべきものだ。海と同じく、風はその声を無限に変えることができる。風と海の声はどちらも広帯域の音で、それらの周波数の範囲の中で他のいろいろな音がきこえるような気がするのである。こうした風の人をまどわす性質は、ヴィクトル・ユゴーによる以下のような荒々しい描写の主題にもなっている。この言葉の持っている切迫感を味わうためには、これを原文のまま大きな声で読み上げなければならない。

Le vaste trouble des solitudes a une gamme; crescendo redoutable: le grain, la rafale, la bourrasque, l'orage, la tourmente, la tempête, la trombe: les sept cordes de la lyre des vents, les sept notes de l'abîme.... Les vents courent, volent, s'abattent, finissent, recommencent, planent, sifflent, mugissent, rient; frénétiques, lascifs, effrénés, prenant leurs aises sur la vague irascible. Ces hurleurs ont une harmonie. Ils font tout le ciel sonore. Ils soufflent dans la nuée comme dans un cuivre, ils embouchent l'espace, et ils chantent dans l'infini, avec toutes les voix amalgamées des clairons, des buccins, des oliphants, des bugles et des trompettes, une sorte de fanfare prométhéenne. Qui les entend écoute Pan.

〔孤独な場所の広大な混乱には一つの音階がある。恐ろしい漸次強音（クレッシエンド）、つまり早手、突風、狂風、雷雨、暴風、暴風雨、竜巻であり、風の竪琴の七本の弦であり、深淵（みみ）の七つの音符である……風は流れ、飛び、格闘し、やみ、また吹きはじめ、舞い、ヒューヒューと鳴り、唸り、笑い、狂乱に陥り、淫蕩になり、はめをはずして怒りっぽい波の上で気ままに振舞う。だが、その遠吠えにもひとつの調和がある。空全体を響かせ、金管楽器を吹くように、黒雲に吹き、空間に口をあて、そして無限のなかで、らっぱ、古代ローマのらっぱ、角笛、弁らっぱ、トランペットの混声で、一種のプロメテウス的ファンファーレを歌う。それを聞く者は、牧羊神(パーン)の怒りを聴くのだ。[★23]」

自然界を構成する諸要素の中でも、ひときわ耳を強くとらえるのが風である。それは、聴覚的であると同時に触覚的でもある。天候の穏やかな日、スイスのアルプス山脈では、数マイル離れた氷河の上を吹く風の小さくかすかにヒューヒューと鳴る音が、渓谷の間に横たわる静寂をわたってきこえてくる。このように、遠くの風を肌に感じることなくその音だけをきくのは、大変に不思議でほとんど超自然的な感じがするものだ。

サスカチュワン[☆5]の乾燥した草原では、膚を刺すような強い風が絶えず吹きつけている。

風の歌はいまやもっとしつこくきこえてきた。外では、町と草原を隔てている道にそって、風は国道に走る電線をやさしく吹きならした……夜風には二つの声がある——波打つ電線の泣き叫ぶ声と、長く深くのどを鳴らす草原の声と。[★24]

木のはえていない広々とした大平原は「電話線のブーンといううなり」で絶えず振動している巨大な風琴(ウィンドハープ)である。周囲をもう少し囲まれたイギリスの田園地方では風は木の葉をいろいろな音調でざわめかせている。

森の住人にとっては、ほとんどすべての種類の木々が、それぞれの顔形と同様にそれぞれの声色をもっている。そよ風が通り過ぎると、モミの木は揺れ動くにつれ、それに劣らずはっきりとむせび泣き、うめき声をあげる。ヒイラギはもがきながらヒューヒュー音をたて、トネリコはふるえながらシューシューと鳴り、ブナは広げた枝を上下させてその葉をサラサラと鳴らす。冬には、木々も葉を落としてその音色を変えはするが、それぞれの個性を失うことはまずない。★25

私は学生たちに、サウンドスケープの中で動いている音は何かと尋ねることがある。「風」と言う者もあれば「木」と答える者もある。しかし、通り道に何も物体がなければ、風がはっきりとした動きを示すことはない。たとえ風が耳に強く響いても、そこには方向性がないのだ。方向性を与えるという意味では、風が通過するたびに今度はこちら、次はあちらとその葉を揺らす木々は、すべての物体の中でも最も優れている。

森はどんな種類のものでも、それぞれ独自な基調音を奏でている。よく育った段階の常緑樹の森にはアーチのかかった暗い通路ができるが、そこを通って鳴り響く音には独特な透明感がある。オズワルド・シュペングラーによれば、北ヨーロッパの人々はゴシック様式の聖堂の内部空間でこの反響状態を再現しようとしたという。ブリティッシュ・コロンビアの森では、風が吹いても、落葉樹林でよく耳にするあのカラカラ、サラサラといった木々のざわめきは聞かれない。そこで聞こえるのはむしろ低い、気息の混じったヒューヒューという音だ。常緑樹の森に強い風が吹きつけると、針状の葉がタービンのような激しい動きでねじれて回転するため、森はうず巻き、ゴーゴーと鳴る。ブリティッシュ・コロンビアの森には、下草や空地がないので、珍しいことに、動物や鳥、そして昆虫があまり生息していない。最初にやってきた白人の開拓者たちは、こうした森の様子に畏怖の念を感じ、不吉な印象さえ抱いた。この点について、再びエミリー・カーをひこう。

私たちの住む西部の森は非常に静かだった。その静けさを私たちの耳で捉えることは、ほとんど不可能なほどだった。何か声を発してもその声はすぐに戻ってきた。まるで鏡に顔が映るとすぐに戻ってくるように、それはあたかも、森が静寂でいっぱいになっているため、もう音の入り込む余地はないかのようだった。そこに住む鳥は、ワシ、タカ、フクロウなどの猛禽類だった。もし小鳥が不用意にさえずりでもすれば、それらの猛禽類が襲いかかった。地味な色をした物言わぬ小鳥たちが、開拓者に続いて西部へやってきた最初のものだった。もっとも〔海では〕、カモメたちはすでに長い間そこに暮らしていた。彼らは海と共に生まれ、それ以来ずっと海の上で鳴いていたのだ。また、その上に果てしなく広がる空は、音に飢えていて、カモメの鳴き声を絶えずなめ尽した。だが、森は違っていた——それは静けさと秘め事をすっぽりと覆っていた。★26

初期の開拓者たちの森に対する不安感、また空間と陽光に対する彼らの欲求によって、まもなく森のもうひとつの基調音、伐採の音が生まれた。それははじめ、絶えず大きくなっていく空き地のむこうからきこえてくる木こりの斧の音だった。のちに交差のこぎり（クロス・カット・ソー）の音となり、いまでは北アメリカの森の中の年々その数を減少しつつある村々全体に鳴り響く電動のこぎり（チェーン・ソー）のうなりとなっている。

かつて、世界の大部分は森でおおわれていた。深い森は、外からの侵入者に対してはよそよそしく、脅威を感じさせるもので、非常な敵意に満ちている。これは、サガやアングロサクソンの詩歌のような初期の叙事詩の中で、自然がどのように言及されているかを二、三、調べてみればすぐに証明される。冗長なものであれ、断片的なものであれ、それらはいずれも森の恐ろしさを語っているのだ。カール・マリア・フォン・ウェーバー（一七八六—一八二六）の時代になってもまだ、森は闇と悪魔の棲み家だった。ウェーバーのオペラ《魔弾の射手》は、森に棲まう悪魔の力に打ち勝つ「善」の力を讃えるものである。ウェーバーがそのスコアで非常に華々しく使用している狩猟ホルンは、森の暗闇を突き通す音の象徴となっている。

前人未踏の土地に踏み込んで危険におびえたとき、人は全身耳となった。北アメリカの原生林の中では、視覚は二、三フィートまでしかきかず、聴覚が最も重要な感覚だった。フェニモア・クーパーの『皮脚絆物語』は、そうした美しくも恐ろしい驚きにみちている。

……広大で、ほとんど果てしなく続く森の中では、静かで深い孤独が支配していた。だが、自然にも千の舌があって、大自然の中で夜の饒舌なことばを語っていた。大気は無数の木々を通してため息をつき、水はさざめき、ところどころで岸にそってうなり声さえあげていた。また、見事にバランスをとりつつ揺れ動きながら、枝や幹が同じようなものとこすれ合い、きしむ音がときどききこえた……けれども、彼が仲間たちにそれまでの話をやめてもらいたかったのは、彼の注意深い耳が、そのとき、木の乾燥した枝が折れる際のあの独特な音をすかさず捉えていたからだ。もし勘違いでないとすれば、音は西岸からやってくるものだった。その独特な音に慣れ親しめば、誰もが耳で容易に捉えられるようになり、枝を踏み折る足音を森の他のすべての音から簡単に区別できるようになるものだ。……「あのいまわしいイロコイ族の奴らは、武器をつけたまま船も使わずに、もう川をわたったんだろうか？」[★27]

奇蹟の国

「聞いている人がそこに誰もいない場合、森の中で木が倒れる音はどのようなものだろう？」と哲学を勉強したひとりの学生が尋ねるとしよう。ただ森の中で木が倒れるような音だと答えるのも、何の音もしないと答えるのも、想像力の乏しい退屈な答だ。実際のところ、木が森の中で大きな音をたてて倒れるとき、そこに誰もいないとわかっていれば、その木はそれが望むどんな音でも出せる。台風の音、カッコーやオオカミの鳴き声、イマヌエル・カントやチャールズ・キングズリー[☆6]の声、《ドン・ジョヴァンニ》の序曲、そしてマオリ族の鼻笛の繊細な響きのどの音だっていい。過去から遠い未来まで、どんな音でもかまわない。その音が別世界のものであるため人間には決して聞くことのできない秘密の音を奏でようとも、全く自由なのである。

近代のさまざまな諸科学が自然の神秘のベールを剝がしたことによって、多くの詩歌が散文になってしまった。地球科学が生まれる以前には、人間は不思議な魔法をかけられた土地に住んでいた。おそらくプルタルコスによって書かれた三世紀の『川と山について』には、外見が銀に似たアルグロフィラックス〔argrophylax〕という名のリディアの石がでてくる。

川砂の中にあってキラキラと光る金の薄片の中に深く混じり込んでいるため、この石を識別することはかなりむずかしい。富裕なリディア人たちは、宝物庫の敷居の下にこの石を置いて自分たちの財宝を守る。なぜなら、盗賊が宝庫の近くにやってくると必ず、この石はトランペットのような音を発するからだ。そこで、盗みに入ろうとしていた者たちは追いかけられているものと思いあわてて逃げ出し、断崖の上から落ちて悲惨な死を遂げることになる。[★28]

昔は、自然界のできごとのすべてが奇蹟として説明されていた。たとえば、地震や嵐は神々の間の戦闘として理解された。シグルドが巨竜ファフニールを殺したとき、「激しい地震が起こり、あたりの大地はすべて震えた[★29]」。また、巨人がドナル〔雷神〕のとどろく槌を盗んだとき……

　髪を逆立て、鬚を怒りに震わせ

自らの武器を求めて雷神は手探りで探した。★30

ゼウスがギリシアの神々を率いてティタンたちに立ち向かったときには、激しい嵐が吹き荒れた。

涯(はて)しない海は恐ろしくあたりに響き渡り、大地はひどく鳴り響動(どよも)した。広い天は揺り動かされ呻きの声をあげた……
ゼウスはもはや彼の力を抑えることなく、いまやたちまち彼の心は激怒に満たされ、彼はすべての力を示した。すぐさま彼は天空からまたオリュンポスから続けざまに雷光を投げつけながらやって来た。彼の雷電は、聖い炎を巻きあげながら、雷鳴と閃光をともなって彼の力強い手からしきりに飛んだ。生命(いのち)を育くむ大地は炎上してあたりにすさまじく響動(どよも)し、涯しない森林は火災のために燃え上がり、あたりに物凄い悲鳴をあげた。★31

ドナルとゼウスは、現在でもその存在を捉えることのできる神々である。雷鳴と稲妻は最も恐れられている自然現象のひとつだ。非常に大きな音量と極めて広範囲に及ぶ周波数をもつその音は、人間の発音行為(サウンドメーキング)のスケールをはるかに超えている。人間と神々とを隔てる溝は巨大で、そこをわたるには強烈な音が必要だとしばしば考えられてきた。紀元七九年のヴェスヴィウス火山の爆発の音もそうした音のひとつだった。ディオン・カッシオス☆7の伝えるところでは、「おびえた人々は巨人たちが天に向かって戦いをしかけていると考え、噴煙の中に巨人の姿や形が見え、彼らの吹き鳴らすトランペットの音をきいたと思った」。このできごとはローマ史における〈標識音〉のひとつだったのである。

そのとき、大地は震え、揺れ動きはじめた。その震動は非常に激しく、ある場所では、大地が盛り上がり煮え立っているようであり、別の場所では、山々の頂きが陥没し崩れ落ちたほどだった。同時にすさまじい轟音が響き、大地の中の雷鳴のように地下からきこえてくるものもあれば、何かのうなり声かほえ声のように地上で響くものもあった。海は轟き、天が恐ろしい響きでガラガラと鳴り響いたかと思うと、まるで自然の箍（たが）がはじけ飛び、大地のすべての山々がいっぺんに崩れ落ちたかのような強烈な轟音が突如響きわたった……[★32]

独自な音

自然のサウンドスケープはどれもそれ自身の独自な音をもっており、その音が非常に独特であるために標識音となっていることもよくある。私がこれまでにきいた中で最も印象深かった地理的な標識音は、ニュージーランドで体験したものである。ティキテレとロトルア[☆8]には、数エーカーにも及ぶ地表に広がった煮えたぎる硫黄の大平原があり、そこでは地下からゴロゴロ、ドクドクといった無気味な音が響いている。それはまるで、地球の肌の上にうみのたまった傷口が開き、その穴の中から黄泉の国の音がブツブツと沸き立っているような場所である。

アイスランドの火山もこれと同じような響きがするが、そこから少し遠ざかるとその響きの変化に人はびっくりする。

火口付近では雷鳴のような爆発音が響き、さらに火口に近づくと大地の揺れが感じられる。すさまじい破壊力をもった（二〜三メートルの高さの）溶岩の壁が、ゆく手をはばむあらゆるものの息の根を止めながらじりじりと進んでゆく。それはほとんど何の音も発していないようだが、完全に音がないというわけではない。注意深く耳をそばだてれば、その溶岩の塊の中で弱く不ぞろいのピシッ、ピシッという音――数マイルにわたって広がったガラスが砕けるような、堅いカチッ、カチッという音がきこえる。湿った土地の上にやってくると、溶岩の壁はその土地を窒息させるようにシューシューという音を発する。それ以外は、あらゆるものがほとんど沈黙している。[★33]

何の生命も存在しないところにも音はある。たとえば、北極圏地方の氷原は静けさからはほど遠く、そこには豪快な音が響きわたっている。

氷河から三、四マイルの距離までくると、巨大な積氷の割れる音がきこえてくる。その音は遠くの雷鳴のような響きで、五、六分の周期で繰り返しきこえる。さらに近づいていくと、まず最初に巨大な板ガラスが割れるような響きと、それに続いて氷がガラガラと落ちていく音、次にそれらの音全体が遠方の山々に響きわたる音とをきき分けられるようになる。

氷河から流れ出した水は、氷の下にトンネルをつくる。こうしたトンネルの中に崩れ落ちる氷や、水の流れとその中で動く泥や岩の塊が音をたてるが、響きは中空になっているその構造によって何倍にも増幅され、氷上できく者を強烈な力で威圧する。[★34]

ハインリッヒ・ハイネが一八二四年にハルツ山の炭坑を訪れた際に発見したように、地下にもまた静けさはない。

> ぼくは一番深いところまではいかなかった……ぼくが降りていったところでもぼくにはすでに十分深いように思われた。――絶えまなく鳴り響く音、機械の気味の悪い運動、地下の泉の流れる音、四方からしたたり落ちる水、地面から煙のようにたちのぼる水蒸気、そしてその光が淋しい暗闇のなかにだんだんと薄れてゆく安全ランプ。[★35]

黙示録の音

おそらく、世界は音もなく創造されたのかもしれない。だが、それは誰にもわからない。われわれの惑星を生み出した驚異の力学をきいた者は誰もいない。しかし予言者たちは、この世界の創造についてそれぞれの想像力をはたらかせた。「初めに言（ことば）ありき」とヨハネは言う。神の存在はまず、宇宙の音の強力な振動として告知された。予言者たちの終末幻想もまた強烈な音を伴っている。特にユダヤ教やイスラム教の予言にそうした例が多く見られる。

●図１——1883年８月26日夜のクラカトア火山爆発の音は，上図中央の楕円部分の一帯で聞かれたと報告されている。

あなたがたは泣き叫べ。主の日が近づき……その激しい怒りの日に、天は震い、地は揺り動いて、その所をはなれる[36]。

復活の太鼓のとどろきに、かれらは恐怖のあまり、両耳をかたくおさえた[37]。

かれらは死を恐れて、雷電のこわさから耳に指をさしこむ[38]。

予言者たちの想像では、世界の終焉は強烈なとどろきで示され、その響きは彼らが想像しうるどんな音よりも激しく、どんな嵐よりも獰猛で、どんな雷よりも狂暴である。

地球上できこえた一番大きな音は、記憶されている限りでは一八八三年八月二六日と二七日にインドネシアで起きたクラカトア火山の爆発だった。四五〇〇キロちかくもはなれたロドリゲス島にまでも実際の音がきこえたと、その島の警察署長が報告している。「夜間、数回にわたって……重砲が遠くで響くような音が東の方向からやってくるのがきこえた。これらの爆発音は二七日の午後三時まで、三時間から四時間の間隔で繰り返しきこえた[39]」。このように大きな距離を隔てきこえた音は他に例がない。八月二七日にその音がきこえた地域は、地球の全表面の一三分の一よりいくらか小さいほどの広さに及んだのだ。

人間にとって、完全なる沈黙を想像することがむずかしいのと同じくらい、黙示録的な音を想像することもまたむずかしい。これらの体験はどちらも、生物にとっては理論的にしか存在しない。というのも、それらは生命それ自体の限界にかかわるからだ。もっとも、さまざまな社会が知らず知らずのうちに、それらを無意識のうちにあこがれるようになることはありうるかもしれない。人間はこれまでにもずっと、敵を恐ろしい音でやっつけようとしてきた。盾を響かせ太鼓を打ち鳴らした古代から、第二次世界大戦の広島と長崎の原子爆弾に至るまでの戦争の歴史を通じて、われわれは常に黙示録的な音を再現するための周到な試みを重ねてきたのである。第二次世界大戦以来、世界的な規模の破壊行為はおそらく少なくなってきたであろうが、音による破壊は決して少なくなってはいない。そして、現代の市民生活が生み出している狂暴な音の環境が同じような終末論的衝動からきていることに気づくとき、心が乱れずにはいられないのである。

原注

★1——Robert Graves, *The Greek Myths* (according to Hera's statement in the *Iliad*, XIV), New York, 1955, p. 30.
グレーヴス『ギリシア神話』高杉一郎訳、（上）、紀伊國屋書店、一九頁。

★2——*The Questions of King Milinda*, trans. T. W. Rhys Davids, Vol. XXXV of *The Sacred Books of the East*,

Oxford, 1890, p. 175.

『ミリンダ王の問い』中村元・早島鏡正訳、第二巻、平凡社東洋文庫、一九頁。

★3——*The Cantos of Ezra Pound*, London, 1954, p. 10.

『エズラ・パウンド詩集』新倉俊一訳、角川書店、七五頁。

★4——Hesiod, *Works and Days*, lines 663-665, trans. R. Latimore, Ann Arbor, Michigan, 1968.

ヘーシオドス『仕事と日』松平千秋訳、岩波文庫、八七頁。

★5——*The Saga of the Volsungs*, ed. R. G. Finch, London, 1965, p. 15.

『アイスランド　サガ』谷口幸男訳、新潮社、五四五頁。

★6——*First Lay of Helgi*, lines 104-110.

『エッダ』谷口幸男訳、新潮社、一六五頁。

★7——Laragia tribe, Australia, *Technicians of the Sacred*, ed. J. Rothenberg, New York, 1969, p. 314.

★8——*The Cantos of Ezra Pound*, *op. cit*., pp. 13-14.

『エズラ・パウンド詩集』、前掲訳書、八二頁。

★9——Thomas Hardy, *The Mayor of Casterbridge*, London, 1920, p. 341.

ハーディ『カスターブリッジの市長』上田和夫訳、潮文庫、四三五—六頁。

★10——Henry David Thoreau, *A Week on the Concord and Merrimack Rivers*, in *Walden and Other Writings*, New York, 1937, p. 413.

★11——J.Fenimore Cooper, *The Pathfinder*, New York, 1863, p. 115.

★12——Emil Ludwig, *The Nile*, trans. M. H. Lindsay, New York, 1937, pp. 250-251.

★13——Somerset Maugham, *The Gentleman in the Parlour*, London, 1940, p.159.

モーム『旅の本』鷲巣尚訳、荒地出版社、一四〇頁。

★14——Thomas Mann, "Death in Venice," *Stories of Three Decades*, New York, 1936, p. 421.
マン『ヴェニスに死す』高橋義孝訳、トーマス・マン全集8、新潮社、四〇九頁。

★15——Emily Carr, *Hundreds and Thousands*, Toronto/Vancouver, 1966, p. 305.

★16——Alan Paton, *Cry, the Beloved Country*, New York, 1950, p. 244.
アラン・ペイトン『叫べ、愛する国よ』村岡花子訳、聖文舎、三九四頁。

★17——T. Armstrong, B. Roberts and C. Swithinbank, *The Illustrated Glossary of Snow and Ice*, Cambridge, 1966.

★18——George Green, *History of Burnaby and Vicinity*, Vancouver, 1947, p. 3.

★19——F. Philip Grove, *Over Prairie Trails*, Toronto, 1922, p. 91.

★20——Hugh MacLennan, *The Watch That Ends the Night*, Toronto, 1961, p. 5.

★21——Igor Stravinsky, *Memories and Commentaries*, London, 1960, p. 30.

★22——Hesiod, *Theogony*, lines 829-835, trans. R. Lattimore, Ann Arbor, Michigan, 1968.
ヘシオドス『神統記』廣川洋一訳、筑摩書房世界文学大系63『ギリシア思想家集』一九頁。

★23——Victor Hugo, *Les Travailleurs de la Mer*, Paris, 1869, pp. 191-192.
ユゴー『海に働く人びと』山口三夫・篠原義近訳、潮文庫（下）、一二八—九頁。

★24——W. O. Mitchell, *Who Has Seen the Wind?*, Toronto, 1947, pp. 191 and 235.

★25——Thomas Hardy, *Under the Greenwood Tree*, London, 1903, p. 3.
ハーディ『緑樹の陰で』藤井繁訳、千城、一二頁。

★26——Emily Carr, *The Book of Small*, Toronto, 1942, p. 119.

★27——J. Fenimore Cooper, *op. cit.*, pp. 104-105.

★28——Pseudo-Plutarch, *Treatise on Rivers and Mountains*. F. D. Adams, *The Birth and Development of the Geological Sciences,* New York, 1954, p. 31. より引用。

★29——*The Saga of the Volsungs, op. cit.*, pp. 30-31.
『アイスランド サガ』、前掲訳書、五五八頁。

★30——*The Lay of Thrym*, from *The Elder Edda*, trans. Patricia Terry, New York, 1969, p. 88.
「スリュムの歌」『エッダ』、前掲訳書、八九頁。

★31——Hesiod, *Theogony, op. cit.*, lines 678-694.
『神統記』、前掲訳書、一七頁。

★32——Dion Cassius, Thomas Burnet, *The Sacred Theory of the Earth*, Book III, Chapter VII (1691), Carbondale, Illinois, 1965, p. 275. より引用。

★33——Thorkell Sigurbjörnsson, 私信。

★34——David Simmons, 私信。

★35——Heinrich Heine, "Die Harzreise," *Sämtliche Werke*, Vol. 2, Munich, 1969, pp. 19-20.
ハイネ『ハルツ紀行』舟木重信訳、筑摩書房世界文学大系78、一四九頁。

★36——Isaiah 13: 6 and 13.『イザヤ書』第一三章六と一三。

★37——Jalal-ud-din Rumi, *Divan i Shams i Tabriz*.

★38——Qur'an, 2: 19.『コーラン』、二章一九。

★39——*The Eruption of Krakatoa*, Report of the Krakatoa Committee of the Royal Society, London, 1888, pp. 79-80.

訳注

☆1——ベルギー北西部の港湾都市。

☆2——ホメーロス『イーリアス』呉茂一訳、岩波文庫（上）、一一頁。

☆3——いずれもスーダン北部の都市。

☆4——Idea of North　広大な北部地域にある種の精神的よりどころを求めるカナダ人の間でよく用いられる言いまわし。

☆5——カナダ西部の州。

☆6——Charles Kingsley　一八一九—七五。イギリスのプロテスタント聖職者・文学者。

☆7——Dion Cassius　一五〇頃—二三五頃。ローマの歴史家。

☆8——ニュージーランド北島中央部の火山台地北部、ロトルア湖南岸の都市。

第二章　生命の音

鳥の歌

『ヴォルスンガ・サガ』の中で繰り広げられる一連の残虐な出来事の最中にあって、あらゆる文学と神話の中でも最も美しい奇蹟のひとつが起こるのが、竜のファフニールを殺してその血を口にしたシグルドが、突如として鳥の言葉を理解するようになるとき——ヴァーグナーがオペラ《ジークフリート》の中で非常に効果的に用いている場面である。

鳥の言語や歌については、これまでにも多くの研究がなされてきた。もっとも、それぞれの用語の一般的な意味で、鳥が「歌う［sing］」のか、それとも「話す［converse］」のかについては今日に至ってもまだ多くの論議が交わされている。いずれにせよ、自然の音の中で鳥の鳴き声ほど人間の想像力に優しく語りかけてくるものはない。これまでに多くの国で行なってきたテストで、被験者に自分たちの環境にある音で最も好きなものをいくつか挙げてもらったところ、鳥の歌は常にそのリストの最上位、あるいはそれに近いところに現われた。[☆1] また、鳥の鳴き声を音楽の中でうまく模倣する試みも、クレマン・ジャヌカン（一五六〇年頃没）[☆2] からオリヴィエ・メシアン（一九〇八年生）に至るまでその歴史は長い。

鳥にさまざまな種類があるように、その鳴き方にもいろいろなタイプがある。鳥によっては、非常によく通る大きな声を出すものがある。オーストラリアのワキグロクサムラドリ *Atrichornis rufescens* の鳴き声は「極めて強烈で耳が痛くなるほどだ」[★1]という。また、ときにはその数の多さでひとつのサウンドスケープを支配してしまう鳥もいる。メルボルン周辺できかれるスズミツスイ *Manorina melanophrys* の鳴き声は常にほぼ同じ音高——E♮—F♮—F♯——を執拗に繰り返す。鐘の響きのようなその鳴き声は、セミがつくり出すのと同じくらい密度の濃いサウンドスケープを生み出すが、そこに、一定の空間的な遠近感が保たれているという点では異なる。前景も後景も感じさせず、ただその継続的な存在だけを感じさせるセミの音とは違って、鳥の鳴き声はどこから発せられたかがはっきりとわかるのだ。

鳥の歌は、世界のほとんどの地域で、豊かで変化に富んだ響きをきかせてくれるが、帝国主義的な威圧感を与えることは決してない。そういうわけで、アッシジの聖フランチェスコは鳥を優しさの象徴としたし、これと非常に似かよった発想で、同時代のイスラムの思想家ジャラール・ウッディーン・ルーミーは自らの神秘主義宗派のために、当時の卑俗で贅沢な風潮に反対する謙虚と質素の精神の象徴としてあし笛を用いたのである。音楽とサウンドスケープの双方の領域において鳥の歌のもっているシンボリズムの重要性については、のちほどまた扱うことにしよう。

鳥の鳴き方（ヴォーカリゼーション）はこれまでにもしばしば音楽的な方法で研究されてきた。鳥類学者はかなり以前から、鳥の鳴き声を記述するため、人間の言語にはない魅力的な言葉をつくりあげている。

シメ　ディーク……ワリーリーリー　チー…チー…トゥーウィーウィー
Deak... waree-ree-ree Tchee... tchee... tur-wee-wee

アオカワラヒワ　ワーワーワーチャウチャウチャウチャウトゥウィーウィー
wah-wah-wah-chow-chow-chow-chow-tu-we-we

イスカ　ジブ……チプチプチプジージージージー
jibb... chip-chip-chip-gee-gee-gee-gee

シジュウカラ　ゼトゥー、ゼトゥー、プツィーイー、ツォーイーツォーイー　チンシィー
チンシィー、ディーダーディーダーディーダー、ビプルベーウィトセディ
ドゥル
ze-too, ze-too, p'tsee-ée, tsoo-ée, tsoo-ée ching-see, ching-see, deeder-deeder-deeder, biple-be-wit-se-diddle

セグロヒタキ　チートゥル、チートゥル、チートゥル　ディードルディードルディー、ツ
イッツィッツィッ、トゥルイ、トゥルイ、トゥルイ
Tchéetle, tchéetle, tchéetle diddle-diddle-dée; tzit-tzit-tzit, trui, trui trui

ヤドリギジナイ　トゥレウィアリオイー、トゥレウィアリーオイーオ、トゥレウィオウィー
オウィーオウィット
tre-wir-ri-o-ee; tre-wir-ri-o-ee-o; tre-we-o-wee-o-wee-o-wit

ウズラクイナ　クレックスクレックス、クレッククレック、ラープラープ

タシギ

crex-crex, krek-krek, rerp-rerp

ティクティクティクタクティクタクティクタクタクチピット、チックチャック、

ヤックヤック

tik-tik-tik-tuk-tik-tuk-tik-tuk-chip-it; chick-chuck; yuk-yuk★2

鳥の歌の研究には音楽の記譜法も用いられた。そうしたやりかたは、鳥の歌を書き留めた楽譜からひとつの複雑な芸術形式を生み出したオリヴィエ・メシアンによって今日でも使われている。たしかに、記譜法はたいへん巧妙な仕組みである。それにもかかわらず、鳥の鳴き方（ヴォーカリゼーション）はほとんど例外なくそうした音楽的手段によって表記することはできない。なぜなら、鳥が発する音の多くは単一音ではなく、さまざまな音が組み合わさされた複合音であり、またその歌の多くが高い周波数域を占め、かつテンポも速い。そのため、かれらの歌より低い周波数域でテンポもゆっくりとした、人間の音楽のために考案された記譜法の体系で書き留めるのは極めて困難なのである。より正確な記録の方法は、サウンドスペクトログラフによるもので、鳥類学者は現在この方法を用いている。

鳥の歌の構造は非常に複雑なことが多いが、これは多くの鳥が大変な歌の名手だからである。ものまねのうまい鳥もいる。たとえば、オーストラリアのコトドリは無類のものまねじょうずだ。その歌の中にはしばしば一五種にものぼる他の種類の鳥の鳴き声が含まれているばかりか、馬のいななき、横引きのこぎりの音、車の警笛、さらには工場のサイレンの音まで入っていることが

あるのだ！　また、多くの鳥の歌には反復されるモティーフが含まれている。その反復の機能が何であるかははっきりしないことが多いが、これらの旋律的な示導動機（ライトモティーフ）、およびその変奏や拡大は、トルバドゥールたち、あるいはハイドンやヴァーグナーが、かれらの音楽において用いたいくつかの旋律的手法と似たところがある。もっと詳しく調べていくと、ある種の鳥たちの情感豊かな言葉には、人間の声や音楽の表現形態との関連性が認められる。たとえば、危険に遭遇したひな鳥の鳴き声は、下降していく周波数によってのみ構成されているのに対し、喜びの鳴き声で

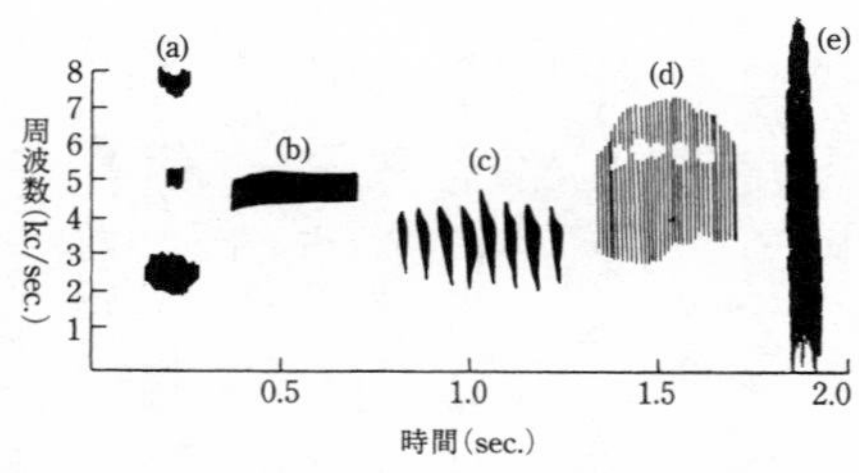

●図２――サウンドスペクトログラフは鳥の声がそれぞれ異なった音質をもっていることをはっきりと示す：(a) サヨナキドリの声，とても澄んでいて倍音を含む。(b) ノドジロシトド，さえた口笛のような音。(c) ヌマヨシキリ，トリルのような音。(d) ウスヒメスズメモドキ，不明瞭なうなりのような音。(e) セキセイインコ，飛び立つときのかん高い鳴き声。

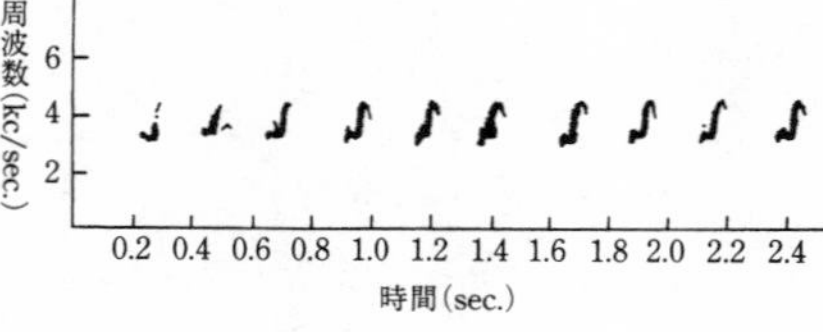

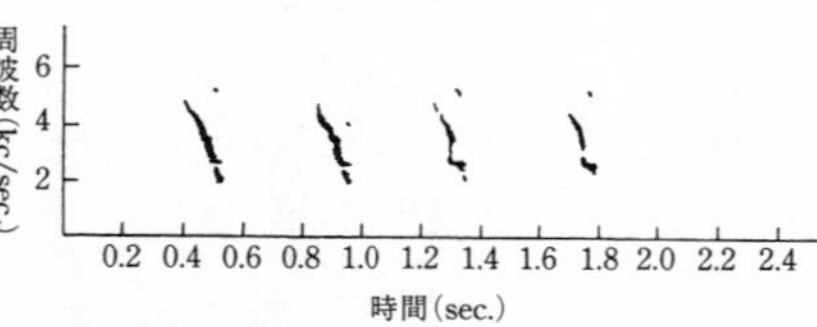

●図３――生後３日のニワトリのひなの鳴き声のスペクトログラフ：喜びの鳴き声（上図），危険に遭ったときの鳴き声（下図）。

は周波数の上昇が支配的である。そして、これとほぼ同様の音の輪郭が、人間の悲しみと喜びの表現の中にも認められるのである。

しかし、こうした類似点にもかかわらず、また鳥がどれほど意識的に情報の伝達をしていようとも、鳥の鳴き方（ヴォーカリゼーション）が人間のためではなく鳥自身のためにできたものだということは明らかである。鳥の鳴き方の符号（コード）を解読しようと頭を悩ます人もいるかもしれない。だが、ほとんどの人は、かれらの歌声のあのびっくりするほどにぎやかなシンフォニーに、ただきき惚れるだけだろう。詩と同じように、鳥の歌も、何かをことさらに意味するためではなく、ただそこに存在するものなのだ。

世界の鳥のシンフォニー

地球の各地域には、それぞれ独自な鳥のシンフォニーがある。そこに住む人間の言語と同じくらい特徴的な、その地方特有の基調音を形成しているのだ。パリでヴィクトル・ユゴーは、リュクサンブール公園の鳥たちが五月——かれらの恋の季節に歌うのをきいた。

四隅と中央に植樹した五点形の植込みと花壇とが、日射しをあびて芳香とまばゆいほどのきらめきを投げあっていた。木立の枝は真昼の日光に夢中になって、たがいに抱きあおうとしているように見えた。大かえでの茂みでは頬白がさわぎたて、雀が得意になって囀り、きつつきは樹皮の穴にくちばしを入れてこつこつつつきながらマロニエの木をよじのぼっていた……この壮麗さは清純だった。幸福な自然の偉大な沈黙が公園にみなぎっていた。それは巣で鳴く鳩の鳴き声や、蜜蜂の群れの羽音のうなりや、風のざわめきなどの数千の音響と共存できる天上の沈黙だった。[★3]

このような豊かなポリフォニーは、北アメリカの草原にはない。一世紀前のこと、ピッツバーグ付近の草原で、あるドイツ人の作家は「完全なる無だ……このはるかに続く大草原に、一羽の鳥も、一匹の蝶もいなければ、動物の鳴き声、昆虫の羽音のひとつもきこえはしない」と述べている。[★4]草原では音が、まるで一度も発せられなかったかのように跡形もなく消えてしまうのだ。ロシアの大草原（ステップ）でも、鳥の歌の他には何もきこえないことが多い。「まるで万物が死に絶えたかのようだ。ただ天空の非常に高いところでひばりが声を震わせ、銀鈴を打ち振るようなその響きが大気をつたわって愛に飢えた大地にふりそそぐのと、かもめの鳴き声、あるいはうずらのよく響く声が、ときおり大草原（ステップ）にこだまするばかりだ」[★5]。ただ一種類の鳥の声だけがきこえることもあった。「何と魅惑的なところだったことか！　高麗うぐいすはその三音から成る澄んだ調べを歌い続けていた。そのたびに、笛のように美しく潤いをおびた声を、ちょうどその最後の余韻があたりの草原に吸い込まれていくまでのあいだ休めては、またその歌を繰り返すのだった」[★6]。そして冬、鳥の声はそりの鈴の響きと混じり合った。「雪の降り積もった野原の片隅にひとり腰をおろし、冬の日の水晶のように透明な静けさの中に響きわたる鳥たちの囀りに耳を傾けるほど心の和むことはない。どこか遠くのほうで駆けぬけるトロイカの鈴の音を背景に、ロシアの冬のあの哀愁をおびたひばりの歌がきこえてくるのだ」[★7]。

一方、ビルマのジャングルの中では、その地を旅したサマセット・モームによれば、このような音の清澄さを見いだすことは不可能だった。「こおろぎと蛙の出す音、それに鳥の声」がひっきりなしにけたたましく響き、「それに慣れるまでは眠ることもままならぬ」と述べるモームは、「東洋には静寂というものがない」と結んでいる[★8]。

世界のさまざまな地域で鳥の歌がどのくらいの密度を形成しているかについて、鳥類学者たちはまだ、その客観的な比較――自然のサウンドスケープの複雑なリズムを図解する際に役立つような比較――ができるほど詳細な統計的測定を行なってはいない。しかし、いろいろな鳥の歌のタイプや機能の分類という別な問題に関しては、鳥類学者たちによる多くの研究があり、それらはサウンドスケープの研究者にとっても有益である。鳥の歌は、基本的には次のように分類される。

喜びの鳴き声
危険に遭ったときの鳴き声
縄ばりの防衛の鳴き声
警戒の鳴き声
飛翔時の鳴き声
群れるときの鳴き声

巣にいるときの鳴き声
採食時の鳴き声

これらの鳴き声の多くに対応するものが、人間の発音行為（サウンドメーキング）の中にも認められる。わかりやすい例を挙げれば、鳥の「縄ばり宣言」は自動車の警笛に相応するし、「警戒の鳴き声」はパトカーのサイレンに、「喜びの鳴き声」は浜辺のラジオに当たる。また、鳥の「縄ばり宣言」には、われわれが後ほど詳しく考察することになる〈音響空間〉という概念の発生をみることができる。音響的な手段によってある空間を定義することは、所有地を示す境界線や塀ができるよりもずっと大昔から行なわれていたことである。現代社会において私有地が徐々におびやかされてくるにつれて、鳥や動物たちが遵守しているような互いに重なり合い、浸透し合うさまざまな音響空間のネットワークを律している原理が、人間の共同体にとっても再び大きな意味をもつようになるかもしれない。

鳥はその羽音によっても区別できる。ワシが勇壮かつゆったりと羽ばたく音と、スズメが空中で翼をせわしなく震わせる音とはずいぶん違う。フレデリック・フィリップ・グローヴ[☆3]は、夜間にカナダの大平原を旅したあとで「実際のところ、鳥の姿は見えなかった。だが、その羽音がうなるように響くのをきいた」と書いている。カナダの北の湖で、ガンの群れが突然に飛び立つ音――翼が水面を打つときのあのはなやかな響き――は、ベートーヴェンの音楽と同様に、それを耳にした人々の心の中に深く刻み込まれる。

鳥によっては、その羽音が人の耳にきこえないものもある。「フクロウの飛行はあまりにも静かで、その翼はまるで音を消すための羽毛の詰めものがされているかのようだ。誰でもフクロウの魅惑的な声をきくことはできるだろう。けれども、夕暮れの中、頭のすぐ上をフクロウが旋回していてもその翼の音はきこえない」[★9]。いずれにせよ、飛んでいるときの翼の音で鳥を区別することができるのは、いなかで土に親しみながら暮らしている人だけである。都会人がこうした能力をとどめているのは昆虫と飛行機に関してだけだ。

現代人が鳥たちの名前すら忘れつつあるのは悲しむべきことである。都会での〈音聴き歩き[☆4]〉のあと、参加者が「鳥の鳴き声をきいた」と答えることは多い。しかし、「何という鳥か」とたずねると、「わからない」ということになってしまう。言語に関する正確さとは、単なる辞書づくりの問題ではない。なぜなら、われわれは名前を言うことのできるものしか知覚することができないからだ。人間が支配する世界では、あるものの名前が死滅すると、それは社会から忘れ去られてしまい、ひいてはその存在までもが危険にさらされることになるのだ。

虫

現代人が最も簡単にきき分けることのできる昆虫の音は、一番しゃくにさわる連中の音である。蚊やハエ、それにスズメバチの音はすぐにそれとわかる。注意深い耳の持ち主ならば、蚊の雌雄の違いまでできき分けられる。一般に、オスのほうが高い羽音でうなるのだ。しかし、あらゆる種類の蜂の音を区別できるのは、養蜂家のような専門家だけである。レオ・トルストイは自分の地所で蜂を飼っていたが、その蜂の音を『アンナ・カレーニナ』と『戦争と平和』の中で描写している。「彼の両耳には蜂のさまざまな羽音が絶え間なく響いていた。あるときには働き蜂が素速く飛び立っていく忙しげな羽音が、またあるときには怠け者の雄蜂のやかましいブンブンという音、あるいは自分たちのすみかを敵から守ろうと今にも刺しそうな護衛蜂の興奮した羽音がきこえてきた」[★10]。女王を失った巣群が解体しつつあるときも、養蜂家は音でそれを知る。

〔病める巣箱と〕生きた巣箱のまわりとでは、蜜蜂たちの飛び方もちがうし、蜜の匂いも蜜蜂たちの唸りもちがう。このことが蜜蜂飼いを驚かすのである。蜜蜂飼いが病める巣箱の壁をとんとんと叩いても、いままでのように、とたんにいっせいの答えは返ってこない。数万匹の蜜蜂が威嚇するように尻をすぼめてジージー唸り、あわただしく羽根を振動させて空気をぶんぶん鳴らす、あの生きた答えは返ってこない――脱け殻のような巣箱のあちこちにうつろにひびくばらばらの唸りが返ってくるだけである。……入口にはもはや防衛のために死を覚悟し、尻を突き出して警報を鳴らす兵隊蜂はいない。もはやあのなだらかでしずかな音、湯が沸く音に似た、あの労働の鼓動はなく、乱れたばらばらのざわめきが聞こえてくるだけである[★11]。

ウェルギリウスは『農耕詩』の中で、ローマの養蜂家が蜂を巣箱に呼び寄せるため、シンバルで「チンチンと音をたてた」様子を述べている。彼はまた、二つの巣の蜂たちがときおり、互いに

「突如として響きわたるラッパにも似た叫びをあげて」戦う様子を生き生きと描いている。★12

昆虫は、驚くほどさまざまな方法で音を出す。蚊や雄蜂などが出す音は、翅の振動だけで生じる。昆虫の場合、翅の震動数は一般に一秒間に四回から一一〇〇回までの範囲だが、虫からきこえるある程度はっきりしたピッチの音は、ほとんどがそうした振動から生じるものである。しかし、一秒間に五回から一〇回その翅を動かす蝶の音は、余りにも弱くて低いために音としてきこえない。蜜蜂の翅の震動数は毎秒二〇〇から二五〇サイクル、また、蚊 *Andes cantans* の場合には一秒につき最高五八七サイクルまでが測定されている。したがって、これらの振動数がそれぞれの虫の音の基音となるわけだが、同時に音響成分が複雑豊富な倍音をもっていることも多く、その場合実際にきこえる音は、明確なピッチがほとんど感じられないぼやけた響きになる。

昆虫の発するもうひとつのタイプの音は、地面をたたいて出す響きである。ある種のシロアリの場合がこれにあたる。おびただしい数のシロアリが集まり、一秒間に約一〇回の割合でそろって地面を打つと、太鼓をたたくようなかすかな響きとなるが、これはシロアリの一種の警戒信号であると考えられている。ジュリアン・ハックスリーは次のように記している。「ベルギー領コンゴ〔現コンゴ民主共和国〕のエドワード湖の近くでキャンプを張ったとき、夜中にふと目覚めるとチッチッという不思議な音がした。懐中電灯で照らしてみるとその音は、夜の帳の中をテントの床を横ぎるシロアリの縦列が発しているものだった」。★13

さらに、コオロギやある種のアリのように、摩擦片と呼ばれる部分をヤスリ目脈と呼ばれる別の部分にこすりつけて摩擦音を発する昆虫もいる。この鑢（やすり）をかけるような動きによって、倍音を豊かに含んだ複合音が生じる。この摩擦の仕組みには非常に多くの種類があり、昆虫が出す音の中でずばぬけて数が多く変化に富んでいるのが、この方法によるものである。

昆虫の中でも最も大きな音を出すのはセミだ。セミは、羊皮紙のような感触の振動膜と呼ばれる隆起のある薄い膜によって音を出す。振動膜は、胸部と腹部が接合する付近にあり、内皮についている強力な筋肉によって動かされる。この仕組みはカンのふたを指で押したときと同じ方法で、一連のクリック音を発生させる。振動膜の動き（その振動数は毎秒四五〇〇サイクルにも達する）は、腹腔内の気室に共鳴して増幅されるため音は半マイルも離れたところでもきこえる。オーストラリアやニュージーランドのような国では、セミは最盛期（一二月から三月）ともなると、ほとんど耐えがたいほどの音を響かせるが、夜になるとその音もやんでコオロギたちの優しい歌にとってかわられる。

セミの音を、それを聞いたことのない人に説明するのは容易ではない。若き日のアレキサンダー・ポープは、ウェルギリウスの「セミの鋭い鳴き声と私の声が果樹園にこだまする［sole sub ardenti resonant arbusta cicadis］」という行を翻訳した際、イギリスの読者のためにもっとわかりやすい音を用いて、「羊は私の愚痴に同意してメーメーと鳴く［The bleating sheep with my complaints agree.］」と訳すことによって同様の感じを伝えるという手段をとった。★14

古典文学には、東洋の文学と同様に、セミについての数多くの言及がある。たとえば『イーリアス』（ここではギリシア語のセミ［τεττιξ］が誤って「バッタ」と訳されていることがよくある）やヘシオドスの著作の中にセミの名がでてくる。テオクリトスによれば、ギリシア人はその鳴き声ゆえにセミをかごに入れて飼ったというが、南の国々の子どもたちのあいだにはいまだにこの習慣がよくみられる。『パイドロス』でプラトンはソクラテスに、セミはもともと人間であったがミューズの女神たちに心を奪われ、食べることも忘れて一生を歌うことだけに夢中になったため、死んで虫に生まれ変わったものであると語らせている。道教では、セミは「仙」――魂――と関係づけられており、埋葬のために死体を整える際、魂が死後の肉体から離れるのを助けるよう、セミをかたどった彫り物が用いられる。南の国々のサウンドスケープにおけるセミの鳴き声のこうした重要性は、ヨーロッパやアメリカの比較的新しい北方文明が支配的になって以来、その象徴性と共に見のがされてきた。

昆虫の鳴き声も、農耕の暦の中に組み込まれると、小鳥の声と同じように周囲のサウンドスケープから立ち現われ、特定の行為を指示する信号音となる。たとえば、「頭上のセミが、太陽をあびて働く羊飼いたちをながめつつ、葉のうっそうと茂った木立ちの中で音楽を奏でているうちに、播種期にそなえて休閑地を耕せ★15」といった具合である。

このように、昆虫の出す音は一日のリズムと季節のリズムの両方を刻む。だが、いまのところ昆虫学者はこれらのリズムを、サウンドスケープの研究者がそこから明確な音のパターンを引き出せるだけの十分な精密さで測定してはいない。昆虫が発する音の強さや周波数を正確に分析することも、大変に困難なことがわかっている。これは、それぞれの虫の音を個別に録音するのがむずかしく、また昆虫の発する音が一般に複雑な周波数特性をもち、超音波の音域におよぶ倍音を含む広帯域のノイズであることが多いからである。サバクトビバッタ *Schistocera gregaria* と呼ばれる種のイナゴは、非常に近い距離で録音した場合は約二五デシベルの音を発するが、飛行時の羽音は五〇デシベルにも達する。サバクバッタが飛ぶ音は、マイクロフォンから一〇センチメートルの距離で六七デシベルもの値が測定されている。このように、ハエ、ハチ、カブトムシといった堅い翅と胴体をもった昆虫が五〇から六〇デシベルにも達する音を出すのに対し、多くのガの発する音は、音源から非常に近いところでも二〇デシベルほどの小さなものである。人間の耳は中音域から高音域にかけての周波数域の音により敏感であるため、高音域（平均して毎秒四〇〇〇から一〇〇〇〇サイクル）の虫の音がより大きくきこえる。一方、毎秒九万サイクルの周波数――つまり人間の可聴音域より約二オクターヴも高い音――を含むことが確認されているイナゴの音の、高いほうの周波数をきくことのできる人間は誰もいないのである。

ところで、昆虫の音に一般的に認められる特性のひとつで、われわれにとって大変に興味深いものがある。昆虫の発する音が、おそらく自然界の他のどの音よりも、定常状態――平坦な線（フラットライン）の音の印象をもたらすことである。虫の音の多くはパルス変調をかけられたり、他の微妙な方法で変化が加えられるため、こうした印象は部分的には幻聴であろう。しかし、虫の音のそうした変調が生み出す「粒子的」効果にもかかわらず、多くの虫の音から受ける印象は、連続的で変化がなく単調である。自然界の空間の中に直線がほとんど存在しないように、自然の中でこのような音のフラットラインが生じることはめったにない。産業革命によって近代的なエンジンが登場するまでは、そうした音に出合うことはまずないのだ。

水棲生物の音

生物の音は、地球の表面をぐるりと覆う一層の薄い殻の中——地球の半径の一パーセントにもはるかに満たない範囲の中で発せられているにすぎない。つまり、生物の音は、地表とある程度の水深までの海、そしてそのすぐ上の空中だけの領域に限られたものなのである。しかし、この比較的狭い範囲内でも、そこで生命体が発する音の種類にはびっくりするほど多種多様なものがある。もっとも、自然界のあらゆる音を調べることが本書の目的ではないから、ここではいくつかの比較的珍しい例を挙げるだけにしたい。[★16]

たいていの魚には音を発するための特別な仕組みも、音をきくための発達した器官もない。にもかかわらず、多くの魚が独特な音を出すし、中には非常に大きな音もある。マンボウやある種のサバなどは、歯ぎしりをしたり歯をカチカチとかみ合わせて音をたてる。また、空気を吐き出したり浮き袋を振動させて音を出す魚もある。ある種のドジョウ *Misgurnus* はあぶくを飲み込み、それを肛門から強く発射することによってやかましい音をたてる。浮き袋を振動させて音を出す魚だけでも少なくとも三四種類はいる。

クジラの歌に関してはここ数年かなり多くの研究が行なわれており、一九七〇年にはザトウクジラの歌の商業的なレコードが出されている。それらのレコードが発売されるやいなや多くの関心を集めた理由には、歌い手が今や絶滅の危機に瀕する生物だという心痛む事実も一部にはあったろう。しかし、それよりもかれらの歌がちょっとやそっとではとても忘れることができないほど美しいものであったからである。クジラの歌は、自分たちの祖先がかつては水の中に棲んでい

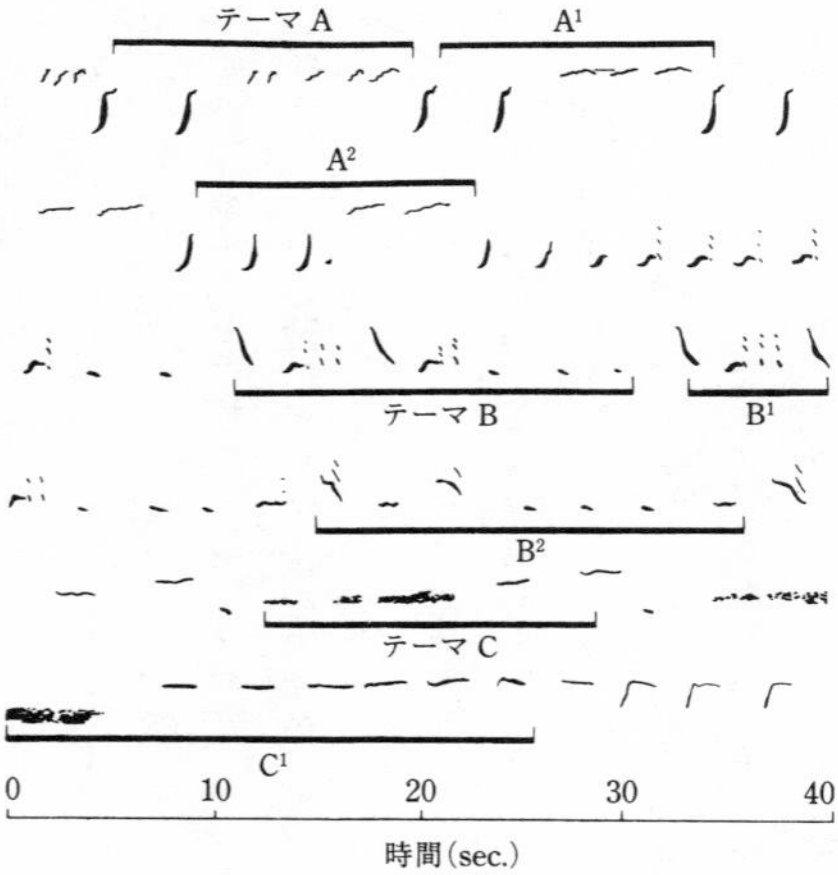

たことを忘れてしまっていた多くの人々を、音のよく反響する丸天井に覆われた大広間のような大海の奥深くへと誘ったのである。それはまた、電気ギターなどを用いたポピュラー音楽によくあるフィードバック効果と、多重エコーという水中の音響特性——これについてはあとでまた取り上げるが——とをうまく結びつけたのだ。ザトウクジラの歌は音楽的に分析することができる。個々の歌は、毎回異なった回数繰り返される一定の主題や動機に基づいた一連の変奏から成っている。研究者たちは現在、こうしたザトウクジラの歌に群れや家族によって異なる方言のようなものがあるか否かを問題にし始めている。

●図4——ザトウクジラの歌は，明確なテーマと変奏からできている。

甲殻類の中にも音を出すものがある。シャコ *Chloridella* は尾の一部と一部をこすり合わせて大きな音をたてるし、フロリダイセエビは特殊な皮膚弁を触角にこすりつけてギーギーという音を出す。その他にも、海岸でよく耳にするパチパチ、ブツブツ、シューシュー、あるいはゴロゴロといったさまざまな音を出す甲殻類がいる。

早春になると世界中の沼地にはさまざまなカエルの声が響きわたる。北米大陸では、コクチアマガエルが小羊のような声で鳴き、ホエアマガエルが犬のように吠え、ハルアマガエルが小鳥のようにさえずり、コオロギガエルとアメリカヒキガエルがトリルで歌い、一番小さなコオロギガエルはまるで虫のような鈴の音をならす。さらに、メドウフロッグはガラガラとのどを鳴らし、ゴーファーフロッグは大いびきをかき、ブロンズガエルはバンジョーを奏で、南部にすむウシガエルの声はまるでげっぷのようだ。カエルたちのこの変化に富んだ歌声は、まるでフルオーケストラの楽団員が勢揃いしているかのようである。

アメリカを訪れたジュリアン・ハックスリーは初めてウシガエルの鳴き声をきいたときのことを、「そんな声をただのカエルが出せるなどとはとても信じられなかった。なにしろその鳴き声はとても大きく、ピッチも低く、大型でどちらかといえば獰猛な哺乳類を思わせるものだった」[★17]と述べている。北アメリカの人々にとってのカエルは、ちょうど日本人やオーストラリア人にとってのセミのようなものである。実際ナンブヒキガエル *Bufo terrestris* のような種類の高くよく響くカエルの声は、セミの鳴き声によく似ており、セイブヒキガエル *Bufo cognatus* の長く引き伸ばされたトリルのような声は延々三三秒にもわたって録音されたこともある。しかし、夜も更けるにつれて、こうした沼地の合唱の盛り上がりも徐々に静まっていく。ウシガエルの声のピッチは下がり、他の楽団員の音もだんだんと夜の帳の中へ消えていく。

動物の音

動物の発する音すべてを取り上げることはできない。したがって、ここでは人間の音を考察する前段階として、そのうちのごく一部について述べることにしよう。肉食獣は、動物の中でも最も変化に富んださまざまな声を出す。また、その声の多くは、ライオンの咆哮、オオカミの遠吠え、ハイエナの笑い声のように著しい特徴をもっているため、人間の想像力の中にたちまちのうちに刻み込まれる。それらの鳴き声は強烈な音響的心像(イメージ)となり、人がひとたび耳にすれば、その音を忘れたりきき違えたりすることは生涯を通じて決してない。これら肉食獣の声は、歴史を形成する最も重要な音に数えられる。それらの鳴き声を音の模倣の巧みな人の口からきくだけでも、人間は実際の動物たちを想像して震えあがってしまうのだ。

ルートヴィッヒ・コッホ[☆5]は、ライオンの声による表現として少なくとも六つの明確に異なったタイプを録音している。子どものライオンが親の注意を引こうとして鳴く場合、どちらの親を呼んでいるかによって明らかに違った鳴き方をする。一方、母ライオンの応答はグルグルといった鳴き声だったが、これはグーグーといっているようにもきこえる。また、主に飼育されているライオンに認められるものに、鳥の場合の「喜びの鳴き声」に当たるものがあり、これは飼い主の姿をみとめたライオンが発するものである。一匹で何の邪魔もされずに食事をしているときの声は、やさしく低いうなり声である。また、ちょうど獲物を捕えたときのライオンは獰猛な一声の叫びを恐ろしげに短く発する。最後に本当の獅子吼(ししく)があるが、これは普通夜間にきかれるもので日中にきかれることはめったにない。ライオンが吼える際、自分の声をよく共鳴させ、反響させようと口を地面に近づけることが間々ある。

ライオンがのどをゴロゴロと鳴らすことはない。しかし、ヒョウやチーターはのどを鳴らしその音も大きい。怒ったときのフーッとつばを吐くような音の他にも、これらネコ科の動物はそれぞれに独自な音のレパートリーを持っている。たとえばピューマは、ジュリアン・ハックスリーが「子どもの泣き声と間違えかねない」と述べた悲しげなかん高い鳴き声を出すし、子どものピューマの声はまるで口笛のようだ。トラは、ライオンほどやかましくはないかわりに、熱烈な愛の歌（ラブコール）を交わし合う。その様子はちょうど普通のネコの場合と同じだが、音量ははるかに大きい。

オオカミの遠吠えは人の心につきまとい孤独な気持ちにさせる。普通、まず群れのリーダーがソロで鳴き始め、やがてそれに他のオオカミたちが合唱で加わるのだが、最初のうちは長く尾をひいて吠え、徐々にキャンキャンといった不ぞろいな鳴き方になっていく。こうしたオオカミの遠吠えは、群れの縄ばりを〈音響空間〉として定義するための声の儀式であり、それはちょうど狩人の角笛が森への、また教会の鐘が教区への権利を主張するのと同じようなものである。

霊長類が出す音は、人間にとって大変興味深くおもしろいものばかりだ。その声は、口笛のようなものから金切り声、ペチャクチャおしゃべりをしているようなもの、ブーブー鳴く声、そして吠え声に至るまで極めて変化に富んでいる。中には非常に大きな声を出すものもいる。たとえば南アメリカのホエザルは、からだの大きさの割には最も大きな声で鳴く哺乳類で、開けた土地では約五キロメートル、深い森の中では約三キロメートル離れたところまでその声が届くと言われている。ホエザルの発声器官は、そのように大きな音を出すために、特別なふいご状の構造になっている。こうした動物たちの声の大きさについてはこれまでに正確な計測が行なわれたことはなかった。われわれがヴァンクーヴァー動物園のホーラックテナガザルの鳴き声を檻の外側で測定したところ、その最大値は110dBA[*1]であった。ジュリアン・ハックスリーは、早朝の静かな時間帯にオックスフォード広場でロンドン動物園のテナガザルの声をきいたことのある友人について語っているが、これら二点間の距離は二キロメートル弱になろう。

ゴリラは、発声以外の方法で音を出すことを発見した唯一の霊長類である。かれらはこぶしで自分の胸をたたいて大きなこもった音を出す。この行為は、声を出しながら行なわれることもあれば、それだけ単独に行なわれることもある。つまり、ゴリラは喉頭という本来の発音機構とは別に、共鳴体として使えるものを発見したのである。これは、自分の身体を使って出す音から、道具を用いた人工的な音への移行ができていないものの、楽器の発見寸前のところまできているように思われる。われわれが知る限り、これを超えたのは人間だけなのだ。

人間は言語と音楽でサウンドスケープにこだまを返す

これまで数ページにわたって述べてきた動物の音はすべて、いくつかの一般的なカテゴリーに分類できる。つまりそれらは、警告の音、求愛の鳴き声、母子間の呼び交わし、摂食時の鳴き声、そして社交の鳴き声などのいずれかなのだ。これらのカテゴリーは、人間の発声行為においても認めることができる。本書ではこれから、歴史を通じてこうした音が人間の共同体においてどのようにつくりだされてきたかを考察していきたい。

まず、動物どうしの間で交わされる狩猟、警告、驚き、怒り、求愛といった信号の多くが、音の長さや強さ、および抑揚の点で人間の間投詞と非常に似かよっている場合がよくある。人間も、〔犬が敵に向かってうなるように〕がなりたてたり、〔オオカミが遠吠えをするように〕泣きわめいたり、〔子犬がクンクン鼻をならすように〕しくしく泣いたり、〔ブタがブーブー鳴くように〕鼻を鳴らしたり、〔ライオンが吼えるように〕どなったり、〔サルのように〕キャッキャッとさわいだりする。こうしたことは、人間がしばしば動物たちと同じ土地の上に縄ばりを分かち合っているという事実と共に、人間の民間伝承や儀式の中に動物たちが頻繁に登場してくる理由を明らかにするものである。バリ島のケチャにみられるように、こうした儀式においては動物たちの声が人々によって極めて巧みに模倣されつつ、呪文のように唱えられる。マリウス・シュナイダー[☆6]は次のように述べている。

それをきけば、動物の鳴き声やその他いろいろな自然の音を先住民がいかにリアルに模倣できるかがわかる。それは、歌い手がそれぞれ（波、風、木のきしみ、おびえた動物の叫びなど

＊1——デシベル値は、その省略記号、dBにA、B、あるいはCを付けることで、より正確に表示される。dB Aは、低周波の音に対する人間の耳の識別特性とほぼ同じになるように、重みづけ回路網により測定器における低周波数域の音がカットされていることを意味する。これに対し、dB Bは、測定音に対する人為的な調整の度合がより少なく、また、dB Cはそれがほとんどないことを表わす。

の）特定の音を模倣する言わば「自然のコンサート」であり、その「コンサート」はおどろくほど壮大で美しい。★18

われわれは今や、言語と音楽の誕生という二つの奇蹟が起こった前史時代からは、はるかに遠いところにいる。これらの活動はどのようにして生まれたのだろうか？　言語の起源をもっぱら自然のサウンドスケープの模倣にのみ求めるのはかなり性急なことであろう。だが、人間の舌があるときふと踊り出し、それがいまだに自然のサウンドスケープと共に踊り続けているということについては何の疑いもない。人々のしゃべりかたが非常に単調なつぶやきのようになってしまっている現代、詩人と音楽家だけがそうした太古の記憶を絶えず生き生きと甦らせている。人間の発声様式が平板になってきたことについて、言語学者オットー・イェスペルセンは次のように述べている。

今日、人間の激情、少なくとも激情の表出が和らげられているのは文明が進んだひとつの結果である。したがって、未開の原始人の言語はわれわれの言語に比べてより感情的に激しいもので、もっと音楽や歌のようなものだったと考えなければならない。……われわれは今日、思考の伝達こそが自分たちの発語の主要な目的であると考えている。……しかし、ただ口や喉の筋肉を動かしたり、心地よい音やただ単に奇妙な音を出すことで自分自身や他の人々をおもしろがらせること以外、何の目的も無いようなことから話し言葉が発達したということ

も大いにあり得るのである。★19

擬声語はサウンドスケープの鏡である。われわれの発達した言語の場合でも、描写語の場合はやはり自らの音環境の中で耳にした音を、相も変わらず投げ返している。さらには、われわれの道具や信号手段など人間の聴覚世界のより洗練された拡張においても、これと同様の元型的な模倣行為がある程度続けられてさえいるのだ。われわれはこれまで動物について考察してきた。だが、人間の言語の特質のひとつは身近な動物の鳴き声を描写するおびただしい数の言葉を持っていることである。以下に挙げる単語は、行為を表わす動詞でありながら、そのほとんどがいまだに擬声語的性格をとどめている。

イヌはワンワンと鳴く	a dog *barks*
子イヌはキャンキャンと鳴く	a puppy *yelps*
ネコはニャーと鳴きゴロゴロいう	a cat *meows* and *purrs*
ウシはモーと鳴く	a cow *moos*
ライオンはガオーと吼える	a lion *roars*
ヤギはメーと鳴く	a goat *bleats*
トラはウーとうなる	a tiger *snarls*
オオカミはウォーンと遠吠えする	a wolf *howls*

ネズミはチューチュー鳴く　a mouse *squeaks*
ロバはしわがれた声でブヒブヒ鳴く　a donkey *brays*
ブタはブーブーまたはキーキー鳴く　a pig *grunts* or *squeals*
ウマはヒヒーンといななく　a horse *whinnies* or *neighs*

このように英語は、イギリス人がその移住先を含めたいろいろな場所で、最も身近に接した動物に限り、その鳴き声を単語の中に再現している。これに対して、ガラゴ、マンガベイ、ラマ、バクといったイギリス人にあまりなじみのない動物たちに関しては、英語にはそのような特別な単語は何もない。

言語学者は将来、民間伝承やわらべうたなどの中にいまでもその姿をとどめている大昔の人間の言葉による模倣について調査すべきである。というのも、そのようなところで人間は動物や鳥の実際の鳴き声を必死になって模倣しようとしてきたからである。以下に示すような諸言語の相違も興味深い。

イヌ：バウワウ bow-wow［E］、アフアフ arf-arf［A］、ナフナフ gnaf-gnaf［F］、ハウハウ how-how［Ar］、ガウガウ gaû-gaû［V］、ワンワン won-won［J］、クウィークウィー kwee-kwee［L］。

ネコ：パーパー purr-purr［E］、ロンロン ron-ron［F］、シュヌールシュヌール schnurr-

schnurr［G］。

ヒツジ：バーバー baa-baa［E］、メーメー méé-méé［Gr、J、M］、マーマー maá-maá［Ar］。

ハチ：バズ buzz［E］、ズーズズーズ zŭz-zŭz［Ar］、ブンブン bun-bun［J］、ヴーヴー vū-vū［V］。

オンドリ：コッカードゥードゥルドゥー cock-a-doodle-doo［E］、コッカディードゥルダウー cock-a-diddle-dow［シェイクスピア］、キケリキ kikeriki［G］、コッケコッコー kokke-kokkō［J］、キオキオ kiokio［L］[*2]。

こうしたリストに、たとえば「くしゃみ」――カーチュー kerchoo［A］、アティシュー atishoo［E］、アチュン achum［Ar］、チーンク cheenk［U］、ハクシュン hakchun［J］、アクシ ach-shi［V］――のような興味深い単語を加えることができるだろう。

このような模倣は、当然のことながら、ある特定の言語においてその音を再現するにあたって使用することのできる音素によって規定されている。それでも、こうした問題に関する研究が熱

＊2――各言語の略号は次の通りである：E―イギリス、A―アメリカ、F―フランス、Ar―アラビア、V―ベトナム、J―日本、G―ドイツ、Gr―ギリシア、M―マレー、U―ウルドゥー、L―ロケレ族［コンゴ］。

心に続けられるとすれば、自然音のいくつかの重要な特徴がそれぞれの民族によってどのように異なって知覚されているかを評価できるようになるかもしれない。

擬声語によって、周囲のサウンドスケープの中のさまざまな要素をこだまにして返すことで、人間は自分自身と周囲に広がるサウンドスケープとを統合する。印象（インプレッション）が取り込まれ、それに対して表現（エクスプレッション）が行なわれるのだ。だが、サウンドスケープは人間が言葉で模倣するにはあまりにも複雑すぎる。人間が自らの内なる世界と外なる世界との真の調和を見出すことができるのは、唯一音楽においてのみである。そして、人間が自らの想像力に基づいて理想的なサウンドスケープの最も完全なモデルを創造するのも、音楽においてなのだ。

原注

★1——A. J. Marshall, "The Function of Vocal Mimicry in Birds," *Emu*, Melbourne, Vol. 50, 1950, p. 9.

★2——E. M. Nicholson and Ludwig Koch, *Songs of Wild Birds*, London, 1946. より引用。

★3——Victor Hugo, *Les Misérables*, 1862. *Landscape Painting of the Nineteenth Century*, Marco Valsecchi, New York, 1971, p. 106. より引用。
ユゴー『レ・ミゼラブル』坪井一・宇治弘之訳、集英社世界文学全集29、二八一—二頁。

★4——Ferdinand Kürnberger, *Der Amerika-müde*, 1855. David Lowenthal, "The American Scene," *The Geographical Review*, Vol. LVIII, No. 1, 1968, p. 71. より引用。

★5——Nicolai Gogol, *Evenings on a Farm near Dikanka*, 1831-32. Marco Valsecchi, *op. cit.*, p. 279. より引用。

★6──Boris Pasternak, *Doctor Zhivago*, New York, 1958, p. 11.
ゴーゴリ『ディカーニカ近郷夜話』中村喜和訳、河出書房新社『全集』1、一〇三─四頁。

★7──Maxim Gorky, *Childhood*. Marco Valsecchi, *op. cit.*, p. 279. より引用。
パステルナーク『ドクトル・ジバゴ』江川卓訳、時事通信社（上）、一七頁。

★8──Somerset Maugham, *The Gentleman in the Parlour*, London, 1940, p. 138.
ゴーリキイ『幼年時代』湯浅芳子訳、岩波文庫、二四二頁。

★9──F. Philip Grove, *Over Prairie Trails*, Toronto, 1922, p. 35.
モーム『旅の本』、前掲訳書、一二二頁。

★10──Leo Tolstoy, *Anna Karenina*, trans. C. Garnett, New York, 1965, p. 837.
トルストイ『アンナ・カレーニナ』木村浩訳、新潮文庫（下）、四七七頁。

★11──Leo Tolstoy, *War and Peace*, trans. C. Garnett, London, 1971, p. 944.
トルストイ『戦争と平和』工藤精一郎訳、新潮文庫（3）、五〇四頁。

★12──Virgil, *Georgics*, Book IV, lines 62-64 and 70-72, trans. C. Day Lewis, New York, 1964.
ウェルギリウス『農耕詩』、河津千代訳『牧歌・農耕詩』、未来社、三三〇頁。

★13──Julian Huxley and Ludwig Koch, *Animal Language*, New York, 1964, p. 24.

★14──ウェルギリウスの第二『牧歌』と、ポープによるパラフレーズ *The Second Pastoral* を比べてみよ。

★15──Theocritus, *Idyll XVI*, edited and translated by A. S. F. Gow, Vol. 1, Cambridge, 1950, p. 129.

★16──ジュリアン・ハックスリーとルートヴィッヒ・コッホによる *Animal Language* [New York, 1964] は、この主題に関するすぐれた概論であり、われわれも同書から多くの事例を引いている。

★17──Julian Huxley and Ludwig Koch, *op. cit.*, p. 41.

★18――Marius Schneider, "Primitive Music," *The New Oxford History of Music*, Vol. 1, London, 1957, p. 9.

★19――Otto Jespersen, *Language: Its Nature, Development and Origin*, London, 1964, pp. 420 and 437.
イェスペルセン『言語』市河三喜・神保格訳、岩波書店、七九九頁、八三一頁。

訳注

☆1――巻末の付録II「国際音選好調査」参照。

☆2――Clément Janequin　一四八五頃―一五五八。フランスの作曲家。模倣の手法や演劇的趣向を特徴とする世俗シャンソンにその本領を発揮した。

☆3――Frederick Philip Grove　一八七二―一九四八。カナダの作家。

☆4――listening walk　本書第十四章四二八頁参照。

☆5――Ludwig Karl Koch　一八八一―一九七四。ドイツ生まれのナチュラリスト。はじめて蓄音機で動物の音声を録音した。

☆6――Marius Schneider　一九〇三―八二。ドイツの民族音楽学者。

第三章　田舎のサウンドスケープ

ハイファイなサウンドスケープ

　これから田舎のサウンドスケープから都市のサウンドスケープへの変遷を検討するわけだが、それに際して、私はハイファイ、ローファイという二つの用語を使っていこうと思う。これらの用語については多少説明しておく必要があるだろう。ハイファイなシステムとは適切なS〔信号（シグナル）〕N〔雑音（ノイズ）〕比をもったシステムである。したがってハイファイなサウンドスケープとは、環境騒音レベルが低く、個々の音がはっきり聞き取れるサウンドスケープを意味する。田舎は一般的に都市よりハイファイであり、夜は昼より、古代は現代よりハイファイである。ハイファイなサウンドスケープでは、音はそうたびたびは重ならない。そこには前景と後景といった遠近法（パースペクティヴ）がある。「……井戸のふちにあたる手おけの音、そして遠くでむちがぴしっと音をたてる」――このイメージは、アラン＝フルニエがフランスの片田舎できかれる生活音を綴ったものだ。

　ハイファイなサウンドスケープでは周囲が静かなため、ちょうど田舎で遠くまで見渡せるように、聴き手は遥か遠くの音まで聞くことができる。都市は、このように遠くのものをきく（そして見る）という能力を失っており、このことは、知覚の歴史における重要な変化のひとつを印しているのだ。

ローファイなサウンドスケープでは、個々の音響信号は超過密の音の中に埋もれている。雪を踏む音、谷を響き渡る教会の鐘の音、あるいは獣が茂みをかきわける音といった微細な音は、広帯域雑音によってかき消されてしまうのだ。そして遠近感が失われる。現代都市のダウンタウンの街角には距離感はない。あるのは存在感だけである。あらゆる方向から音が飛びこんできて混線状態となり、ごく普通の音でさえそれを聞こえるようにするにはどんどん増幅しなければならない。ハイファイなサウンドスケープからローファイなサウンドスケープへの移行は何世紀にもわたって徐々に起こったことだが、ここからの数章では、それがどのように起こったかを探ってみることにしよう。

周囲が静かなハイファイ・サウンドスケープにおいては、ちょっとした物音でさえ、生き生きとした、興味深い情報を伝えることができる。「馬車小屋からきこえてくるキーキーという音が、考え込んでいる彼の心をかき乱した。それは、屋根の上でくるくる回る風見の音だった。風の向きがこんな風に変わるのは、大雨の前ぶれであった」[★1]。人間の耳も動物のように鋭い。夜の静けさの中、ツルゲーネフの物語に出てくる中風にかかった老女には、もぐらが地中で穴を掘っている音まで聞こえるのである。「それをきくと調子がいい。何も考えなくてもいいから」と老女は思う。逆に詩人はそういった音に思いをめぐらす。ゲーテは耳を草地に押しつけた。「草の茎の間に小世界の羽音をきき、毛虫や羽虫のきわめがたい無数の姿を自分の胸近くに感じる時、自分

の姿に似せてぼくらをつくった全能者の存在を感じる……」★2

最も近い微細なものから、最も遠い地平線まで、耳は地震計に匹敵する感度をもって働いていた。人間が主に一人で、あるいは小さな共同体で暮らしていた時は、音はむしろまばらで、深い静けさに包まれていた。そして羊飼いや木こり、農夫らは、環境の変化を知る鍵としてそれらの音をどう読めばよいか心得ていた。

牧場の音

牧場は一般に農場より静かだった。ウェルギリウスはこの点を的確に述べている。

……ヒュブラの蜜蜂はかすかな羽ずれの音をたてて、おまえを眠りの門へと誘(いざな)うだろう……ぶどう園丁がそよ風に向かって歌い、一方おまえのお気に入りの雉(きじ)鳩が始終鳴いているのがきこえ、数珠(じゅず)掛(かけ)鳩が高い楡の木のてっぺんからくぐもり声で鳴きつづけるだろう。★3

羊飼いは、ルクレティウスが指摘しているように、風の音から歌ったり口笛を吹いたりするヒントを得たのかもしれない。あるいは鳥からだったかもしれない。ウェルギリウスは、牧神パンが羊飼いに、風景と語り合う手段として「一組の葦笛に蜜蠟を塗る方法」を教えたと述べている。

快き音(ね)は、泉の傍ら、彼(か)の松の木が囁く楽の音(ね)

やぎ飼いよ、そなたの笛の声のなんと美しい響きよ……
羊飼いよ、岩より一しずず一しずず落つるかの流れにまして美しい響きは、そなたの歌からこぼれ落ちる。[★4]

テオクリトスの『エイデュリオン』やウェルギリウスの『牧歌』の対話形式が教えているように、羊飼いたちは孤独の慰みに、お互い笛を吹いたり歌ったりした。彼らが歌う繊細な音楽が、人間の手によるものの中では、おそらく最初の、そして確実に最も永続的な音の元型を形づくっている。古典文学の表現や技巧の多くが忘れ去られようとしている中で、数世紀にもわたって吹き伝えられてきた笛の音楽は、いまだにそれさえきけば田園風景の静けさをはっきりと思い描くことのできる音を生み出した。ソロの木管楽器は常に田園の風景を描き出す。そして、この元型のもつ田園を連想させる力はとても強いので、ベルリオーズのような大げさなオーケストレーションをする作曲家でさえ、われわれをやさしく田舎へ誘おうとするとき《幻想交響曲》第三楽章）には、オーケストラをイングリッシュ・ホルンとオーボエ一本ずつのデュエットだけにしてしまうのである。

田舎の閑静な風景では、羊飼いの笛がかもし出す澄んだ快い響きが奇蹟の力をもっていた。自然は耳を傾け、そして心を寄せて答えを返した。「その調べは谷の心を強く打ち、そして谷は空の星々までそれを運ぶ。——宵の明星が若者たちに、羊を小屋に集め数えよと促しながら、その調べに聴きほれている空に歓迎されぬまますすみ出るまで」[★5]。テオクリトスは、風景に羊飼いの笛の情感をこだまさせた最初の詩人であった。それ以来、田園詩人たちは彼を模倣し続けてきた。

……田園の歌を　羊飼いの軽やかな笛で奏でているんだね……森に「麗しのアマリリス」を教えこんでいるんだね[★6]

と、ウェルギリウスは語る。このような奇蹟の力を音楽に復活させるには、一九世紀のロマン主義者の登場まで待たなければならない。

詩人たちが綴ってきた田園のサウンドスケープは、一九世紀に入っても続いていた。アラン＝フルニエはフランスでそれを綴っている。「ときたま、凍てついた午後のしじまの中に、遠くのほうで羊飼いの女の呼び声や、こちらの樅林からあちらの樅林に友だちを呼ぶ子どもの声があがっていた」[★7]。町と牧場の境目は、トマス・ハーディによる次のような記述の中で、魅力的にとらえられている。

東の丘の羊飼いは、その声にさしたる不便もなく、間(あわい)の町の煙突を越えて、西の丘の羊飼いに、いま小羊が生まれたと怒鳴って知らせることができた。嶮しい坂になったその牧場は、それ程近く町の人たちの裏庭に食い込んでいる。夜には、現に町の真中に立っていると、農家の子牛の温和しい鳴き声、これらの生物が頻りとやっている、深い、暖かい息づかいが草原の低い平地の囲いから手に取るように聴こえるのだった。[★8]

狩りの音

まったく別のタイプの音の元型は、狩りによってもたらされた。ホルンの音が、勇ましく好戦的な響きと共に、原生林の暗闇を突き通してきこえてくるからである。ほとんどすべての文化が、戦争と狩りにおいては何らかのホルンを用いてきたようだ。ローマ人は軍隊用の信号楽器として円錐管を円環状にしたホルンを使った。ディオン、オウィディウス、ユウェナリスの物語では、そのことが数多く語られている。しかし、ローマが滅んだとき真鍮を製錬する技術が途絶え、それとともに真鍮の特殊な音も消えてしまった。「ジグムンド王が父親譲りの角笛を吹き、部下を鼓舞した」とき、彼が吹いたのは獣（けもの）の角笛だった。[★9] 同じ型の角笛が、『ローランの歌』にも登場する。しかし一四世紀に入るまでには、真鍮製錬の技術も回復し、華やかな金属の音がヨーロッパ中に響き渡り始めた。

一六世紀までには、狩りの角笛（コール・ド・シャス）[☆1]はひとつの決定的とも言うべき性格を担うようになった。ヨーロッパのサウンドスケープにおいて特別な意味を獲得したのはこの楽器であり、しかもその意味は最近まで続いていた。狩猟が広く行なわれていた時代、田舎で角笛の合図がきかれないなどということはめったになかった。綿密に考えられたその信号法は広く知られ、理解されていたに違いない。

狩りの角笛が数個の自然倍音しかだせない無弁ホルンだったとき、その変化に富んだ信号は旋律的というよりはぎれのよいリズミックな性格をもっていた。現在伝えられているさまざまな信号法（コード）はかなり複雑なもので、もちろん国によってかなり異なっている。それらは次のように分類できるだろう。

1. 猟犬を鼓舞したり警告を与えたりすることを意図したもの。助けを呼んだり狩りの状況を伝えることを意図した短い合図。
2. それぞれの動物ごとの特別なファンファーレ（雄ジカに対しては、その大きさや角の枝ぶりに応じていくつか種類がある）。
3. 猟の開始と終了を表わす凝った節（ふし）。あるいは喜びの特別の合図として鳴らされる節。

トルストイはロシアの狩りの陽気な性質をうまく説明している。

犬の吠え声につづいて、狼を知らせるダニーロの角笛の低い音が聞えた。犬の一群が最初の三頭に合流した。そして狼を追っていることを知らせる独特の声色（こわいろ）で、狩出し犬たちのさまざまな声がいっせいに吠えたてはじめたのが聞こえた。猟犬係たちの声はもう追えではなく「ルー！　ルー！　ルー！」と叫んでかかれを命じ、すべての声の中から、あるいは低い、あるいはつんざくような甲高いダニーロの声が、ひときわ高くひびきわたった。ダニーロの声が森じゅうをみたし、森からあふれ出て、野原へ遠くひびきわたっていくかと思われた。★10

われわれと同時代のある若い女性☆2が語ってくれた回想からも、北ドイツでは狩りの伝統がいまなおいかに根強いかがわかる。

> 狩人の一人が自分の角笛(ホルン)でファンファーレを奏で、おもむろに狩りの開始を告げるのはまだ明けやらぬまったくの闇夜の頃でした。狩りが行なわれる土地が開けた土地でない場合、狩人や勢子同士が行なえる唯一のコミュニケーション手段は、角笛の信号を利用することだったのです。狩人が三方を囲み、勢子が残りの一方から追い立てるという編成をとる間、誰もが獲物を驚かせないようにと息を殺して静かにしていました。沈黙は突然角笛の合図で破られ、続いて勢子の一人が吹く単音のラッパ（おもちゃのラッパのように見えました）の激しく甲高い音がそれに答えます。私たちはがらがら(ラトル)、鍋釜などあらゆる騒音器(ノイズメーカー)を使って、目の前の土地に突進し、あらん限りの抑揚をつけて叫びました。物音に驚いた生き物は皆興奮し、隠れ家から狩人がいるほうへと追われるのです。子どもたちはこの大音響をたてるのが本当に好きでした。
>
> 一日の終わりには、皆が角笛奏者の回りに集まり、死んだ獲物のために吹くファンファーレに耳を傾けたものです。めいめいの動物にひとつずつ信号があって、私は、キツネのための信号が最も美しく、それに対しウサギのための信号は非常に短く簡単だったのを覚えています。日暮れの闇が迫って来る頃、狩りは元気のよい、勝ち誇ったようなファンファーレで幕を閉じるのでした。★11

狩猟ホルンは、豊かな意味に溢れた音をわれわれにもたらしてくれる。その音は、狩りの参加者すべてが理解している信号法（コード）を提供しながら、その一方で田舎の自由な空間と自然の生活を表わす象徴的な意味を担っているのである。私は前に狩猟ホルンは元型音であると述べたが、何世紀にもわたって伝えられている音の象徴のみが、このような特徴を持つことができる。それらは、われわれを古代以来先祖から受け継いできた遺産に結びつけ、意識の深層でわが身が先祖たちの永々たる営みの流れの中にあることを感じさせるからである。

ポストホルン

ヨーロッパを舞台として同じく遍在し、似たような性格を持つもうひとつの音はポストホルンだった。これもまた数世紀ものあいだ続いたものである。郵便業の運営がトゥルン家とタクシス家によって引き継がれた一六世紀に、早くもそれは登場し、郵便配達区域が北はノルウェーから南はスペインまで広がったとき、ホルンの合図も広まった（セルバンテスがそのことを述べている）。ドイツでは、最後のポストホルンが聞かれたのは一九二五年だった。★[12] 一九一四年当時のイギリスではロンドン—オックスフォード間の郵便が、日曜日に陸路で運ばれていたが、その頃にはまだ、ポストホルンが使われていた。オーストリアでは、第一次大戦後までホルンの音がきこえ、今日でさえ、ポストホルンを持ち歩いたり鳴らしたりすることは誰にも許されていないので、この楽器のもつ感傷的な象徴性が強められている（オーストリア郵便条例第二四条、一九五七年★[13]）。

ポストホルンではまた、郵便の到着、出発、遭難の合図の他、郵便の種類の違い（速達・普通便・地方便・小包）を知らせる正確な信号法が使われていた。馬車や馬の数を知らせるものもあり、それらはいずれも乗り換え駅があらかじめ通告を受けとれるようにするためのものだった。オーストリアでは、新参者に、信号を学ぶ期間として六カ月が与えられ、もし覚えられなければ即刻解雇を言い渡された。

狭い通りを抜け、田園風景を横切ると、ポストホルンが聞こえてきた。村や街の裏通りで、高くそびえる城の門で、谷あいに沈む修道院の傍らで——そのこだまは至る所で馴染まれ、至る所で喜びをもって迎えられた。それは人々の心の弦（いと）すべてに触れるものだった。希望、恐れ、熱望、そして望郷——ホルンの音は魔法の力であらゆる思いを呼び起こした。★14

このようにポストホルンの象徴的な力は、狩猟ホルンの象徴性とはまた違った働きをした。それは聴き手を外の風景へと導くことはないが、反対に遥かかなたからの知らせを家庭に届けたのである。その性質は遠心的というより求心的であり、その音色は、町に近づいてきて心待ちにしている人に手紙や小包を配達するときは、まさにこの上なく楽しげに響いたものだった。

農場の音

牧場の静かな生活や狩りの甲高い祝声と比べれば、農場のサウンドスケープは、そこでのさまざまな営みのために、大体において騒々しい。動物たちはそれぞれに、音と沈黙、覚醒と休息のリズムを持っている。雄鶏(おんどり)はいつの時代も目覚し時計となり、犬の吠え声は電報の原型である。ある土地に見知らぬ者が侵入すれば、犬の遠吠えが農場から農場へと伝わって知らされるからである。

農場の音の多くは、ゆっくりと足を踏みしめて歩く牛や役馬のひづめの音のような重い音である。農夫の足取りもゆっくりしている。ウェルギリウスは、脱穀機の「重々しく動く車」や「まぐわの法外な重さ」について語っている。彼はまた、日暮れの後のイタリアの農家の様子を綴った興味深い音の絵を残してくれている。

ある農夫は、夜通し鋭い小刀で松明の先をとがらす。傍では、彼の妻が歌で気を紛らせながら、根気よく、賑やかに筬(おさ)の音を響かせ、杼を走らせ、あるいは強火で甘い葡萄の液を煮つめて、浮き滓を、泡立つ鍋から葉で掬い取る。★15

農場の音には、何世紀たってもほとんど変わらないものがある。重労働の激しい動きを連想させるものは特にそうだ。動物の声も農場のサウンドスケープにある一定の音色(トーン)を与えてきた。しかし、その土地固有のものもある。私自身の若い頃のことを二、三思い出してみよう。真っ先に心に浮かぶのは、バターを作る攪拌の音だ。攪乳器が三〇分かそこら上下に動かされると、音色はほとんどわからないくらいわずかに変わり、どろどろと浮いているクリームがバターに変わる頃になると、音にまとまりが出てくる。手動式のポンプ、これもいまではすたれつつあるが、私の青年期の標識音としていま不意に記憶に蘇ってきた。当時は大した注意も払わず聴いていたのだが。他にも、至るところで聞こえたガチョウのガアガア鳴く声、スーッ、バタンというバネ付網戸の開け閉めの音などがあった。冬には、玄関で足踏みをして雪靴の雪を落とす時の音がきこえ、堅く踏み固められた雪道をそりで走る時には歓声があがった。冬の夜の沈黙の中、あまりにも寒いので板から釘が飛びはね、突然ぱしっと音を立てることもあった。また夜風が吹く時には、煙突からは低いペダル音[☆3]が繰り返しきこえてきた。夕食を知らせる鐘の音、風車がぶんぶん回る音などの規則正しいリズムがあった。風車は、戻ってきた家畜にやる水を汲み出すため、女たちが毎日四時に動かしていたのだ。

　私は基調音を、より一時的で人の注意を引く音事象（サウンド・イヴェント）を下から支え、いつもそこに存在している音として定義してきた。農場の基調音は数多くあった。それは農業というものがほとんど変化のない営みだからである。基調音は人々の行動に影響を及ぼし、生活のはしばしに及ぶリズムを生み出すだろう。それには、次の一例をあげれば十分である。トルストイが描いたロシアでは、農民は砥石を小さなブリキ缶に入れて革ひもで腰にくくりつけていたが、これらの缶がガラガラ鳴るリズミックな音は、干し草作りの月を通じて、その土地固有の基調音を形成していた。

　香ばしいにおいを放つ牧草は、みずみずしい音をたててなぎ倒されながら、高い列をなしていった。ブリキ缶をがちゃがちゃ鳴らしたり、鎌をかち合わせたりしながら、短い距離の草地に八方からひしめき集まって来た刈り手たちは、しゅ、しゅ、という砥石の音をたてたり、陽気な叫び声をあげたりしながら、互いに競争しあっていた。[★16]

野良から帰ってくると、日々の仕事のリズムは、歌へと広げられた。

百姓の女房たちは、熊手を肩にかつぎ、あたりに華やかな色どりをふりまき、鈴が鳴るような甲高い陽気な声をはりあげながら、荷車のあとについて行った。女のひとりが、荒っぽい、野性的な声で歌をうたいだし、繰り返しのところまでくると、五〇人ばかりの、荒っぽい、あるいはかぼそい、あるいは健康そうな、さまざまの声が一度に調子をそろえて、また同じ歌をはじめからうたいだした。……遠い野につらなる草場全体も——なにもかも、甲高い叫びや、口笛や、手拍子がまじった、この野性的な、すごく陽気な歌の拍子につれて、揺れ動き、歌っているような感じだった。[★17]

もちろん、仕事のリズムが民謡に刻み込まれた土地はロシアだけではないが、仕事を通じて生まれた民謡には常に重々しいアクセントがある。このことは農場労働者の音楽と羊飼いの気軽な笛の音とを比べてみれば明らかになる。肉体労働からある程度解放されるようになって初めて、人間は音楽に快活で調子のよいリズムや抒情性を見出すようになった、と言っても言い過ぎではないだろう。

田舎のサウンドスケープにおける騒音

田舎のサウンドスケープは静かだった。しかしそれも二つの強烈な音響によって破られることがあった。戦争の騒音と宗教の「騒音」である。

ローマ人たちの数々の戦争によって生活を乱されることがよくあったウェルギリウスは、田園生活への騒音の侵入を嘆いている。

黄金のサートゥルヌスが地上に住んで、
かかる生活を営んでいた。
人々はいまだ戦闘ラッパが鳴り響くのも、
固い鉄床(かなとこ)に据えられた剣が打たれる音も聞いたことがなかった……★18

ウェルギリウスにとって、戦争の音とは真鍮や鉄の音だった。そしてその音響的イメージは、今日に至るまでそのまま残っている。もっとも一四世紀以降は、それに火薬の爆発音が加えられなければならない。

世界中の文学が戦いに満ちている。詩人や年代記作者は常に、戦闘が生み出した騒音に驚き続けてきたようである。ペルシアの叙事詩人フィルドゥスィーはその典型だ。

> 悪鬼(ディーヴ)の叫びはとどろき、轟音とともに黒々と砂ぼこりが舞い上がる。雷鳴が響き渡り、軍馬のいななきは高まった。そのとき山々が割れ、大地は真っ二つに切り裂かれた。かくも恐ろしい闘いは何人も見たことがない。いくさ斧が激しくぶつかり、剣や矢を重ねる音が高く響き渡った。兵士の血は平原をつたって沼地へしたたり、大地は松やにの海の如くと化して、そこに突き出た剣や斧、そして矢で波が描かれていた。[★19]

戦闘用に飾りたてられた軍隊は、視覚的スペクタクルを呈していたが、戦い自体は聴覚的だった。金属ががちゃがちゃぶつかり合う実戦の音の他、各軍隊が、敵を驚かせようとして、ときの声と太鼓の音を加えた。騒音は、入念に考えられた軍事戦略だったのだ。古代ギリシアの将軍たちは、その点を主張している。「戦いの叫び声をあげるべし。ときには走りながらでもあげるべし。その姿と叫び声、そして兵器の激しくぶつかり合う音が、敵の心をかき乱すからである[★20]」。タキトゥスからは、バリトゥスと呼ばれる古代ゲルマンの戦いの歌について興味深い記述が得られる。

> この歌でもって味方の士気を煽り、かつその歌いぶりでもって来たるべき戦いの運命をうらなうのである。じっさい、ゲルマニア人は戦列から湧きおこる響きの大小に応じて、あるいは居丈高になったり、あるいはふるえおののいたりするのである。つまり、彼らは、そこに、単なる発声の調和というより、むしろ勇気の和合を見るのである。そのとき、音声が共鳴効

果によってその強さを増し、より密度の高い、より荘重な調子を出すようにとの意図から、楯を口にもって行き、すさまじい爆音をたてたり、響きを突然中断させたりするのを、特に好むのである。[★21]

『シッドの歌』によると、一〇八五年にムーア人がカスティーリャ人を攻撃したとき、彼らはそれ以前のヨーロッパでは耳にしたことがなかったアフリカの太鼓打ちを雇ったという。その音はキリスト教徒を恐れさせたが、「偉大なるシッド・カンピアドール」がその太鼓を攻め取り、それを教会に引き渡すことを約束して軍隊を鎮めた。このように戦争と宗教の双方に騒音がつきものだったということは、単なる偶然ではなかった。本書を通じて、それらを結びつける理由がしばしば見出されることになるだろう。戦争と宗教とは双方とも終末論的である。ラテン語の*bellum*（戦争）は、まず低地ドイツ語や古英語の *bell(e)*（大きな音を出すという意味）に転じ、それが最終的にはキリスト教の音響信号をつかさどる楽器の名となったのだが、この経緯の裏には、疑いもなくそうした事実があるのだ。

次の例によって、宗教および戦争と騒音との関係はさらに明らかになるだろう。それによれば宗教戦争は音のみによって戦われていたようだ。

それは一四三一年八月十四日の三時のことであった。ドマジェリツェとホルシュフ・ティンとの間の平原に露営していた十字軍は、プロコプの指揮のもとにフス党が押しよせてくるという報知をうけたのである。ボヘミア軍はまだ六キロも離れていたが、かれらの戦闘馬車のガラガラいう音や、全軍が歌う《なんじら神の戦士たち》の軍歌が聞こえてきたのであった。すると十字軍の熱情は驚くほどの速さで消えうせてしまった……ドイツ軍の陣容はまったく混乱してしまって、騎馬の者があらゆる方向に散らばっていくばかりであり、追い立てられる空(から)の馬車のガタガタいう音が、怖るべき歌声の響を、ほとんど掻き消さんばかりに聞こえてくるのであった……これでボヘミア十字軍は終りを告げた。★22

ここ数頁のさまざまな記述で私が指摘しようとしていることは、本来のサウンドスケープがおおむね静かだったのに、それが法外な騒音によって故意に断ち切られたということである。大きな音をひき起こすもう一方の原因は、宗教の祝典であった。がらがら(ラトル)や太鼓そして聖なる骨が持ち出され、荒々しく鳴らされたのは宗教的儀式が行なわれるときだった。それは古代の人間にとっては確かに市民生活上最も大きな音響イヴェントとも言えるものであった。これらの活動が、すでに学んだように、自然の中に存在する畏敬をひき起こすような音を直接真似たものであったことは疑う余地がない。というのは、それらもまた神聖な起源をもっていたからである。雷は雷神トールかゼウスによって生み出されたものであり、嵐は聖なる闘い、大洪水は天罰だったのである。神のことばが、本来は目でなく耳によってもたらされたことを思い出してみよう。楽器をかき集め、印象に強く残る音を生み出すことによって、今度は人間が、神の耳をとらえようと願ったのである。

聖なる騒音と俗なる沈黙

人類学者レヴィ＝ストロースは、その著『神話の論理　第二巻』の数百頁を通じて、聖なるものと騒音、世俗的なものと沈黙とを対応させる議論を展開した。[*1] レヴィ＝ストロースの議論は、騒音の砲撃で穴だらけにされた現代の世界から見ると、その意味がよくわからないかもしれない。しかしサウンドスケープ研究は、この議論を解明する手助けになる。世俗の世界は無音ということはなかったにせよ、ともかく静かであった。そして非難の意味をこめずに、すべての大きな音を「騒音」と呼ぶなら、騒音と聖なるものが結びつくことは容易に理解できる。

本書を通じ、われわれはある特定の種類の騒音を発見することになろうが、それをいま、〈聖なる騒音〉と呼ぼう。〈聖なる騒音〉は、その時代時代の社会で禁じられた音のリストに載らなかったばかりでなく、実際は、単調な静けさを破る一撃として、極めて意図的にひき起こされたものだった。サミュエル・ローゼンは、スーダンの静かな部落の音響的風土を調査し、そのことを確認した。

雄鶏や羊、牛、鳩などの家畜の声があたりに響きわたる夜明けもしくはそのすぐ後を除けば、村の騒音レベルはおおむね40dBC以下である。一年の内六ヵ月間は週に三回の割合で、非常に大きな雷鳴を伴った豪雨に見舞われる。やしの葉をこん棒で叩くといった生産活動に従事している男も数名いる。だが、近くに壁や天井、床、堅い家具など、音を大きく反響させる面がないことが関係しているのだろう、騒音計で測定されたのは、働く男の耳もとでも七三～七四デシベルといった低いレベルであった[★23]。

最も大きな音（一〇〇デシベル以上）に出合ったのは、村人が歌い踊っている時であり、「春の収穫を祝う二カ月余りの期間」（すなわち宗教的祭礼）のほとんどで、そうした音がきこえていた。

キリスト教世界全体にわたって、聖なるものは教会の鐘によって知らされていた。この鐘は、初期には歌ったり騒々しい音をたてていたのが、後に発展したものである。教会の内部もまた最も劇的な音響イヴェントで揺れ響いた。これは人間がこの場所に自分たちの声や歌ばかりでなく、それまでに生み出したもののうち最も大きい音を出す機械――オルガン――までも持ち込んだためである。それはすべて神に耳を傾けさせるために考え出されたのであった。

戦争や宗教の壮麗な祭典を別にすれば、かつては田園そして都市の生活でさえ静かなものだった。ほとんど何ごとも起こらずひっそりとした生活を送っている町は、世界中にまだたくさんある。貧しい町は繁栄している町より静かだ。私は、そういうところをいくつか訪ねたことがある。真っ昼間の音が、唯一、煙突にかかった巣から聞こえてくるコウノトリのパタパタという羽ばた

＊1――ここで読者に断わっておかねばならないが、レヴィ＝ストロースは本書で展開される〈聖なる騒音〉の理論は彼が著したものとは「ほとんど何の関係もない」と私に知らせてきた。それにもかかわらず、私にこのような考えかたの着想を与えてくれたのは彼であると述べておきたい。

きの音だったブルゲンラント（オーストリア）。またイランのほこりっぽい街々では、子どもたちはたいてい静かに通りに座り込んでいて、その間の唯一の動きというのは、ときおり通り過ぎる女たちの腰をゆらして水を運ぶ姿であった。このように、世界の至るところで、沈黙の巨大な分け前にあずかっている農民や部族がいるのである。

原注

★1——Thomas Hardy, *Far from the Madding Crowd*, London, 1920, p. 291.
ハーディ『遥か群衆を離れて』高畠文夫訳、角川文庫、四〇〇頁。

★2——Johann Wolfgang von Goethe, *Die Leiden des Jungen Werthers* (*The Sorrows of Young Werther*), in *Werke*, Vol. 19, Weimar, 1899, p. 8.
ゲーテ『若きウェルテルの悩み』高橋義孝訳、新潮文庫、八頁。

★3——Virgil, *The Pastoral Poems*, *Eclogue I*, trans. E. V. Rieu, Harmondsworth, Middlesex, 1949.
ウェルギリウス『牧歌』、前掲訳書、六四頁。

★4——*Theocritus*, edited and translated by A. S. F. Gow, Vol. I, *Idyll I*, Cambridge, 1950.

★5——Virgil, *The Pastoral Poems*, *op. cit.*, *Eclogue VI*.
ウェルギリウス『牧歌』、前掲訳書、一二二頁。

★6——*Ibid.*, *Eclogue I*. 同書、五九頁。

★7——Alain-Fournier, *The Wanderer* (*Le Grand Meaulnes*), trans. L. Bair, New York, 1971, p. 29.
アラン＝フルニエ『さすらいの青春（モーヌの大将）』、水谷謙三訳、角川文庫、三〇頁。

★8——Thomas Hardy, "Fellow Townsmen," *Wessex Tales*, London, 1920, p. 111.

★9——*The Saga of the Volsungs*, ed. R. G. Finch, London, 1965, p. 20.
『アイスランド・サガ』、前掲訳書、五四九頁。

★10——Leo Tolstoy, *War and Peace*, trans. C. Garnett, London, 1971, p. 536.
トルストイ『戦争と平和』、前掲訳書（2）、三九五頁。

★11——Hildegard Westerkamp, 私信。

★12——Deutsches Bundesministerium für das Post-und Fernmeldewesen からの私信。

★13——Dr. Ernst Popp, 私信。

★14——Karl Thieme, "Zur Geschichte des Posthorns," in *Posthornschule und Posthorn-Taschenliederbuch*, Friedrich Gumbert, Leipzig, 1908, pp. 6-7.

★15——Virgil, *Georgics*, Book I, lines 291-296, trans. Smith Palmer Bovie, Chicago, 1956.
ウェルギリウス『農耕詩』、前掲訳書、二〇四頁。

★16——Leo Tolstoy, *Anna Karenina*, trans. C. Garnett, New York, 1965, p. 270.
『アンナ・カレーニナ』、前掲訳書（中）、三八頁。

★17——*Ibid.*, p. 291. 同訳書、七四頁。

★18——Virgil, *Georgics*, Book II, lines 538-540, trans. C. Day Lewis, New York, 1964.
ウェルギリウス『農耕詩』、前掲訳書、二七四頁。

★19——*The Epic of the Kings* (Shāh-nāma), trans. Reuben Levy, Chicago, 1967, p. 57.

★20——Onasander, *The General*, XXIX, trans. William A. Oldfather *et al.*, London, 1923, p. 471.

★21——Tacitus, *Germania*, trans. H. Mattingly and S. A. Handford, Harmondsworth, Middlesex, 1970, p. 103.

タキトゥス『ゲルマニア』、国原吉之助訳、筑摩書房世界古典文学全集22、三五五―六頁。

★22――H. G. Wells, *The Outline of History*, New York, 1920, p. 591.
H・G・ウェルズ『世界文化史』、藤本良造訳、新潮文庫、第五巻、二四頁。

★23――Samuel Rosen *et al.*, "Presbycusis Study of a Relatively Noise-Free Population in the Sudan," American Otological Society, *Transactions*, Vol. 50, 1962, pp. 140-141.

訳注

☆1――今日のホルンの直接の先祖、狩猟ホルンのこと。原文では cor de chasse［仏］と hunting horn［英］の両用語が使い分けられているため、訳文では前者を［狩りの角笛］、後者を［狩猟ホルン］とし、一応の区別を示した。

☆2――Hildegard Westerkamp　カナダの作曲家。サイモン・フレーザー大学でＷＳＰの活動に参加した。

☆3――金属管がある長さで発し得る最低音のこと。オルガンのペダル鍵盤の重厚な音を思わせることから、「ペダル音」と呼ばれる。

第四章　町から都市へ

人類の歴史における二つの大きな転換点は、一万年から一万二千年前に起こった遊牧生活から農耕生活への変化と、ここ数世紀顕著な傾向である田舎の生活から都市生活への移行であった。後者の展開が起こるにつれて、町は都市に成長し、都市はさらに脹れあがり、以前は田園地帯だった多くのところを侵食してきた。

サウンドスケープへの見地からすれば、都市化の始まりを実質上決定づけたのは、その他多くの問題と同様、産業革命である。この章では、産業革命以前の時期のみについて考察し、続きはここ本書第二部で扱うことにする。工業化以前の町および都市生活を的確に考察するためには、ここで取り得る方法よりさらに周到な扱いが必要であろう。産業革命や電気革命によって総なめにされ始める以前にも、町の生活と都市生活はかなり異なっていた。ここでは特にヨーロッパの状況を扱うことによって、その多種多様な違いのうちいくらかでも描き出したいと思う。このような限定をするのには、アプローチできる資料が限られているという理由があるからである。

中世ヨーロッパ都市の側面図を見るとすぐに、城、城壁、そして教会の尖塔がその風景の中で高くそびえ立っていることに気づく。現代都市では、最も高い建物というと高層アパートや銀行の建物、そして工場の煙突といったものになる。このことは、それぞれ二つの社会において強い支配力をもった集団が何であるかについてかなり多くのことを語っている。同様にサウンドスケープにおいても、音地平の中から特に耳につく音、すなわち基調音や信号音、標識音などがあり、われわれの調査の主要な対象となるのはこの種の音である。

神よ聴きたまえ

キリスト教の共同体において、最も聖なる信号音は教会の鐘である。まさに現実的な意味で、その音は共同体の境界を決定している。教区とは、教会の鐘の音が届く範囲内にその領域を定められたひとつの音響空間だからである。教会の鐘は求心的な音である。それは人間と神を結びつけると同様、社会的にはその共同体を引き寄せ、ひとつにまとめる。さらに、過去の時代にあってはしばしば悪霊を追い払うのに役立ったように、教会の鐘は遠心的な力をも発揮したのだった。

教会の鐘は、八世紀までにはヨーロッパ全土に広まったようである。イギリスでは、七世紀の終わりに尊者ベダによる記述がみられる。その存在の重要性については、ホイジンガが、『中世の秋』で書き記している。

> ひとつの音があった。忙しい生活のざわめきを押えて、くりかえし鳴り響く音、どんなに重なり鳴ろうともけっしてみだれることなく、この世のものすべてを、秩序の領域へと高く押しあげる音――鐘の音である。鐘は、日々の生活の、あたかも警告の善霊であった。ききな

れた音色で、あるときは喪を、あるときは賀を、そしてまた安息を、不穏を告知する。また、あるときは召集し、警告する。鐘は愛称をつけられていた。「ふとっちょジャクリーヌ」とか、「鐘のロラン」といったように。その様々な鳴り方が何を意味するか、皆がよく知っていた。あまり鳴りすぎるからといって、そのために人びとが鐘の音に対して鈍くなるようなことはなかった。

一四五五年のこと、ヴァランシエンヌのふたりの市民のあいだに争われた有名な決闘が続いているあいだじゅう、大鐘が打ち鳴らされたが、そのものすごさは、シャトランにいわせれば、「きくのもぞっとする」ほどだったとか。また、法王が選出されて平和がもたらされたからといっては、パリの教会という教会、修道院という修道院は、朝から日暮れまで、それどころか一晩じゅう、鐘を打ち鳴らしたというのだが、してみると、そのときパリの人びとは、恐るべき知覚麻痺状態にあったにちがいない。[★1]

音高が定められた鐘が数多く組み合わされたもの、つまりカリヨンは、オランダで特に普及した。欧州旅行中のチャールズ・バーニー[☆1]はその地でカリヨンに悩まされた。「この種の音楽のまことに便利な点はそれをきくためにどこか特定の場所に行かなければならないというめんどうをかけずに、町中の住民をもてなしてくれることだ[★2]」とバーニーは書いている。しかし適当に離れていれば、教会の鐘も人の情感を強く呼び覚ますことができた。風の流れや大気中の水分がその音量をやわらげるのだろう。鐘の舌の耳ざわりな雑音が消え、レガートのフレージングが生じる。そのため数個だけの簡単な鐘やあまりよくない鐘の音まで、何時間も楽しく聴き入ることができる。おそらく、遠くから空気のように響き漂ってくるこの音ほど恩恵深く感じられるものはないだろう。教会の鐘は、灰青の霧に包まれた遠くの丘に音を添え、申し分のない風景に仕立てあげる。チャールズ・バーニーと同じようなルートだが、都市を避け川や運河を辿って旅したロバート・ルイス・スティーヴンソンは、こんなにも違った教会の鐘を体験している。

> 谷間の反対側には、一塊りの赤い屋根と鐘塔が一つ、木々の葉の間から見えた。そしてそこで、誰なのか、天才的な一人の鐘塔守が鐘を打ち鳴らし、その午後を音楽で彩るのだった。彼が奏でている鐘の音楽には、何か実に甘美な、我々を魅了しないではおかないものがあって、それほど生き生きと語り、それほど旋律豊かに歌う鐘の音をかつて聞いたことがないと思った……鐘が歌う声には、なにか金属的で騒々しく、人を威しつけるような響きがしばしばあるので、それを聞いていると楽しいよりも、むしろ苦痛を感じると言っていいと考えている。しかしこの時聞いた鐘は、ある時は高く、ある時は低く響き渡り、時にはまた、流行り歌に似た、訴えるような調子で耳を捉えることもあり、常に穏やかで快く、滝の音や、春に鴉が塒に集って鳴き立てる声と同様に、静かな田舎の雰囲気によく合っている感じがした。[★3]

宣教師がキリスト教を運んだところにはどこでも、すぐに教会の鐘が鳴り始め、その響きはそれまで教会の鐘など聞こえなかった荒野に、開化された教区の境界線を音響的に引いていった。[*1]

鐘は祭礼、誕生、死、結婚、火事、そして反乱を知らせる音の暦（アクースティック・カレンダー）だった。ザルツブルクで、無数の鐘がゆっくりと鳴るのを、私は小さな古いホテルの一室からきいた。鐘は想像した音よりほんのわずか遅れて鳴り、そのように予想の一瞬あとで現実が訪れる瞬間、心にはつかの間の緊張がもたらされた。またメキシコのサン・ミゲル・ド・アジェンデでは、鐘楼の中の囚人たちが、重たく無器用な足どりで、巨大な鐘のふちを引っ張って動かしているのを見た覚えがある。

時の音

教会の鐘が、ヨーロッパ文明にとって非常に重要な意味をもつ技術革新と結びついたのは、一四世紀のことであった。すなわち機械時計の誕生である。それは同時に、サウンドスケープの中でも最も逃れがたい信号となった。教会の鐘と同様、しかもより一層無慈悲な正確ささえともない、時計は、過ぎゆく時を聴覚的に刻んでいくからである。この点で機械時計は、時を告げるそれ以前のあらゆる手段——水時計、砂時計、そして日時計——とも異なっている。それらは音を出さなかったのである。

教会の時計は十一時を打った。あたりには、ほかのもの音が何ひとつしなかったので、打ち

＊1——イスラム教とキリスト教の教義は双方とも、信号を発する重要な装置をもっていたのに対し、伝道を行なわないユダヤ教の教義はそのような方策をとっていないことは象徴的である。

出すぐ前のゼンマイ仕掛けのうなりがはっきりききとれたし、打ち終わったあとのカチッともどる音も、はっきりきこえた。その調べは、無生物にありがちな、あのめくらめっぽうの無遠慮さで、遠くまでひびいていった――家々の壁に打ち当たってその間にこだましたり、うねって散らばっている雲にぶつかったり、雲の間を縫って、遥か彼方の、人の行ったこともない幾マイルもの空間へと広がったりしながら。★4

時計のベルは、文字盤より遥かに利点が多い。文字盤を見ようとする人がそちらを向かなければならないのに対し、ベルは時の音をあらゆる方向へ一様に響かせ、広めるからである。ヨーロッパの町にはどこでも必ず数多くの時計があった。

他の時計もつぎつぎと八時を打った――あるものは刑務所から陰気に、またあるものは救貧院の切妻から。それらが鳴り出す前には機械のきしむ音がし、晩鐘の音よりはるかに耳につく。加えて、時計工の店からは、ちょうどよろい戸が降ろされようとする時、店内に並べたてられた背の高い、ニスを塗ったケース入りの時計が相継いで鳴り出した。それはさながら、幕切れ寸前に一列に並んだ俳優たちが最後の口上をまくしたてるようだ。そしてチャイムが、《シシリアの水夫の賛歌》をどもったように響かせるのが聞こえた。それはちょうど、進歩派の年代学者たちが、古い学派の全業績がまだ十分まとめ上げられぬうちに、もう次の時代に足をふみ出しているような具合だった。★5

時計は、好戦的な尊大さで町の動きを規則づけた。ときには、それらが標識音にまで昇格することもあった（クレムリンの壁の時計のベルが、不安定な五音音階（ペンタトニック）の下行音階で鳴っていたのが非常に印象深く思い出される。それはその場所で唯一のふざけた音であった）。住民に愛情をもって受け入れられている場合は、ブラントフォード（オンタリオ州）の郵便局の時計の場合のように、騒音禁止の法令の適用を特別に免れている。★6

歴史家のオズワルド・シュペングラーは、ヨーロッパ（特にドイツ）に歴史的運命の観念を植えつけたのは、機械時計だと確信していた。

> 西欧の諸民族の中で機械時計を発明したのはドイツ人である。これは時間の流れの恐ろしい象徴である。無数の時計塔から夜となく昼となく、西ヨーロッパに鳴り響くその音は、歴史的な世界感情のなし得るおそらく最も驚くべき表現である。★7

時計と教会の鐘とのつながりは、決して偶発的なものではなかった。キリスト教によって、出発点（天地創造）と顕示者（キリスト）、そして運命的な終結（黙示録）を辿る精神的なものではあったにせよ、ともかく進歩していくものとして時間概念を捉える直線的な思考がもたらされたのである。すでに七世紀には、ローマ法皇ザビニアヌスの大勅書において、修道院の鐘は一日七回鳴らされることが定められ、これらの定刻点は祈禱の時間として知られるようになった。時間はキリスト教世界の中で常に走り続け、時計のベルがこれを強調した。そのチャイムは音響信号だが、意識下のレベルではむしろ、そのカチカチと時を刻む絶え間ないリズムが、西洋人の生活にとって逃れることのできない重要性をもった基調音となっている。時計は、夜の深みに届き、人の死すべき運命を思い起こさせる。

その他の焦点

時計は求心的な音である。その響きは共同体を統一し、規則づける。しかし時計ばかりが求心的な音であるわけではない。古代から農耕地域においては、製粉所が、町の生活の中心に位置する最も主要な建物だった。そしてその音は、住民自身の声と同様になじみ深いものだった。『伝道の書』の著者は不吉なサウンドスケープを書き留めている。「粉をひく女がその手を休め、……臼の音が低くなるその時、小鳥のさえずりが消え入り、鳴き鳥たちは口を閉ざしてしまう」(第一二章三節五行)。粉ひきのために使われる水車の記録は、紀元前一世紀のローマにまで遡る。水車以外のローマ時代の技術は早くに消滅し、中世後期にようやく再発見されたものが多かったのに対し、水車は生き残っていた。というのも、中世初期の文学にも水車について触れている行(くだり)がしばしば見受けられるのである。

水車(ミル)が行なっていた仕事は、穀類の製粉に限られていたわけではなかった。一四世紀初めまでには、製紙工場(ペーパーミル)や製材所(ソーミル)も存在していたのである。その頃までには水車は、武具師のために研磨機を回し、後には製鉄所のハンマー機や切裁断機をも回すようになったのだ。水力が利用可能な川や小川の土地沿いに多くの町が築かれたのはこうした由縁である。

湖が小川になるところには、二つか三つの水車場があった。それらの水車は戯れる少女たちの如く、水をバチャバチャはねながら、お互いに追いかけっこをしているように思われた。私はそこに何時間もの長い間たたずんでそれを見守った。滝のように流れ落ちる水車の水に小石を投げ入れ、それがはね返って再び落ち、ぐるぐる回る水車の輪の下に消えていくのを見ていたものだった。水車場からは、ひきうすの音や、臼ひき人夫の歌声、子どもたちがキャッキャッと笑う声、そして、とうもろこし粥(ポレンタ)をかき回す間は常に、炉端の上の鎖がキーキーきしむ音が聞こえた。粥ができているのはすぐわかる。煙突から煙が立ち昇った後にはいつもこの新しいきしむ音が大自然のコンサートに加わるからである。水車場の正面ではいつも、粉袋や粉だらけになった人々が往来していた。隣村から女たちがやって来て、彼女らの粉がひかれている間は水車場の女たちとおしゃべりに興じていた。一方、荷から解放された小さなロバは、水車場へ通う時にきまって用意されるふすまをつぶしたごちそうを、がつがつと貪り食っている。食べ終わると、ロバはいななき、満足げに耳や足を伸ばすのだった。その回りを水車場の犬がワンワン吠えてぐるぐる回り、ふざけて飛びかかったり、身構えたりした。それは実に生き生きとした情景だった。それ以上素晴らしい情景など考えられないほどだった。★8

水車小屋の中で暮らす人々にとって、その大きな水車が発する「パタパタ」（トマス・ハーディのことば）なしの生活はあり得なかった。その大きな水車に答えるように小さな水車が「オルガンの閉管ダイアペーソン☆2を使用した時に出る音にどこか似た」にぶい音を立てる。★9その後水車場は、金切り声で鳴るサイレンが取りつけられ、いっそう幅をきかせた存在となっていった。さて次は一気に一九〇〇年まで飛び、マキシム・ゴーリキーのことばによるロシアのドリョーモフについての記述をみてみよう。「秋の暁の真珠のようなうす明りに目を醒ましながら、老アルタモーノフは人を呼びつける工場のサイレンの響きを聞いた。半時間もすると、根気強い人々のぶつぶつ、ひそひそという話し声が始まり、やがていつもの鈍いが力強い労働の音がきこえてきたものだった」。★10もうひとつ、初期の町の居住地に住む大抵の人に一日中聞こえ続けていた音があった。それは、鍛冶屋の音である。「……たとえ深い井戸に落ちてしまっても、その音ほどはっきりと聞こえてくる音はなかったろう。鍛冶屋からは、……カーン、カーンという音が聞こえてきた。蜂がけだるそうにうなる。アニーは台所で歌っていた……端綱（はづな）の留め具がガチャガチャッと鳴った。アブのハンマーは鉄床を打ち続けた」。★11

鍛冶屋の音がいかに多様であったかということは、実際の鍛冶屋の仕事場を訪ねなければわからない。博物館の鉄床ではどんなものでもその音を示すことはできない。それぞれの仕事の種類に応じて、独特な拍子とアクセントがあったからである。ヨーロッパでの録音調査の間に、われわれは幸運にも、シュヴァーベン在住の年老いた鍛冶屋とその助手を説き伏せ、使わなくなった炉に火を起こし、その技術を披露してもらうのに成功した。大鎌を尖らせるには、すばやく連打

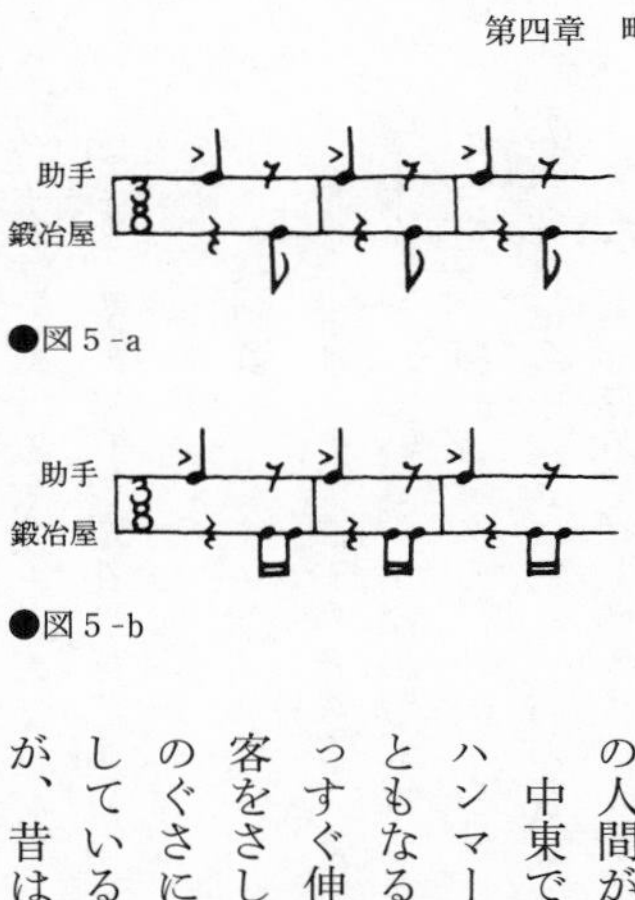

●図5-a

●図5-b

し、続いて刃を調べるために少し間を置く。それに対して馬蹄を形づくる際には、助手は大槌で金属を連打するよう指示され、一方の親方は形づけのための小さなハンマーで、間に打ち込んでいった。それは三拍子だった。図5—aのような具合に。もっと平たくしようという時、親方は鉄床の横を軽く叩いて図5—bのようにすばやい二連打を打ちまくる。助手が規則的に振りおろす強打の間に、親方が金属を形づくりながらいかに器用な手さばきを見せるかは、実際に見なければよくわかるまい。われわれの測定によればその音は一〇〇デシベルを越えており、村はずれに住む人でさえ、夜明けから始まったハンマーの音が、収穫期（大鎌を定期的に平らに打たなければならなかった時期）には、夜遅くまで続くのが聞こえたものだったと証言した。

産業革命が起こるまで、おそらく鍛冶屋の槌音、その華やかにカンカン鳴る音は、かつて一人の人間が手で生み出した音のうちで、最も大きい音だったろう。

中東で最も耳障りな基調音をもたらしていたのは、ブリキ屋のハンマーだった。その音はまだ聞こえるかもしれない。バザールともなると、陽気なブリキ屋は背中をアリフ[☆3]という字のようにまっすぐ伸ばしてしゃがみ込み、ハンマーでスタッカートを打って客をさし招く。その響きは裏通りのでこぼこした石道の上を、ものぐさにすり足で歩く音と一緒になって、奇妙な対位法を生み出している。彼らは、いまでは観光客用にサモワールを作っているが、昔は近衛軍で使う大きなゴングを作っていた。東洋ではゴングが西洋における太鼓と鐘の役目を果たしていた。「夜が明けると、イスファハンの北門から出発した。先頭に立つ巡礼の先達（チャーヴォシュ）が、ドラをたたき、大声をはり上げて出発の合図をした[★12]」。

基調音

最もユニークな基調音はその多くが、さまざまな地理条件を持ついろいろな土地の素材によって生み出されている。すなわち、竹、石、金属、木といった素材の音、そして水や石炭といったエネルギー源の音である。外国からヨーロッパの古都を訪れる人はただちに、他の素材に比べて石が非常に多いことに驚く。石の音、および何か別な物体が石にぶつかったり、石を削ったりこすったりする音が、ヨーロッパの最も重要な基調音を形成している。スコット・フィッツジェラルドは、「チューリッヒの頑丈な玉石」についていくらか触れ、それらが夜、狭い通りで音をいかに反響させるかを説明している。

北アメリカでは、木の響きがより重要な基調音であった。というのも多くの町や都市が処女林を切り開いてつくられたからである（言うまでもなく木は、ヨーロッパでも根源的な基調音だった。だが、木が金属の鋳造や鍛造に必要とされたとき、森は切り尽くされてしまったのだ）。ブリティッシュ・コロンビア特有の基調音は、いまだに木の音である。ヴァンクーヴァーの創成期には、建物にだけでなく、歩道や街路を建設する際にも板材が使われた。

初めて作られた通りは板材が敷かれ、旧ウォーター・ストリートがそうだったように、必要なところには杭材が打ち込まれた。当時の写真だけでは、馬車が板材の上を疾走するたびにガラガラと轟音を立て、人々をびっくりさせたことまでは伝えようがない。ヴァンクーヴァーでは、初期の舗装に玉石はほとんど使われなかった。板張りの舗装面は、ずいぶん前に朽ち果ててしまって残っていない。歩道もまた板張りで、隙間があいていたので女性の靴のかかとをだいなしにしたものだった。★13

この頃（一八七〇〜一九〇〇年）、ヴァンクーヴァーの海辺の通りには、はまぐりの貝殻で舗装されたところもあった。木は、杭材の上に敷かれたときには特に、音楽的な舗装面となる。板がそれぞれ固有の音高を生じ、ブーツのかかとや馬車の車輪の下で響くからである。玉石もこの性質をもっているが、安普請のアスファルトやセメントでは単調な音しかでない。

樽が玉石の上をころがるときは、木と石混合の基調音を発する。昔の町でその音はかなりやかましく響いていたに違いない。ケープタウン市はその音を出すことを禁止し（刑法第二七条、一八八二年、二七項）、またアデレードというオーストラリアの一都市でも禁止されていた（第九条、一九三四年、二五a項）。

微細な基調音は、光の音によってもたらされる。蠟燭の燃える柔らかな音から電気の絶え間ないハムへと移行する間に、人間の社会史の全章が描かれるだろう。人間が自らの暮らしを灯す方法は、時間の示し方や言葉の書き留め方と同じくらい影響力の大きいものなのだ（活版印刷の登場と衰退によってダイナミックな社会の変化を説明したマーシャル・マクルーハンも、創意に富んだいくつかのテーマのひとつを展開させたにすぎなかった)。多大な影響を及ぼした機械時計の発明のほうがわれわれの研究により直接にかかわってくるが、照明の効果も無視することはできない。

蠟燭が生み出す小さな光の輪に生活が集中し、その光の後ろに影がゆらゆらとひだをかもし出し怪しげに揺れている——そんな北国の冬の独特な暗闇にあっては、心も自然界の暗闇の部分をさまようのだった。北方の神話にでてくる地下の生き物は、常に夜行性である。蠟燭の光のもとでは視野はひどく狭められる。耳が極度に鋭敏になり、大気は、奇妙な物語や天空の音楽の微かな波動と共に脈打ち始める……。

ロマン主義は薄明かりの中で生まれた——そして電気とともに終わったのだった。電気時代に入るまでに、最後のロマン主義者たちは翼をたたんでしまった。音楽はノクターンや夜曲(ナハトシュトウック)を追放し、一八七〇年代の印象主義者のサロンから生まれた絵画は、四六時中光の中に身を置くようになった。

昔の人々が蠟燭や松明の音については特別な告白を残していないだろうと思われるのと同様、現代人による五〇ないし六〇サイクルのハムについての精巧な記述を探してもみつからないであろう。というのも、どちらの音も避け難く存在している基調音だからである。つまり、繰り返し説明することになるが、基調音とは、その中で暮らしている人々には、めったに意識して聴かれることのない音である。それは、図となる信号をはっきりと知覚できるようにする地なのである。だが基調音は、変化したり消えてしまったりすると、人々の意識に昇ってくる。それが非常なつかしさを伴って思い出されることとさえあるだろう。私は、一九五六年に初めてウィーンを訪れ、郊外の通りに立ち並ぶガス灯の囁くような音をきいたとき、鮮烈な印象に襲われたことを思い出す。もうひとつ、中東の電化されていないバザールできいた、コールマン・ランプが発するシューシューという大きな音も印象的だった——夜も更けてくると、それは水ギセルの泡だつ音をはるかにしのいでいた。逆のかたちで似ているのが、『ドクトル・ジバゴ』のヒロインがウラルで子ども時代を過ごした後、初めてモスクワにやってきた時のことだ。彼女は「あたかも、ベルや車輪のような音を発しそうな、けばけばしいウインドーの飾りとまばゆい光の中で、耳が聞こえなくなりそうだった」。田舎では夜には「松やにの蠟燭がパチパチと燃えるかすかな音」（ツルゲーネフの表現）が聞こえていただけだったので、彼女はその変化に直撃を受けたのだ。もうひとつの例は、パウル・クレーの一九一九年の日記に見られる。絵のことを考えているまっ最中、彼はふと耳を傾けた。それは、シュヴァーベンのアパートで、「ゼーゼーと音を立てていたガスランプが、まぶしく輝いてシュッシュと音をたてる意地悪げなカーバイドランプに置き換えられた」ときだった。

夜と昼の音

街や都市が夜の闇に包まれている時は、晩鐘の音と夜警の声が重要な音響信号だった。ロンドンでは、ウィリアム征服王によって晩鐘を八時に鳴らすことが制定された。セント・マーチン教会の大鐘（ル・グラン）の合図の鐘の一打めをきっかけに、他のすべての教会が晩鐘をつき、城門が閉ざされたのである。トマス・ハーディが書き留めているように、晩鐘はイギリスの町では一九世紀まで鳴らされていた。

カスターブリッジでは、まだ晩鐘が鳴らされていた。しかもそれは、店じまいの合図として住民の役に立っていた。深くひびく鐘の音が家々に響き渡るか渡らないかのうちに、大通り中でよろい戸を閉める音があがった。数分のうちに、カスターブリッジのその日の商売が終わった。★14

ペルシアの町々でも夜を告げる合図が流されていたが、その音はイギリスのものとは異なっていた。

遠くから、近衛楽隊の楽の音、太鼓の音、ラッパの音が聞こえてくる。日没なのだ。私はさまざまな調子の礼拝招集僧(ムエッゼン)たちの夕拝の声に耳を傾けた。警察の小太鼓も人々に店を閉めて家に帰るよう命じている。王宮の見張り塔から張り番が叫ぶ声も遠くから聞えた。★15

夜、町が寝静まった後のサウンドスケープは、パリのような大都市でもハイファイになった。

昨夜のことだった。夜もふけ、ぼくが眠れるようにと中庭で女や子どもらが話をやめた時、ぼくの耳には通りを行く馬車の音が聞こえ始めた。それはただ時おり通り過ぎるだけだった。

が、一台通り過ぎるごとに、知らず知らずにふと、その次の音が聞こえてくるのを待ってしまう。鈴の音を、舗道に高く響く馬のひづめ音を……。[★16]

世界中の町で、夜の間は、夜警が定刻の音を響かせながら住民を安心させていた。

十二時、
戸閉まり、火の用心、
明かりも消して、
おやすみなさい。

一五九九年にリチャード・ディアリング[☆4]によって記録されたロンドンのふれ声は、こんな具合だった。ミルトンは、彼の時代に夜警がベルを身につけ、祝福のことばを歌っていたことを記している(『沈思の人(イル・ペンシセローソ)』八二行〜)。リー・ハント[☆5]は一八二〇年、ロンドンの幾人かの夜警について、記述を残している。

一人はすかし屋の夜警だった。彼は、公園隣りのオックスフォード街を行ったり来たりするのが常だった。私たちが彼をすかし屋と呼んでいる訳は、その気取った言い方にあった。彼は“past”ということばのaを、“hat”のaのように発音する。喋る前にちょっと構えて

「えっへん」と言ってから、おもむろに、上品ぶったすました言い回しで、"păst ten〔ただいま十時〕"と言い出すのだ。その様子は、あたかも自分が時刻の決定を下しているかのようだった。

もう一人は金切り声の夜警である。彼のほうは同じ通りでもハノーバー広場のほうへゆっくりと歩いて行き、そしてラッパのように甲高い声をあげた。彼は声そのもの、それ以外の何ものでもなかった。このように、夜警にもそれぞれ何らかの違いがあるものだ。

三番目の、ベッドフォード広場で一時間ごとに声をあげる夜警は、ぶっきらぼうで声高なふれ声に特徴があった。彼の仲間の間では、その時刻が来たちょうどに、"Past"とか"o'clock"ということばを略して、数字だけ読み上げるのが流行っていた。★17

この時代までには、夜警のふれ声と町の時計のチャイムが時刻を同時に繰り返して知らせるようになり、夜警のほうがどんどん少なくなっていった。この状況をヴァージニア・ウルフは、夜警を感傷的に遠くに位置づけることによってうまくとらえている。次の『オーランドー』からの引用の時代設定は、先の引用とほぼ同じ頃である。「石畳を馬車が一台ゆく微かな音。遠くで夜警が『霜夜の真夜中でーす』と叫ぶ声。それとほとんど同時に真夜中を告げる鐘が鳴り始めた」。★18ゴーリキーが『アルタモーノフ一家』で記しているように、夜警がベルを鳴らしたり、がらがら(ラトル)を鳴らすこともあった。呼子を吹くこともあった。私は、現代のメキシコの町で、夜警が一五分ごとに夜通し、お互い呼子笛を吹き合うのを聞いたことがある。

夜の闇を引き裂くこのような音は、必ずしも常に快く聞かれたという訳ではなかった。たとえばその音は一八世紀、トバイアス・スモレットをひどく憤慨させた。

……私は真夜中過ぎに寝床に入ったが、昼間体を使い過ぎたせいか疲れ果て、なかなか寝つけなかった――眠りついてからも、私は、夜警が一時間ごとに各通りで大声をあげ、各家のドアが大きな音を立てるたびに目を覚ました。役立たずの連中どもめ。彼らは住民の安らぎを妨げる目的以外には何の役にも立っていない。[★19]

朝になり一筋の陽の光が射し込むと、夜警は音を出すのをやめた。さらに、街灯が導入されてからは、夜警はすっかり姿を消してしまった。

夜明けと共に、また別の騒動が始まった。スモレットは次のように続けている。「……そして五時になるまでにはもう、私はベッドを脱け出してしまう。それは田舎馬車や、私の窓の下で大声でグリーンピースを売り歩く騒々しい田舎者が、もっとずっと不快な目ざましとなったからだった」。

馬車の基調音

玉石の上を真鍮巻きの車輪が通る際の、絶え間なく、調和に欠けるガラガラという音にいら立ちを覚えたことを書き記しているのは、何もスモレットひとりではなかった。また、ヨーロッパ人ばかりでなく世界の他の地域に暮らす人々も、その音についてはしょっちゅう不平を述べていた。「車輪のぎしぎし言う音は筆舌に尽くし難い。それは君がこれまでの生涯で聞いてきた音とは似ても似つかない。君の血を一瞬にして凍らせてしまう音なのだ。この幾千もの車輪が一斉にきしきし、ぎしぎし鳴る音を聞けば、決して忘れられない音となるだろう――それはまさに地獄の音だ」[20]。荷車には、むちがたてるピシッという音がつきものである。哲学者アルトゥール・ショーペンハウアーはこの音を、知的生活の気を散らす最も不快なものとみなした。

これは人生からあらゆる静寂と思慮をとりあげる雑音だ。……このピシッという物音はとつぜん鋭く響き、頭悩を麻痺させ、いっさいの思慮をさいなみ、思想を殺す[21]。

ショーペンハウアーひとりが、むちの音に反発していたわけではないことは、ヨーロッパやその他の国の「馬車のむちを不必要に鳴らしてはならない」とする、数多くの法律から明らかである。

創成期の都市のサウンドスケープの中で、最も強い影響力をもった基調音のひとつは、馬のひづめのガタガタという音だったに違いない。玉石の通りの上ならばどこでもはっきりと聞こえるその音は、土の上の低くこもったひづめの音とは異なっている。リー・ハントは、町にさしかかったことを旅人が知る唯一の術がひづめの音が鋭くなることだった時代の、馬車を使った夜の旅を綴っている。田舎道へ戻ると、「車輪が回るしっとりとした音や時を刻むような馬の足音」のため、ついには非常に寝つきの悪い乗客までも眠りへと誘われる[22]。

ひづめのリズムが旅人の心によく訴えかけていたはずだ、と結論づけているのは私ひとりというわけでは決してないだろう。詩のリズムに及ぼす馬のひづめの影響については、当然博士論文の二、三も書かれてしかるべきである。実際リチャード・ブラックモア卿[☆6]はかつて、「彼の四頭立ての馬車の車輪がたてるがらがらという音にあわせて」詩をつくることを語った。なるほど馬に乗った韻律学者ならば、ここから主題を引き出せるはずである。音楽への影響もまた明らかである。馬車旅行がヨーロッパ全土で実現して安全になり、普及を遂げた頃（一七〇〇年以後）に成立したアルベルティ・バス[☆7]のようなオスティナートの効果を、他にどうやって説明する気になれるだろうか。同じような影響は、足を急激に動かす田舎のスクウェア・ダンスのリズムにも感じられる。それを南アメリカでは「蹴り上げ音楽［kicker music］」と呼んでいるのも、理由のないことではない。こうした考え方は単に私特有のものにすぎないのかもしれないが、後にジャズにおける鉄道の影響や現代音楽における自動車の影響などを考察する際に、再びとりあげていきたい。

仕事のリズムが変化し始める

産業革命以前、労働はしばしば歌と結びついていた。労働のリズムは人間の呼吸の周期と一致していたからであり、手や足の習性から発生したからである。われわれは後に、人間と機械のリズムが一致しなくなったときに歌う行為がどのようにして途絶えてしまったかを述べるつもりだ。しかし、その悲劇について少しばかりここで指摘しても早すぎることはあるまい。この悲劇の到来以前は、水夫たちが歌う船歌、野良や仕事場での歌がリズムを生み、それを行商人や花売娘らがまねたり対位声部をつけたりして、さながら大合唱曲のようになったものである。ゴーリキーの小説『アルタモーノフ一家』が証言しているように、初めは農夫や職人が、喜び勇んで自分たちの歌を都市へ広めたのだった。

ピョートル・アルタモーノフは、自分の耳を引っぱりながら、普請の模様を眺めていた。鋸は木にうまそうに喰い付き、鉋はしゅっしゅっという含み声と共に口笛を吹き、手斧はかつかつと音たかく打ちこまれた。石灰のぴちゃぴちゃと捏ねまわされる音や、砥石が斧の刃を接吻しながらすすりなく声も聞こえた。大工らは垂る木を上げながら《樫(デュビニューシカ)の歌》を歌っていると、一人の若々しい声が高い調子で、

　ザハール小父さん、マリヤのとこへやって来て
　拳固でマリヤの横面をがんと擲った……

と歌い上げた。

その後、彼らは水車小屋でひやかすのを、恨めしくも断念するはめになった。そしてただ、ヴァタラクシャの岸に集まって、南瓜や向日葵の種を噛りながら、時に鼾のような、時に甲高い叫び声に似た鋸の音や、しゅうしゅうという鉋のなめらかな響きや、鋭い手斧の重々し

く食い込む音を聞いていた。そしてバベルの塔の空しい努力の譬えなどを、嘲り顔に語り合うのであった。[★23]

工業化された仕事場は歌う行為を根絶やしにしてしまった。ルイス・マンフォードはこの点を『技術と文明』の中で「労働にオーケストレーションを施そうとしているのは、歌や吟唱やラッパの音ではなくて、機械の一分当りの回転数の方であった[★24]」と述べている。

路上の呼売り人

しかしこのようなことが起こったのはもっと後のことである。産業革命以前の通りや仕事場はさまざまな声に満ちていた。ヨーロッパも南の地方へ行けば行くほど、声が大きく騒々しくなるようだった。

上のほうを見てごらん。おびただしい数の窓やバルコニー、陽射しに揺れるカーテン、緑の葉や花、そして人々が飛び込んでくる。それらに目をやれば、君の幻想はさらに強まるのだ。叫び声やかん高い声、むちの音が君の耳をつん裂き、光が君をめしいにし、君は目まいを感じて息を飲むばかりだ。君は、拍手喝采し「万歳(エヴィーヴ)」と叫ぶ熱狂的なさわぎに巻き込まれ、その一部と化したように感じる——でも、これらは何のためのものなのだろう？　君の目の前で起こっていることは例外的なことでも、特別なことでもない。すべてが全く平穏なのだ。

これらの人々の中にはいかなる深い政治的熱情もかきたてられてはいない。彼らは皆、自分たちの仕事を気にかけ、普段のことについて語り合う。それは他の日と同じ単なるある一日に過ぎない。それがまったく、普通の状態、それ以外の何ものでもない時の、ナポリの暮らしである。[★25]

なぜ南ヨーロッパ人の声はいつも、北ヨーロッパ人の声より大きいと感じられるのだろうか？それは彼らが環境騒音レベルの高い戸外でより長い時間を過ごすからだろうか？ ベルベル人はナイルの激流よりも大きな声を出さなければならなかったため、叫ぶことを覚えたという話が思い出される。

さらに当時ヨーロッパの主要都市ではどこでも、通りが静かなことはめったになかった。呼売り屋や大道音楽家や乞食が、絶え間なく声をあげていたからである。作曲家ヨハン・フリードリッヒ・ライヒャルト[☆8]が一八〇二年から三年にかけてパリを訪ねたときは、特に乞食にうるさく悩まされた。「彼らは、普段は人を襲うほど暴力的でないが、行き先をはばみ、絶えず訴えかけるような呼び声と惨めな態度で、人の気をひこうとする」[★26]。至るところで発せられる路上の呼び声から逃れることはできなかった。「通りのわめき声は暴力的でおそろしく大きく、耳ざわりだ」とヴァージニア・ウルフは『オーランドー』で語っている。しかしこれでは、あまりに大ざっぱである。実際は、呼売り屋はめいめい真似のできない呼び声をもっていた。二、三ブロック離れたところからでも、歌い手の職業が何かをわからせたのは、そのことばというよりむしろ音楽的モチーフ、父から息子へと受け継がれてきたその声の抑揚だった。店が荷車で移動していた時代、広告とは声を陳列することだった。路上の呼び声は作曲家の興味をひき、一六世紀フランスのジャヌカンやシェイクスピア時代のイギリスのウィールクス、[☆9]ギボンズ[☆10]そしてディアリングによって、数多くの声楽曲にとり入れられた。最後の三人の作曲家によるファンシー[☆11]には、一五〇ものさまざまな呼び声や旅廻りの行商人の歌が含まれている。これらの曲の中から目録を作ることによって、エリザベス朝のイギリスの町で利用できた商品とサービスがいかに豊富だったかがよくわかる。

魚　一三種
果物　一八種
酒とハーブ　六種
野菜　一一種
食品　一四種
所帯道具　一四種
衣類　一三種
物売りの呼び声　九種
物売りの歌　一九曲
囚人解放嘆願の歌　四曲

夜警の歌　五曲
ふれ役　一名[★27]

ディアリングによって書き留められたふれ役は、明らかにピューリタン革命期以前のものであった。彼はノルマン＝フレンチの動詞 *oüir* に由来する“Oyez〔聞け！〕”という伝統的な呼びかけから始める。

オイエー　オイエー　どなたかそこの奴さんかお姉さん、街でも田舎でも構わない、しっぽだけ黒い灰色の雌馬の行方を教えてくれるお方はいないかい。その雌馬ときたら三本足で両目なし、ケツにでっかい穴がある。そこにおまえさんの鼻づらさ。そんな雌馬のたよりを教えてくれるお方があれば、このふれ役にひとこと言ってもらいましょう。そうすれば、その御苦労にたんまりお礼がでるそうな。[☆12]

代々継承されてきたふれ役が実際に活躍していた時期は、一八八〇年頃まで下る。少なくとも、ふれ役の名がレスターのような都市の人名録から姿を消したのはその頃だったのだ。
公共の場での呼売りは、ヨハン・フリードリッヒ・ライヒャルトがパリから報告したように、劇場やオペラ・ハウスでも行なわれた。

幕間には、オレンジジュースやレモネード、アイスクリーム、果物などを売りにやって来る呼売り屋もいれば、オペラの台本やプログラム、夕刊や雑誌を売るもの、さらにはオペラグラスを売りに来るものもいる。皆が互いに競争するものだから、ひと騒動があり、観客は否応なく気をそらされてしまう。フランスではよくあることだが、劇場がいっぱいで、オーケストラの楽士が立ち見の観客とうまく席を譲り合うよう強いられる日などはさらにひどい。悲劇の最後のセリフが終わるか終わらないうちに、呼売り屋がドアをさっと押し開いて「オレンジジュース、レモネード、アイスクリーム！　オペラグラスでございっ！」などと大声で売り歩く。どのような音楽も、その精彩をまったく奪い去られ、繊細な観客の耳と気持ちはずたずたにされるのである。★28

都市の喧騒

ここ数頁のいくつかの引用から、大道音楽が常に論争の対象となっていたことがわかるだろう。まず知識人たちがこれに神経を逆なでされていた。芸術音楽家も憤慨していた——というのも、音楽的なセンスのない者が演奏に携わっていて、少しも楽しくないどころか、金で沈黙を買うよう仕向けているだけのように思われたことがしばしばだったからである。生活様式の向上を考え始めるやいなや、中産階級でも同様の抵抗がみられるようになった。芸術音楽が室内に移った後は、大道音楽はますます軽蔑の対象となった。一六世紀から一九世紀にかけてのヨーロッパの騒音規制のための法律を調べてみると、こうした活動を禁止する法律の数がいかに増加しているかがわかる。エリザベス一世治世下のイギリスでは、大道音楽は二つの議会制定法によって規制されていたが、効果はほとんどなかったようである。ホガースの有名な一八世紀の版画《憤慨した音楽家》では、屋内の音楽と戸外の音楽との闘争が画面いっぱいに繰り広げられている。一九世紀に入るまでには、ワイマールの条例が扉を閉じた部屋での演奏のみを許し、それ以外で音楽することを禁じるようになった。ブルジョワジーは少なくとも紙の上では有利な立場にあった。イギリスでは、醸造業者でもあり英国議会の議員でもあったマイケル・T・バスが、一八六四年に『大都会における大道音楽』と題した本を法案と共に出版し、大道音楽家たちの悪弊をやめさせようと企てた。バスは、その法案を支持する莫大な量の手紙や嘆願書を受け取ったが、その中には「われわれの職業的義務がはなはだしく妨害されている」そのあり様に対して強い不満を述べた二百人の「大都会の音楽の主導的な作曲家や演奏家」による署名も含まれていた。ディケンズ、カーライル、テニソン、ウィルキー・コリンズ、そしてラファエル前派の画家、ジョン・エヴェレット・ミレーとホルマン・ハントによって署名されたもう一つの手紙は、次のように述べていた。

この手紙の差出人はすべて、芸術、科学のある分野に属する教授および実践者です。私たちは、人類の平和と楽しみに専念する自分自身の仕事に献身しようとしていますが、大道音楽家たちによって毎日のように邪魔をされ悩まされて、不安になり、疲れ、ほとんど気が狂う状態に追いやられています。私たちは、特に真鍮［brazen］の楽器を使うずうずうしい

［brazen］演奏家や、太鼓を叩き、オルガンを回し、バンジョーをかき鳴らし、シンバルを鳴らしフィドルで悩ませ、バラッドを怒鳴ったりする演奏家の、迫害の目標となってさえいるのです。といいますのも、私たちのだれかが自分の家での静けさを特に必要としていることが、かのおそろしい音をたてている者たちに知られるやいなや、私たちの家は、金でかたをつけようとする騒々しい一群に囲まれてしまうからです。★29

自分の法案に関してバスが受け取った便りには、著名な数学者であり計算機の発明者でもあったチャールズ・バベッジによる妨害の詳細なリストもあった。彼の気を散らす主なものはブラスバンド、オルガン、そして猿だったが、バベッジは「私の労力の四分の一は、今まで述べてきた迷惑行為によって消耗されてしまった」と結んでいる。★30

選択的な騒音規制——路上の呼売り人は去れ

この運動の結果、一八六四年のメトロポリタン警察法が認可された。しかし問題がただちに解決した訳ではなかったようだ。路上の呼び声は、世紀の変わり目まで、そしてそれ以後まで長いあいだ記録され続けていたからである。しかし一九六〇年になると、路上の呼び声が依然として定期的に聞こえるヨーロッパの都市は、イスタンブールのみになってしまった。ヨーロッパ諸都市の法律制定者が、大道音楽の問題は解決した、と最終的な結論を出したとき、彼らはその本当の理由を認めそこなっていたのだ。問題が解決したのは、何世紀にもわたって法律が練り直されたからではなく、路上の呼売り人の声を消してしまう自動車が発明されたからだった。そして、世界中の愚鈍な行政が、すでに消滅してしまった問題を解決しようとする条例を作成するのにやっきとなった。「断続的な叫び声あるいは繰り返し叫ぶ声によって、公共の平安、秩序、平穏、および快適さを破る呼売り屋、呼売り商人、行商人、および小規模な大道売り、新聞売り、その他の者を禁ず」(ヴァンクーヴァー、二五三一条例、一九三八年制定)。

一九三〇年代には、パリっ子たちは路上の呼売り人たちの声が消滅してしまったことを嘆いていた——もしフランスの歌が途絶えてはならないのなら、保存すべきは大道歌手である、と。しかしその時代まで求美教授(ビューティ)は、外界の音から隔絶された白壁の個室に入っていたのであり、つまり、大道音楽の消滅などは、大方の審美家や収集家にとっては関心のない問題だったと言えるだろう。

騒音に関する法律を調べてみるとおもしろいのは、それによって現実的に何かが成し遂げられるからではなくて、むしろ、われわれに音の恐怖症や迷惑音の具体的な記録を提供してくれるからである。法律における変化は、社会の態度や知覚の変化を探る鍵を与えてくれるし、これらはまた同時に音のシンボリズムを的確に扱うためにも重要である。

初期の騒音規制条例は、すべての音に対してデシベルで量的な限界を設定し始めた現代のものとは対照的に、選択的であり、質に重きが置かれていた。過去の法律のほとんどがその規制の対象を人間の声(というよりむしろ、下層階級の荒々しい声)としていたのに、客観的に測定すれば人間の声よりはるかに大きい教会の鐘を対象としたヨーロッパの法律はひとつもなかった。同じぐらいの大きな音を出して教会の丸天井内部を音楽で満たし、教会という機構を共同体生活の中枢として尊大に支えている機械——教会が工場によって最終的に取って代わられるまでのことだが——を騒音規制の対象とする法律もなかった。

原注

★1——Johan Huizinga, *The Waning of the Middle Ages*, New York, 1954, pp. 10-11.
ホイジンガ『中世の秋』堀越孝一訳、中公文庫（上）、一三—四頁。

★2——Dr. Charles Burney, *An Eighteenth-Century Musical Tour in Central Europe and the Netherlands*, Vol. II, London, 1959, p. 6.

★3——Robert Louis Stevenson, *An Inland Voyage*, New York, 1911, p. 211.
スティヴンソン「内地の船旅」吉田健一訳、『旅は驢馬をつれて』、岩波文庫、二二四—五頁。

★4——Thomas Hardy, *Far from the Madding Crowd*, London, 1922, p. 238.
ハーディ『遥か群衆を離れて』、前掲訳書、三三〇頁。

★5——Thomas Hardy, *The Mayor of Casterbridge*, London, 1920, pp. 32-33.
ハーディ『カスターブリッジの市長』、前掲訳書、四八—九頁。

★6——By-law No. 98-63 (1963).

★7——Oswald Spengler, *Der Untergang des Abendlandes*, Vol. 1, Munich, 1923, p. 8.
シュペングラー『西欧の没落』村松正俊訳、五月書房、第一巻、二四頁。

★8——Ippolito Nievo, *Confessions of an Octogenarian*, 1867. *Landscape Painting of the Nineteenth Century*,

Marco Valsecchi, New York, 1971, p. 184. より引用。

★9―Thomas Hardy, *The Trumpet-Major*, London, 1920, p. 2.

★10―Maxim Gorky, *The Artamonovs*, Moscow, 1952, p. 404.
ゴーリキイ『アルタモーノフ一家』米川正夫訳、改造社、二二四―五頁。

★11―W. O. Mitchell, *Who Has Seen the Wind?*, Toronto, 1947, p. 230.

★12―James Morier, *The Adventures of Hajji Baba of Ispahan*, New York, 1954, p. 19.
モーリア『ハジババの冒険』岡崎正孝・江浦公治・高橋和夫訳、平凡社東洋文庫、第一巻、八頁。

★13―Eric Nicol, *Vancouver*, Toronto, 1970, p. 54.

★14―Thomas Hardy, *The Mayor of Casterbridge*, *op. cit.*, p. 32.
ハーディ『カスターブリッジの市長』、前掲訳書、四八頁。

★15―James Morier, *op. cit.*, p. 123.
モーリア『ハジババの冒険』、前掲訳書、一三二頁。

★16―Alain-Fournier, *The Wanderer* (*Le Grand Meaulnes*), trans. L. Bair, New York, 1971, pp. 124-125.
アラン＝フルニエ『さすらいの青春』、前掲訳書、一六一頁。

★17―Leigh Hunt, *Essays and Sketches*, London, 1912, pp. 73-74.

★18―Virginia Woolf, *Orlando*, London, 1960, p. 203.
ウルフ『オーランドー』杉山洋子訳、国書刊行会、一六六―七頁。

★19―Tobias Smollett, *The Expedition of Humphry Clinker*, New York, 1966, pp. 136-137.

★20―Charles Mair, 1868. Quoted from *Life at Red River*, Keith Wilson, Toronto, 1970, p. 12.

★21―Arthur Schopenhauer, "On Noise," *The Pessimist's Handbook*, trans. T. Bailey Saunders, Lincoln,

Nebraska, 1964, pp. 217-218.
『騒音と雑音について』秋山英夫訳、白水社、ショーペンハウアー全集第一四巻、二九一—二九二頁。

★22——Leigh Hunt, *op. cit.*, p. 258.

★23——*Op. cit.*, pp. 22-23.
ゴーリキイ『アルタモーノフ一家』、前掲訳書、五〇頁および一三頁。

★24——Lewis Mumford, *Technics and Civilization*, New York, 1934, p. 201.

★25——Renato Fucini, *Naples Through a Naked Eye*, 1878. Marco Valsecchi, *op. cit.*, p. 182. より引用。

★26——Johann Friedrich Reichardt, *Vertraute Briefe aus Paris Geschrieben in den Jahren 1802 und 1803*, Erster Theil, Hamburg, 1804, p. 252.

★27——Sir Frederick Bridge, "The Musical Cries of London in Shakespeare's Time," *Proceedings of the Royal Musical Association*, Vol. XLVI, London, 1919, pp. 13-20.

★28——Johann Friedrich Reichardt, *op. cit.*, pp. 248-249.

★29——Michael T. Bass, *Street Music in the Metropolis*, London, 1864, p. 41.

★30——Charles Babbage, *Passages from the Life of a Philosopher*, London, 1864, p. 345.

訳注

☆1——Charles Burney　一七二六—一八一四。イギリスの音楽史家・オルガン奏者・作曲家。

☆2——ダイアペーソン［オルガンの基本ストップ］のひとつ。朗々として荘重な響きをだす開管ダイアペーソン［open diapason］に対し、閉管ダイアペーソン［stopped diapason］は強くてフルートのような響き。

☆3——アラビア語アルファベットの第一字［／］。

☆4——Richard Dering　一五八〇頃—一六三〇。イギリスの作曲家・オルガン奏者。通奏低音付きの声楽曲が多く、ロンドンの物売りの声を素材にした《Cries of London》などがある。

☆5——Leigh Hunt　一七八四—一八五九。イギリスの随筆家・詩人。

☆6——Sir Richard Blackmore　一八二五—一九〇〇。イギリスの小説家。

☆7——作曲家アルベルティ［一七一〇—四〇頃］の名をとった伴奏型。旋律を支えるべき和音を単純な音型の短い音に分散して絶えず繰り返し、背景に微妙な音の波をつくって旋律を引き立てるもの。

☆8——Johann Friedrich Reichardt　一七五二—一八一四。ドイツの作曲家・著述家。リートおよび劇音楽の作曲を多くし、またヨーロッパ各地を旅し紀行文を残している。

☆9——Thomas Weelkes　一五七五頃—一六二三。一七世紀初めのイギリスの代表的マドリガル作曲家。

☆10——Orlando Gibbons　一五八三—一六二五。イギリスの作曲家・オルガン奏者。当時、最もすぐれた鍵盤楽器奏者として知られ、教会音楽の作曲家としても指導的役割を果たした。

☆11——一般には、一六—一七世紀のイギリスにおけるポリフォニーによる器楽曲の一種を指す。ここでは、基本的には器楽曲であるものに当時のさまざまな路上の呼び声を付加してできた声のパートをもつ楽曲を意味すると解釈される。

☆12——ディアリングの《Cries of London》の歌詞の一節。

第二部　産業革命後のサウンドスケープ

第五章　産業革命

産業革命によるローファイなサウンドスケープ

ローファイなサウンドスケープは、産業革命によりもたらされ、それに続く電気革命によって拡張された。ローファイなサウンドスケープは音の過剰によって始まる。産業革命は無数の新しい音をもたらしたが、それは多くの自然の音や人間の音をくすませるという不幸な結果を招いた。さらにこの発展は、電気革命がそれ自身の新しい効果を付け加え、音をパッケージ化して時空間を越えて音分裂症的（スキゾフォニカリー）に伝達し、音を増幅・増殖された存在として生きながらえさせる装置をもたらしたとき、第二の段階へと拡張された。

今日、世界は音の過密に苦悩している。音の情報があまりにも多いので、そのほとんどが明瞭度を欠いている。ローファイなサウンドスケープが窮極的な段階にまで進むと、S〔信号（シグナル）〕N〔雑音（ノイズ）〕比が一対一になり、もはや何が聴きとれるのかもわからなくなってしまう。これがいわば、次章以下で検討していくことになるサウンドスケープの変容である。

さまざまな理由から機械化した最初の国、イギリスの産業革命は、およそ一七六〇年から一八四〇年にかけて起こった。サウンドスケープに影響を与えた主要な技術的変化は、石炭や蒸気といった新しいエネルギー源ばかりでなく、銑鉄や鋼鉄といった新しい金属の使用も含んでいた。

織物産業は、最初に工業化を経験した。ジョン・ケイの飛杼（とびひ）（一七三三）、ジェイムズ・ハーグリーヴスのジェニー紡績機（一七六四〜六九）、リチャード・アークライトの水力紡績機（ウォーターフレーム）（一七六九）により、一七八五年までに力織機の開発がもたらされた。綿製品の生産増大により原綿に対する需要が増大したが、アメリカではエリ・ホイットニーの綿繰り機（一七九三）によってこの問題は解決された。他の産業もすばやくこれに続いた。アルフレッド・ノース・ホワイトヘッドが観察したように「一九世紀の最大の発明は、発明法の発明だった」のである。[☆1] 想像力豊かな読者ならば、一八世紀の発明品のリストの中に、新たなエネルギー源の刻印を押された新たな素材と、冷酷な精確さをもった新たな機械によって引き起こされたサウンドスケープの変化を聞きとることができるだろう。

一七一一年　裁縫ミシン
一七一四年　タイプライター
一七三八年　銑鉄製レール（イングランド、ホワイトヘイヴン）
一七四〇年　鋼鉄
一七五五年　石炭車用の鉄の車輪
一七五六年　セメント工業
一七六一年　エアー・シリンダー、水車で動くピストン、溶鉱炉の三倍以上の生産力

一七六五—六九年　独立した凝縮器付の改良蒸気機関
一七六七年　銑鉄製レール（コールブルックデール）
一七七四年　穿孔機
一七七五年　車輪がついた往復機関
一七七六年　反射炉
一七八一—八六年　原動機としての蒸気機関
一七八一年　蒸気船
一七八五年　最初の蒸気紡績工場（パップルウィック）
一七八五年　力織機
一七八五年　スクリュー
一七八七年　鉄製蒸気船
一七八八年　脱穀機
一七九〇年　裁縫ミシン、最初の特許
一七九一年　ガス機関
一七九三年　信号機
一七九五—一八〇九年　食料の缶詰
一七九六年　水圧プレス
一七九七年　ねじ切り旋盤

これらの変化と同時に起きた社会的変化も大きかった。農業労働者は土地から切り離され、工場での仕事を捜すために都市へと追い立てられた。蒸気機関で動き、ガス灯に照らされた新しい工場は昼も夜も休むことなく働くことができた。貧民化された労働者も工場と同じことを強いられた。一日の労働時間は、食事のためのわずか一時間をはさんで一六時間あるいはそれ以上にまで増やされた。労働者は工場近くのごみごみした一角に住み、田園から切り離され、パブを除いてはレクリエーション施設はほとんど何もなかった。そして、多数の〈耳の証人〉たちの証言を認めるとすれば、そうしたパブは一八世紀において、それ以前に比べてはるかに大きな騒音と喧騒の中心となったのである。

工場が仕事と歌の結合にいかにして終止符を打ったかはすでに述べた。後になって、ロバート・オーウェンのような人々の改良事業の後、イギリスの合唱団体では歌うことへの情熱が再び起こり、北部の工場の町で最も盛んだった。人間文化の受難を経験した労働者は、クリスマスには数千人もの大合唱で《メサイヤ》を歌ったのである。

鉄の不協和音は、まず鉄道と脱穀機という形で、田園へと前進していった。われわれは、新しい農業機械がイギリスからヨーロッパを横切って前進していく過程から、その変化の諸相をみてとることができる。トルストイの描くロシアの小作農が鎌をもって作業をしながらいぜん歌い続けていた時、ハーディの『ダーバヴィル家のテス』(アンナ・カレーニナの同時代人)のヒロインは、脱穀機の連続的なうなり音を浴びながら無言で立って仕事をしていた。

持ち場を離れないで、立ったままあわただしく、軽食をとったあと、また二時間ほど働いた。昼食時が近くなる。駆動輪は情け容赦なく回りつづけ、脱穀機のかん高い唸りは、回転する金網の籠の近くにいるすべての人間を、骨の髄まで震撼させる。[★1]

テクノロジーの音は町と田舎をつきぬける

コークタウンでの非人道的行為を大目に見るには功利主義の哲学があれば十分だった。だが機械が地方の生活に持ちこまれた際には、すぐさま目立つ存在になってしまった。テクノロジーの音がヨーロッパを横断するのには時間がかかった。以下に掲げる数世代にわたる作家たちによる、一連の耳の証人の陳述は、新しい音がいかにして、しだいに不可避なものとして受け入れられていったかを示している。

フランスの町は、機械の新しいリズムと常軌を逸した騒音に最初は動転した。スタンダールは『赤と黒』（一八三〇）の冒頭にそれを明確に書いている。

ヴェリエールというその小さな町は、フランシュ・コンテのなかでも最も美しい町のひとつにちがいない。赤い瓦の、とがった屋根の白い家々が丘の斜面にひろがり、繁茂した栗の木立ちが、斜面の起伏をくっきりと描き出している。町の城壁はむかしスペイン人が築いたものので、今は廃墟になっているが、その下数百フィートをドゥー川が流れている。

……町に一歩足をふみいれると、見るからにおそろしい形をした機械の轟音に耳をつんざかれる。二〇の重いハンマーが、水車にもちあげられ落ちてきて、すさまじい音をたて舗石をゆるがせる。このハンマーのひとつひとつが、日に幾千ともしれぬ釘をつくりだしているのだ。巨大なハンマーが落ちてくる下へ小さな鉄片をさしだすのは、若いきれいなみずみずしい表情の少女たちである。ハンマーは鉄片を即座に釘にかえる。★2

一八六四年までには、フランスの町は工場とともに活動するようになっていた。ゴンクール兄弟は、これを軽蔑をこめて書いている。

油と砂糖のあいまいで何とも言いがたい臭いが、水の発散する臭いとタールの臭いと混ざり合い、やせて、ひからびた草地に囲まれた波止場に散在している、蠟燭工場、にかわ工場、なめし皮工場、砂糖精製工場から立ちのぼった。鋳物工場の騒音と汽笛のおたけびが、絶えず川の静寂を打ち破った。★3

二〇世紀初頭までには、テクノロジーの音は、古くからの自然のリズムと「融合」し、都会の耳にはより受け入れやすいものとなった。トーマス・マンはそのことを書いている。

我々は、海の轟きに似たようなどよめきに包囲されている。というのは、我々はポプラ並木からそう遠くなく……浅い岩棚の上を泡立ち流れる急流にほとんど接して住んでいるからである。わが家からすこし下流には、機関車工場がある。その建物は、最近需要の拡大に応じて増築され、高い窓から光が一晩中もれてくる。美しく輝く新しい機関車が試運転で行ったり来たりしている。汽笛が時おりむせび泣くような頭声音を発する。何だかわからない、何かに包まれた雷のような轟きが、空気を破砕する……。このようにして、半分は郊外、半分は田舎風の、我々のひきこもりがちな生活においても、自然の声は人間の声と混じり合い、輝くような眼差しをした、新しい日のはつらつさがすべてを覆いつくしているのである。★4

こうしてついに、機械の鼓動が、そのとどまることのない振動で、いたるところで人間を酔わせるようになった。D・H・ロレンスは言う（一九一五）。「彼らが畑で働いていると、今では見馴れた堤防の向こう側から、エンジンのリズミカルな運動が聞こえてきた。その音に初めは驚いたが、やがて脳への麻酔薬となった★5」。

結局、近代の産業化された生活の騒音は、音の比重の天秤を自然の音とは反対側へと揺り動かしたのである。それは、未来派の芸術家ルイジ・ルッソロが、彼の宣言『騒音の芸術』（一九一三）の中ではじめて指摘したひとつの事実なのである。これは第一次世界大戦前夜に書かれたものので、ルッソロはそこで、人間の新しい感性が騒音への欲望に依拠しており、騒音が自己表現をする最大の機会が、機械化された戦争において生み出されるだろうと興奮して宣言したのである。

騒音(ノイズ)は権力

一八世紀と一九世紀を通じて、都市と田舎の両方のサウンドスケープがいかに変容したかをこれまで十分にみてきた。いまやわれわれは、一つの謎に直面している。すなわち、新しい機械が作り出す騒音が非常に増大したにもかかわらず、これらの騒音に対する反対の声はめったに見出されないのである。

イギリスにおいて、工場の労働状態を最初に批判したのは、一八三二年のサドラー工場調査委員会である。その哀れを誘う七〇〇ページの書類は、三五時間まで延ばされた交替時間、仕事に遅れないように工場で眠る子ども、極度の疲労からくずれるように機械にもたれる労働者、子どものアルコール中毒といった、残忍さと人間の堕落についての忌まわしい記述に満ちている。しかし、こうした環境の悲劇の一因として、騒音はどこにも指摘されていない。わずか一度か二度、機械の「がたがた音」への言及があるだけである。音に注意が払われる場合でも、それは通常は労働者が打たれるときの叫び声である。

私は、たまたま部屋の反対側の隅にいて話をしていた。そこで私は一撃を聞き、その方向を見た。すると、紡績工が少女たちのうちの一人を苛酷にも大きな棒で打っているのが見えた。その音を聞いて、私はよく調べようと思い、何が起こったのか尋ねた。すると、少女たちは「何でもないわ――ただ彼の助手を懲らしめた(打った)だけなのよ」と言うのだった。[★6]

機械が止まった時といえば、訪問者によい印象を与えるためか食事の休憩だけである。その間、子どもたちは自分たちの時間を使って機械の手入れをしなければならなかった。その他の時間は、機械は検査されることもなく、ただがたがた動き続けたのである。サドラー調査の回答者は、工場の「沈黙」について語りさえした。つまり、彼らの言う「沈黙のルール」である。「この工場の規律の一つに深い沈黙というのがあるのですか？――そうです。話をすることは許されません。もし、話をしているのが見つかったら、そいつらは皮ひもで打たれるのです[★7]」。

機械の「けたはずれの騒音」を批判したのは、ディケンズやゾラといった作家だけだった。ディケンズは『ハード・タイムズ』（一八五四）で次のように書いている。

> スティーブンは、彼の織機に、静かに、注意深く、落ちついて、身をかがめた。その様子は、スティーブンが働いている織機の森にいるすべての人間と同様、彼が作業をしている、がらがらがたがたとすさまじい音をたてる一個の機械と特別な対照をなしていた[★8]。

ゾラは、『ジェルミナール』（一八八五）で次のように書いている。

> すると、彼は蒸気コックを開け、蒸気を放出しようと思いついた。蒸気は発砲のように破裂し、五つのボイラーは、耳が出血しているのかと思えるほどの雷鳴のようなしゅーという音をたて、ハリケーンのように蒸気を出した[★9]。

こうした攻撃にもかかわらず、工場における衛生計画の一環として、騒音基準が制定され施行されるまでに、まだ一〇〇年かかるのである。労働組合も社会改革家も医者も、騒音を問題として取り上げなかった。騒音が難聴の原因となることは、早くも一八三一年にフォスブロウクが鍛冶屋の間で難聴が起きていることを記述したときには確実に知られていた。だがこれは、一八九〇年にバーが一〇〇人のボイラー製造者を調査し、ひとりといえども正常な聴力をもっていないことを発見するまでは、孤立した研究にとどまっていた。[★10][＊1] 鋼鉄板をハンマーでたたき、リベットで締めると強烈な騒音が出て、その結果、高周波に対して難聴になるような聴力障害が起こる。「ボイラー職工病［boilermaker's disease］」という言葉が、それからすぐ、産業上のあらゆる種類の聴力損失について使われるようになった。もっとも、その予防について多くの工業国で真剣に考えられるようになったのは、一九七〇年近くになってからである。

産業革命の初期の段階で、騒音が新たな労働環境に毒性を増殖させる要因であると認識することができなかったのは、聴覚の歴史の中でも最も奇妙な事実のひとつである。われわれは、その理由を明らかにしなければならない。部分的にはそれは、音を量的に測定することができなかったからだと説明できるだろう。音は不快でうるさいと認識されはした。けれどもレーリー卿[☆2]が一八八二年に音の強さを測る実用的な精密機械を作るまでは、主観的印象が客観的根拠をもつかどうかを確実に知る方法がなかったのである。デシベルが音圧レベルを明確に立証する手段として広く使われるようになったのは、ようやく一九二八年のことだった。

ここで第一部で展開し始めた考察を拡大したいと思う。大昔にさかのぼれば、大きな騒音がいかに恐怖や畏敬を呼び起こしたか、またそれらがいかに神聖なる力の表現とみなされたかをわれわれはすでにみてきた。また、この力が自然の音（雷鳴、火山、嵐）から教会の鐘やパイプオルガンの音へと、いかに移されていったのかもみてきた。私はこれを、人の迷惑になり、騒音規制の法律を必要とするようなその他諸々の――〈 〉なしで示す普通の――騒音と区別して〈聖なる騒音〉と呼んだ。騒音はもともと荒々しい人間の声であるのが常だった。産業革命の間に、〈聖なる騒音〉は世俗的世界へと一躍広がっていった。いまや産業家は、権力をもち、かつて修道士が教会の鐘で〈騒音〉を出したり、J・S・バッハがフル・オルガンで彼のプレリュードを演奏するのが自由であったように、蒸気機関や溶鉱炉によって〈騒音〉を出す特免状を授けられているのである。

〈騒音〉を権力に結びつけることが、人間の想像力の中で真に打破されたことはなかった。その権力の所有者は、神から聖職者へ、産業家へ、そしてもっと最近では放送業者や飛行家へと降りてきた。理解すべき重要なことは、こういうことだ。つまり、〈聖なる騒音〉を所有するということは、単に最大の騒音を出すということではなく、むしろ、検閲を受けずに最大の騒音を出せる権威をもっているということが事の本質なのだということである。

＊1――私が見つけることのできた、職業上の難聴についての最も早い研究は、ベルナルディーノ・ラマッツィーニの『労働者の病気 *De Morbis Artificium*』［一七一三年］である。

〈騒音〉が人間の干渉を免除されている所にはどこにでも権力の座というものが見出される。ワットの最初の機関の、ガチャンといううるさい音は、それを取り除こうとした彼の望みに反して、権力と能率の記号として維持された。こうして、鉄道はもっと力強く「征服者」として自己を確立することができるようになったのだが、それについては後ほどチャールズ・ディケンズに描写してもらうことにしよう。近代の機械の代表的なもののいくつかの音の出力を一目見れば、近代世界のどこに権力の中心が位置しているのかが十分見てとれる。

蒸気機関	85 dBA
印刷作業	87 dBA
ディーゼル式発電所	96 dBA
ねじ	101 dBA
織物小屋	104 dBA
製材用のこぎり	105 dBA
金属細工の研磨機	106 dBA
かんな機	108 dBA
金属用のこぎり	110 dBA
ロックバンド	115 dBA
ボイラー作業、ハンマー打ち	118 dBA

ジェット機の離陸　120 dB A
ロケットの打ち上げ　160 dB A

音の帝国主義

歴史家オズワルド・シュペングラーは、社会運動の発展を二つの段階に区分した。ひとつは文化的段階で、主要な思想がまだ成熟しつつある段階、もうひとつは文明的段階で、すでに成熟した主要な思想が合法化され、広く伝えられる段階である。帝国主義とは、ある帝国あるいはイデオロギーが、その源からは遠いところにある世界の諸地域に拡張していくことを意味するのに使われる言葉である。この数世紀にわたって、他の民族や価値体系を支配するようもくろんださまざまな策謀を立ててきたのは、ヨーロッパと北アメリカである。そして、〈騒音〉による征服は、これらの策謀の中でかなり大きな役割を果たしてきたのである。拡張は、まず陸上と海上で（列車、タンク、戦艦）、次いで空中で（飛行機、ロケット、ラジオ）起きた。月への探査ロケットは、西洋人に世界を植民地化する権力をもたらしたのと同じ英雄的自信の最も今日的表現である。

音のパワーが高いため大きな音のプロフィール☆3を生み出す時、それもまた帝国主義的だということができるだろう。たとえば、ラウドスピーカーを持っている人は、持っていない人より帝国主義的である。なぜなら、彼はより広い音響空間を支配できるからである。シャベルを持っている人は帝国主義的ではないが、ジャックハンマーを持っている人は帝国主義的である。なぜなら、彼は付近の人の聴覚的活動を阻止し、支配する力を持っているからである（この意味で、屋外労働者が自分たちに注意を引きつけるような道具を持つようになってから、彼らの地位を顕著に向上させることができたことに注目したい。溝掘り人の音を気にする者はいないのだ）。同様に、国際的な航空産業の重要さが増大していることは、空港騒音のプロフィールが拡大していることから容易にうかがえる。西洋人は、西洋製もしくは西洋風の機械という形で、世界中に名刺を置いてくる。世界の工場や飛行場が増加するにつれて、地方文化は背景のほうへ追いやられ、破壊される。今日、旅行すれば至るところで、そういった証拠を聞くことができる。もっとも不調和は、人里離れた場所でのみすぐさま明らかになるのだが。

音の出力の強さが増大したことが、産業化されたサウンドスケープの著しい特徴である。産業は成長しなければならない。それゆえ、産業と共にその音も成長しなければならない。これが、過去二〇〇年間おきまりの題目であった。実際、騒音は注意を引きつけるものとして非常に重要なので、静かな機械が開発されていたら、産業化の成功はそれほど完全なものではなかっただろう。強調のため、これをもっと劇的に言いかえてみよう——もし大砲が静かだったら戦争で使われることはなかっただろう。

音の平坦な線

産業革命は、サウンドスケープにもうひとつ別の影響を及ぼした。すなわち、平坦な線（フラットライン）である。音をグラフィック・レベルレコーダーで視覚的に投影させた場合、それは包絡線（エンベロープ）もしくは特性（シグニチャー）と呼ばれるものによって分析することができる。音の包絡線の主な特性は、立ち上がり（アタック）、本体（ボディ）、経過（トランジェント）（あるいは内部変化）、そして減衰（ディケイ）である。音の本体が長く、変化しない場合、グラフィック・レベルレコーダーでは、長く伸びた水平の線として表示される。

機械にはこの重要な特徴がある。というのも、機械は、情報の低い冗長性の高い音を生み出すからである。機械の音は、持続的なドローンであったり（発電機）、ピエール・シェフェールが「きめ」［grain］と呼ぶ、あらい縁どりのある音であったり（電気のこぎりや電気やすり）、リズミカルな連鎖で区切られた音であったりする（織機や脱穀機）。しかし、いずれの場合でも顕著な特徴は、音の連続性ということである。

音における連続した平坦な線というのは、人工的な構築物である。空間における平坦な線と同様、自然の中にはめったに見出せない（セミのようなある種の昆虫の連続的な鳴き声は例外である）。産業革命の生んだミシンが、われわれに衣服の長い縫い目の線をもたらしたのとちょうど同じように、昼夜休みなく操業する工場は音の長い線を作り出した。空間において、道路や鉄道や平坦な外観の建物が増殖するにつれて、時間においては、それらの音響的な片われが増殖した。そして結局、音の平坦な線は、運送トラックのクラクションや飛行機のドローンが示すように、いつの間にか田園にまで忍びこんできたのである。

数年前、テヘランのタフテ・ジャムシドで石屋のハンマーに耳を傾けていたとき、私は突然、あらゆる初期の社会では、大多数の音が断続的な、とぎれとぎれのものであることを実感した。それに対して今日、多くの、おそらく大部分の音は持続的なのである。産業革命によりもたらされ、電気革命により大きく拡張されたこの新しい音の現象によって、今日われわれは、個性も、

換気装置
電気のハム
ディーゼルエンジンの排気音
コンバイン
人が木材を割る音
猟銃の発砲
霧笛

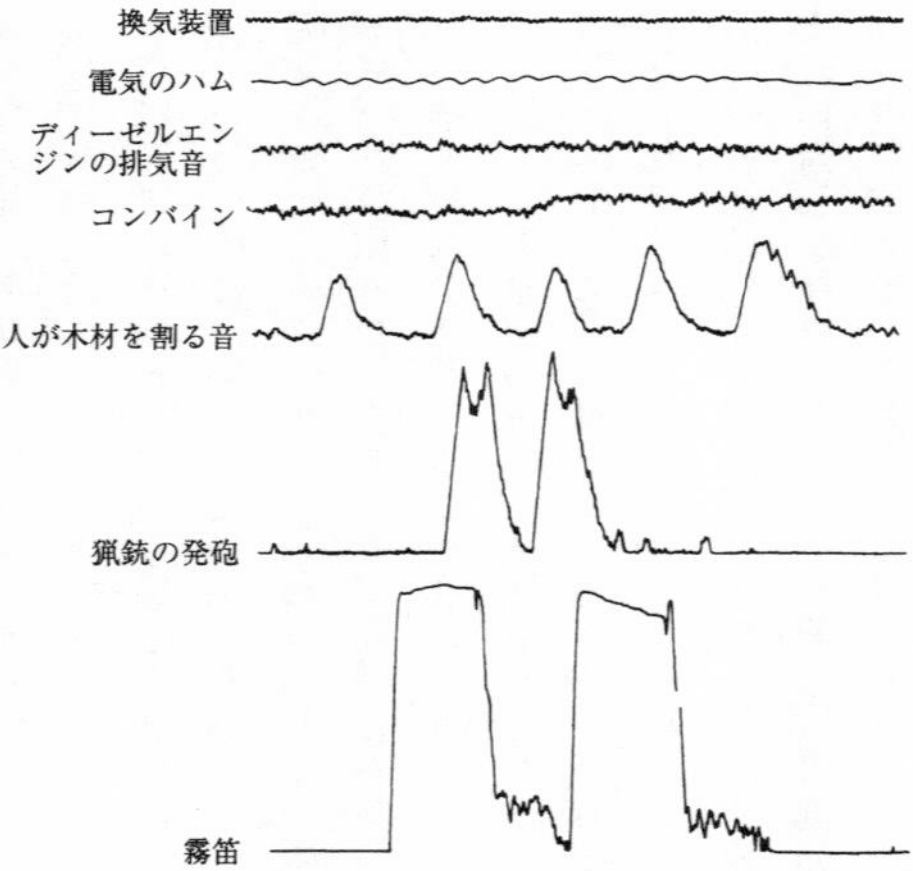

●図6——グラフィック・レベルレコーダーに現われたフラットラインをもった音と衝撃音の典型例。

進行しているという感覚もほとんどない永続的な基調音と広帯域雑音の帯に従属させられている。

ローファイなサウンドスケープに遠近感がない（すべてが同時に存在する）のと同様に、音の平坦な線には持続の感覚がない。これは超生物的である。すると、自然の音は生物的存在であるといえるかもしれない。自然音は生まれ、成長し、そして死んでいく。しかし、発電機やエアーコンディショナーは死なない。それらは移殖手術を受け、永久に生き続けるのである。

音の平坦な線は、速度への欲望が増した結果として現われる。リズミカルな衝撃（インパルス）に速度を加えると音高（ピッチ）になる。衝撃が一秒間に二〇回つまり二〇サイクル以上にまで速くなると、全体は融け合って、ひとつの連続した輪郭として知覚される。製造業や交通やコミュニケーション・システムにおいて能率が上がると、古い音の衝撃（インパルス）は、一定の音高をもった平坦な線の騒音という新しい音のエネルギーへと融合していった。馬のひづめは、速度を上げて鉄道や人間の足は、速度を上げて自動車のドローンを作り出した。

飛行機のむせび泣くような音を作り出した。羽ペンは、速度を上げて無線搬送波を作り出した。そしてそろばんは、速度を上げてコンピューター周辺装置のブーンという音を作り出した。

アンリ・ベルクソンはかつて、もし何者かが宇宙のあらゆる事象の速度を突然二倍にしてしまったら、どのようにしてそれがわかるだろうかと問うた。彼は非常に単純に、経験の豊かさに大きな損失が生ずることをわれわれははっきりと認識するだろうという解答を出した。まさに、ベルクソンがこれを書いたときでさえ、こうしたことは起こっていたのである。断続的な音が平坦な線へと道を譲るにつれて、機械の騒音は「脳への麻酔薬」となり、近代の生活に無感覚が増大したのである。

ドローンの機能は、音楽においては古くから知られていた。それは反知性的な麻酔薬である。それはまた、とりわけ東洋において瞑想のための焦点でもある。ドローンがあると、人間は違った聴き方をするのだ。そして、この知覚の変化の重要性は、西洋でも明らかになり始めている。

音の平坦な線は装飾音をただひとつだけ作り出す。グリッサンドである。回転が増えれば音高もしだいに上がり、回転が減れば音高も下がる。かくして平坦な線は曲線となる。だが、これらの曲線にもまだ突然の変化といったものがない。平坦な線がぎくしゃくしたり、点線になったり、環を描くようになったら、機械は故障しているのである。

平坦な線で作り出されるもうひとつのタイプの曲線は、ドプラー効果である。ドプラー効果は、音源が十分な速度で移動しているとき、音が観察者に近づく際には音波が縮まり（このとき、音高は上がる）、音が遠のく際には音波が伸びる（このとき、音高は下がる）ために生ずる。確かに、自然界の中にもドプラー効果はある（たとえば蜂の飛行や馬の駆け足）。けれども、産業革命による新たな速度がもたらされてはじめて、ドプラー効果は非常に目立つようになり、ついには「発見される」に至った。クリスチャン・ヨハン・ドプラー（一八〇三－五三）は、この効果の説明を公式化し、「二重星の着色光について」と題された論文で、その効果に自らの名前を残している。そこでは、彼はその原理を光波に応用した。しかし、ドプラーは、音から光への類推によって研究したことを認めている。

空間を移動する音もあるし、移動しない音もある。また、われわれは音を運んで移動することもできる。だが、どんな音がドプラーの耳を引きつけたのだろうか。それは、もっぱら鉄道の音だった可能性が強い。彼はそれについて言及してはいないものの、ドプラー効果を実証するために列車が使われたことは知られている。一八四五年頃、「オランダのユトレヒトとマールセンを結ぶライン鉄道の線路沿いに、音楽的な訓練を受けた観察者が配置され、疾走する列車の中でトランペットが演奏されるのを聴いた。元のトランペットの音高と、近づいたり遠ざかったりする音の見かけ上の音高とから、列車の速度はかなり正確に推定されたのである」[★11]。

列車にまつわる伝承

最初の鉄道は、鉱山から水路まで石炭を運ぶよう設計され、イギリスのストックトンとダーリントンの間を走った（一八二五）。それがすぐさま非常に便利なものであることがわかったため、数年のうちにイギリスは鉄道網で覆われることとなった。ディケンズは一八四八年の新しい音について書いている。

夜も昼も、勝ち誇ったような機関車が、遠方でガタガタ鳴った。あるいは、旅路の果てへとなめらかに前進した。そして、機関車を迎えるために精密に刻まれた軌道を通って、割り当てられた一角へと、手なずけられた竜のようにすべりこんでいき、そこに沸騰し、身震いし、壁を震わせて止まった。それは、あたかもその中にあるがまだ気づかれていない偉大な力と、まだ果たされていない強大な目的とを秘めた知識によって膨張するかのようであった。★12

鉄道のシステムは、イギリスからヨーロッパ、そして世界を横断して、急速に広まっていった。フランスとアメリカは一八二八年までに鉄道を保有した。アイルランドは一八三四年、ドイツは一八三五年、カナダは一八三六年、ロシアは一八三七年、イタリアは一八三九年、スペインは一八四八年、ノルウェーとオーストラリアは一八五四年、スウェーデンは一八五六年、そして日本は一八七二年までにそれぞれ鉄道を敷いたのである。

汽車は、ほとんど何の反対もうけずに世界を征服した。ディケンズは汽車が好きではなかった。「目的地に向かって抵抗もなくまっしぐらに突進しながら、もっと大きく、さらに大きく金切り声をあげ、泣き叫ぶ」★13。ヴァーグナーも汽車が好きではなかった。そして、バヴァリア医科大学が一八三八年、汽車が走行する速度は疑いなく脳に損傷を与えると抗議したにもかかわらず、汽車は存続し、鉄道線路は増加した。

産業革命のもたらしたすべての音のなかで、汽車の音は時代を越えて、最も魅惑的で感傷的な連想を喚起することになったようである。J・M・W・ターナーの名高い絵、《雨、蒸気そして速度》(一八四四)は、機関車が斜め下に突進して鑑賞者にせまってくるものだが、蒸気機関に霊感を受けた最初の抒情詩（リリック）だった。鉄道の叙事詩（エピック）の次の変化をとらえたのもまた画家だった。一九二〇年までに、ヨーロッパの主要な路線(イギリスと北アメリカを除いて)は電化された。そしてその変化は、デ・キリコの物思いに沈んだ風景に記録されている。そこでは、静かな、煙をぽっぽっとはく列車が、はるか彼方の視界のむこうへと消えていくのである。

現代の輸送機関の音と比較すると、汽車の音は豊かで個性的だった。汽笛、ベル、発車時のゆっくりとしたシュッシュッという音、車輪をすべらせながら急激に加速し、再びゆっくりとなり、漏れ出る蒸気の突然の噴出、車輪のギーギーという音、客車のガタゴトいう音、線路のカタカタいう音、反対のほうから列車がやってくる際に窓がピシャッという音——これらはみな忘れられない音（ノイズ）である。

旅の音には深遠な神秘がある。かつてポストホルンが地平線の彼方へと想像力をかきたてたように、そのあとを継いだ汽笛もやはり同じ作用をした。ヨーロッパの汽車についていえば、汽笛は高くピーピーいう音である。「その時、汽車の鋭い汽笛が心に響き渡り、怖いような嬉しいような感じで、はるか彼方のものがどんどん近づいていることを告げた」★14。

他方、北アメリカでは、汽笛は低く力強い。重い荷を積んだ、大きな蒸気機関の出す声である。大草原（プレーリー）では、とても平坦なので、地平線上の棒きれのように広がった機関車から乗務員車まで列車の全編成を見ることができる。定時の汽笛は、低い、絶えず思い出されるうめきのように響く。「カナダの汽笛は、しょげた怪物のように聞こえる。われわれイギリスの汽車が陽気に楽観的にその声の音高(ピッチ)を上げていくのとはちがって、カナダの汽車が長く悲しげに叫ぶとき、その音高は下がっていくのである。カナダの汽笛の音は、あたかも列車がはるばると旅をしてきたが、これからまだまだ長い道のりを行かねばならない、といったふうに響く」[★15]。農民は、これらの音の解釈の仕方を知っていた。「汽笛がうつろに響けば、寒くなる」というオンタリオのことわざがある。汽笛は、辺境の町では最も重要な音である。それは、外部の世界との接触を告げる唯一のものであった。それは、教会の鐘のようにいつごろに聞こえてくるかを予測でき、人々を元気づける、小さな共同体の時計であった。その当時、汽車はすべての人の心に語りかけ、小さな男の子たちは、激しく動悸している機関車にあいさつをしに出て来たものだ。

汽車はまた、互いに語り合う。それぞれの鉄道は、きわめて正確なメッセージを伝達することができる二進コードによる汽笛信号を用いている。だが、誰もが知っていたポストホルンの信号とは異なり、列車の言葉は、鉄道員だけが知っている秘密のコードである。たとえばコードを知らなくても、サウンドスケープに注意深く耳を傾ければ、単純な汽笛のコードにもその鳴らしかたにこめようとした機関士ひとりひとりの個性やスタイルに気づくことだろう。信号にアーティキュレーションがやっと区別できるくらいのスラーをかける機関士もいるし、たっぷり間をとってそれぞれの音を切る機関士もいる。かなりの芸術的手腕を発揮し、コントロール弁を注意深く操作して音高をスライドさせようとする機関士もいる。この最後の鳴らしかたは先祖返り的であって、なだらかに先細りの形になっている古い蒸気笛を思い出させる。元々の蒸気笛は三音階だった。伝説的なアメリカの機関士、ケイシー・ジョーンズ☆4の名声の一部は聴覚的なものだった。というのもケイシーは、特製の五音階の汽笛をもっていて、それを彼が行くところどこへでも運んでいったのだった。

リズムや分節(アーティキュレーション)の変化に加えて、聴き手はまた、音質や音高の相違に気づく。古い蒸気笛が周波数のクラスターを作り出したのに対し、多くの現代の汽笛、特にディーゼル機関車のものは、単音である。他に、二和音や三和音のものもあり、それらが顧客の仕様書に合わせて工場で調律されることもある。アメリカの鉄道が単一音高の汽笛を好んだのに対し、カナダの鉄道は、蒸気機関からディーゼルへの過渡期に、このタイプの汽笛を、それが原因とされる多くの踏切事故が起こったために回収してきた。元来の蒸気笛の音質を復活させようという試みの結果、特別に調律されたエアー・ホーンが採用されることになった。そのひとつの型は、現在カナダ太平洋鉄道で使用されていて、主音の音高が三一一ヘルツ、変ホを根音とする基本位置の短三和音である。あらゆる列車が響かせるこの深遠で忘れがたい汽笛は、壮観で寂しい田園地帯を抜けて大西洋から太平洋に至るまでの長い牽引の間何千回鳴るのかわからないが、この国全体を統一する標識音となっている。それは、他のどの音よりもまぎれもなくカナダの音なのである。

自動車が一般に使われるようになってからの都市の状態の改善は、どんなに評価してもしすぎるということはない。通りは、清潔でごみも臭いもなく、軽いゴムタイヤをつけた車が、迅速に騒音もたてずにでこぼこのない広々とした場所を通っていく。こうした通りでは、近代生活の神経過敏、散慢や緊張の大部分は取り除かれるだろう。

『サイエンティフィック・アメリカン』一八九九年七月号

内燃機関

内燃機関は、いまや現代文明の基礎的な音を提供している。それは、水が海洋文明の基調音であり、風がステップの基調音であるのと同じくらい確かに現代文明の基調音である。外燃機関では、多量の水と多量の石炭が混ぜ合わされて、運転のエネルギーを作り出す。石炭と水は、かさばるし重い。したがって、蒸気機関車の使用は公共的な企業に限られていた。内燃機関は、軽いし操作が簡単である。そのため、内燃機関により権力は個人に譲り渡された。工業の進んだ社会では、普通の市民が普通の日々の生活の中で、いくつかの内燃機関（自動車、オートバイ、トラック、芝刈り機、トラクター、発電機、工作機械など）を操作しているだろう。よって、そうした音は毎日何時間も聞こえているだろう。

一九七〇年まで、アメリカ合衆国は毎年、赤ん坊よりも多くの自動車を生産していたが、それでもまだアジアには市場があるようにみえた。その年の雑誌『ニューヨーカー』に掲載された広告には、利用できる限りの土地がハーツ・レンタカーで覆われている地球を描いたものがあった。その頃までには、イスタンブールやイスファハンのような宝石（ジェムズ）とばい菌（ジャームズ）にあふれた由緒ある都市も、信じられないほどの交通渋滞（ジャムズ）の都市になっていた。その理由は単に交通量ばかりではなく、自動車の運転の仕方にもあった。社会が交通信号に従うようになるまでには、二つの重大な経験を通り抜けたにちがいない。つまり、ひとつは産業革命であり、もうひとつは機械化された戦争である。アメリカ人は、ワシントン周辺の「ベルト」道路（名前に注意）を非常に如才なく運転することができるが、アジア人は、いまなおおそれがラクダかラバであるかのように自動車を運転する。信号は無視され、警笛はがんこな動物を手なずけたり罰したりするむちになってしまう。

同じ強度の二本の広帯域雑音が重なると、およそ三デシベルということになる。二台の車がそれぞれ八〇デシベルの音を出すとすると、合わせて八三デシベル上昇する。エンジンの騒音が一定であると仮定すれば、自動車工場での生産台数が二倍になるごとに、音環境の広帯域雑音が三デシベル上昇することになる。実際には、自動車のエンジンは画一的に組み立てられているのではない。たとえば、アメリカの工場は一九六〇年頃、最も静かな自動車を生産していた。六〇年代には、再びもっと大きな音のするのを作り始めた。一九七一年までには、デトロイトの製造業者は、自分たちの自動車の騒音増大を宣伝の呼び物にするようになった。次に掲げるのは、雑誌の広告である。

一九七一年型キン肉車

この、つやのよい、高性能の怪獣は、

アメリカン・モーターズの

7ジャヴェリンAMX。

アクセルを踏めば
　こいつは吠える。

その年のゼネラル・モーターズの宣伝。

……大型排気量と高圧縮比の導入で、エンジン騒音、吸入、排気騒音の増大が促進されます。高圧縮比が……エンジン・ブロックの構造を大きくひずませるため放射騒音のレベルを上げます。……多くの自動車に基づいて、マフラーのデザインと性能は、必要性とうまく歩調を合わせてきたと私たちは考えています。★16

今日、自動車の価値について、真剣な検討がなされている。それぞれの地方自治体の騒音規制条例とその施行はますますきびしい騒音基準を設定して、自動車の音の出力を減らそうとしている。しかし結局のところ、おそらくはエネルギー不足のみが自動車騒音を静めるのだろう。自動車がすたれてくれれば、そのガタガタ音もおさまってくる。

音量がごくわずかであることを別にすれば、内燃機関の音に最も近い人間の音は、おならの音だろう。自動車と肛門の類似は顕著である。第一に排気管は車の尻についているがそれは動物の直腸と同じ場所に位置している。自動車はまた、近代的な住居の臀部の下、汚なくて暗い地下のガレージに入れられる。フロイトは肛門タイプがあるという。おそらく肛門時代というのもあるのだろう。

筋肉音の増大

かつてだれだったか、たしかオルダス・ハックスリーだったと思うが、現代の都会人にとっては伝統的な詩に詠われた風景の半分は失われていると述べた人がいた。同じことがサウンドスケープにも起きている。そこでは、工業用と家庭用の機械の混じり合った音の押しあい圧しあいの下で、自然の音が失われつつある。前者が多くなれば、後者は少なくなる。この方程式を示すのには、いくつかの身近な実例をあげれば、十分だろう。

一九五九年、カナダでは八五九万六〇〇〇ドルに相当するチェーンソーが製造された。一九六九年には、これが二六八六万ドルにはね上がった。チェーンソーは、100から120dBAの音をたて、その周囲八ないし一〇平方キロメートルの静かな森に響き渡る。一九七四年までには、その年に生産された三一万六七八一台のチェーンソーだけでも、もし、これらが同時に使われたとしたら、その切る音を合わせると九九七万六一三九平方キロメートルのカナダ国土の約三分の一が、その音で覆われることになる。

西海岸のインディアンの少女が、木の幹の樹皮を通して木の声を聴く方法を教えてくれた。「彼らは私の先祖たちのお話をしてくれるの」と彼女は言った。白人がブリティッシュ・コロンビアに到達したとき、彼らはインディアンに機械のこぎりを使うことや、いわゆるドミノ法といって一本の木で他の四本の木を倒すといった木の倒し方を教えることができなかった。神性なる霊が木に宿っているとき、人は切るのをためらうのである。今日では、森林産業のおしゃべり製品が森を斜めに切り倒していくとき、犠牲となった木々たちの恐怖の叫びを聞く者はだれもいない。

「もし木が足か翼で動けるのならば、のこぎりの痛みや斧の打撃に苦しまないだろう」と、一三世紀にルーミーは書いた。実際、木やその他の植物は切られる直前に、震えたり、非常放電するのをわれわれは知っている。

スノーモビルは、不注意に導入されたテクノロジーが社会を荒廃させる結果をもたらしうるという、もう一つの例である。カナダで最初に作られたスノーモビルは、最近の発明品であるが、すでにその突進のすさまじい音はカナダの冬を一変させた。何百万人ものカナダ人がこの新しい形態の騒音にさらされた後、一九七〇年になってやっと国立研究評議会〔NRC〕は調査を実施し、当時の機械が「聴力に対して明らかに危険を与える」と発表した。[★17] その報告によれば、当時市場に出ていた機械は、運転者の耳のところでしばしば110dBAを越えていたという。NRCは(それによって少なくとも聴力障害の危険を減らすように)、騒音を85dBAにまで下げるよう勧告し、これがどのようにしたら実現できるかを示した。だが、連邦政府は、新しい機械の騒音のレベルを五〇フィート離れた地点で82dBA（一五フィート離れた地点なら約92dBA）と制限することで、これに答えたのである。

マギル大学耳鼻咽喉学部長、J・D・バクスター博士によれば、スノーモビルの侵入によって、難聴や耳の疾患がカナダの北極圏地方での最大の公衆衛生問題になっているという。彼は、一九七二年のカナダ耳鼻咽喉学会で、ある地域の成人のエスキモー一五六人を検査したところ、そのうちの九七人が明らかな聴力損失を示したと報告した。カナダの冬は、その清浄さと静寂さが特徴だった。カナダの冬は、カナダの神話の一部をかたちづくっていた。スノーモビルはその神話をだいなしにしてしまった。神話がなくなれば、国は滅びる。

天空の雲のない部分からは、全然音を発することはない。

ルクレティウス『物の本質について』第六巻九六

空の大きな音の排泄孔

人間が二〇世紀になってはじめて大空に舞ったとするのはまちがいだろう。実際、多くの魔法のじゅうたんの民話が示すように、人間は想像の中ではいつも空を飛んでいた。二〇世紀はただ、想像力が途方もない高度にまで舞い上がっていた無限の空間を、固有の特徴も何もない、区切られた空の回廊にしてしまっただけのことである。空に耳を傾けよう。空をひっかきまわしてブンブン音をたてたりするのは、不具にされた想像力の傷口が音をたてるのをきくことにほかならない。かつては、航空機騒音に本当に悩まされたのは、不運にも空港の近くに住んでいる人たちだけだった。当時は、飛行機が通過すると人々はみな頭を上げた。しかし、第二次世界大戦以降、こうした事情はことごとく変わってしまった。

私はときどき、クラスの学生に課題を出す。「君たちは南を向いている。北東から南西へと移動してくる音が通過するのを待ちなさい」。これには二分かかるかもしれない。二時間かかるかもしれない。通常は二分ですむ。普通、それは飛行機の音である。「空の旅行は五年ごとに二倍になっている。そして飛行はまだまだ速くなっている。……こうして……航空産業全体で用いられる馬力の比率において騒音はますます高くなる。つまり、五年ごとに二倍になる[★18]」。

この予測は、空中における騒音エネルギーの拡大についてのみ言及したものである。それは、われわれが今日の航空機を使い続け、ただ数だけが増えるものと仮定している。われわれはこれに、超音速機や、国際的な航空産業がまだ計画段階だがこれからしでかすかもしれない何か他の常軌を逸した行為などの極めて特殊な問題をもつけ加えなければならない。

すべての家庭や職場が、しだいに世界の滑走路に沿って配置されるにつれて、航空産業は、たぶん他のどの産業よりも効果的に、世界中のあらゆる言語でいわれる「平和と静寂」という言葉を破壊している。なぜなら、空中の騒音は、一地方に限定されない、あるいはおさまりきれないという点で、他の形態の騒音とは、根本的に区別されるからである。飛行機のモーターの鳴り響く音は、共同体全体に、屋根に、庭に、そして窓に、都心ばかりでなく農場にも郊外にも、直接降下してくるのである。

われわれのヴァンクーヴァーのサウンドスケープ調査では、一九七〇年にダウンタウンのある公園上空を航空機が通過した回数は、年間二万三〇〇〇回で、これが一九七三年までには三万八七〇〇回に増えたことがわかった。この傾向は、先の引用とまったく一致する。われわれはまた、一九七三年に同じ公園のサウンドスケープが一時間のうち平均二七分間、航空機騒音で占められていることを明らかにした。これはそれぞれの飛行が音地平上で発見されてから消えるまでの時間を計ったものである。そして、この調査からわれわれは、この傾向が続くとしたら、一九八一年には騒音は全時間にわたって中断されることがなくなるだろうと予測することができる。

航空機騒音についての調査は、これまでにも非常に多くのものが行なわれてきたし、今日では以前にもまして精力的に進められている。しかし、この問題は依然として大きくなるばかりだ。ほとんどの調査がジェット機のものすごい金切り声に焦点を合わせてきた（そして、ジャンボジェット機をそれ以前の飛行機よりほんの少しだけ静かなものにすることには成功した）一方で、もっと小さな航空機の油断ならない込み合い、たとえばヘリコプターのバタバタという音には、実質的には全く注意を払ってはこなかった。

超音速機の出現により、航空機騒音の問題に人々の関心がさらに集まるようになった。そうした航空機は離着陸の際に、より大きな騒音を出し、「空港周囲での騒音の側面への拡散のより一層の悪化を伴う横道騒音の増加をもたらす」[★19]だけではない。この航空機の最も決定的な特徴は、音速よりも速く飛ぶために、衝撃波音（ソニックブーム）と呼ばれる付加的な轟音を出すことである。他の航空機の音とは異なり、超音速機のズドンという音が響く範囲は、約五〇マイルの幅で、航空機の全航路にわたってのびていくのである。超音速機は、全世界を飛行機に変えてしまう。

ソニックブームの代わりに、ドイツ語の超音速爆音（ユーベルシャルクナール）［*Überschallknall*］という言葉を使ってみよう。その醜い音節区分のほうがよりふさわしいように思われる。その驚くべき騒音に加えて、ユーベルシャルクナールのよりひどい振動は、窓を割り、壁や天井にひびを入れるといった資産への深刻な損害を引き起こす。アメリカ合衆国における超音速機の試験飛行（小さな戦闘機種だけだが）と損害結果についての資料に基づけば、合衆国を横断する超音速飛行は、四千万人の人々をびっくり仰天させるだろうと推定された。シカゴにおける都市上空の試験飛行では、六一一六件の苦情と、二九六四件の損害の申し出があった。[★20]

こうした予測の結果として、また超音速機が経済的に採算をとるためには、できるだけ多くの回数、超音速で飛ばなければならないという理由から、アメリカは一九七二年、超音速機を商業的目的のために開発する計画を放棄した。世界の多くの国が、超音速機が領土上空を飛行することを禁止するようになった。ところが一方、ソ連、そしてイギリスとフランスも超音速機を保有している。超音速機はいまや、空前の、最大の白象〔金のかかるやっかいもの〕のように見えだしている。

超音速機は、音をうまくあやつって音に勝とうとする試みだったが、負けてしまった。

飛行士の難聴の耳

営利本位の航空会社は、航空機騒音問題の解決策を発見するのを援助するどころか、それに対して耳も貸さなかった。その代わりに航空会社は、巨額の資金を、そうした問題が存在しないかのように見せかけるのに費すことを選んだ。飛行機がかりに音を出すとしても、広告によればその音はすてきな音であることになる。

その証拠——

●イースタン航空「ささやきのジェット・サービス。」
●「ユナイテッドの優しい空を飛ぶ。」
●「トライデントIIは、速くてなめらか、静かで頼りになる。」（BEA）
●「大西洋をひそやかに飛ぶ。」（BOAC）
●「私たちは、静かなエンジンを後方につけた、スマートで新しいDC—9をもっています。」（エアー・ジャマイカ）
●「DC—10は、空港から空港までを静かにささやく飛行機です。」（KLM）
●「ますます大勢の皆様にご満足いただいている747は、ますます大きなビッグ・ジェットの快適さを、ますます多くの都市や町にお届けします。」（ボーイング）

ビッグ・ジェットが人々を満足させているって？ それでは質問。——「航空会社は、航空機の外側や下にいる人々に対してどのような義務を負っているのだろうか？」

アテネのアクロポリスには、次のような掲示がある。

ここは神聖なる地なり。
歌、および大きな音を出す行為は
いかなるものをも禁ず。

一九六九年、私がこの前そこを訪れたとき、アクロポリスの上空を一七機のジェット機が通り過ぎた。こうした偽善行為に対して、われわれはキリストや仏陀も飛行家であったという情報を提供しておこう。そして、彼らが空中高く上がって行ったとき、彼らがどんな騒音を立てたのかを思いめぐらそう。

反革命

この章で記述されたさまざまな進歩に対して、過去一〇年にわたって、世界中の多くの国々で反革命があった。テクノロジーの騒音は、盛り上がる反対の標的だった。そして、急速に増加する訴訟において騒音を真向からむかえうつのは騒音規制の法律である。過剰な騒音の危険性は、少なくとも一五〇〇年間知られているので、騒音に対しての関心が急に示されると、歓迎する一方で疑問もわいてくる。「なぜ今だけなのか……」と。これはおそらく、無謀なテクノロジーがわれわれを導いてきた方向への全般的な批判の一部なのだろう。もしそうなのならば、神としての産業家は失脚し、〈聖なる騒音〉を告発されることなく出せる、彼の神聖な特免状もその効力を失ったことになる。私はここで次のようなひとつの考えを試しに提示したい。すなわち、われわれがここ数年の騒音規制キャンペーンの中で目撃していることは、世界を静めようという試みなのではなく、むしろ、〈聖なる騒音〉の権力を今後譲ることができるもっと信頼に価する所有者を発見する前段階（プレリュード）として、まずはそれを工場からもぎとろうとする試みなのである。

原注

★1——Thomas Hardy, *Tess of the d'Urbervilles*, Vol. 1, London, 1920, p. 416.
ハーディ『ダーバヴィル家のテス』井出弘之訳、集英社世界文学全集56、三三三頁。

★2——Stendhal, *Le Rouge et le Noir*, Paris, 1927, pp. 3-4.
スタンダール『赤と黒』小林正訳、新潮文庫（上）、七頁。

★3——Edmond and Jules de Goncourt, *Renée Mauperin*, 1864. *Landscape Painting of the Nineteenth Century*, Marco Valsecchi, New York, 1971, p. 107. より引用。

★4——Thomas Mann, "A Man and His Dog," *Stories of Three Decades*, New York, 1936, pp. 440-441.
『主人と犬』山下肇訳、新潮社『トーマス・マン全集』8、四三一頁。

★5——D. H. Lawrence, *The Rainbow*, New York, 1943, p. 6.
ロレンス『虹』中野好夫訳、新潮文庫、一七頁。

★6——Report of the Sadler Factory Investigating Committee, London, 1832, p. 99.

★7——*Ibid.*, p. 159.

★8——Charles Dickens, *Hard Times for These Times*, London, 1955, p. 69.

★9——Émile Zola, *Germinal*, Harmondsworth, Middlesex, 1954, p. 311.
ゾラ『ジェルミナール』安士正夫訳、三笠書房世界文学選集125、四八頁。

★10——John Fosbroke, "Practical Observations on the Pathology and Treatment of Deafness," *Lancet*, VI, 1831, pp. 645-648 および T. Barr, "Enquiry into the Effects of Loud Sounds upon Boilermakers,"

Proceedings of the Glasgow Philosophical Society, 17, 1886, p. 223. 参照。

★11——Jess J. Josephs, *The Physics of Musical Sounds*, Princeton, N. J., 1967, p. 20.

★12——Charles Dickens, *Dombey and Son*, London, 1950, p. 219.

★13——*Ibid.*, p. 281.

★14——D. H. Lawrence, *op. cit.*, p. 6.
ロレンス『虹』、前掲訳書、一七頁。

★15——Jean Reed, 私信。

★16——David Apps, General Motors, 私信。

★17——*Snowmobile Noise, Its Sources, Hazards and Control*, APS-477, National Research Council, Ottawa, 1970.

★18——E. J. Richards, "Noise and the Design of Airports," *Conference on World Airports —— The Way Ahead*, London, 1969, p. 63.

★19——*Ibid.*, p. 69.

★20——William A. Shurcliff, *SST and Sonic Boom Handbook*, New York, 1970, p. 24.

訳注

☆1——『科学と近代世界』上田泰治・村上至孝訳、ホワイトヘッド著作集第六巻、松籟社、一三三頁。〔原書一九二五年〕

☆2——John William Strutt Rayleigh　一八四二—一九一九。イギリスの物理学者。その著『音の理論 *Theory of Sound*』でそれまでの音響学を体系づけた。一九〇四年、ノーベル物理学賞受賞。

☆3――「音のプロフィール［acoustic profile］」とは、ある音がその周辺の土地に描くその音の可聴取範囲のこと。

☆4――実在の機関士をモデルにした民謡、民話の主人公。

第六章　電気革命

電気革命は、産業革命の主題の多くを拡張し、それ自身のいくつかの新たな効果を付け加えた。電気により伝播速度が増したために平坦な線（フラットライン）の効果が広がり、音高をもった音が現われた。かくして世界は毎秒二五と四〇サイクル、それから五〇と六〇サイクルの中心周波数[☆1]で調和されるようになった。こうした動向の別の拡張としてすでに指摘したのは、音の作り手が増えたことと、それらが増幅器を使って帝国主義的に音をまき散らしているということだった。

二つの新しい技術が持ち込まれた。音をパッケージ化し蓄える技術の発見と、音を元のコンテクストから切り離すことである。私はこれを〈音分裂症（スキゾフォニア）〉と呼んでいる。音を電気的に伝えたり再生したりすることができるという恩恵は十分に祝福されてよい。が、だからといってハイファイ音が設計されていたまさにその時、世界のサウンドスケープが、前代未聞のローファイな状態へとすべりこんでいったという事実をあいまいにしてはならない。

電池、蓄電池、発電機、アーク灯といった電気革命の非常に多くの基本的な発見は、すでに一八五〇年までになされていた。これらの発明品がより複雑に応用されたのが、一九世紀の後半であった。発電所、電話、無線電信、蓄音機、そして映画が現われたのがこの時期である。当初は、これらの商業的活用は限られていた。ウェルナー・ジーメンスが発電機を改良し（一八五六）、ニコラ・テスラが交流発電機を改良して（一八八七）初めて、電力は諸発見を実用的に発展させていく力となった。

電気革命の初期の所産のひとつであるモールスの電信機（一八三八）は、個別なとぎれとぎれの音とある程度の長さをもった音との対立を、期せずして劇的に表現した。この対立は、すでに述べたように、ゆっくりしたペースの社会と速いペースの社会とを分割する。モールスは、電信機の長い線を、二進法のコードに置き換えられたメッセージを伝達するのに使った。メッセージの伝達は、まだ指先の器用さに頼っており、電信技師の訓練された指には、ピアニストや筆記者に匹敵するような技術が保持されていた。指は音の融け合った輪郭を作り出すほど速く動けないので、電信機は、同時代の二つの発明品、ターバーのタイプライターとガトリングのマシンガンと同じように、かちかちいう音を立ててどもる。コミュニケーションの機動性と速度の増大が要求され続けるにつれ、文字をうちこむその行為と共に、電信は電話へとその地位を譲らねばならなかった。

電気革命における最も革命的な音のメカニズムは、電話、蓄音機、そしてラジオの三つだった。電話とラジオによって、音はもはやそれが生まれた空間の原点に拘束されなくなった。蓄音機によって、音はそれが生まれた時間の原点からも解放された。これらの拘束の目もくらむような撤去により、現代人は現代のテクノロジーが絶えずより効果的にしようとしてきたひとつの刺激的で新しい力を獲得したのである。

サウンドスケープの研究者は、知覚と行動における変化を扱う。たとえば、電話の影響を受けた、一組の観察可能な変化を指摘しておこう。電話は新しい道具のうちでも、最初に市場に広がったものである。

電話は、密接な聴取を遠距離にまで拡張した。遠い距離にありながら密接であるというのは、本来不自然なので、人間がそれに慣れるまでには、いくらかの時間がかかった。今日、北アメリカの人々は、大陸横断通話や海外通話でのみ声を高める。しかし、ヨーロッパの人々は、依然として隣町の人と通話するときでも声を高め、アジアの人々は、隣の通りの人と通話するときでも、電話に向かって叫ぶのである。

電話が思考を中断させる力をもっていることはさらに重要である。というのは、電話は疑いなく、現代の書き言葉の省略法や、とぎれとぎれの話しかたに大いに影響を与えたからである。たとえば、ショーペンハウアーが『意志と表象としての世界』の冒頭で、われわれに本全体がひとつの思想だと見なすように望むと述べるとき、彼は自分自身と読者に対して苛酷な要求をしようとしているといえる。集中ということの質が実際に低下し始めたのは、電話が出現してからである。もしショーペンハウアーが彼の本を私の仕事場で書いたとしたら、彼が最初の一文を書き上げるやいなや電話のベルが鳴ったことだろう。それだけでもう二つの思想になってしまう。

電話は、モーゼやゾロアスターが神と言葉を交わしたとき、すでに夢見られていた。そして、神のメッセージを伝達する道具としてのラジオが、それよりも前に十全に想像されていた。蓄音機にも、人間の想像力の長い歴史がある。というのも生きている音をとらえて保存することは、古代人の大きな願望だったのである。バビロニアの神話には、ジグラート[☆2]のひとつの中の、ささやきが永遠に残るよう特別に作られた部屋をほのめかしたものがある。イスファハンのアリ・カプには同様の部屋がある（現存している）。もっとも、現在の遺棄された状態からはそれがどのように機能したのか知ることは難しい。たぶんそのよく磨きこまれた壁や床により、音が並みはずれた残響時間を獲得したのだろう。古代中国の伝説には、王が黒い秘密の箱を持っていてその中へ自分の命令をしゃべって入れ、臣下がその命令を実行するように王国中に送ったというのがある。私はこれを、とらえられた音の魔法の中に権威があるのだと解釈している。一八七六年ベルが電話を発明し、一八七七年シャルル・クロとトマス・エジソンが蓄音機を発明すると共に、音分裂症の時代が始まった。

音分裂症

ギリシア語の接頭辞スキゾ［schizo］は、分裂したとか分離したという意味である。そして、フォン［phone］はギリシア語で声のことである。〈音分裂症（スキゾフォニア）［schizophonia］〉は、元の音とその音の電気音響的な伝達・再生との間の分裂を指す。これが二〇世紀のもたらしたもうひとつの発展である。

元来、すべての音はオリジナルであった。音はひとつの時間にひとつの場所でしか生起しなかった。したがって音は、自らを生み出したメカニズムと不可分に結びついていた。人間の声は、人が叫ぶことができる範囲までしか届かなかった。すべての音は、模造不可能でただひとつのものであった。たとえば語の反復性をつくり出す音素がそうであるように、音は互いに類似性をもっていた。だがそれも、完全に同じものというわけではなかった。自然界で最も理性的で抜け目ない存在である人間でも、自分の名前を構成するひとつの音素を全く同じように二度発音するのは物理的に不可能であることが、さまざまなテストによって示されている。

音を伝えたり蓄えたりする電気音響装置が発明されて以来、どんな音でも、たとえいかに小さくとも、それを鳴らして世界中に発射することができるし、未来の世代のためにテープやレコードとしてパッケージ化することもできるようになった。われわれは、音をその作り手から分離したのだ。音はその自然のソケットから引き離されて、増幅され独立した存在となった。たとえば、人間の声はもはや頭の中のひとつの穴に結びつけられているのではなく、風景の中のどこからでも自由に生じる。人間の声は、世界中の何百万という公共の場所や私的な場所の何百万という穴から同じ瞬間に生じることができるし、後日、おそらく元の音が生起してから何百年も後に再生されるよう蓄えることもできる。レコードやテープのコレクションは、非常に多様な文化とさまざまな歴史的時代から集めた音を、われわれの世紀以外の世紀からやってきた人には意味のない超現実的と思われる順番で並べているのかもしれない。

音を時間的にも空間的にも分離しようという欲求は、西洋音楽の歴史においてはかなり長い間顕著だった。だから、最近のテクノロジーの発展は、ずっと前からいろいろと想像されていた願望が実現した結果にすぎないのである。「いかにしたらあらゆる形態の楽器の音楽が遠くの場所に送り届けられるか［*quomodo omnis generis instrumentorum Musica in remotissina spacia propagari possit*]」の秘密は、音楽家であり発明家でもあったアタナシウス・キルヒャーが特に熱中した問題であった。彼はその問題を、一六七三年の『新音響論』の中で詳細に論じている。応用的な領域での、強弱法の導入、エコー効果、音源の分割、合奏からの独奏者の分離、特定のものを指示する性質をもつ楽器（ホルン・鉄床（かなとこ）・ベルなど）の編入はみな、部屋のもつ自然の音響効果よりも広かったり異なったりする実際の空間を創造する試みだった。それはちょうど、エキゾチックな民俗音楽を捜し回ったり、新しい音楽的資源を見つけよう、あるいは古い音楽的資源を復活させようと努力することが現在の状態を超越しようとする欲求を示すのに似ている。

第二次世界大戦後、テープレコーダーにより、録音された音素材に切り込みを入れることができるようになり、どんな〈音響体（サウンドオブジェクト）〉も切り離して、望んだどんな新しい文脈へも挿入することができるようになった。つい最近では、四チャンネルステレオのシステムにより、動いたり止まったりの〈音事象（サウンドイヴェント）〉から成る、三六〇度のサウンドスケープが可能になった。これを使えば、どんな音環境も時間的および空間的にシミュレートすることができる。このことによって、音響空間の完全な携帯性がもたらされた。いまや、どの音環境も、他のいかなる音環境にもなりうるのである。

われわれは、産業革命後の音のテリトリーの拡張が、西洋諸国家の帝国主義的野心をいっそう申し分のないものにしたことを知っている。拡声器も、帝国主義者により発明された。というのも、それは他者を自らの音で支配しようという欲求に応えたものだったからである。叫び声が苦痛を広く伝えるように、拡声器は不安を伝える。「拡声器がなかったら、われわれはドイツを征

服できなかっただろう」と、ヒトラーは一九三八年に書いている。[★1]

私は『新しいサウンドスケープ』の中で、不安にさせるような言葉になるように〈音分裂症〉という用語を造り出した。精神分裂症（スキゾフリーニア）と関連させて、これを異常とか劇的事件というのと同じ意味をもつものにしたかったのである。実際のところ、ハイファイ装置の過剰は、ローファイ問題の大きな原因となるばかりでなく、自然音が日に日に不自然に聞こえるようになっていく人工的なサウンドスケープを形成し、その一方で機械が作った代替音が現代生活を監督する操作信号を供給しているのである。

ラジオ――拡張された音響空間

ホルヘ・ルイス・ボルヘスのある小説の中の人物は、鏡が人を増殖するという理由で鏡を恐れる。同じことがラジオにもいえるだろう。一九六九年には、アメリカ人は二億六八〇〇万台のラジオを聴いていた。これは、およそ市民一人に一台という割合である。現代生活は腹話術で話されてきたのだ。ラジオによる現代生活の支配は、気づかれずに起きたわけではない。産業革命への反対が、仕事を失うことを恐れた労働者階級から起こったのに対し、ラジオと蓄音機への主要な反対者は知識人であった。ブリティッシュ・コロンビアの荒れ野で本を書いたり絵を描いたりしたエミリー・カーは、一九三六年初めてラジオを聞いたとき、それをひどく嫌ったものだ。

ラジオがボリュームいっぱいにかかっている家に行くと、私は気が違ってしまいそうに感じた。まったく不可解な責苦だ。ラジオに慣れなければいけないと思い、今朝ためしにわが家にも一台置いてみた。蜂が私の神経組織の中を群れをなして飛び回っているかのように感じる。神経がみんないらだってくる。その恐ろしい金属的な声に対して、腹立たしい恨みを感じる。次の瞬間、スイッチをぱちんと切らないではいられない。我慢できないのである。たぶん、私の不完全な聞き方のせいかもしれない。確かにラジオは現代の不思議の一つであり、全くすばらしい。それはわかっているけれど、私はやはりラジオが嫌いなのだ。[★2]

ヘルマン・ヘッセは、『荒野のおおかみ』(一九二七)の中で、新しい音楽再生用の電気音響装置の忠実度の低さにいらいらしている。

> 私が言葉で表現できないほど驚き恐れたことには、その悪魔的な金属漏斗(じょうろ)は、たちまち、気管支炎の痰とかみつぶされたチューインガムの混合物を苦もなく吐き出した。蓄音機やラジオの所有者が、音楽と呼ぶように説き伏せられている騒音である。そして、そのどろどろした粘液としわがれ声の背後に、ちょうどほこりの層の下に古い貴重な絵があるように、神々しい音楽の高貴な輪郭があったのである。私は、堂々とした構築物と深く広い息づかいと弦楽器の幅広い弓使いを識別することができた。[★3]

だがヘッセはこれ以上に、放送の音分裂症的な不調和に嫌悪を感じている。

ラジオは、気に入った場所で演奏された音楽を無差別に思慮分別なく捕え、おまけにみじめに変形し、その音楽が知りもしない場所へとほうりこむ。……ラジオに耳を傾けると、理念と見かけ、時間と永遠、人間性と神性の間の果てしない闘争に立ち会うことになる。……ラジオは……最も美しい音楽を、最も信じがたい場所へ、いごこちのよい客間や屋根裏部屋へ、そして、おしゃべりしたり、がつがつ食べたり、あくびしたり、眠ったりしている聴取者のただ中へと投げこむ。そして正確には、ラジオは、この音楽から感性的な美をはぎとり、だいなしにし、ひっかき、べたべたによごしているが、音楽の精神を完全に破壊することができるわけでもないのである。★4

ラジオは音の到達距離を拡張し、非常に拡大した輪郭を作り出した。その輪郭は中断した音響空間を形成するがゆえにまた、注目に値する。音が空間を横切っている間消滅していて、距離をおいて再び現われることなどそれまでにはけっしてなかった。以前は、共同体はその鐘(ベル)やお寺の鐘(ゴング)によって規定されていたが、いまやその地方の放送局によって規定されるようになったのである。ナチスは、全体主義のためにラジオを利用した最初の例である。しかし、彼らはその最後ではなかった。東でも西でも、少しずつより無慈悲に、ラジオは文化を鋳型にはめるために使用されるようになった。ソルジェニーツィンの小説『ガン病棟』を読んだことのある者ならば、ヴァジムが入院したとき彼を迎えたラジオの「不断のわめき声」と、彼がそれを嫌った様を思い出すことだろう。[☆3] 私は二〇年前、東ヨーロッパ全土にわたり、駅のプラットホームや公共広場で、同様の拡声器が愛国主義とかんしゃくの不協和音をわめき散らすのを聞いたことを思い出す。しかし、いまや放送は西ヨーロッパでも、公共の場所に進出している。若い読者には何が起こったのか識別するのは難しいかもしれないが、一〇年ほど前まで、ロンドンやパリのような都市とブカレストやメキシコ・シティのような都市との間の最も顕著な相違のひとつは、前者では公共の場所やレストラン、店などでは、ラジオや音楽が鳴らされることはないということだった。当時、特に夏の間は、BBCのアナウンサーは聴取者に、近所迷惑にならないようラジオの音量を下げるようにと一定の間隔で要請したものである。ところが劇的な逆転が起こり、英国鉄道は最近、BBCの地方向けの放送をいたるところの駅で流し始めた（私は、一九七五年、ブライトン駅で拡声器からそれが流れてくるのを聞いた）。だが、英国鉄道がオーストラリア鉄道に追いつくにはまだ長い道のりがある。オーストラリア鉄道では、シドニーからパースまでの三日間の行程の間中、午前七時から午後一一時まで、列車の中でABC〔オーストラリア放送協会〕の軽い内容のプログラムを流すのである。一九七三年、私の乗ったコンパートメントではその放送を切ることはできなかった。

初期には、人は番組表を吟味して選択的にラジオを聴いた。しかし今日では、番組の内容は問題にせず、ただ聞き流すだけである。こうした習慣の変化により、音の壁に寛容な現代社会が準備された。いまや人間工学が音の壁を使って現代の環境のオーケストレーションをする。

ラジオは、個人を親しい人々と共に包み込み敵を締め出す最初の音の壁だった。この意味で、ラジオは中世の城の庭と親類関係にあるといえる。城の庭は鳥や噴水と共に、森林や荒野といった敵意にあふれる環境に対立していた。ラジオは、実際に現代生活の鳥の歌、「自然な」サウンドスケープとなり、外界からの有害な力を締め出した。この機能を果たすのに、音が入念に演出される必要はない。それは、客間を魅力的にするのにミケランジェロが描いた壁紙を必要としないのと同様である。こうして、二〇世紀の前半、音の再生の高忠実度化という発展——これはある意味で、美術における正確度を高めた油彩の発展と類似していると考えられよう——がみられる。しかし、これもいまや、より単純な表現形態に回帰しようとする傾向により無効にされている。たとえば、機械録音から電気録音（ハリソンとマックスフィールド）への転換によって、有効な周波数帯域が三オクターヴから七オクターヴへと広がった一方で、トランジスタラジオはそれを、以前の状態に近いものへと再び縮めてしまった。トランジスタラジオを屋外で、付加的な環境騒音のあるところ、しばしばSN比がおよそ一対一にまでなった状況で聴くという習慣は、今度は逆に、いまやある種のポピュラー音楽がしばしば電気音響的フィードバックという形でレコードに直接入れているような付加的騒音をも取り込むことを示唆することとなった。これにより今度は、絶えず変容する聴覚の全体的な場において、何が信号で何が雑音かをまた新たに判断しなければならなくなるのだ。

放送のかたち

ラジオの番組編成については、叙事詩や音楽作品と同じくらい詳細に分析してみる必要がある。

なぜなら、そのテーマやリズムの中に、生活の脈動が見出されるからである。だが、この種の詳細な調査は、これまでに一度も企てられたことがなかったようである。そのような分析的な作業の構造原理は、第四部のリズムとテンポの章で説明していくつもりだが、ここでいくつかの一般的なコメントをしておくのも場ちがいではないだろう。

初めラジオ放送は、長い（沈黙の）ステーションブレークにはさまれた、とぎれとぎれのものだった。このように放送をときたま受信するというのは、いまや家庭のラジオではありえないことだが、短波放送では今日でもある程度まで体験することができる。短波放送では、ステーションブレークがしばしば数分間に及び、短い音楽のフレーズやテーマ音楽が流されている（この魅力的な慣例も、楽器の選択がうまくないために、ほんの少しだがよさを損なっている局もある。たとえば、ヨルダンやクウェートのコール音は、クラリネットで演奏され、ジャマイカやイランではヴィブラホンで演奏される。つまり、これらのコール音は、もともとはニューヨークで録音されたのだろうと推測してしまうほど、明らかにその土地固有のものではない楽器によって演奏されるのだ）。

一九三〇年代から一九四〇年代の間は、ラジオの番組表は、一日全体が特定のきまりもなく、ともかく連続してつながるように埋められていた。現代のラジオの番組表は、さまざまな源からの材料を調合したものであり、思慮深いもの、愉快なもの、皮肉っぽいもの、ばかげたもの、あるいは挑発的なものが並べられ結合されており、現代生活に多くの対立をもちこみ、たぶん他の何よりも、統合された文化体系や価値を崩壊させる原因となった。こんなわけで、放送におけるこうした結合の研究は非常に重要である。モンタージュは映画で初めて使用された。というのも映画は切断し継ぎ合せ(スプライス)のできる最初の芸術形式だったからだ。しかし磁気テープが発明され、また番組表がつまってきてからは、放送の形態も編集者の鋏に従うようになった。

　モンタージュの機能は、一たす一を三にすることである。映画監督エイゼンシュテインは、モンタージュを実験した最初のひとりだが、その効果を「どのような種類のものでも、フィルムの断片二本をつなげれば、それらがひとつに結合し、その並列から生じる新しい概念、新しい質を不可避的に生み出すという事実にある」[★5]と定義している。モンタージュによる言わば「前提からは導かれぬ結論」は、手ほどきを受けた者には容易に順応できるかもしれないが、全くの初心者には理解不能かもしれない。私は、ベトナム戦争真最中の頃のシカゴでの一夜を思い出す。私はあの忌わしい戦争についての現地リポートを聴いていた。それはリグレー・チューインガムの提供によるものだったが、その時の宣伝文句が「君の小さな心配事を噛み捨てろ!(チュー・ユア・リトル・ケアズ・アウェイ)」というものだった。私は翌日、その経験をノースウェスタン大学のあるクラスの学生に話した。彼らは、私が戦争に反対していることには関心をもったが、ガムについての私の話の真意を理解することはできなかった。彼らにとって、これらの要素は生活習慣の一部分として、すでにモンタージュされていたのである。

　北アメリカのラジオに歌入りコマーシャルが現われて以来、ポピュラー音楽と広告は、ラジオのモンタージュの主要な素材となった。そうして今日、歌やコマーシャルは、愉快な商業主義的生活様式(「きみのおへそのお飾りを買おう」)と、もうけの多い(「五百万売れた」)音楽の余興を生み出しながら、すばやいクロスフェード、ダイレクトカット、ミュージックアンダー[☆4]といった技術によって次々と互いになめらかに連続していくのである。

ラジオは超現実的なサウンドスケープをもたらしたが、それが容認されるようになるのに一役かったのは他の電気音響装置だった。レコード・コレクションは、文明化された世界のほとんどすべての家庭に見られるが、道にはぐれたかのごとくいろいろな時代のさまざまな国の音楽をそろえており、折衷主義的かつ異様であることがよくある。それでもやはり、これらは続けて再生できるよう、みな同じ蓄音機の上に積み上げられているのだろう。

電気音響装置による音楽の並置が当然のこととして受けとられなくなるよう、その不合理を例証しよう。最近の逸話はこうだ。友人のひとりが、いろいろなタイプの録音済みのプログラムをイヤホンで聴けるようになっている飛行機に乗った。彼はクラシック音楽のプログラムを選び、座席にもたれてヴァーグナーの《マイスタージンガー》を聴いていた。前奏曲がクライマックスにまで高まった時、スチュワーデスの声が突然音楽を中断して、「皆様、トイレが詰まっておりますのでコップの水でお流しください」とアナウンスしたのだった。

ラジオの構成がぎっしりつまってくるにつれて、その速度（テンポ）は増し、皮相な聴き方が長時間専念して聴く行為にとって代わった。有名なBBCの第三放送のような重い内容のものはとりやめになり、もっと変化に富み、うけをねらったものに代わった。それぞれの局、それぞれの国には、固有の放送のテンポがあるが、一般的にいって、ここ数年にわたってテンポは増し、調子（トーン）は落ちついたものから陽気でうわついたものへと変化している（ここでは西洋的なスタイルの放送のことだけを述べている。私は、ソ連や中国のような画一的な文化について十分熟知しているわけではない）。

西洋では、題材がいよいよ押し合いへし合いになり、重なり合ってきている。われわれは一九七三年、世界サウンドスケープ・プロジェクトで、典型的な一日の一八時間にわたって、ヴァンクーヴァーの四つの放送局について独立した項目数を数えた。それぞれの項目（アナウンスメント、コマーシャル、天気予報など）は、焦点の変化を示していた。結果は以下のようになった。

放送局	項目総数	一時間当りの平均
CBU	六三五	三五・五
CHQM	七四五	四一・〇
CJOR	九九六	五五・五
CKLG	一〇九七	六一・〇

ペースが最も速いのは、ポピュラー音楽を放送している局である。北アメリカのポップな放送局では、どんな種類の項目でも三分間以上持続することは稀である。ここではレコード産業の秘密が暴露される。古い一〇インチのシェラック樹脂のレコードは、録音時間が三分間をわずかに越える程度に限られていた。これがポピュラー音楽の最初のメディアだったので、すべてのポップ・ソングはこの技術的限界に合わせて縮められた。しかし奇妙なことに、一九四八年にLPレコードが導入された時でも、標準的なポップ・ソングの長さは伸びなかった。このことは、注意力の標準的な持続時間についての神秘的な法則を、古いテクノロジーが偶然にも発見していたの

かもしれない、ということを示唆している。

北アメリカのラジオでは、めったに聞けない音響効果がある——沈黙である。ほんのときたま、ラジオドラマやクラシック音楽の放送の時は、沈黙や静寂がその潜在的な力を最高に発揮する。大衆的な放送局の番組をグラフィック・レベルレコーダーにかけてみれば、その素材がいかに最大許容レベルの周辺で動いているかがわかるだろう。これは、利用できるダイナミックレンジが非常に狭い範囲に圧縮されるところから、圧縮(コンプレッション)の技術として知られている。こうした放送には、音量変化の豊かな描影法(シェイディング)や句切り法(フレージング)は見られない。それは休止することがない。一息入れることもない。音の壁になったのである。

音の壁

壁は、物理的な空間の境界を定め、聴覚的な空間の境界を定め、私的な領域を視覚的に分離するとともに、妨害音をさえぎるために存在していたものだ。この二番目の機能はしばしば軽視されがちだ。特に現代の建物ではそうである。このような状況に直面して、現代人は音鎮痛剤［*audioanalgesia*］とでも呼べるもの、つまり音を鎮痛剤として、またいろいろ気を散らすものを払い去る気晴らしとして用いることを発見した。音鎮痛剤の使用は、現代生活では、その本来の使用場所である歯科医の椅子から、ホテル、事務所、レストラン、そして他の多くの公共的な場所や私的な場所における有線のバックグラウンド音楽にいたるまで広がっている。エアー・コンディショナーも、連続的にピンクノイズの周波数帯の音を出し、音鎮痛剤の装置となっている。

この場合、このようなマスキング音が意識的に聴かれるよう意図されてはいないことを理解することが重要である。こうして、〈ムーザック〉産業は、誰の好みでもない音楽を慎重に選び、「こぎれいな」包囲物を作りだすよう無毒で無害なオーケストレーションをほどこし、不快で気を散らすものをマスキングするようデザインする。そのやり方は多くの場合、安っぽいその中身を体裁よく隠す現代商法の人目を引くパッケージによく似ている。

壁はかつて、音を孤立させるために存在した。今日、音の壁は人を孤立させるために存在する。同様に、激しく増幅されたポピュラー音楽は、社交性を促進するというよりむしろ個別化……孤独……離脱を体験したいという欲求を表現している。現代人にとって、音の壁は空間における壁と同様の事実となった。ティーンエイジャーは絶えずラジオのそばで、主婦はテレビのそばで、労働者は生産が向上するようデザインされた管理された音楽システムのそばで生活している。ノヴァスコシア[☆5]からは、学校の教室でバックグラウンド音楽を連続的に使用しているとのたよりが入ってくる。校長は結果に満足し、実験は成功だと述べている。カリフォルニア州のサクラメントからは別な珍しい展開、ロック音楽が有線で流される図書館ができ、そこでは利用者がおしゃべりを奨励される、といったニュースも入ってくる。壁の上には「沈黙禁止（ノー・サイレンス）」という表示がしてある。その結果はといえば、貸出図書数がとりわけ若い層で上昇したということである。

夕食には必ず音楽が演奏され、御馳走の後にはきまって美しい意匠をこらした菓子だの糖菓だのがでる。食事中にはかぐわしい樹脂や香料を焚いて、馥郁たる芳香をみなぎらせたり、香油、香水などをまいたりする。いやそればかりではない、会食者一同の気分を爽やかにするのに役に立つものならどんな事でもけっして放っておかない。

サー・トマス・モア『ユートピア』[6]

ムーザック

ユートピアの住人は永遠に微笑んでいる——クリスマスカードの天使がそれを証明してくれる。だから、天国の音の壁である〈ムーザック[7]［Moozak］〉は、けっして泣かないのだ。それは、この世の地獄のための、蜜で甘くした解毒剤である。ムーザックは、天国をオーケストレーションしようという高貴な動機をもって出発するが（そういうことはユートピアについて書かれたものにはよくある）、最後にはいつもその香気で地上の退屈を防腐保存する液体となって終わる。だから、ムーザック産業の試行の場が、高度に理想主義的な憲法をもちながらも、そのモダンな生活様式の不快な現実をかかえるアメリカ合衆国であったというのは自然の成り行きである。電話帳のサービス欄には、北アメリカのすべての都市の顧客に向けた広告が掲載されている。

ミューザック［MUZAK］はミュージックを超えています——心理学的な計画——時間と空間のために——スイッチをひねるだけ——付随機械は不要——毎日新鮮なプログラム——反復なし——科学的な顧問委員会の助言——三〇年以上にわたる調査——お呼び出し（ページング）と音のサービス——迅速な二四時間サービス——ミューザック・ブランドの設備——オフィス——工

場——銀行——病院——小売商店——ホテルやモーテル——レストラン——専門家の事務所に——音楽を心理学的・生理学的に応用するスペシャリストです[★6]。

ムーザックのプログラム構成の実際は初歩的なものである。プログラムが選曲され、大量に分配するためにアメリカの数都市に集められる。「……プログラムのスペシャリストが……音楽を録音する際の諸要素、すなわちテンポ（分当りの拍数）、リズム（ワルツ、フォックストロット、マーチ）、楽器編成（金管、木管、弦）、オーケストラの規模（五人のコンボ、三〇人の交響楽団など）を指定します[★7]」。聴き手の心をとらえるようなソロ歌手あるいはソロ奏者はほとんどいない。同じプログラムが人間にも乳牛にも流されるが、どちらの場合も生産性が向上したという結構な主張にもかかわらず、どちらの動物もいまだ極楽の境地（エリジアン・フィールド）には到達していないようである。プログラムが、広告が「時間の前進」と呼んでいるもの、すなわち、時間がダイナミックに有意義に過ぎ去っているという幻想を提供するよう構成されている一方で、そういった主張の背後には、ほとんどの人にとって時間は重くのしかかり続けているのではないかという不安があるのだ。「ミューザックは一五分ごとに、前進する運動の論理的な感覚を提供する高揚する刺激を含んでいます。これが、退屈あるいは単調さ、そして疲労に作用するのです[★8]」。

その成長率についての正確な統計はいまだ公表されたことはないが、こうした牛のように鈍重な音の油膜は疑いなく広がっている。これはおそらく、静寂について人々の関心が欠けていることを示しているというよりむしろ、音によってもっと大きな利益をもたらそうとしていることを示しているのだろう。というのも、ムーザック産業はまた別のところで、「利益を生むくつろいだ背景」を提供するのだと主張しているからである。ヴァンクーヴァーのショッピングモールで、われわれが一〇八人の消費者と二五人の店員にインタビューしたところ、バックグラウンド音楽のせいでより多くの買物をしたと考える買物客はわずか二五パーセントであったのに対し、店員では六〇パーセントがより多くの買物があったと考えていることがわかった。

ムーザックのたれ流す汚水や汚物、公共の場所で放送される音楽に対する抗議のうねりが、いまや明らかに認められる。最も顕著なものが、一九六九年一〇月にパリで開かれた、ユネスコ国際音楽評議会総会で満場一致で採決された決議である。

われわれは、録音されたり放送されたりする音楽が、私的および公的な場所において乱用されることによる、個人の自由ならびにすべての人の静寂に対する権利への耐えがたい侵略を告発する。われわれは、国際音楽評議会の執行委員会に、ユネスコや諸方面の適切な専門家に提案するために、芸術的および教育的な側面を見落とすことなく、あらゆる角度——医学的、科学的、そして法学的——から研究を始めることを要請する。

この決議によく似たものがある。すなわち、一八六四年、マイケル・バスは、ロンドン市内の路上で歌うことを禁止する法案を提出し、そのとき彼は音楽家たち自身からかなりの支持をとりつけたのである。一九六九年のユネスコ決議により、音の過剰は、世界の音楽家たちに深刻な問題として理解されるようになった。史上初めて、本来は音の生産にかかわる国際機関がその関心を急きょ音の縮減へと転換したのである。私はすでに『新しいサウンドスケープ』において、音楽教育者に、いまや音の創造と同じくらい音の防止に関心をもたねばならないのだと警告した。そして、この新しいテーマを教室で扱うのに習熟するために、騒音防止団体に参加すべきだと述べた。

サウンドスケープを歴史的に研究するといつでも、研究者はある社会の認知習慣の変化や、図と地が役割を交換するさまざまな例に繰り返し驚かされるだろう。ムーザックの場合もそうした例のひとつである。歴史を通じて、音楽は、図——聴き手が特別な関心を払う、ある好ましい音の集積——として存在してきた。その音楽を、ムーザックは地へと引き下げた。これは、ローファイ主義への熟慮の末の譲歩である。ムーザックは音を増殖させる。聖なる芸術を音のたれ流しへと引き下げる。ムーザックは、聴かれなくともよい音楽なのである。

音について物議をかもすことによって、われわれは音に図としての焦点を当て直すことになる。ムーザックを打破する方法は、それゆえ、きわめて単純である。それに耳を傾けさえすればよいのだ。

ムーザックは、ラジオの乱用の結果生まれた。ムーザックの乱用は、いまや急速にあらゆる近代的な建物の付属装置となりつつあるもうひとつのタイプの音の壁を連想させる。それは、ホワイトノイズのスクリーンである。あるいは、その弁護者の好む呼び方に従えば、「音の香水」である。エアコンのヒス音、暖房のうなり音は、音響工学の専門家によって、気になる音をマスキングするよう開発されてきた。また、それらの音自体が十分に大きくない場合は、ホワイトノイズ発生器により増大されたのである。アメリカの最も著名な音響工学の会社がある音楽学部長にあてた要求は、音楽が騒音をマスキングするのに使えるのならば、騒音もまた音楽をマスキングするのに使えるのだということをわれわれに教えてくれる。そこにはこう書いてある。「音楽図書館——ページをめくる音や足音をマスキングするのに十分な機械的な音があるべきです」[★9]。仮面（マスク）は顔を隠す。音の壁は、特色あるサウンドスケープを虚構（フィクション）の下に隠すのである。

根元音あるいは中心音

インドのアナーハタや西洋の「天体の音楽」において、人間は絶えずなんらかの根元音（プライム・ユニティ）、すなわちそれによって他のあらゆる振動が測られる、中心となるなんらかの音を捜し求めてきた。全音階的あるいは旋法的音楽においては、その他のすべての音を関係づけるのは、旋法もしくは音階の基礎音または主音（トニック）である。中国では紀元前二三九年に重量の中心となる基本単位が人為的に定められた。度量衡局が、他のすべての音を測るための音として黄鐘を制定したのはこのときである。

しかし、中心音が国際的に形成されたのは、電気時代に入ってからにすぎない。六〇サイクルの交流電圧によって活動している国々では、いまや共振周波数を提供するこの音が中心音である。なぜなら、その音は（その倍音とともに）電灯やアンプから発電機に至るまで、あらゆる電気機器の作動に伴って聞こえるからである。C音が二五六サイクルに調律されているところでは、この共振周波数はBナチュラル音である。私は、耳の訓練(イヤートレーニング)の実習で、学生にとって持続したり、自発的に思い出すのに最も容易なピッチがBナチュラル音であることを発見した。また、瞑想の実習をして全身が最もリラックスした後、学生に「根元音」の音——彼らの存在の中心から自然に湧き上がってくるように感じられる音——を歌うようにと言うと、Bナチュラル音が他のどの音よりも頻繁に歌われるのである。私はまた、五〇サイクルの共振電気周波数がおよそGシャープ音であるヨーロッパでもこうした実験を行なった。シュトゥットガルト音楽学校で、私は学生の集団に対して、一連のリラクゼイションの実習を指導した後、彼らに「根元音」の音を歌うように言った。彼らの歌う音は、Gシャープ音に集まった。

電気用品は、しばしば共振する倍音をつくり出し、静かな都市では夜、街灯、信号、発電機から、ひと続きの安定したピッチ全部を聞くことができる。われわれが一九七五年に、スウェーデンのスクルーヴという村のサウンドスケープを調査した時には、こうした音に数多く出あい、その輪郭とピッチを地図の上に表示した。☆8 われわれは、それらの音がいっしょになって、Gシャープを根音とする長三和音を形成し、通過する列車のFシャープ音によって、それが属七の和音へと転換するのを発見して驚いた。静かな晩、われわれが通りを歩き回った時、街はメロディーを奏でていたのである。

電気革命はこのように、いまや他のすべての音がそれに対して均衡を保つ根元音としての新たな中心音をわれわれにもたらした。その運動がつり下げられている糸を中心にして把握されるモビールのように、現代世界の音のモビールは、いまや電流を操作するあのちっぽけな回線設備によって解釈可能となる。

すべての音を絶えず鳴っている一つの音（すなわちドローン）に関連づけるのは、音を聴くひとつの特殊な方法である。この発展については、インド音楽に興味深い特徴があり、それをさらに調べていくことは、今日の電気文化の中で育っている若者との関係を考える際、役立つかもしれない。アラン・ダニエルーは次のように説明している。

すべてのインド音楽が実質的に属している音楽体系の旋法群は、固定的で変化しない永久的な音……〔ドローン〕と、それに続く諸音との間に種々の関係をつくり出すことに基づいている。インド音楽は、……それぞれの音の主音に対する独立した関係の上につくられている。主音との関係が与えられたどんな音の意味をも決定する。したがって、主音は絶えず聞こえなくてはならないのである。★10

これは、最近若者の間でインド音楽が人気を集めていることの説明となるだろうか？　七〇年代初期のアメリカの若者の語彙におけるキーワードの一つに「振動（ヴァイブレーション）」というのがあった。すなわち、それは、根元音を与える宇宙的な音であり、他のすべての音がそれによって付随的に認知される、ひとつの集中点、あるいは収束点なのである。

★1——"Ohne Kraftwagen, ohne Flugzeug und ohne Lautsprecher hätten wir Deutschland nicht erobert," Adolf Hitler, *Manual of the German Radio*, 1938-39.

★2——Emily Carr, *Hundreds and Thousands*, Toronto/Vancouver, 1966, pp. 230-231.

★3——Hermann Hesse, *Steppenwolf*, New York, 1963, p. 239.
ヘッセ『荒野のおおかみ』高橋健二訳、新潮文庫、二六七頁。

★4——*Ibid.*, p. 240. 同訳書、二六八—九頁。

★5——Sergei M. Eisenstein, *The Film Sense*, trans. Jay Leyda, London, 1943, p. 14.

★6——Classified Section, *Vancouver Telephone Directory*, British Columbia Telephone Company, 1972, p. 424.

★7——*Environs*, Vol. 2, No. 3, published by the Muzak Corporation.

★8——*Ibid.*

★9——Memo from the firm of Bolt Berenak and Newman to Dr. Robert Fink, Head, Music Department, Western Michigan University.

★10——Alain Daniélou, *The Raga-s of Northern Indian Music*, London, 1968, pp. 22-23.

訳注

☆1——center frequency　周波数変調において伝送される波の平均周波数のこと。

☆2——古代メソポタミアのピラミッド形の塔。

☆3——『ガン病棟』小笠原豊樹訳、新潮文庫（上）、三七三—四頁。

☆4——クロスフェード——前の曲の音量を下げつつ、次の曲の音量を上げて交差させること。ダイレクトカット——前後の曲を交差させることなく連続してつなげること。ミュージックアンダー——音楽を流しながら話すこと。

☆5——カナダ東部の州。

☆6——平井正穂訳、岩波文庫、九七頁。

☆7——「ムーザック」と「ミューザック」の違いについては、巻末の「サウンドスケープ用語集」を参照。

☆8——口絵1参照。

間奏曲

第七章　音楽、サウンドスケープ、変容する知覚

本書の初めの二部を通して、私は音楽について多くの言及をしてきた。サウンドスケープの記述からその分析へ移るまえに、この間奏で音楽とサウンドスケープとの関係についてもっと詳細に検討してみたい。音楽は過去の音を永久に記録するものとして最上である。したがって音楽は、聴覚的な習慣や知覚における変容を研究する場合の手引きとして役立つだろう。ヨーロッパは、過去五〇〇年にわたり最も活動的な大陸だった。このため、少なくともアメリカが二〇世紀になって支配的な文化的影響力を行使するようになるまでは、ヨーロッパ音楽の形態において、これらの変容を最もよく捉えることができる。このテーマはほとんど探究されずに残されている。なぜなら、歴史家や分析家は、音楽家が自らの想像力や他の形式の音楽から、いかにして音楽を引き出してきたかを説明することに専念してきたからである。だが、音楽家も現実の世界で生活している。よって、彼らの作品には意識的にも無意識的にも、さまざまな時代や文化の音とリズムが、認識できる多様な形で影響をとどめている。

音楽には二種類ある——絶対音楽と標題音楽である。絶対音楽では、作曲家は精神の理想的サウンドスケープを形づくる。標題（プログラマティック）音楽は環境を模倣したもので、その名が示すように、音

楽会のプログラムの中で言語的に説明されうる。絶対音楽は、外部の環境から切断されており、その最も高度な形式（ソナタ、四重奏曲、交響曲）は屋内の演奏のために考案されている。実際その形式は、人間が外部のサウンドスケープの魔力から解放されるのと正比例して重要性を獲得したように思われる。音楽は、もはや屋外では効果的に聞けなくなったとき、コンサートホールの中へと入っていく。そこでは、詰め物をした壁の背後で、集中的聴取が可能になる。すなわち、弦楽四重奏と都市の大混乱は歴史上同時に発生したのである。

野外生活の代用としてのコンサートホール

コンサートホールは、絶対音楽的な表現を生み出したと同時に最もみごとな自然の模倣をももたらした。音楽における風景の入念な模倣は、歴史的には風景画の発展と対応する。風景画は、ルネサンスのフランドル派の画家によってまず開拓され、その後一九世紀には、絵画の主要なジャンルにまで発展した。こうした発展は、画廊が自然の風景からどんどん離れ、成長する都市の中心へと移っていった結果としてのみ説明することができる。つまり自然の模倣は、人為的状態の中で展示されるように創造されたのである。風景画はここで多数の窓としての役割をはたし、観る者をさまざまな情景へと解き放した。画廊は離脱のためのおびただしい数の道を備えた部屋なのであって、ひとたびそこに入った者は現実世界に戻る扉を失い、探検を続けなくてはならない。同様に、描写的な音楽作品は、コンサートホールの壁を窓に変え、聴衆は田舎に触れる。この隠喩的な窓割りを通って、われわれは都市による監禁から、はるか彼方の自由な「風景（ペイザージュ）」へと脱出するのだ。

これはまさに、ヴィヴァルディ、ヘンデル、ハイドンといった一八世紀の作曲家の自然描写に当てはまる。彼らの風景には、小鳥や動物、そして田園の人々——牧童、村人、狩人が描かれていた。彼らの描写は生き生きとして、正確で、優しさにあふれていた。たしかにハイドンの音楽にはドラマ性は失われていない。だがそれは、《四季》の中に見られるように、ハッピーエンドの音楽である。嵐の後、雲の間から夕日がのぞき牛の群れが元気に小屋へと帰るうちに晩鐘が鳴り（オーケストレーションによって八時であることが示唆される）、世界は「罪のない心とすばらしい健康」が保証するあの「やすらかな眠り」につくのである。ハイドンにとって、自然とは偉大なる恵みの主であり、彼の絵画（タブロー）に登場する田園の人々は、「大地とその創造物ののどかな、かつ飽くことなき利用」を享受している。[★1]

ヘンデルの描く風景は、様式こそ違え、音の点ではハイドンの描く風景に近い。ミルトンの有名な詩の二重唱からとられた《アレグロとペンシエローゾ》のような作品では、親しみのあるあらゆる特徴（小鳥、なだらかな起伏のある田園地帯、猟犬、角笛）がくりひろげられるが、バリトンとコーラスのためのアリアの一つに、珍しい叙述がみられる。それは、

　人でにぎわう都市

　群衆のざわめきがわたしを喜ばせる

という言葉で、ここでは、オーボエ、トランペット、ティンパニがオーケストラとコーラスに加わり、都会の生活への讃歌をもりあげている。都市に住んでいたヘンデルは、都会の活動のにぎわいから影響を受け、街頭の歌や騒音からインスピレーションを受けたといわれる最初の作曲家のひとりだった。[★2] ヘンデルには、自然の描写に対する正統的な音楽の才能もあった。が、音楽の文献において、都市の音響状態に対するヘンデルの耳に匹敵するようなものは、ベルリオーズやヴァーグナーのスコアに至るまで存在しない。

ヘンデルやハイドンの描いた風景は、ブリューゲルの絵画と同じくらい細部まで鮮やかで、いかにも注意深く構成されている。ミケランジェロは、フランドル派の画家たちを、主題となる素材の選び方で失敗していると批判した。彼らが、一つのことに焦点を合わせず、見えるものすべてを包含しようとしているというのである。実際、私が言及した音楽作品にも同様の特徴がある。それらは広角の絵画（タブロー）であり、作曲家は遠くから風景を見つめている。主要な仕事をするのは自然で、作曲家は秘書なのである。

作曲家が出しゃばって、自分の個性や気分で自然に彩色をほどこしているのは、ロマン派の時代の風景だけである。そこでは、自然界のできごとは、芸術家の気分と同調するように、あるいは反語的に競い合うように描かれている。私はすでに、この共振の技法が田園詩（テオクリトス、ウェルギリウス）の中でいかにして始まったかを指摘した。それは、文芸批評家により「感傷の虚偽」として知られるようになったが、音楽史においてはシューベルトやシューマンの連作歌曲で初めて、その技法が効果的に用いられるようになるのである。

シューベルトは、しばしば彼自身のために風景に演技をさせた。《冬の旅》のなかの「菩提樹」のような歌では、詩人であり作曲家である彼の気分が木々を活気づけ、その枝をやさしく（夏）あるいは激しく（冬）揺らす一方、昼と夜の想いは長調と短調で区別されている。シューマンの《詩人の恋》では、詩人の喜びが悲しみに転ずる間にも風景のほうはその快活な夏の色合いを保っているというひどく皮肉な状況が、歌手とピアニストの間の対照のうちにたっぷりと表現されている。

自然の音（とりわけ風と水の音）は、西洋音楽史を通じて頻繁に、かつ適切に描写されてきた。鐘、小鳥、銃砲、狩猟ホルンもまた同様であった。われわれはすでに、路上の呼び声に触れたし、木管楽器のソロが田園風景を連想させることにも言及した。そこで、他のいくつかの点を次に論じてみよう。

音楽、鳥の歌、そして戦場

音楽における鳥の歌は、文学における閉ざされた庭園に相当する。ヨーロッパの風景に人間の手が加えられる以前、自然は広大で恐ろしい光景を展開していた。中世の庭園は、愛情と人間性と神性に満ちた、恵み深い、花の咲き乱れる場所を創り出そうとする試みだった。だから、ゴットフリート・フォン・シュトラースブルクの『トリスタン』の「恋人たちの洞窟」では、丁度その頃、そこでは美しい鳥の歌も聞かれた。その歌はまことに素晴らしかった。ほかのどこのものよりも美しかった。目には目の楽しみ、耳には耳の喜びと、そこでは目と耳がそれぞれに悦楽を味わった。そこには日なたと木陰、優しい微風と快い風があった……。

彼らの召使はさえずる小鳥たちで、可愛い清らかな小夜啼鳥、つぐみにうたどり、その他の森の小鳥たちであったが、まひわとひばりも互いに負けじと競争して彼らに仕えた。これらの召使たちは絶えず彼らの耳と官能に奉仕した。一番のごちそうは愛であり、それは彼らの喜びを美しく飾った。[★3]

庭園のここちよい雰囲気には、小鳥も一役かっていた。小鳥たちはえさや噴水で計画的におびきよせられたのである。ペルシアの庭園では、小鳥は巨大な網で逃げないようにされていた。中世後期の庭園におけるこの独特な価値観は、十字軍の残した遺産であるといってもいい。一方、十字軍は中東から抒情的な詩歌の技法をも持ち帰ったようだ。吟遊詩人の芸術が花開き、小鳥たちの声がしばしば彼らの歌の中に織り込まれたのは、城郭の防壁の背後の、こうした当時のちっぽけな草地の中でなのである。ニコラス・ゴンベール[☆1]やクレマン・ジャヌカンが彼らの《鳥の歌》で展開したのも、同じような気持ちのよいおだやかな雰囲気だった。鳥の歌は、いつでもこうした感覚の繊細さを示唆するものである。さらに私は、音楽の中で鳥の歌が、外部の生活の野蛮さや災難に対する意識的な対照として登場させられているとまで言いたい。ヴァーグナーの《ニーベルングの指環》で悪の力に対立して鳥の歌が入ってくるのもこういう手法だし、われわれの時代のオリヴィエ・メシアンによっても鳥の歌は同じ理由で用いられている。

銃砲類の場合はこれとは逆である。大砲は、一三四六年、クレシーでイングランドのエドワード三世によって初めて効果的に用いられ、一三四七年のカレーの攻囲戦で再び用いられた。だが、銃砲類が音楽で初めてきちんと取り上げられたのは、ジャヌカンの一五四五年の声楽作品《マリニャーノの戦い》においてであったように思われる。

フレレレラン　ファン　ファリラリラリリ――トランペットが鳴った。
ヴォン　ヴォン　ヴォン　パチパチ　ポン　ポン　ポン――大砲が鳴った。

銃砲類の効果は、いつもコミカルなものだったにちがいない。その結果、戦争の場面には声楽よりも器楽が、例をあげきれないほど多く用いられるようになり、ベートーヴェンの《戦争交響曲》に至るわけである。この曲では、砲声の模倣が本物に取って代わられているが、闘争家ベートーヴェンの性格がここにもまたみごとに示されている。

標題音楽という趣向は、コンサートホールの現実の空間を、庭園や牧草地、森や戦場に変えてしまう。こうした隠喩的な空間は、何年にもわたり人気の盛衰を経てきたが、この問題を研究すると、風景に対する都会人の態度がどのように変化しているかについて何かよい手掛りが得られそうである。例証としてただ一つの主題を取り上げることにしよう。それはすでに紹介した狩猟ホルンである。われわれはいまや、一八世紀末から二〇世紀初頭にかけての転換期におけるその象徴性の変容を追うことができる。

狩猟ホルンはコンサートホールの壁を突き破り、田園を再び導き入れる

狩猟ホルンの動機は、一八世紀を通じて多くの交響的作品の中で、多彩な効果を出すために用いられた。ハイドンの交響曲《狩》(七三番)がよい例である。力強いホルンの響きが他の楽器の中から突然わきあがり、野外生活の精神を示唆する。ハイドンの《四季》では、ホルンの響きとともにコーラスが「聴け!」と歌う。

かの森をつらぬきわたる
騒がしき物音を!
あれぞけたたましき角笛の響き、
飢えたる犬どもの吠え声と、
思うまに狩りたてられし鹿一頭、こなたへ逃げきたり、
そのあとを追いて走る、走る、猟犬ども、騎乗の人びと。

ウェーバーの《魔弾の射手》の有名な狩人の合唱は、野外生活に対する同様の情熱と狩りの高貴で自由な精神とを表現している。

ひとたびホルンが明確な象徴的機能を担うようになると、アイロニックな変容が起こるものである。ウェーバーの《オベロン》におけるホルンのソロが奏でる初めの三音は、あらゆる音楽の

中でも最も喚起力に富むもののひとつであり、われわれを東洋のすばらしい、かぐわしい庭園に連れていってくれる。狩猟ホルンは魔法のホルンになり、聴衆をその地方の平原を越えて遠いお伽の国へと誘うことができるのだ。

ブラームスやブルックナーの交響曲では、私の想像のしすぎでなければ、狩猟ホルンが権威のホルンとでも呼べるようなものに変わっていることに気づく。つまりそこには、それ以前の作曲家がホルンに付与した生気にあふれた扱い方にはない、なんらかのからいばり風のもの、ほとんどがんこさに近いものが明らかに認められるのである。

シューベルトの《冬の旅》の「郵便屋」には、アイロニーのもうひとつの例がある。この歌では、遠くのポストホルンが音地平の向こうからピアノ伴奏で踊りながらやってくる。だが、期待に胸をときめかせていた歌い手は、最愛の人からの手紙が届かないことを知り悲嘆にくれるのである。

ホルンは、他のどの楽器よりも、野外の自由とそれに対する愛を象徴する。ホルンがコンサートホールで鳴り響くと、壁は打ち破られ、われわれは田園の広々とした空間へと誘われる。ホルンをいつも聞き慣れていた人々には、まさしく都市の壁を越えてきこえてくるこの効果は直接的に訴えたにちがいない。ヴァーグナーの《ジークフリート》では、自由のホルンが英雄的なものにまで到達している。そこではホルンは、いつの日か死にかかった文明を崩壊させることになる英雄の音響的象徴になっているのだ。

最後になるが、われわれの目的にとって最も興味深いホルンの変容は、記憶のホルンとも呼べるようなものである。この変容の最も雄弁な例は、グスタフ・マーラーの一連の交響曲に見ることができる。これは、一八八八年のマーラーの第一交響曲の最初の楽章においてすでに明らかである。そこでは狩猟ホルンの動機が、まずクラリネットで遠く、それから舞台裏のトランペットで、そして最後に、とてもゆっくりと、郷愁たっぷりと、ホルンで提示される。楽章がそのクライマックスへ向かって激しく進むにつれ、グリッサンドで奏されるホルンは、自由を渇望して疾走する。しかし最も記憶に残るのは、マーラーの遠方のホルンのうつろいやすく感傷的な性質である。なぜなら、このホルンは風景そのものの変形を予示していたからである。今日、ヨーロッパには広々とした田園などどこにも残ってはいない。あるのは塀と公園だけなのだ。

オーケストラと工場

独奏フルートと狩猟ホルンが田園のサウンドスケープを反映しているのだとすれば、オーケストラはもっと密度の濃い都市生活を反映している。オーケストラは、その初期から規模を拡大する傾向にあった。しかし、その諸力が統合され、楽器が強化されたり科学的に調整され、複雑で力強い音を出す能力を得たのは一九世紀になってからである。音の強さの点だけからみても、オーケストラは工場の複合雑音と匹敵するほどのものになった。だが、オーケストラと工場の間にはもっと大きな類似点があったのだ。ルイス・マンフォードはこれを次のように説明している。

……楽器の数が増えるにつれて、オーケストラにおける分業は、工場における分業に対応するようになった。新しい交響曲の中で生産過程そのものの分業が目だつようになった。指揮者は、製品つまり音楽作品の製造と組立てを預かる監督もしくはプロダクション・マネージャーだった。一方、作曲家は、発明家、技術者、設計者に対応し、製品の最終的な性質を、ピアノのような代替的な楽器の助けを借りて紙の上に計画しなければならなくなった。彼らは、工場での製作の第一歩が始められる前に、製品の細部まで練り上げるのである。難しい曲のために、新しい楽器が発明されたり、古い楽器が復活されたりもした。だが、オーケストラにおいては、集団的能率、集団的調和、労働の機能的分業、指揮者と楽団員の間の忠実で協力的な相互作用によって、たぶんどんな工場でも達成できないほど偉大な集団的統一が生み出されたのである。ひとつには、リズムがより繊細だった。さらにシンフォニーオーケストラでは、工場で同じように能率的な機械的操作が生じるずっと以前から、連続的な操作のタイミングが完成されていたのである。

それならば、ここに、オーケストラの組織の中に、新しい社会の理想的な模範があったということになる。その模範は、工業技術において取りかかられる以前に、芸術において成し遂げられていたのである。……テンポ、リズム、音調（トーン）、ハーモニー、メロディー、ポリフォニー、対位法、それに不協和音や無調性までもが、新しい理想的な世界を創造するために、自由に駆使された。そこでは、人間の悲劇的な運命、おぼろげなあこがれ、英雄的な運命がもう一度くり広げられた。新しい実用主義的な日々の仕事に縛りつけられ、市場や工場からは追い払われた人間の精神は、コンサートホールの中で新たな絶頂へとかけのぼったのである。その偉大な構築物は、音で作られ、しかも生み出されるその場で消えてしまった。たとえごく少数の人々だけがこの芸術作品を聴き、その意味を洞察したにすぎなかったにせよ、少なくとも彼らは、コークタウンとは別の天国を垣間見たはずである。音楽は、コークタウンの、いたんで悪くなった食料、みすぼらしい衣服、安普請の家よりも充実した栄養と温かさを与えてくれたのである。★4

このように、オーケストラは一九世紀の願望を理想化したものであり、企業主たちが工場の日々の仕事の中で模倣しようとしたモデルだった。

一九世紀に発達した音楽の形式にも、帝国主義的な偏向がかかっているように思われる。たとえば、交響曲の第一楽章の形式では、本国の基地が作られ（提示部）、植民地が開発され（展開部）、そして帝国が統合される（再現部とコーダ）。あらゆる弦楽器の力木（ちからぎ）☆2が、大きな音量を出せるようにと、注意深く取り替えられたのもこの時期だった。また、新しい金管楽器や打楽器も加わり、ピアノがハープシコードに取って代わった。新しい楽器の仲間の中で、ハープシコードはもはや聞きとれるだけの強い音を出せなかったのである。撥弦楽器のハープシコードを打弦楽器のピアノにおきかえたことは、新しい工程によって、物がたたかれ、打ち延ばされて生まれてくる時代の、より大きな攻撃性を象徴している。材料がひとたび打たれ、刻まれ、こねられて形ができると、今度はそれに強打が浴びせられたのである。ピアノは強化され、音量が音質に取って代わった。ウィーンの批評家エドゥアルト・ハンスリックは、そうしたピアノに悩まされた。彼は、音楽が増幅されると、地域社会がますます騒々しくなるだろうということに気づいていた。

近隣のピアノが引き起こす迷惑に対する不平不満は、ピアノが生まれたときからあるのではけっしてない。モーツァルトやハイドンの時代には、ピアノは弱々しい、薄っぺらな箱で、柔らかな音を出し、向いの部屋ではほとんど聞こえなかった。不平不満が出始めたのは、ピアノの音が強められ、音域が拡張されてからである。それが痛ましい悲鳴となったのは、ほんの三、四〇年前にピアノ製造業者が一生懸命その音量を増大させはじめてからである。……現代のピアノの豊かな音と伝播力は、その巨大な大きさ、絶大な重さ、そして金属で増強された枠の張力によるものである。……ピアノは、われわれの時代において初めて、こうした攻撃的な力と攻撃的な性格を獲得したのである。★5

このような新しい技術的発展の結果可能となった力は、まずベートーヴェンにより用いられた。ベートーヴェンを産業革命の所産として考えるのはまちがいだろう。産業革命は結局、彼の存命中はウィーンにはほとんど波及していなかったのだから。しかし、彼は確かに都市の作曲家であり、彼が拳闘家のような激しい気質をもっていたがために、新しい楽器の「攻撃的」な性質に特に興味をそそられたのである。このことは、《ハンマークラヴィアソナタ》（作品一〇六）のような作品の冒頭の音符を弾くか聞くかすれば、すぐに気づかれることだ。精いっぱい両手を使ったスフォルツァンドで、「ブルジョアのどぎもをぬこう」としたベートーヴェンの試みと、オートバイによる現代のティーンエイジャーの試みとは、原理的にはほとんど相違はないのだ。前者は後者のきざしだったのである。

音楽と環境の遭遇

一九世紀音楽の帝国主義は、ヴァーグナーとベルリオーズのオーケストラで頂点に達した。彼らのオーケストラは、膨れあがりつつあった大都市の聴衆を身震いさせ、高揚させ、圧倒するための大げさなレトリックを可能にするために、特別に拡大された。ベルリオーズの理想のオーケストラは、ヴァイオリン一二〇、フレンチホルン一六、ハープ三〇、ピアノ三〇、そして打楽器五三パートを含むものだった。ヴァーグナーも同様の野心をもっていて、ついには歌手の声をかき消すように、絶えず威嚇し続けるオーケストラにまでいきついた。これは彼を非常に悩ませた問題だった。この意味において、「巨大都市（メガロポリス）の野蛮な状態への譲歩を示すものであり、野蛮と洗練の混じり合うなかで巧みに表わされた崩壊の始まりなのだ」[★6]というシュペングラーのヴァーグナー芸術に対する批評は評価されうる。

オーケストラは二〇世紀に入ってからも引き続き拡大され、そこでまず加えられたのは打楽器、つまり鋭いアタックと生き生きとしたリズムを出すことができる、特定の音高をもたない騒音製造器だった。かくして田園曲（パストラール）や夜想曲（ノクターン）は姿を消し、蒸気機関車を模倣したオネゲルの《パシフィック231》（一九二四）、たくさんの飛行機のプロペラを使ったアンタイルの《バレー・メカニック》（一九二六）、いずれも一九二九年に作曲された、プロコフィエフの《鋼鉄の歩み》、モソロフの《製鉄所》、カルロス・チャベスの《HP〔馬力〕》といった機械の音楽がかわって登場した。エズラ・パウンドやF・T・マリネッティのような詩人もまた、レジェのような画家やバウハウスの職人たちと同様、機械時代の真只中にいた。一九二四年、パウンドは、「音楽は、機械の素晴らしい性質を表現するのに最も適した芸術だと思う。いまや生活の一部である機械について何かを感じるのはもっともなことであって、この新しい内容を扱えないとすれば、それは芸術に何か欠陥があるのだ」と書いている。★7

　現代都市生活のアノミーは、ムーザックの起源であるサティの無表情な《家具の音楽》に、すでに効果的に描かれていた。サティがこれを一九二〇年、パリの画廊での劇の幕間の余興として企てたときには、彼は、観客が音楽を無視して歩きまわり、音楽はただの家具とみなされるようにと考えていた。だがあいにく、みんなは立ち止まって音楽に耳を傾けた。当時、音楽はまだ尊重されるものだったのだ。音楽はまだ、背景のたわごととしての新しい機能を担ってはいなかった。そのため、サティは走りまわって「おしゃべりをするんだ。おしゃべりをするんだ。」と叫ばねばならなかったのである。

　われわれの観点からみれば、新時代の真の革命家は、未来派の実験者ルイジ・ルッソロだった。彼は、サイレンやハウリングを出す装置やその他の仕掛けからなる騒音製造器によるオーケストラを発明し、現代人に自分たちをとりまく新しい世界のもつ音楽的可能性を知らせようとした。ルッソロは一九一三年、彼の宣言（マニフェスト）『騒音の芸術〔*L'Arte dei Rumori*〕』の中でこのことを次のように言明している。

古代においては、生活は静寂以外のなにものでもなかった。騒音が本当に生まれたのは、機械が出現した一九世紀になってからである。今日、騒音は人間の感受性をとことん支配している。……昔は静かだった田園地帯においても、大都市のがんがん鳴り響く空気の中でも、今日機械が非常に多種多様な騒音を生み出すため、小さくて単調な純音は、いまやなんの感動も呼びおこすことができない。……目よりも耳を注意深くして巨大な現代の首都をいっしょに歩いてみよう。そうすれば、金属パイプの中を流れる水や空気やガスの音、血気盛んに呼吸するエンジンのがたがたごとごという音、ピストンが上下する音、電気のこぎりの甲高い音、路面電車の大きな躍動音、むちのぱちんという音、旗のはためく音などを聴き分けていくことによって、われわれは自分たちの繊細な感情のもつ喜びを豊かにすることができるだろう。デパートの引き戸、群集のどよめき、鉄道の駅、製鉄所、織物工場、印刷所、発電所、地下鉄のさまざまな響きから、われわれのオーケストレーションを想像して楽しむことができるだろう。また、現代の戦争の極めて新しい騒音も忘れてはなるまい。★8

ルッソロの実験は、聴覚の歴史のなかでひとつの発火点を示している。すなわち、図と地が反転し、廃物が美のかわりをするようになったのである。マルセル・デュシャンはほぼ同じ頃、便器を展示することによって視覚芸術に対して同様のことをした。それは、伝統的な画廊における「絵は窓だ」という神話を永遠のものにするかわりに、人々を自分たちがいま出てきたばかりの場所へ連れ戻したがゆえに、無法なことだったのである。

ジョン・ケージがコンサートホールの扉を開き、彼の出す音を交通騒音と混ぜ合わせたときも、ケージはルッソロの恩恵を意識せずに受けていたことになる。一方、パリでミュージック・コンクレートのグループが形成された時期、ピエール・シェフェールはルッソロの恩恵を意識していた。ミュージック・コンクレートの実践では、作品にテープを使っていかなる環境音も挿入できるようになった。他方、電子音楽では、音響発生器のハードエッジ音は、警察のサイレンや電気泡立て器の音と区別がつかなくなったのである。

このように音楽と環境音の境界が曖昧になってきたことが、結局のところ、二〇世紀音楽全体の最も顕著な特徴となるかもしれない。いずれにせよこうした発展は、音楽教育にとって避けて通ることのできない状況をもたらす。かつて音楽家は、音楽室で地震計のように敏感に音楽に耳を傾け、外出するときは耳おおいをつけたものだ。今日の世界に騒音公害問題があるとすれば、少なくともその一部、おそらくは大部分が、音楽教育家が公衆に対してサウンドスケープの認識について総合的な教育を授けることができなかったせいである。というのも、サウンドスケープは一九一三年以降、音楽の王国と非音楽の王国とに分割することができなくなっているからである。

反作用

マーシャル・マクルーハンはどこかで、人間は自然を破壊して初めて自然を発見したと言っている。ドビュッシー、アイヴズ、メシアンといったさまざまな作曲家の音楽において自然が鋭敏なリアクションの全般的高まりを刺激したのも、まさに自然のサウンドスケープの荒廃が進行しているときだった。バルトークの音楽にも、あらゆる種類の原始的ざわめきをたてて激怒したりささやいたりして、小宇宙(ミクロコスモス)的な生命を示唆する瞬間がある。そうした彼の音楽は、ゲーテが詩を書いたときのその耳や、昆虫学者がバッタの鳴き声を録音するときのマイクロフォンと同じくらい草に接近している。顕微鏡(マイクロスコープ)によって、人間の目を超越した全く新しい風景が見えるようになったのとちょうど同じように、マイクロフォンによって、平均的な耳が聞きのがしていた新しい喜びを聞けるようになったと言えるだろう。民謡の卓越した録音家として、バルトークはこのことをよく知っていたし、その証拠は彼の四重奏曲や協奏曲の中にみられる。

「アメリカが地獄へ落ちるのを見ながら、アメリカを賛美した」(ヘンリー・ブラント)チャールズ・アイヴズも、消えゆく自然のジレンマに思いをめぐらしていた。蓄音機や鉄道をテーマにした彼の歌に注意してみよう。とても醜い音だ。彼のインディアンについての歌では、「ああ、彼らの時代は終わる……青白い男の斧が森に鳴り響く」と歌われる。アイヴズの心は、風景と共にあり、村の中にあり、彼の未完の《宇宙の交響曲(ユニバースシンフォニー)》は、丘の上や谷間といった野外で演奏されるよう計画されていた。

オリヴィエ・メシアンも、アイヴズと同様エコロジカルな作曲家である。彼の音楽の中では、人間は自然を征服した至高の存在ではなく、むしろ「生命」と呼ばれる至高の活動の一部分にすぎない。たくさんの鳥たちと息づく森の出てくる《トゥランガリラ交響曲》のような壮大なオーケストラ作品ですら、その効果はシュトラウスの《英雄の生涯》に代表されるような他のオーケストラ作品とはまるでちがう。また、この音楽は、録音された音（鳥のさえずり）が交響楽団と初めて組み合わされたレスピーギの《ローマの松》とも、非常にちがっている。レスピーギの試みは一九二四年のことだったが、その二年前にはパウル・クレーが風刺的な絵《さえずる機械》で、機械じかけの鳥をほめたたえていた。

都市生活の騒がしさからの避難は、一九世紀にすでに始まっていたようだ（マーラーが田舎で作曲していたことを思い起こしてみよう）。このように、芸術家がその時代の大衆から物理的に離れてしまったということも、芸術家が結局のところ社会的に疎外されていったことと大いに関係があったのである。だが、このへんで話をかえて、芸術と新しいテクノロジーの間の相互作用についてのいくつかの例をあげなくてはならない。

相互作用

発音行為（サウンドメーキング）の歴史を通じ、音楽と環境は相互に多大な影響を与え合ってきた。現代では特にその顕著な例がみられる。たとえば、内燃機関は音楽に情報量の少ない長い音の線を提供し、音楽は自動車産業に特定の音高を備えた警笛を提供した。車の警笛は（北アメリカで）長三度もしくは短三度に調律されている。[*1]

芸術への環境からの影響のもうひとつの例として、一八世紀のアルベルティ・バスが駆け足の馬から発達したことがあげられる。ここで、一八世紀の作曲家とわれわれの時代の作曲家という二人の人物を想像してみよう。前者はどこへでも馬車で行く。彼の脳裏からは馬のひづめが離れることがなく、その音はオペラの仕事場までずっとパカパカと続くのである。後者はどこへでもスポーツカーで行く。彼の音楽には、ドローン、クラスター、モーターをふかすような音の効果がめだつ。たとえば、ペンデレツキの音楽は、滑走路と高速道路の間のどこかで考えられたような印象を残す。――私は批判しているのではない。ただ事実を指摘しているのである。[*2]

現代音楽の最も新しい流行のひとつ、フェーズシフティング[☆3]の起源が機械にあること、もっと限定すればベルトや歯車を使った機械にあることは明らかである。歯車を使った機械は、単調な音をがたがたとたてるが、ベルトが使われるといつでも、リズムのゆるやかな変化あるいはフェーズシフトを引き起こすから滑りがある。このような型の機械は、すでにかなり以前からあちこちで見られるようになっているが（プレーリーのコンバインがよい例である）、それらが、現在フェーズシフト効果を音楽にとり入れることに携わっている若い作曲家の心に影響を与えたことは疑いない。もっとも、その効果を開発した最初の作品がテープレコーダーで作曲されたため、その技法が最初に考えつかれたのはコンバインよりもむしろテープレコーダーからではないかという人がいるかもしれない。いずれにせよ、両方ともベルトを使った機械であることにはちがいない。

私の同僚のハワード・ブルームフィールド[☆4]は、鉄道がジャズの発達に大きな影響を与えたと信じている。彼は、ブルーノート（三度と七度が半音下がる）が古い蒸気機関車の汽笛のむせび声から聞こえてくると主張する。また、線路の継ぎ目の上を車輪が通る時のガタゴトという音とジャズやロック音楽のドラムビート（とりわけフラム、ラフ、パラディドル[☆5]）の類似も明らかだ。少なくとも、ブルームフィールドがこのことを証明しようとして作った手ぎわのよいテープ作品では、この関係があまりにも明白なので気づかずにはいられない。客車によって車輪の位置が異なるため（図7を参照）、線路の継ぎ目の上で鳴るパッセージも多様である。車輪間の距離を計算すれば、

＊1――豪勢な音は三音のでる警笛で鳴らされる。というのも、それはキャデラックやリンカーン・コンチネンタルといった最高級車にだけついている装備だからである。

＊2――私は最近シュトックハウゼンの次のような話を読んで、この段落で述べたことを興味深い形で確認した。「アメリカで私は六週間以上、都市から都市へと毎日二、三時間飛んでいた。二週間ぐらいたつと、私の全時間感覚は逆転した。私は飛行機の中に住んでいて地上を訪れるのだという感覚をもつようになった。上空では青みがかった色のほんのわずかな変化しかなく、エンジン騒音もあまり変化のない倍音スペクトルをもつものだった。一九五八年当時、ほとんどの飛行機はプロペラ機で、私はいつも耳を窓に押しあてて――私は飛ぶことが好きなのだと言わねばなるまい――イヤホンで直接内部の振動に耳を傾けた。物理学者なら理論的にはエンジン音は変化しないと言うだろうが、私はスペクトルのうちの部分部分を聴いていたため音は常に変化していた。それはすばらしく美しい体験だった。事実、私はエンジン音の内部を発見し、外の青色の微妙な変化を、そしていつも下に広がるこの白い毛布、雲が生成するのをながめた。そんなとき、私は《カレ》のためのスケッチをした。そして、八秒間のイヴェントと一六秒間のイヴェントの間の決定的な時間である記憶の時間をはるかに超えるのをすでにものともしなくなっていると思った」。ジョナサン・コット『シュトックハウゼン――作曲家との対話』、ロンドン、一九七四、三〇―三一頁。

そこから生まれる正確なリズムを記譜することができるだろうし、そのリズムはさまざまなポピュラー音楽のバンドのリズムと比較することができるだろう。

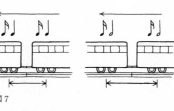

音楽をレコードやテープに録音できるようになったことも、作曲に影響を及ぼした。秩序づけられた言語体系はすべて冗長性を必要とする。音楽はそういう体系のひとつで、その冗長性は主要な素材の反復や再現に表われてくる。モーツァルトが主題を六回ないし八回繰り返したのは、その主題を後で思い出せるよう記憶にたくわえさせるためだった。一九一〇年頃、シェーンベルクとその追随者たちは非再帰的な（反復や再現部のない）音楽形式に到達しようとしていたが、それはレコードが商業的に成功するようになったのとちょうど同じ時期だった。このことは私にはけっして偶然とは思えない。それ以降、再現はレコードで行なうようになったのである。実際、レコード産業は冗長性を供給することによって、未来が不確かに思われる時代において生活の安定性をもたらしている。この機能はみすごされてはならない。また、同じ曲をやたらに繰り返しているラジオ局が成功をおさめたという事実を考えれば、人類がこうした価値に気づいていることは明らかである。ダイナミックで革命的な時代において、ほとんどの人が過去の音楽を好んでいるというのは、最初はパラドックスのようにみえるかもしれない。だがそのうちに、音楽が今日の大多数の人間にとってもはや精神のアンテナとして機能せず、未来の衝撃に対する感覚的な錨や安定装置

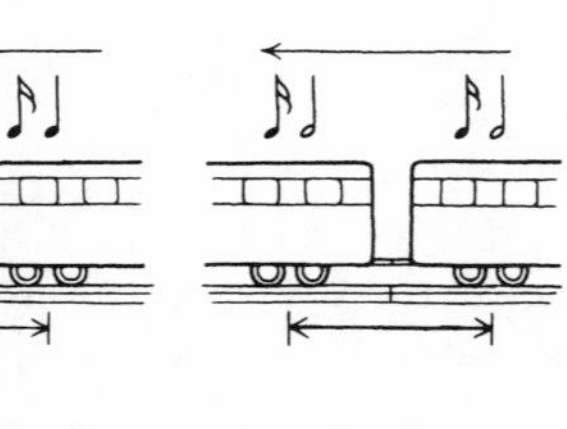
●図7

として機能していることを悟るのである。

新たな管理人を捜している聖なる騒音

電気革命は産業革命の帝国主義的な権力動機を拡張した。同様に、だがはるかに巧みに、増幅器（アンプリファイアー）は音響空間を支配する最終兵器としてオーケストラに取って代わった。われわれはストラヴィンスキーの《春の祭典》（最終セクション）のリハーサルでオーケストラの音量を測定したが、最高で一〇八デシベルだった。だが、多くのポップ・グループはほんの少しの人数しかいないのにこの音量を超えてしまっている。増幅器が発明されるとオーケストラの成長は止まった。その増幅器が初めて首尾よく使われたのは、一九一九年九月二〇日、ウッドロー・ウィルソンが国際連盟を提起した政治集会においてだった。すでにこの時までに、芸術音楽の作曲家は、より小さな規模で作品を作り始めていたが、それらは放送局のスタジオの乾いた音響条件に特に適していた。しかし、野外で演奏されることの多いポピュラー音楽は、苦痛を感じさせるほどにまで音量を上げ、増幅器は凶器へと転じてしまった。一九六〇年代を通じ、労働者補償委員会は工場の騒音環境に対し、いくつかの制限を取り入れている（連続音としては八五から九〇デシベルが勧告された）。だがその一方で、ロックバンドは最高一二〇デシベルの音を出し、その結果ついに音響学者がその害を査定する仕事にとりくむこととなった。そして、彼らは明白な事実を発見した――すなわち、そのほとんどがティーンエイジャーであるロックファンは「ボイラー職工病」におかされていたのである。

いまやわれわれは、聴く者に「触れる」力をもつ強度の低周波音の振動効果が、初めは雷鳴で経験され、それからオルガンの砲撃がキリスト教徒の坐っている座席をゆるがせる教会で経験され、ついには一八世紀の工場の不協和音へと移っていったことを思い起こすだろう。そうして、新しい生活様式を約束した六〇年代の「グッド・ヴァイブレーション」は、最終的にはリーズからリヴァプールへと至る、あの有名な道筋を進んだ。というのも、そこではビートルマニアに代表されるような新しい対抗文化が、企業家の陣営から〈聖なる騒音〉を盗み出して、ヒッピーたちの本拠地やコミューンにすえていたのである。

聴覚空間のフロンティアで

音の強さを縦軸に、周波数を横軸にとってグラフに示すと、〈聴覚空間〉を表わすことになる。時間はこの空間の第三の次元だが、しばらくは最初の二つだけを分離して考えてみたい。聴覚空間（オーラル・スペース）というのは、表記上の慣例にすぎないのであって、〈音響空間（アクースティック・スペース）〉と混同してはならない。音響空間は風景の中の音の輪郭を表わすものである。聴覚空間が三つの可聴閾とひとつの痛覚閾によって限定されていることはよく知られている。つまり、人間はおよそ二〇ヘルツ（これより低いと聴覚は触覚と融合してしまう）から一五ないし二〇キロヘルツまで、そしてゼロデシベルからおよそ一三〇デシベル（ここで音の感覚は苦痛に変わる）までの音を聞くことができる。もっとも、これは非常に大まかな話であり、実際の聴覚空間の形は図8の外わくが示すようにけっして一定ではない。

西洋音楽の音の強さの増大は、周波数範囲の拡大と並行している。過去数百年間、可聴限界の両方向に向けて音域を押し広げるために新しい楽器が設計されてきた。そして、現代の電子音楽やハイファイ再生装置では、およそ三〇ヘルツから二〇キロヘルツまでの全範囲が、作曲家にも演奏家にも利用できるまでになったのだ。

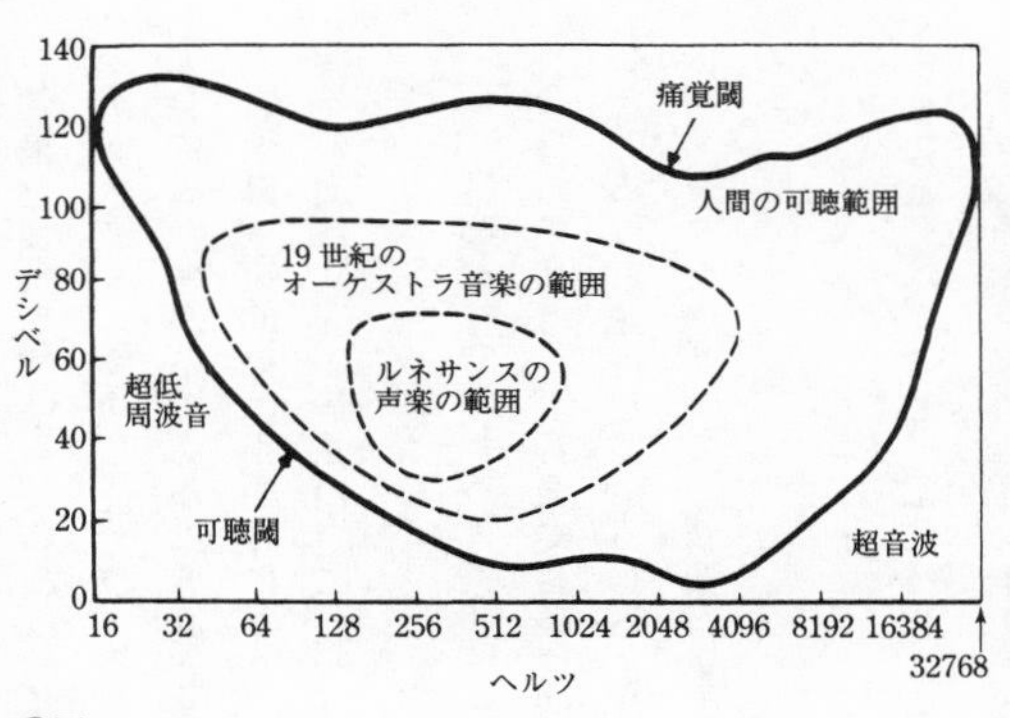

●図 8

おおまかに言って、ルネサンスまで、あるいは一八世紀に至るまででさえ、音楽は図の中心に示したような音の強さと周波数の範囲しか占めていなかった。そのとき以来、音楽の占める領域はどんどん押し広げられ、人間の全可聴範囲を示す形と事実上一致したのである。

音は同時にあらゆる場所に存在することはできない。よって、聴覚空間は単に潜在しているものとみなされるべきである。したがって、聴覚空間の内部で対立物どうしの緊張が生じる。したがって、現代のサウンドスケープや現代の音楽の音の強さが増すにつれて、静けさは減るのである。われわれが考察する音は周波数分布によっても区別される。われわれが考察してきたポピュラー音楽は、その楽器の選択において、低周波数もしくは低音の効果を明らかに好んでいることを示している。さらに、こうした音楽を聴いている若者は一般に、レコードプレーヤーの低音の反応を高めてこの効果を強調している。これは興味深いことだ。なぜなら、低周波音の波長が長いほど、伝播する力が大きく(霧笛が示すように)、回折にあまり影響されず、障害物の周辺を進み、空間をより完全に満たすからである。低周波音では、音源をつきとめるのは難しいし、こうした音を強調する音楽は、質的には不明瞭になり、空間内においても方向性がなくなる。聴き手は、音源と対面するのではなく、音源の中に浸っているようになる。

音楽とサウンドスケープにおいて増大する低音の特性

今日のポピュラー音楽において低音の効果が増大しているのは、低周波の環境音が一般に増大しているのと並行しているし、またたぶんそこから刺激を受けてさえいよう。このことは、ミシェル・P・フィリポ[☆6]の「音楽行動の新しいパターン」という論文で鋭い洞察力をもって論じられている。

たとえば、一七世紀のパリの騒音は文字どおり耐えがたいものだったと記録されている。その文献は、この騒音の種類をも記している。それらは、叫び声、荷車や馬車、馬、鐘、仕事をしている職人などだった。われわれは、ここから平均的な騒音レベルに非常に上下差があり、その包絡線は実際には「分割され」てしまうほどピークとローの差があったにちがいないと推論することができる。それに、右にあげられた騒音はみな中音域と中高音域に属するものなので、低周波のスペクトルは非常に乏しかったにちがいない。大都市の騒音について述べれば、機械時代には、自動車の発明とともに騒音は前よりも連続的になり、低周波のものが途方もなく増えた（都会の交通のひどいガタガタ音、走り過ぎていく自動車の連続的な騒音、飛行機が離着陸する際の幅広いスペクトルと長い包絡線）。「現代的」といわれる環境騒音は、手短に言えば重く連続的だというのがその特徴だろう。この種の騒音はわれわれを包みこむ傾向があり変化もゆっくりとしているので、一つ一つを確認したり位置をつきとめたりするのが困難だ。年老いたダランベールは「車が通り過ぎる時は話をやめる……」と言った。このことは、彼がまだ二台の車の間のつかの間の静寂を享受できたということを意味している。その静寂の恩恵も、大都会の低く連続的な騒音の犠牲となって、いつの間にか奪いとられてしまった[★9]。

ポピュラー音楽は、低周波音を強調して、明瞭さや焦点よりも混合や拡散を追求している。明瞭さと焦点は、これまでの音楽の目標であり、ふつうは互いに対面する演奏者と聴衆のグループをバランスよく分離することにより達成されていた。想像されるように、このタイプの音楽は、その方向性を明瞭にするために、より高い周波数の音を強調する傾向にあった。古典派のコンサートの音楽がそれで、その頂点がバッハやモーツァルトの室内楽だった。そうした音楽では、距離感が重要である。そして、コンサートホールの現実空間は強弱法（ダイナミックス）によって虚空間へと拡張される。つまり、こうした効果によって、前景がもたらされたり（フォルテ）、音地平の彼方へと漂い返されたり（ピアノ）するのである。またそうしたコンサートにおける形式ばった衣裳は、参加者の間の社会的空間を設けるのに役立つ。なぜなら、そのような音楽は階級差別のある時代のもの、すなわち、上流の者と生まれの卑しい者、主人と徒弟、ヴィルトゥオーソと聴衆の区別のある社会のものだったからである。この種の音楽はまた、非常な集中力を要求する。こういう音楽が演奏されるコンサートで静寂が守られるのはそのためである。詳細な吟味が可能なように、それぞれの作品は静寂という容器の中に優しく置かれるのだ。

かくして、ちょうど画廊が焦点を合わせた選択的な見かたを促したように、コンサートホールは集中的聴取を可能にした。それは聴取の歴史の中でも特異な時代であり、かつて創造された中でも最も知的な音楽を生み出した。それは、民俗音楽のような野外演奏のための音楽とは非常に対照的である。野外の民俗音楽の場合、細部に対する多大な注意力は要求されない。だがかわりに、おもしろい風景に出くわすと眼がきょろきょろするのとちょうど同じような、周辺的聴取とでも呼べるようなものがはたらくことになる。トランジスタラジオにより野外コンサートへの関心が再び高まり、ギターによりロックコンサートのお祭り屋台が再編成されるようになるにしたがって、コンサートホールにおけるマナーの低下が目撃されるようになるだろう。集中的聴取が印象主義に道を譲るのである。

海底の故郷への帰還

もうひとつ別の聴取のタイプが、屋内のコンサートで生み出されている。それは、多くの現代音楽やポピュラー音楽の聴取、居間のステレオ装置による聴取であり、そこには距離感や方向性がない。この場合、聴き手は音の中心にいる。彼は音にマッサージされているのであり、音に浸っているのである。そのような聴取状況は階級なき社会、画一化と全体性を追求する社会のものである。この種の音空間の追求は、新たな衝動からきたものではけっしてない。実際そのような音空間は、かつて中世の大聖堂でのグレゴリオ聖歌の歌唱においてみごとに実現されていた。ノルマンやゴシックの大聖堂の石の壁や床は、異常に長い残響時間（六秒間あるいはそれ以上）を生み出したばかりでなく、低中周波音を反響させた。一方、二〇〇〇ヘルツ以上の高周波音は、壁や空気の大きな吸収作用によって冷遇されたのである。これらの古い建物の中で修道士が単旋律聖歌を詠唱しているのを聞いたことがある者はだれでも、その効果――すなわち、声がどこかの点から発するのではなく、まるで香りのごとく建物をみたすような音響効果をけっして忘れないだろう。ウィーンの音楽社会学者クルト・ブラウコップ☆7は、この問題についてのすぐれた研究において、次のような結論を下している。

ノルマンやゴシックの教会における音は、聴衆を包囲し、個人と共同体の絆を強化する。高周波が失われ、その結果、音の位置づけができなくなったことにより、信者は音の世界の一部となる。彼は音に対面し、それを「鑑賞」するのではない。彼は音に包みこまれているのである。★10

音に「集中する」というよりもむしろ「浸る」という体験は、現代人と中世の人間との間の最も強い絆のひとつを形成している。しかし、われわれはなお、さらに昔を振り返り、ひとつの共通の起源を確認することができよう。そのような聴取体験が生まれる、暗い流体の空間はどこにあるのだろうか？　それは、われわれの最初の祖先たちの海洋＝子宮である。現代の電子音楽やポピュラー音楽の大げさなエコーやフィードバック効果はわれわれに、反響する丸天井、海洋の暗い深みを再び創り出しているのである。

内なる空間の統合に向かって

こうして、両極をなす二つの聴取のタイプが認められることになる。この両者は少なくともある程度までは、それぞれの音が占める周波数帯域のちがいに由来すると思われる。かくしてわれわれは、一九世紀と二〇世紀を分かつようにみえる二分法を理解することができるのだ。おそらく、電気が人類を再び統合するというマクルーハンの主張を理解することさえできよう。

高周波数	低周波数
遠方からの音	包囲する音
遠近法（パースペクティヴ）	現前（プレゼンス）
強弱法	音の壁
オーケストラ	電気音響
集中する	浸る

空気［?］　　　海洋＝子宮

この表で音は、下段のほうが聴き手にとって、より密接に接近したものとなっている。音源をもっと近くに動かしてみよう。窮極的に私的な音響空間は、ヘッドホンによる聴取で生み出される。なぜなら、イヤホンで受容されるメッセージは常に私的な所有物だからである。「ヘッドスペース」は若者に人気のある表現で、どんな望遠鏡でも見ることのできない、精神の地理を意味する。ドラッグと音楽は入口を呼び出すための手段である。イヤホン聴取によるヘッドスペースにおいて、音は聴き手の周りを循環するばかりか、音が文字どおり頭蓋骨の中の数カ所から放射してくるように思われる。それはあたかも、無意識の元型が語り合っているかのようである。ここには、内面化された音（振動）が個人をこの世界から離脱させ、より高い存在の領野へと引き上げるナーダ・ヨガの機能との明らかな類似がある。ヨガ行者がマントラを朗唱するとき、彼は音が自らの身体を貫いてうねるのを感じる。彼の鼻はガラガラと鳴る。彼はなぞの麻酔の力によってふるえる。同様に、音がヘッドホンで聴く者の頭蓋骨を通して直接伝えられるとき、彼はそのことをもはや音地平の上でとらえているのではない。運動する音の世界に包囲されているのでもない。彼が世界であり、彼が宇宙である。

ヘッドホンによる聴取は、聴き手を自分自身との新たな統合へと導く。しかし聴き手が再び他の人間との絆を取り戻せるのは、聖なるオームを唱えたり、ハレルヤ・コーラスあるいは米国国歌を歌ってそうした体験から自らを解放したときだけなのである。

原注

★1——これは、レイモンド・ウィリアムズのことばである。

★2——*The Oxford Companion to Music*, London, 1950, p. 900. を見よ。

★3——Gottfried von Strassburg, *Tristan*, trans. A. T. Hatto, Harmondsworth, Middlesex, 1960, pp. 262-263.

『トリスタンとイゾルデ』石川敬三訳、郁文堂、二八六頁、二八八頁。

★4——Lewis Mumford, *Technics and Civilization*, New York, 1934, pp. 202-203.

★5——Kurt Blaukopf, *Hexenküche der Musik*, Teufen, Switzerland, 1959, p. 45. より引用。

★6——Oswald Spengler, *Der Untergang des Abendlandes*, Munich, 1923, Vol. I, p. 375.

★7——Ezra Pound, *Antheil and the Treatise on Harmony*, New York, 1968, p. 53.

★8——Luigi Russolo, *The Art of Noises*, New York, pp. 3-8.

★9——Michel P. Philippot, "Observations on Sound Volume and Music Listening," *New Patterns of Musical Behaviour*, Vienna, 1974, p. 55.

★10——Kurt Blaukopf, "Problems of Architectural Acoustics in Musical Sociology," *Gravesaner Blätter*, Vol. V, Nos. 19/20, 1960, p. 180.

訳注

☆1——Nicolas Gombert　一五〇〇頃—五六頃。フランドル楽派の作曲家。モテットやシャンソンに多くの作品を残している。

☆2――bass bar　ヴァイオリンやギターなどの胴を内部から補強する細長い木片。振動を表面に広げるためのもの。

☆3――位相をずらすこと。テリー・ライリーやスティーヴ・ライヒに代表されるアメリカのミニマル音楽を特徴づける中心的手法。

☆4――Howard Broomfield　カナダの作曲家。WSPの活動の最も早い時期のメンバーの一人。

☆5――いずれも小太鼓の奏法で、フラムは主音符の前に装飾音を一つつけた打ち方。ラフは装飾音を二つつけた打ち方、パラディドルは左右交互に打ったあとに、右または左が二つ続く打ち方。

☆6――Michel P. Philippot　一九二五―九六。フランスの作曲家。一九四九年以降フランス国営放送で音響技師、および音楽研究集団の監督を務める。

☆7――Kurt Blaukopf　一九一四―九九。オーストリアの音楽学者。主著に『音楽社会学』や『マーラー』がある。

第三部　分析

第八章　表記

音のイメージ

ここで言う表記とは聴覚的事実を視覚的記号で表わす試みのことである。それゆえ表記の意味は、音の保存と分析の双方の観点から考えられる。サウンドスケープという主題に戻る前に、現代の研究者が使っている表記法についてまず何頁かを割いて論じておきたい。

これまでにもわれわれはすでに二つの記述法を使ってきた。つまり音について言葉で述べることと、音を図に描くことである。本書の第一部はほとんど音について述べることに終始した。この方法が長い間、人が音を研究し、比較し、分類する主要な手段であったからである。音はグラフィックな表現を長い間拒んできた。われわれは音が視覚的に記述されうると当然のごとく思っているが、そのような考えは最近のものであり、けっして普遍的でもなく、これから示すような多くの危険で不適当な点も含んでいるのである。

いまのところ次のような三種類のグラフィックな表記法がある。

1．音響学の表記法――音の物理的特性を紙や陰極線スクリーンに正確に描く。

2．音声学の表記法——人間の発話を記述し、分析する。
3．音楽の記譜法——音楽的性格をもつ一定の音響を表現する。

これらの方法のうち最初の二つは記述的［descriptive］——すでに起こった音響の記述——であるのに対して、音楽の記譜法は一般に規定的［prescriptive］——これから鳴らされるであろう音響の規定——であることが留意すべき点である。

音のグラフィック表現の最初の試みは表音アルファベットであった。絵文字や象形文字は事柄や出来事を描くが、表音文字は話された言葉の音声を描くというちがいがある。つまり表音文字は書き方の自在さの点で大きな利点をもつだけでなく、焦点を外界から話し手の唇へ移すという全く新たな発想を意味している。

音楽の記譜法は話し言葉の音以外の音響を規定する最初の体系的な試みであり、中世から一九世紀へと長い期間をかけて徐々に出来上がっていった。音楽は、左から右への動きで時間を表わす習慣を文字の書き方から借りてきたが、垂直方向に高い音は上、低い音は下というふうに周波数や音高を示すことのできる新たな次元も導入した。しかし、この音の高低と上下の関係にはあまり必然性はない。鳥の声のように甲高い音は空から聞こえ、低い音は大地から聞こえるというように、確たる宇宙論的根拠があるようにも言われることはよくあるが、雷がソプラノで話しかけるわけではないし、ねずみがバリトンでガラガラヘビがティンパニ奏者というわけでもないのだ。

音楽の理論に関する用語は、視覚芸術や空間的現象の世界から多くの手がかりを得てきた。たとえば、高い、低い、上行、下行（音高に関するもの）、水平、位置、間隔、転回（旋律に関するもの）、垂直、開離、密集、厚い、薄い（和声に関するもの）、反進行、斜進行（それ自体視覚的な用語である対位法に関するもの）。音の強弱性もその視覚的な発端の跡をとどめている。右が広がった二本の線はクレッシェンド、一点に集まっている線がデクレッシェンドといった具合だ。「音楽的思考の図学」☆1という論文の中で私は、西洋音楽が視覚芸術や建築から譲り受けた多くのアイデアや形式を、音楽を紙に書きおろす習慣によっていかに実現したかを論じたことがある。

今日の伝統的な記譜法がかかえているジレンマは、音楽表現と音環境の二つの世界のからみ合いにうまく対応できないところにある。すでに述べたように、私はそれを二〇世紀の最も意味深い音楽の様相であると考えており、少なくとも未来のサウンドスケープ・デザイナーによって把握されなければならないもののひとつだと考えている。

音響学と音声学の記述的な表記法は、より最近になって発展してきたものであり、事実上二〇世紀に始まったものと言ってよいだろう。音の物理特性が空間において正確に記述されるには、基本的な要素を正確な量的尺度で識別し、測定できる技術を待たねばならなかったのである。その要素とは、時間、周波数、および振幅すなわち強度である。しかし、これら三つの要素がある意味で基本的なものとされたからといって、それが音の動態のトータルな記述を可能とする唯一の方法と考えるべきではない。これもまた、音楽の記譜法と同様、三次元的思考からの派生を思わせる人為的な便宜にすぎないのである。どのような場合でも、選ばれたこれらの三つの要素が分離可能な独立した役割をもっていると考えてはならない。少なくともわれわれの知覚に関するかぎりでは、それらは常に相互に作用しあっている。たとえば、強度は時間知覚に影響を及ぼす（強い音は弱い音より長く聴こえる）。周波数は強度の知覚に（同じ強さなら高い音の方が大きく聴こえる）、時間は強度に（同じ強さの音でも時間の経過につれてだんだん弱く聴こえるようになる）、というように相互に関連しあっている。私は学生たちに音の性質を説明するとき、周波数と強度といったような基本概念でさえ、しばしば混同されることに気づいてきた。その結果、標準的な音響学的説明が、わかりにくいばかりか、少なくともある人たちにとっては聴覚の本性と一致するものでないと信じるようになった。音響学と音響心理学との間のこうした諸問題は、三次元的音響像が当然のごとく音事象の正確なモデルと見なされているかぎり明確にはならない。[*1]

三次元的音響像の問題点

機械は人とはちがったふうに聴きとる。恐ろしく広い帯域と精密な感度を持ち、いかなる選り好みもなく記録紙や陰極線スクリーンにその聴取能力を発揮してくれる。さまざまな描かせ方が可能だが、たいてい一度に音を二次元でしか表わせない。すなわち図9に示すように、時間に対して強度（振幅）か、振幅に対して周波数か、周波数に対して時間かである。はじめの二つのグラフは交通騒音のような典型的な広帯域雑音のものであり、三つめは鳥の歌の比較的はっきりした旋律型を示している。こういったグラフィックな表記上の真の問題は、同時に二次元だけでしか音が表記されない点にあり、それゆえその情報も不完全な点である。理論

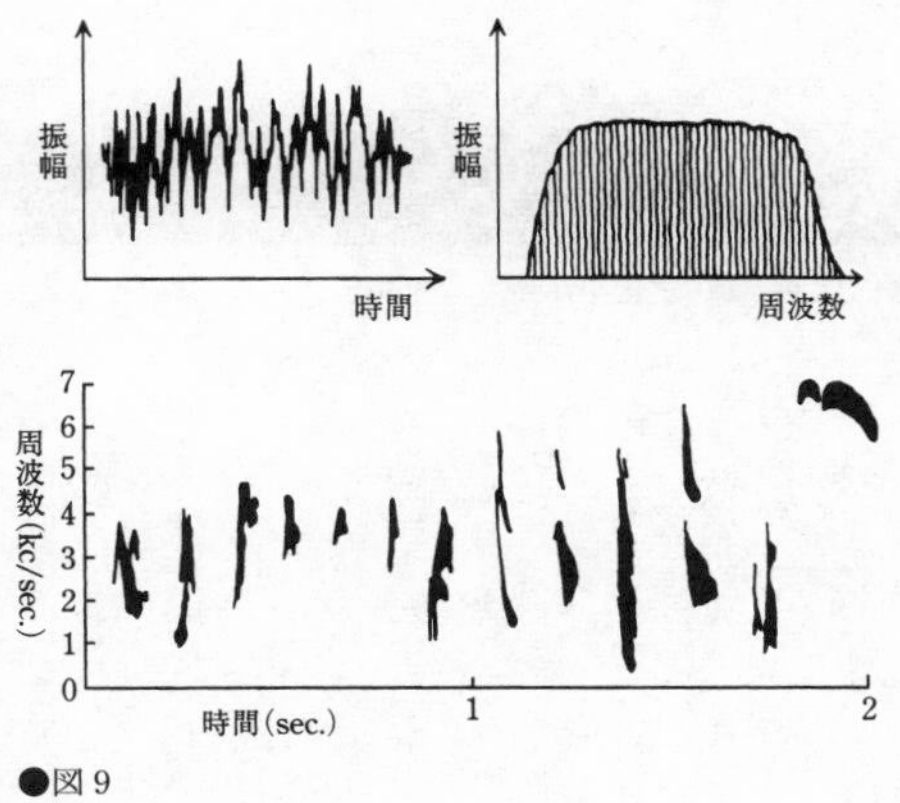

●図9

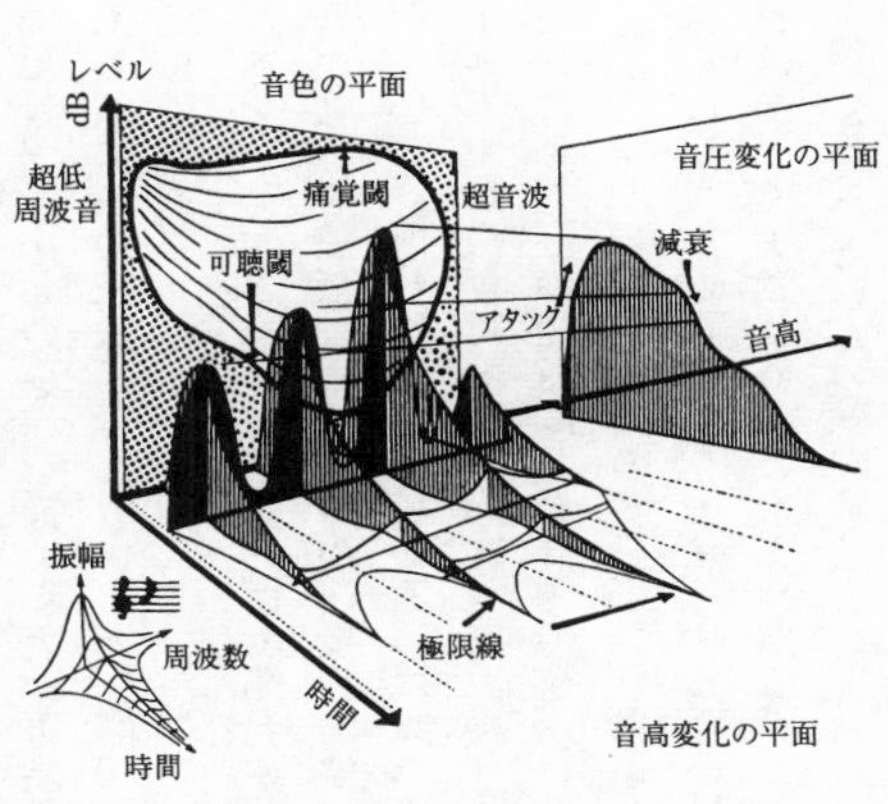

●図10――単一音響体の三次元表示。

＊1――音の視覚化技術の歴史は格好の研究テーマだろう。音の視覚化の問題に取り組んだ人々の多くは、視覚の研究の後にこの問題に行きついている。その典型的な例はトマス・ヤングである。彼は、ろうを塗った筒を回転させ、音叉に付けた針で音を描き出す最初の実用的な方法――フォノートグラフ［一八〇七年］と呼ばれる装置を発明したのだが、それ以前の彼の仕事は光の研究［彼は乱視の測定を最初に行なった］と、エジプト象形文字の解読だった。

的にはあるN次元の空間にN＋1次元の事象を描くことは可能なはずだが、実際には二次元空間である紙に音の三次元を配置すると、図10のように恐ろしく読みづらいものとなる。

ニュージャージー州プリンストンのベル電話研究所で開発されたサウンドスペクトログラフは、音の強さを濃淡で示し、音の三要素をすべて組み込み、音響像を完全なものにしている。図11に示されているのはカナダ太平洋鉄道の汽笛の音で、スペクトル写真の濃淡は5デシベルきざみの変化を表わしている。しかし、現段階では数秒程度の短時間しか計測できないので、鳥の声のような単一の音響体とか、話し言葉の音素の変動のような連なりを表わすのに最も向いている。さらに、もっと読みとりやすくするために特に強いフォルマントや倍音成分だけが黒く示されることもよくあるが、これもやはり二次元の図である（その例がさきほどの鳥の歌のグラフである）。

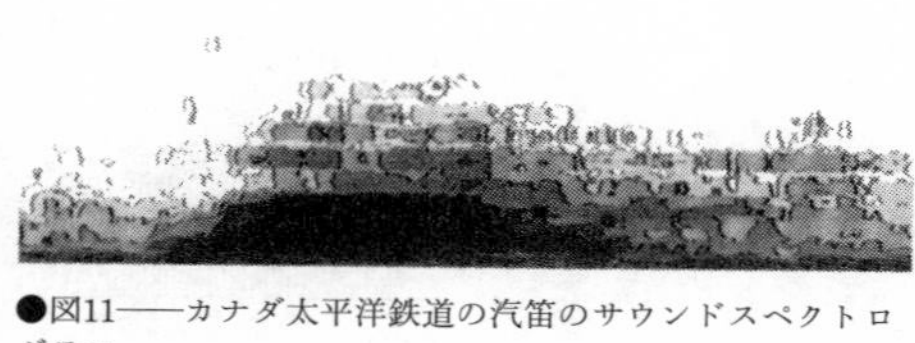

●図11――カナダ太平洋鉄道の汽笛のサウンドスペクトログラフ。

音響学者とは世界一の読み取り専門家である

私は音響や音声の計測機器がトータルな音響像を同時に表現するという課題を解決できないからといって、それを非難しているわけではない。事実、二次元表記は多くの研究分野で十分なものだとされている。後に示すようにこのことは、どんな音でも限られたいくつかの特性に還元しようとするわれわれの知覚の性質と呼応さえしている。ただ、これまで音の視覚化についてうるさく言ってきたのは、次の事実を読者に警告しておきたかったからである。音の視覚化はすべて勝手に定めたつくりごとである。このことは、いくつかのテープ音を人々に聞かせ、あらかじめ何も考えずその場で図に描くよう求めてみればそれこそ明白にわかる。音楽家や音響技術者はよく時間を左から右に、周波数を上下にという慣例を守るが、そういった訓練を受けていない人々はより自由に反応する。つまり、円のように渦を巻いたり、四方に飛び散ったり、その面のどこからでも音が始まったりする。

ヘルマン・ヘルムホルツは音の聴覚的研究から視覚的研究への移行期に位置していた。彼の記念碑的著作『音感覚論』（一八七七）のなかで最も心打たれる点は彼の音への大きな愛である（彼は音楽家たちと親しく、自身演奏家でもあった）。しかし振動の研究に関して、彼は次のように書くこともできたのである。

> そういった運動の法則を長たらしく言葉で記述するよりも目で見て理解しやすくするため、数学者や物理学者はグラフィックな方法を常用している。この書においてもしばしばそういった方法をとらねばならないし、またそれゆえに理解しやすくなるだろう。★1

これが後世の範となってしまった。そして音響科学は一九世紀来大きく前進するものの、平均的人間の聴取能力にはそれに比例した進歩はみられない。それどころか実際には、音の視覚化と反比例してわれわれの聴力は低下してきているのかもしれない。

今日、音響学者、心理学者、聴覚研究者など、音の研究に携わる多くの専門家たちは、視覚の次元以外では音に関して全く熟達していない。彼らは単に目で見て音を読みとるのみだ。そういった専門家たちと付き合うにつれ、私は次のように言いたくなる。つまり、音の仕事に着手する最初のルールはいかにして目と耳とを取り換えるかを学ぶことだ、と。しかも現代社会の音響の変化を担う変革を計画する職務にあたれるのは、まさにこういった人たちのみなのだ。

二、三年前のこと、私はアメリカ政府主催の交通騒音に関するシンポジウムで講演をするように招待を受けた。音響工学者たちが何日かにわたってジェット、プロペラ、タイヤ等々の騒音について、仰々しくスライドや図表をならべたてて研究発表を行なった。だが、只の一音も鳴らされなかった。私の番がきたとき、まずそれまでの発表の中から音に対する視覚的なメタファーのカタログ――たとえばこんな調子だ、「次のスライドで音の強さが減少したのを見ることができます」――を読みあげることから始めた。参加者たちはかなりショックを受けたようだった。今日、音響学とは単に視覚による読み取りの学問にすぎない。

もしわれわれが変革の境界上にあることを私が確信していなければ、こんなことにこれほどどくどくこだわったりはしないのだ。その変革とは、マクルーハンが『グーテンベルクの銀河系』で述べていることと一致している。「われわれの時代はエレクトロニクスの持つ同時性という圧力を受けて、聴覚型の口述的社会へとみずからを再翻訳しつつある。そして、この逆翻訳の過程の中でわれわれは、過去幾世紀にもわたって人々が視覚型のメタファーや方法論を無批判に受け入れてきたことにはっきり気付くようになった」[★2]。もしマクルーハンが正しいとしたらわれわれは、ちょうど印刷文化から離れつつあるように、音の視覚化への依存からも離れていくのかもしれない。マクルーハンによれば、言葉をもともと伴っていた音から切り離し「より空間的な物として扱うようにした」ものこそ印刷文化だったのである。ちょうど現在、楽譜がレコードプレーヤーに取って代わられているように、テープレコーダーが音の研究を物理学的研究領域から人文的領域である音響心理学へと推し進めつつある。その結果、野外調査で音の強さを測定するときは騒音計のフラットな特性（いわゆるCスケール）にかわって、人間の耳の音の大きさに対する等聴感曲線に補正されたAスケールが通常使われるようになった。同様に、近年、航空機騒音の測定法もいろいろと改善され、人間的特性をより考慮する方向に向かっている。かくして、ＥＰＮdB［Effective Perceived Noise in Decibels］では騒音の持続時間とともに航空機特有の音成分が考慮されているし、ＮＮＩ［Noise and Number Index］では、ＥＰＮdBをベースに、不快因子として日中（あるいは夜間）の航空機騒音の回数が加重されている。

音響工学者はまだ聴く人にはなっていないかもしれない。だが少なくとも、その機器をわれわれの聴き方により近く適合させつつあるようだ。[*2☆2]

＊2――その一方で指摘しておかなくてはならないことは、騒音測定システムの異常繁殖ぶりであろう。おのおのが最新の洗練さを強調するものの、同時に真の問題を専門用語の仮面の下にかくす傾向にある。さらにそうした用語の多くは、技術者たちが真の解決をせずに騒音公害の仕事を確保し続けられるようにつくり出されたものなのである。

音響体、音事象、音風景（サウンドスケープ）

第二次世界大戦以降、放送スタジオにはテープレコーダーが多く見られるようになった。一九四六年、パリのフランス国営放送の研究グループが音響心理学的実験を手がけた際、研究班の長だったピエール・シェフェールがテープレコーダーをうまく利用したのもそうした状況下だった。専門的訓練をつんだ機械技師であったにもかかわらず、シェフェールは耳を目にゆずり渡すようなまねはしなかった。この聴こえるものとしての音を第一とする態度は、音響体（オブジェ・ソノール）という彼の用語の定義のしかたをみても明らかだ。「オブジェ・ソノールとは、人間の知覚の対象であり、数学的、電気音響的な合成の対象ではない」★3。これに即してわれわれも、一つのサウンドスケープの中の独立した最小単位を〈音響体（サウンドオブジェクト）〉と呼ぶことにしたい。音響体には始まりと真中と終わりがあるので、エンベロープとして分析することができる。エンベロープとはグラフィックな言葉だが、訓練すれば耳でアタック（立ち上がり）、本体（定常状態）、減衰よりなるその特徴を聴き取れるようになる。

ここでこれらの各構成要素について少しずつ説明しておきたい。アタックとは音響体の開始部分である。ある系（システム）に急に刺激があたえられると豊かなスペクトルをもった粗く不協和な鋭い音が立ち上がる。つまり、どの音のアタックも雑音を伴っているわけで、音の発生が素早いほどこの雑音が多い。電気音響システムではこの短いスイッチオンの時間が特に意味をもってくる。音の発生がゆっくりであるほど、この急激なスペクトルは少なく、その音独自の音色がすぐに現われる。すべての楽器にはそれぞれにちがったアタックの様態があり、あるものは他よりも素早く立ち上がる。たとえばマンドリンとヴァイオリンを比べてみよう。アタックの過渡時間は数ミリ秒にすぎないだろう。だが、アタックのその音の性格づけに対する重要性をけっして過小評価してはならない。事実、シェフェールとそのグループがやってみせたように、音のアタック部分を切除すれば何の音か全くわからなくなるか、他の音と取り違えてしまうのだ（たとえばピアノがフルートのように、バスーンがチェロのように聞こえたりする）。

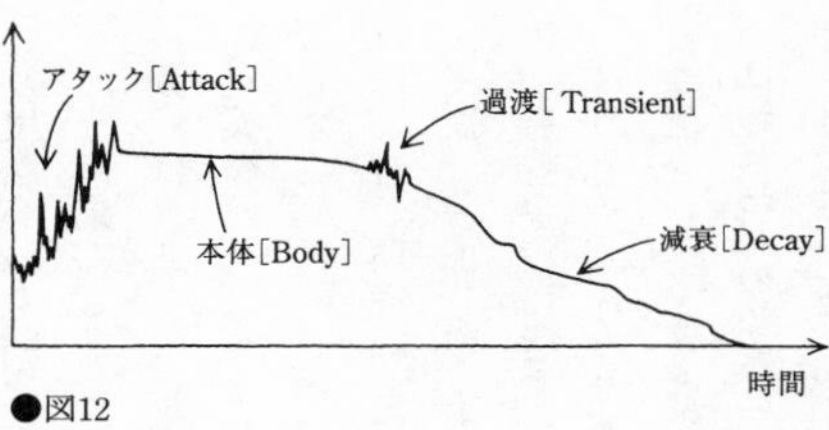

●図12

音響体の中間部分は、かつて、定状態あるいは定常部と呼ばれたが、本体（ボディー）とでも呼ぶべきものである。なぜなら音に関しては真に定常的な状態などありえないからだ。にもかかわらず耳で聞くと、音の中間部には非発展的で定常的に思われる時間があるのだ。鐘（ベル）や銅鑼（ゴング）、ピアノ、打楽器の音のように、はっきりした本体はなく、アタックと減衰だけでできている音もある。一方、空調機の音のように中間部、すなわち定常状態だけでできているような音もある。そういった音は死なない。これは音の人工的状態だ。すでに述べたことだが、これは一九世紀の工場によって生み出され、電気革命により現代生活のすみずみにまで行きわたったのである。

たったいま音を生き物のように言ったのは、単なる私の気まぐれというわけではない。この音響と生体の関係は、減衰〔ディケイ＝衰弱〕という用語からも明白である。つまり音のエネルギーは弱まり、朽ち果て、死ぬのだ。急激な減衰もあれば果てしなくゆっくりした減衰もある。

減衰は普通、残響と結びつけて考えられる。音響学者のW・C・セービン[☆3]は残響時間を専門的に定義づけた。つまり残響時間とは、音源を切った瞬間からそのエネルギーが元の強さの一〇〇万分の一（六〇デシベルの降下）になるまでに経過する時間としたのである。耳で判断するとすれば、音が環境騒音に溶解してなくなるまでの時間である。反響(エコー)は残響とは異なり、ある音の全体または一部分の反復であり、離れた面からの反射によるものだ。残響も反射した音だが、原音の明確な反復はききとれない。

このように耳の訓練の目的で、音響体をさらに区分することもできる。それでも、音響体は常に総体として考えられねばならない。シェフェールは言っている。「組み立てられた構造（たとえばわれわれの知覚によって）は構成要素をばらばらに知覚したものの集合から演繹されうるものではない[★4]」。ところがシェフェールは音響体について、物理学あるいは精神物理学以外の用語による考察をすべて意識的に排除している。彼は、音の意味論や指示機能と関係させることによって音の研究に混乱をまねきたくなかったのである。つまり彼は、鐘の音が鐘から響いてくるという事実には何の興味もいだかなかったのである。彼にとっては鐘の音もひとつの現象学的な音響形成にすぎないのだ。「音響体とそれを生み出す発音体とを混同してはならない」。なぜなら、同一の発音体であっても「その共通の音源によって統合することはできないほど極めて多様な音響体を生み出すことがある」からだ[★5]。

サウンドスケープ研究をそうした分析的アプローチによって行なうことには明らかな限界がある。サウンドスケープ研究者はもちろんそういった作業にも精通すべきではあるが、同時に音の意味論的側面や場のコンテクストにおけるそれらの相互作用についても関心をよせるものなのである。個々の音を、信号、象徴、基調音あるいは標識音としてとらえ、それぞれの付随的意味に焦点を合わせるとき、それらを〈音事象（サウンドイヴェント）〉と呼ぶことにしたい。実験室の標本のような〈音響体（サウンドオブジェクト）〉との混乱を避けるためである。「事象（イヴェント）」とは、辞書によれば「ある場所で特定の時間経過の中で起きる出来事」という意味である。言い換えれば、そこには常にひとつのコンテクストが含まれているのだ。かくして、たとえば教会の鐘といった同一の音でも、実験室で記録、分析される場合には〈音響体〉としてとらえられ、共同体の中で確認され、研究される場合には〈音事象〉としてとらえられることとなる。

サウンドスケープは相互作用の場である。このことは、サウンドスケープがその構成要素であるさまざまの音事象に個別化されて研究された場合も変わらない。ある状況の場で、音と音が（あるいは音と人が）相互に影響や変化を与え合っていく様態を確認するのは、実験室で個々の音を切りきざむことと比べたら計りしれなく困難な仕事である。だがこれこそが、サウンドスケープ研究者の前に広がる重要な前人未踏のテーマなのである。

空からのソノグラフィー

問題は、こうした研究にどのような表記法が最も有用であるかだ。いまのところこれといった決め手はない。なにしろ研究は始まったばかりなのだ。いずれにせよ、サウンドスケープ研究と直接に関わりをもった領域の専門家、すなわち音楽家や音響学者はもとより、建築家、都市問題研究者、社会学者、心理学者がすぐに読め、理解できるような何らかの表記法をもつことが有益であろう。

ある場所の状況をつかむ最良の方法はそれより高いところに登ることである。中世の地図製作者は一番高い丘に登ってその場の状況をとらえた。ルネサンスのマニエリスムの画家たちも同じようにして自分たちの絵画の眺望を広げたのである。地図製作で使う空からの投影図法はきっと人間の最も偉大な発明のひとつにはいるだろう。これは、最終的には実際に空を飛ぶことにはなる飛行へのぎこちない試みに比べて、はるかに奔放な想像力のはばたきを示していたのだ。

音の強さの表示に、この空からの投影図法を応用したひとつの例が〈等音圧地図［isobel contour map］〉である。等音圧地図は地理学者や気象学者の使う等高線地図から作られたもので、騒音計の何百あるいは何千という指示値の平均値の等価のものを線で結び、あたかも観察者が調査地の上空にいるがごとく投影される。この図によれば、ある地域の最も静かな部分と騒がしい部分とが一目でわかる。[*3]

もうひとつの投影図が、〈音のイヴェント地図［sound event map］〉である。これは音の分布や頻度を調べるものだ。イヴェント地図によれば二つの地区（たとえばある同じ町の二つの異なったブロック）の比較が可能だし、その地区のより頻繁で特徴的な音を明確にすることもできる。イヴェント地図のためのデータ集めはある特定の時間に限定せねばならず、特定の区域を歩き回って行なわれることになる（市街地の場合、ある一区画を一巡する）。

空からのソノグラフィーのもうひとつの例に、マイケル・サウスワースの論文「都市の音環境」で使われているものがある。[★6] ここでは価値評価がはたらいている。つまり、ある区域を多人数で自由に歩き回った後、その参加者に各自が聞いた音についてコメントを求め、その結果を集めて表示する。この方法で作られたボストンの下町の一区画の音地図は、サウンドスケープ・デザイナーがどこから仕事の手をつければよいかを教えてくれる。[☆4]

これらの図表はヒントを与えてくれるにすぎない。だが、それがたぶん音の視覚化に期待できることのすべてなのだ。すなわち少しの手がかりが得られたら、あとは耳がその独自のやり方でそれを追求するのだ。経験のない者でも、これらの図表からはっきりした情報を読み取るのは、他のグラフィックな表現に比べると簡単で、そこが利点である。しかしながら、そこに悪弊への誘惑が内在していないこともない。ゆえに私は次のことに注意を喚起してこの章を閉じたい。すなわちサウンドスケープに関する限り、音のない投影図はもともと不十分なのだ。原則は常に「聞くことができなければまずは疑え」である。

＊３――付録Ｉの等音圧地図、音のイヴェント地図を参照。

原注

★１――Hermann Helmholtz, *On the Sensations of Tone*, New York, 1954, p. 20.

★2——Marshall McLuhan, *The Gutenberg Galaxy*, Toronto, 1962, p. 72.
『グーテンベルクの銀河系』、前掲訳書、一一四頁。

★3——Pierre Schaeffer, "Music and Computers," *Music and Technology*, Paris, 1970, p. 84.

★4——*Ibid.*, p. 84.

★5——Pierre Schaeffer, *Trois Microsillons d'Examples Sonores*, Paris, 1967, paras. 73. 1 and 2.

★6——*Environment and Behaviour*, Vol. 1, No. 1, June, 1969, pp. 49-70.

訳注

☆1——"The Graphics of Musical Thought," John Grayson ed., *Sound Sculpture*, A. R. C. Pub., Vancouver, 1975, pp. 98-125.

☆2——最近では前述のＥＰＮレベル—実効感覚騒音レベル、ＮＮＩをさらに改善したＷＥＣＰＮ［Weighted Equivalent Continuous Perceived Noise Level—荷重等価持続知覚騒音］が使われるのが一般的になってきている。これはＥＰＮに生活時間帯によるうるささの程度差を加重しているのが特徴である。

☆3——Wallace Clement Sabine　一八六八—一九一九。アメリカの音響学者。

☆4——付録Ｉの図２を参照。

第九章　分類

なぜ分類か？　われわれは類似性や対照、パターンを見出すために情報を分類する。すべての分析技法がそうであるように、知覚や判断、そして創意の改善にむすびつくときにのみこれは正当化されうるのである。

たとえば辞書を考えてみよう。辞書の中の単語はコンテクストから切り取られ、頭文字に従って勝手にならべられている。それでも正しく使えば、辞書は言語力の改善に役立つし、考えのきっかけや美的な意味合いさえも与えてくれる。

いかなる分類法も超現実的（シュールレアリスティック）であると言えよう。なぜなら超現実主義の芸術も、ちぐはぐなものや時代錯誤的な事柄を結びつけることによって、新しい意味を照射するからだ。最初にこれをやった芸術家は百科全書家たちだった。彼らは動物、植物そして思想を奇妙にとり合わせて、超現実的な家族肖像画（ファミリー・ポートレート）を描き出した。

音は、何通りもの方法で分類されうる。たとえば、その物理的性格から（音響学的に）、知覚のされ方から（音響心理学的に）、その機能や意味に従って（記号論的、意味論的に）、あるいは感情的、情緒的特質によって（美学的に）、といった具合である。こうした個々の分類法をそれぞれ他の分類法から切り離して扱うのがこれまでの習慣だった。だが、そうした孤立した研究方法には明らかな限界がある。私の同僚のバリー・トゥルアックス[☆1]はこの問題を次のように述べている。

> ある音の全体としての印象をその構成要素に分解する技術は学ばねばなるまい。またそれはおそらくサウンドスケープ・デザインに必要な技術のひとつであろう。だがサウンドスケープとは、そのような要素のカタログによってだけでは理解できない。もしそれが可能だとしても、記録、比較、グループ化、変形、理解把握の土台として観念的に形成された表現として理解されるだけだ。[★1]

この章では、音の分類システム、なかでもサウンドスケープをいろいろな側面から扱うのに役立つようなシステムをいくつか提示してみたいと思う。そして最後には、今後に解決すべき主要な問題を検討して終わりたい。これは根本的に、分類体系の統合という問題である。もし、サウンドスケープ研究が学際研究として発展すべきであるなら、見失われている共通境界面（インターフェース）を見出し、これまで孤立していた学問どうしを新しく画期的な協調関係（シナジー）へと結合すべきであろう。この仕事は、一個人やひとつの集団がなしとげられるものではなく、音響生態学とサウンドスケープ・デザインを習得した芸術家であると同時に科学者でもあるという新世代のみがなしうることだろう。

音の物理的特性による分類

音響体の物理的分類から考えてみよう。ピエール・シェフェールはそうしたシステムを考案するのにかなりの努力をしている。シェフェールの関心は、実は音響学的というよりはむしろ音響心理学的である。彼は音楽に用いられるすべての音響素材を分類できるような方法を確立しようとしたが、その目的は学生たちがそれらの素材のもつ有意味な特質をはっきりと把握するのを助けることだった。彼はそれを「音楽素材のソルフェージュ［solfège des objets musicaux］」と呼んだ。[★2] 彼は著書の中で四頁にもわたる表でもってその方法を示している。その表には八〇近くもの区画があり、その多くがさらにフランス的複雑さで細分されている。この表を数百頁にわたるシェフェールの説明と理論なしに再現しても無意味であろう。ここで強調しておきたいのは、彼の分類法が単一の音楽的音響素材のみに関わっているということだ。より複合的で発展した音の連続に対応するには、その図表をより高度化するか、音のほうを解体することが必要だろう。

　このシステムは孤立した音響体の詳細な分析には役立つ。しかし、サウンドスケープのフィールドワークにすぐさま役立つようにするにはこれを修正したほうがよかろう。他の音と比較できるよう、聞いた音の顕著な情報をその場でカードに書き記すというのがその修正案である。音を客体（オブジェクト）としてのみでなく、事象（イヴェント）としてとらえるというわれわれの要求（二七九頁）を満たすため、まず状況についての大まかな情報をある程度おさえたい。たとえば、観察者からの距離、音の強さ、その音が周囲から明確に立ちあらわれているのか、それとも辛うじて識別できる程度なのか、その音が意味論的に独立しているのか、あるいは大きなコンテクストやメッセージの一部なのか、音環境の全体のテクスチュアが同種か異種か、環境条件によって、残響やエコー、あるいはドリフトや変位[*1]のような効果が生じているか否か、などである。

状況

1. 観察者からの距離：約　メートル。
2. 原音の強さ：約　dB。
3. 周囲からの明確度：明確（ ）、やや明確（ ）、不明確（ ）。
4. 周囲のテクスチュア：ハイファイ（ ）、ローファイ（ ）、自然的（ ）、人間的（ ）、テクノロジー的（ ）。
5. 単発的（ ）、反復的（ ）、大きなコンテクストやメッセージの一部（ ）。
6. 環境要因：残響なし（ ）、短い残響（ ）、長い残響（ ）、エコー（ ）、ドリフト（ ）、変位（ ）。

こうした設問への答に音そのものの総合的な物理的記述を加えて一つの図表ができあがる。この図表には二次元的表記を用いる。前章で論じた音響体の三つの構成要素、アタック、本体、減衰を横の欄にとり、縦にそれぞれの持続時間、周波数、強弱の欄をとり、それに瞬間ごとの内的変動（専門的には過渡と呼ぶ）の様態、さらにピエール・シェフェールから借りた二つの特質、音の主要部［mass］と音のきめ［grain］を加える。

この最後の二つの言葉には説明がいる。音の主要部（マス）は周波数と関わっている。明確な周波数すなわち高さをもつ音があるのに対し、もつれて絡まった周波数の群（クラスター）からなる音もある。たとえば、交通騒音の広帯域雑音、小鳥の群れ、絶えずうちよせる潮騒などである。帯域がかなり狭い場合もあれば広い場合もある。ホワイトノイズの周波数スペクトルは可聴範囲（二〇〜二〇〇〇〇ヘルツ）のすべてをおおっているが、それをフィルターでハミングか口笛のような一つのピッチになるまで極めて狭い帯域に削ることができる。音の主要部（マス）とは、その音の中心部分があるように聞こえるところであり、その音の主たる帯域の幅と見なされるものである。実際、環境音のなかには主要部（マス）とピッチの双方が認められることも少なくなく、しばしばスペクトル上にはっきりとそれぞれの位置を占めている。低いうなりのような響きと高い振動からなる音のような場合がそれである。音の主要部は周波数の群（クラスター）からなっているので、それを先の図表の上に周波数のかたまりとして大体の形で示すことができる。

同様に、音のきめはある特殊な音の内的変動で、規則的な変調効果をさす。それゆえ、孤立した不規則な変動である過渡とは対照的である。音のきめはテクスチュアと関わっており、音の表面の粗さであり、その効果はトレモロ（振幅変調）やヴィブラート（周波数変調）からなる。こうした変調の速さはゆっくりとしたパルス効果から毎秒一六〜二〇回の速い振動までさまざまであるが、速い場合にはその粒子的な効果がなくなってしまう。かくして、触覚的な言葉であるきめ

＊1――ドリフト［フェーディング］や変位［音源の定位の不明瞭化］は風や雨などによる大気の乱れによって起こることが多い。

犬の吠え声

1. 二〇メートル
2. 85 dB
3. 明確
4. ハイファイ、人間的
5. 反復、不規則
6. 短い残響

霧笛

1. 一〇〇〇メートル
2. 130 dB
3. 明確
4. ハイファイ、自然的
5. 周期的反復
6. 長い残響、変位

電話のベル

1. 三メートル
2. 75 dB
3. 明確
4. ハイファイ、人間的
5. 反復的
6. 残響なし

鳥の歌

1. 一〇メートル
2. 60 dB
3. 明確
4. ハイファイ、自然的
5. 長い歌の一部
6. 残響なし

教会の鐘

1. 五〇〇メートル
2. 95 dB
3. やや明確
4. ローファイ テクノロジー的
5. 周期的反復
6. 中程度の残響、ドリフト

オートバイ（ハイウェイの）

1. 一〇〇メートル——通過——一〇〇〇メートル
2. 90 dB
3. 不明確——明確——不明確
4. ローファイ、テクノロジー的
5. 孤立的
6. 残響なし

では個々のインパルスがちらついた状態から音高をもったなめらかな輪郭へと経過するのであるが、ここでわれわれは触覚と聴覚の収斂に再び遭遇するのである。図13におけるいくつかの記号は、こうしたさまざまな効果を示すために私自身がつくってみたものである。

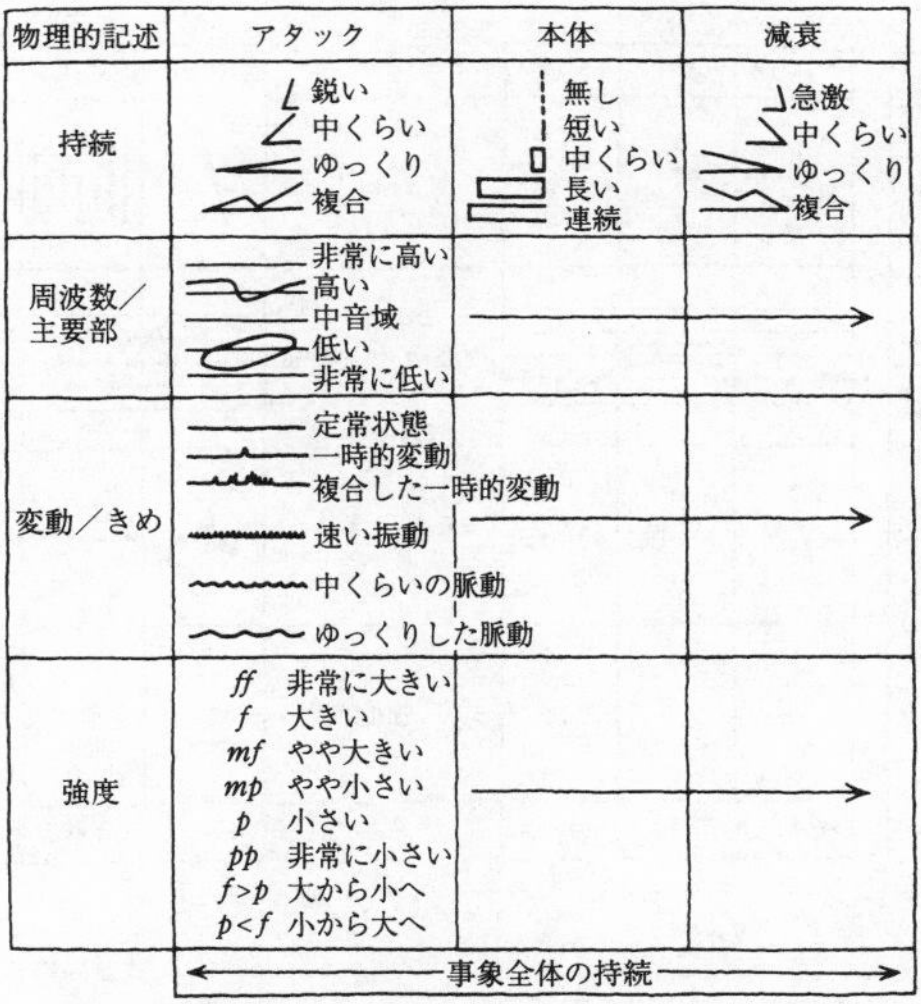

物理的記述	アタック	本体	減衰
持続	鋭い 中くらい ゆっくり 複合	無し 短い 中くらい 長い 連続	急激 中くらい ゆっくり 複合
周波数／主要部	非常に高い 高い 中音域 低い 非常に低い	→	
変動／きめ	定常状態 一時的変動 複合した一時的変動 速い振動 中くらいの脈動 ゆっくりした脈動	→	
強度	*ff*　非常に大きい *f*　大きい *mf*　やや大きい *mp*　やや小さい *p*　小さい *pp*　非常に小さい $f>p$　大から小へ $p<f$　小から大へ	→	
	←事象全体の持続→		

●図13——音事象の記述。

この図表に使った記号は正確なグラフィック表示を意図するものではなく、むしろ学生が耳の訓練の実習中に音の顕著な物理的特徴を手早く書き示すのに使いやすいように考えたものである。さまざまな音のこうした主たる特性の比較は、音の象徴性を研究する際に役に立つ明確な特徴を提供してくれるだろう。この図は単独の音事象だけしか表わせないという限界はあるものの、二八八、二九〇—二九一頁に示すように単純な分類で、個々の音の特質を際立たせることができる。

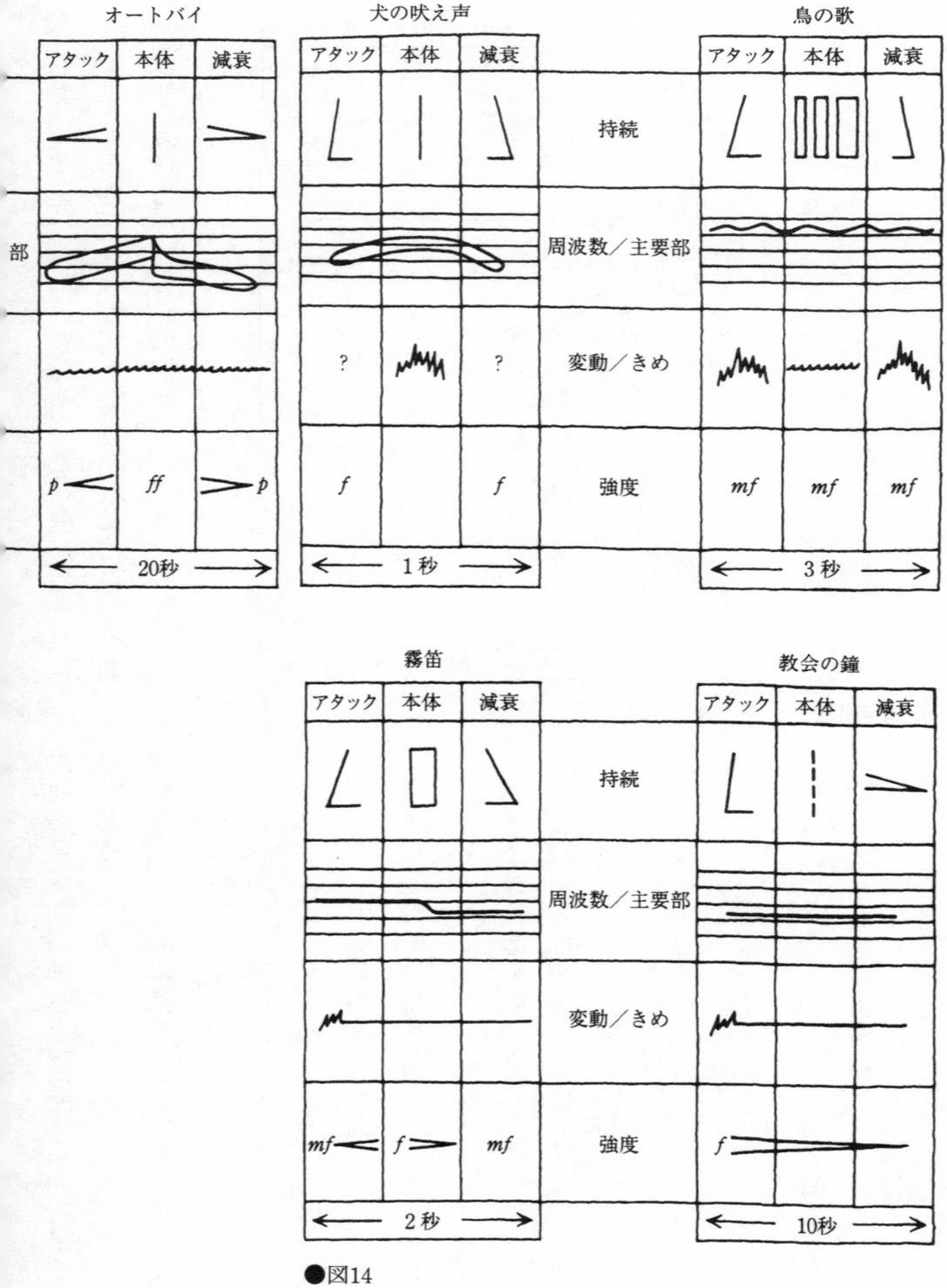

オートバイ

アタック	本体	減衰
p<	ff	>p

← 20秒 →

犬の吠え声

	アタック	本体	減衰
持続			
周波数／主要部			
変動／きめ	?		?
強度	f		f

← 1秒 →

鳥の歌

アタック	本体	減衰
mf	mf	mf

← 3秒 →

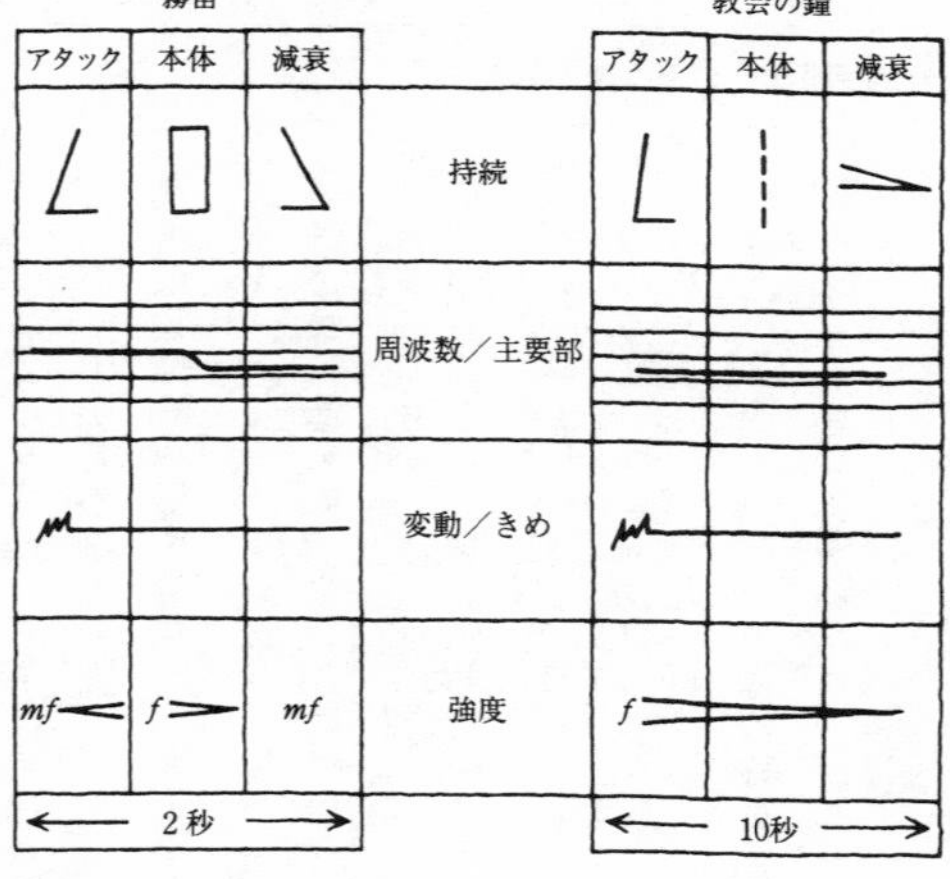

●図14

電話

アタック	本体	減衰
f	f	>p

← 6秒 →

周波

変

音の指示機能による分類

次に考えてみたいのが、音の機能と意味を考察するための枠組である。ほとんどの環境音はよく知られた物体から発せられている。したがってそうした環境音の最も有効な分類法のひとつとして考えられるのが、それらの音の指示機能による分類である。しかし、この膨大な指示内容を整理するシステムはある程度独断的にならざるをえないだろう。なぜなら、いかなる音にも客観的意味などありえず、それぞれの音に対してきき手には文化固有の態度があるからである。図書館の分類体系でさえ、図書館員や図書館利用者の興味や読書習慣を様式化し反映したものにすぎない。人類全体の所業を等しい客観性をもって包括できる唯一の枠組があるとすれば、それはごみの山である。

ここに示す枠組は、世界サウンドスケープ・プロジェクトのサブプロジェクトのひとつに使用してきたもので、文学、人類学、歴史の文献からの音についての記述の広範囲なカード目録である。過去のサウンドスケープについての情報収集に残された唯一の道は、その場にいた〈耳の証人〉による陳述である。本書の最初から、私がこの目録から多くの情報を引き出しているのをお気づきの方もあろう。この目録カードはもう何千枚にもなる。目録の見出しのつけ方は恣意的で、経験的に組み立てられたものだが、少なくとも現在までわれわれが出会った記述にはすべて対応できている。

I. 自然音

A. 天地創造の音

B. 黙示録の音

C. 水の音

1. 大洋、海、湖
2. 川とせせらぎ
3. 雨
4. 氷と雪
5. 蒸気
6. 噴水　その他

D. 大気の音

1. 風
2. 嵐と台風
3. そよ風
4. 雷と雷光　その他

E. 大地の音

1. 地震
2. 地滑りと雪崩
3. 炭坑
4. 洞窟とトンネル
5. 岩と石
6. その他の地下振動
7. 木
8. その他の植物

F. 火の音

1. 大火
2. 火山
3. 炉やかがり火
4. マッチ、ライター
5. ロウソク
6. ガス灯
7. オイル灯
8. 松明
9. 祭や儀式の火

G. 鳥の声

1. スズメ
2. ハト
3. チドリ
4. ニワトリ
5. フクロウ
6. ヒバリ　その他

H. 動物の音

1. ウマ
2. ウシ
3. ヒツジ
4. イヌ
5. ネコ
6. オオカミ
7. ジリス　その他

I. 虫の音

1. ハエ
2. カ
3. ハチ
4. コオロギ
5. セミ　その他

J. 魚・海洋生物の音

1. クジラ

2．イルカ
3．カメ　その他
K．四季の音
1．春
2．夏
3．秋
4．冬
Ⅱ．人間の音
A．音声
1．しゃべり声
2．呼び声
3．ささやき
4．泣き声
5．叫び声
6．歌声
7．ハミング
8．笑い声
9．咳
10．ぶつぶつ声
11．呻き声　その他

B．人体の音
1．心音
2．呼吸
3．足音
4．手――打つ、引っ掻く、その他――
5．食べる
6．飲む
7．排泄
8．性愛行為
9．神経組織
10．夢の音　その他
C．衣類の音
1．衣服
2．パイプ
3．宝石　その他
Ⅲ．音と社会
A．田舎のサウンドスケープの一般的記述
1．イギリスおよびヨーロッパ
2．北アメリカ
3．中南米
4．中東
5．アフリカ
6．中央アジア
7．極東
B．町のサウンドスケープ
1．イギリスおよびヨーロッパ　以下同様
C．都市のサウンドスケープ
1．イギリスおよびヨーロッパ　以下同様
D．海のサウンドスケープ
1．船舶
2．ボート
3．港
4．海岸線　その他
E．家庭のサウンドスケープ
1．台所

2. 居間と炉辺
3. 食堂
4. 寝室
5. 便所
6. 戸
7. 窓とシャッター
その他

F. 商売、職業など仕事の音
1. 鍛冶屋
2. 粉屋
3. 大工
4. ブリキ職人　その他

G. 工場、事務所の音
1. 造船所
2. 製材所
3. 銀行
4. 新聞社

H. 娯楽の音
1. スポーツ
2. ラジオ、テレビ
3. 演劇
4. オペラ　その他

I. 音楽
1. 楽器
2. 大道音楽
3. 家庭の音楽
4. 楽団とオーケストラ
その他

J. 儀式と祭
1. 音楽
2. 花火
3. パレード　その他

K. 公園、庭園
1. 噴水
2. 演奏会
3. 鳥　その他

L. 宗教祭礼
1. 古代ギリシア
2. ビザンティン
3. ローマ・カトリック
4. チベット　その他

IV. 機械音

A. 機械（一般的記述）

B. 工業や工場の設備（一般的記述）

C. 輸送機関（一般的記述）

D. 戦争機械（一般的記述）

E. 列車や電車
1. 蒸気機関車
2. 電気機関車
3. ディーゼル機関車
4. 転轍器と操車場
5. 乗合馬車
6. 路面電車　その他

F. 内燃機関
1. 自動車
2. トラック
3. オートバイ　その他

G. 航空機
1. プロペラ機

2．ヘリコプター
3．ジェット機
4．ロケット　その他
H．建設と取りこわしの音
1．コンプレッサー
2．ジャックハンマー
3．ドリル
4．ブルドーザー
5．くい打ち機　その他
I．機械道具
1．のこぎり
2．かんな
3．やすり　その他
J．換気装置と空調機
K．戦争と破壊のための道具
L．農機具類
1．脱穀機
2．バインダー
3．トラクター
4．コンバイン　その他
V．静寂と沈黙
VI．指示装置としての音
A．ベルとゴング
1．教会
2．時計
3．動物　その他
B．ホーンと笛
1．交通
2．舟
3．列車
4．工場　その他
C．時間の音
1．大きな時計
2．小さな時計
3．晩鐘
4．夜警　その他
D．電話
E．（その他の）警報装置
F．（その他の）喜びを知らせる信号
G．未来の出来事を告げる音

この体系の分類項目には他に、「神話の音」、「ユートピアの音」、「夢できこえる心理作用による音」、「幻聴」などがある。さらに、眠りに入るまえ最後に聞いた音、起きて最初に聞いた音、他の感覚と結びついた音響体験（共感覚）といった項目もある。目録中最後のセクションには、報告者が記述した音へ特別の態度を示したか否かを記すことになっている。つまり、その音がどのようにみなされたか——信号か雑音か、快か不快かなどといったことである。

ひとつの音はさまざまなコンテクストで意味をもつため、このシステムで区分けされた記述カードはいくつかの項目からだぶって引けるようになっている。つまり、ある音が何カ所かちがった項目にあらわれ、いくつかの角度から検討したり、やはり他のいくつかの項目にわたって分類されている別の音と比較したりすることが可能なのである。

このインデックスで遊んでみることは素晴らしい聴覚体験である。ためしに足音に関したカードを何枚か引き出してみよう。私の言う意味がわかるはずだ。すでに、『ドクトル・ジバゴ』の中でロシアの冬のフェルトのブーツが雪の上で「腹をたてたようにキーキーと叫ぶ」様をあげたことがある。これを次のものと比較してみられたい。

●「ぱたりぱたりというばあさまの絨緞スリッパ」(エミリー・カー)
●コークタウンの「かたかた鳴る木靴」(ディケンズ)
●モロッコ人の「気ままで軽やかな」足どり(ハンス・ガンツ)
●フランスの田舎町での「学校の敷石の上で荒々しく響く鋲釘底の木靴」(アラン＝フルニエ)
●「裸足のひたひたとした静かな足音」(W・O・ミッチェル)
●オックスフォードの修道院や中庭での「足音の悪戯のごとく響くエコー」(トマス・ハーディ)

●ベーオウルフの強く荒々しい足どりに「床板がどおんと響く」様子見出し中のどの音も、きかれた時と場所を知ることによって、その音に対する社会の反応はもちろん、世界のサウンドスケープの歴史的変遷を調べることができる。こうしてわれわれは、ウェルギリウスやキケロ、ルクレティウスが当時（紀元前七〇年頃）まだ新しかった鋸の音が嫌いだったこと、あるいは産業革命開始後一〇〇年までは工場騒音に対して誰も不平を言ってはいなかったこと（ディケンズ、ゾラ）を知るのだ。

また、興味のある比例変化、たとえばテクノロジーの音に関する記述に対置した自然の音に関する記述の数についても知ることができる。ただし、次のような考察を行なえるのは何百枚ものカードのサンプルがある時代に限られる（すべての時代と場所を十分に網羅できるようなインデックス作成には長い時間がかかろう）。ヨーロッパとアメリカの一九世紀と二〇世紀を比較してみよう。一九世紀のイギリスにおける音の記述の四八パーセントまでが自然音について言及しているのに対し、二〇世紀における自然音への言及は二八パーセントにまで落ちている。ヨーロッパの作家に関してもこの二つの世紀間に同じ傾向が認められ、四三パーセントから二〇パーセントに落ちている。おもしろいことにこうした減少は北米では見られない（われわれのサンプルはこの北米の部分が最も多いので信頼性は高い）。すなわち両世紀とも全記述中五〇パーセント強が自然音について言及しているのだ。これは、北米人にとって自然環境はまだ身近だからだとか、ヨーロッパでは自然が確実に消えつつあるため、少なくともヨーロッパ人にとってよりは自然が身近だからだと考える人もあろう。

だが、事はそう単純ではない。インデックスを調べてみると、第一次世界大戦中を除けば、その二世紀にわたって自然音の減少に呼応したテクノロジーの音への言及の増加は認められないのである。テクノロジー音の記述は第一次世界大戦中は急激に増加し、その後は再び減少している(第二次世界大戦はそのような影響を及ぼさなかった)。事実、ヨーロッパ、イギリスにおいてテクノロジーの音の記述数が両世紀とも同じくらい(全記述中約三五パーセント)であるのに対し、アメリカではなんと二〇世紀の方が減少しているのだ!

しかしわれわれはまた、静寂や沈黙を喚起させる文学的記述の減少にも気づく。たとえばこのファイルの一八一〇—三〇年の全記述中、静寂ないし沈黙について言及しているものは一九パーセントであるが、一八七〇—九〇年では一四パーセントに落ち、一九四〇—六〇年では九パーセントである。つまり、次のことが明らかである。作家たちはテクノロジーの音の増殖に意識的には気づかなかったが、無意識のレベルで静寂と沈黙の消滅に気づいていたということである。これはすべて私がこれまでに述べてきたテクノロジーの騒音のもつ基調音的性格と完全に一致する。

カードを調べ進むうちに、私は現代の作家が沈黙を記述する場合の否定的な態度に気づいた。喜ばしいものとして表現しているものはほとんどない。ためしに最近の世代の作家たちによる沈黙に対する修飾語句をあげてみよう——厳粛な、重圧的、死のような、麻痺した、不気味な、恐ろしい、陰うつな、ふさぎ込んだ、永遠の、苦痛に満ちた、孤独な、重苦しい、絶望的、荒涼とした、不安に満ちた、心の痛む、驚愕的……。これらの言葉で喚起されるような沈黙が肯定的であることはほとんどない。それは心に安らぎをもたらす充足した状態の沈黙ではないし、本書が最終的に提唱していくような沈黙でもない。

美的特質による分類

音を美的特質によって分類することはおそらく他のどの分類法よりも難しいだろう。音は個々人にそれぞれ異なって作用し、ひとつの音でも極めて多様な反応を引き起こすことが多いため、研究者は容易に混乱させられ意気消沈することがある。その結果、この問題の研究は意義ある成果をあげるにはあまりにも主観的であると考えられてきた。しかしながら現実の社会ではサウンドスケープの変容に大きな意味をもつ美的判断が常に下されており、それも多くの場合極めて勝手なやり方で行なわれている。ムーザック産業は、人々がどのような音楽に最も耐えられそうかを決めるのに躊躇しないし、航空産業は超音速による衝撃波（ソニックブーム）を発生する飛行機を導入するのに前もって人々と相談したりはしない。また、音響工学者も現代建築にますます大量のホワイトノイズを導入するのに成功し、その過程でその効果を「音の香水」として位置づけるという美学を作りあげた。[*2]

そのような馬鹿げた決定が毎日のごとくなされている今日、サウンドスケープ美学の体系的研

＊2――音響工学の業界では、すでにわれわれの用語、サウンドスケープを使用しており、同趣のホワイトノイズによる催眠術を「オフィスのサウンドスケーピング」などと呼んでいる。

究はなおざりにされたままでよいのだろうか？　もし、サウンドスケープ研究者が、未来の音環境の改善に貢献すべきなら、音への美的反応を測定する何らかのテスト方法を開発しなければなるまい。最初はできるだけシンプルなほうがよい。

最も単純な形にするなら、美学とは美なるものと醜なるものとの対比に関わるものである。それゆえ、人々に自分たちの一番好きな音と一番嫌いな音をあげるように求めることから始めるのがよかろう。異なる文化でどの音が特に好まれ、不快に思われているかを知ることは意義深い。なぜなら、そういった音響愛着（サウンドロマンス）や音響嫌悪（サウンドフォビア）☆2とも言うべき音の好みの目録化は、音の象徴性を考えるうえで計り知れない価値があるし、そればかりか明らかに、未来のサウンドスケープ・デザインのための価値ある指標ともなるだろうからである。騒音規制の法律と関係づけて読みとれば、音響嫌悪はある条例が望まれぬ音に関する現代の民意を正当に反映しているか否かについての良き参考材料となる。

このようなテストを世界サウンドスケープ・プロジェクトのサブプロジェクトのひとつとしてできるだけ多くの国で行なってきた。われわれはこのテストを二つの部分に分けて行なった。まず、ほとんどの場合高校生か大学生であった被験者に最も好きな音と嫌いな音をそれぞれ五つあげるように求めた。次に彼らを自分たちの身近な環境での短い音の散歩（サウンドウォーク）に連れ出し、もどった後、特に散歩中に聞いた音に関して同様の質問をした。スペースさえ許せば、こうしたテスト結果のいくつかをここにそっくり載せたいところだ。なぜならそれは想像力と知覚の魅力的な訓練となるからだ。収録のためある程度簡単な形にすることは、異なる文化集団が環境音に対してさまざまな態度を示すという仮説を損なわない範囲内であれば許されるであろう[*3]。

テスト結果からいくつかの法則性が浮かびあがる。まず、気候と地理環境が明らかに嗜好に対するかなりの影響力をもっている。たとえば、海に面した国では波の音が好まれるが、スイスのような内陸の国では小川や滝の音がずっと好まれている。熱帯の嵐が海から突然吹きつける地域では強風は嫌われる（ニュージーランド、ジャマイカ）。また、自然への反応はその対象との近さの度合によることも明らかだ。人々が戸外の暮らしから都市環境へと移るにつれ、彼らの自然音に対する態度は好意的となる。カナダ、ニュージーランド、ジャマイカを比べてみよう。はじめの二つの国では動物の音が不快だという反応はほとんどみられない。これに対してジャマイカでは、インタビューした人の誰もが、嫌いな動物や鳥をひとつ以上あげている。それは特に夜間のもので、ホーホー鳴くフクロウ、ゲロゲロというカエルの鳴き声やヒキガエル、トカゲがよくあげられた。犬の吠え声と豚のブーブーいう鳴き声も非常に嫌われていた。動物の音で最も普遍的に好まれているものは猫がのどを鳴らす声だった。

ジャマイカ人は機械音に関して無関心であったが、カナダ、スイス、ニュージーランドでは強く嫌われていた。ジャマイカ人はまた航空機を是認していたが、他の国ではそうではなかった。ジャマイカを除くすべての国では交通騒音は特に反感をかう音だった。これには疑問の余地はない。現在のところ他のいろいろな国でも同様のテストを試みた結果言えることは、テクノロジー

＊3――付録Ⅱの国際音選好調査を参照。

の音は技術先進国では強く嫌われているのに対し、まだそれが目新しい地域では実は好まれているということである。私はこの発見を特に強調しておきたい。なぜなら現代の騒音公害問題に正面から取り組もうとするとき、政治家やわれわれの他の反対者たちが、洗練されたエンジンを楽しむ技術者や航空機の音を愛するパイロットなどの例をあげ、われわれを少数者にすぎないと論じたりすることがよくあるからである。だが、テクノロジーの音に対してそうした好意的態度をとるのは少数派である。少なくとも若者たちの間では少数派であることはまちがいない。

文化的に目だった点では他に、スイス人の鐘に対する強い愛着ぶりがある。これは他の国にはほとんどみられない。嫌悪の側では、歯医者のドリルがジャマイカを除くすべての国であげられた（ジャマイカではまだあまりないものなのか？）。しかし、石板の上で爪やチョークがたてる音はすべての国で嫌悪音にあげられていた。これについては間もなくもう一度触れよう。

このテストは他の人々にひき継がれ、もっと詳細に行なわれる必要がある。なぜ、そしていかに異なる集団が音に対して異なる反応をするのかをもっと正確に調べる必要がある。どこまでが文化差で、どこまでが個人差か？　結局どの程度まで音が知覚されているのか？　国際的規模でのより完成度の高いテストが待たれる。

音のコンテクスト

この章を通じて、音はそれぞれ切り離された区画で考察されてきた。音響学と音響心理学は意味論と美学から分離されてきた。そのように音の研究を分けるのが伝統的方法であった。物理学者と工学者は音響学を、心理学者と生理学者は音響心理学を、言語学者とコミュニケーションの専門家は意味論を研究するのに対し、詩人と作曲家には美学の領域が残されていた。

音響学	音響心理学	意味論	美学
音とは何か	どのようにそれが知覚されるか	どんな意味か	感動させるか
物理学者	生理学者	言語学者	詩人
工学者	心理学者	コミュニケーター	作曲家

しかし、これではだめだ。こういった区分を行なう境界線上に、あまりにも多くの誤解や歪曲が存在する。共通の境界面が失われているのだ。この問題の本質理解のために音の見本を二、三取り上げてみよう。最初は以下の表にある二つの音の例である。

音の例	音響学	音響心理学	意味論	美学
警報ベル	鋭いアタック、速い振幅変調をもった定常音、六〇〇ヘルツを中心とした狭帯域ノイズ、八五デシベル	突然の覚醒、連続的な振動音、高音、大きな音、徐々に注意を失う、聴覚疲労を起こしやすい、感じやすい音高の領域	警告信号	恐ろしい、不快な、醜い

音の例	音響学	音響心理学	意味論	美学
フルートの音楽	周波数の変化による断続的な変調、等分の倍音をいくらかもった純音に近い音、五〇〇~二〇〇〇ヘルツを変動、六〇デシベル	音高の変化により形作られた生き生きとした音、旋律的動き、純音、高音域、やや大きな音	J・S・バッハのソナタ、座って聴くよう誘導	音楽的、快、美しい

ここにはさしあたって問題はない。二つの音は物理的に全く異なっており、そのために違った意味をもち、違った美的効果を引き起こす。しかしこの場合でもコンテクストによって異なった効果が生じてくる。つまり音の物理的要素の変化がなくとも、たとえば警報ベルの意味も変わりうる。テストで鳴らしているとわかっていれば、だれもすべてを捨てて走り出したりするまい。あるいは、J・S・バッハのフルートソナタの場合でも、物理的な音が同じでも、聴き手がフルートを好きでなかったりバッハの音楽を好まなければ、その美的な効果も全く変わりうるだろう。

このような矛盾を知ると、そのままどこにでもあてはまるような方程式に対するわれわれの信頼はぐらつく。ある音は常に同一の効果をもたらすという考えの誤謬に気づくのである。他の矛盾についてもさらに考えてみよう。次の例は、音は全く同じでも、二つの異なる意味と美的効果をもっている。

音の例	音響学	意味論	美学
車の警笛	定常的、反復的、五一二ヘルツが支配的な周波数、九〇デシベル	私の前から立ち去れ	うるさい、不快
		たった今結婚したばかり！	祝祭的、興奮

これに対し、物理的特性は全く異なる二つの音が、同じ意味や美的効果をもたらすこともある。

音の例	音響学	意味論	美学
私の言う“Pierre, how are you?”	私のしわがれたバリトン	ピエールが呼ばれた	友情
マーガレットの言う“Bonjour, Pierre,”	マーガレットの輝かしいコントラルト	ピエールが呼ばれた	友情

けれども、ここでわれわれがカナダの首相に電話するとしよう。首相の名前はやはりピエールで、マーガレットは彼の妻だ。[☆3] そして私は妻ではない。他のすべてが同じだが美的効果だけは次のように異なる。

音の例	音響学	意味論	美学
同じ	同じ	同じ	苦痛
同じ	同じ	同じ	喜び

今度は次の組み合わせについて考えてみよう。

音の例	音響学	音響心理学	意味論	美学
やかんの沸騰	有色雑音、狭い帯域――八〇〇〇ヘルツ以上――定常的、六〇デシベル	高音域のシューという音	お茶が沸いた	喜び
蛇の出すシューという音	有色雑音、狭い帯域――七五〇〇ヘルツ以上――定常的――ときおり中断する――、五五デシベル	高音域のシューという音	蛇が攻撃準備完了	恐怖

この二音は似ているが同じではない。物理的特性については同じように知覚される。だがそれにもかかわらず、意味においては何の混乱も引き起こさず、それぞれ別の美的効果をもっている。コンテクストがそれらを明確にしているのだ。録音によってそれらの音をコンテクストから切り

離せば、それぞれが何の音であるかはすぐにわからなくなってしまうだろう。それらの物理構造のいかなる相違にも対応できるほど耳は正確ではない。かくしてやかんの音は、蛇にも火の上の生木ともなりうるのである。

とても耳慣れた音が完全に取り違えられ、その音に対しての態度が全く変わってしまうことがいかに多いかは驚くかぎりだ。たとえば、電動のコーヒー挽きの音をテープで聴いた後、あるグループは「ぞっとする」「恐ろしい」「脅威的」と描写したことがあった。しかし音源を知ると、彼らの態度はすぐさま和らいだ。

これまで述べてきた共通境界面（インターフェース）のジレンマを要約すると思われるよく知られた音がひとつある。石板上のチョークや爪の音である。これが国際的な嫌悪音であることはすでに示したとおりである。けれどもなぜそれが背すじに悪寒を走らせるのかは、物理学的分析によって解明されるには至っていない。この音は極端に高くも低くもない。人を傷つけるような行為は何も伴っていない。さらに何かを特に意味するようなこともない。つまりどの領域をひとつとってみたところで、あの顕著な効果を説明することはできないのだ。このような音の謎が説明されたときにこそはじめて、われわれは失われていた共通の境界面がついに取り戻されたことを知ることになろう。

原注

★1——Barry Truax, "Soundscape Studies: An Introduction to the World Soundscape Project," *Numus West*,

Vol. 5, 1974, p. 37.

★2——*Traité des Objets Musicaux*, Paris, 1966, pp. 584-587.

訳注

☆1——Barry Truax 一九四七— カナダの作曲家。一九七三年以降サイモン・フレーザー大学でＷＳＰの活動に参加した。電子音学やコンピューター音楽の作品がある。

☆2——sound romance と sound phobia は、ある社会や個人が好き嫌いの感情を特別に抱く音そのものを意味する場合と、そうした音に対する意識や態度一般を意味する場合とがある。本訳書では、これらを〈サウンドロマンス〉、〈サウンドフォビア〉としない場合には、前者を「愛着音／嫌悪音」、後者を「音響愛着／音響嫌悪・音恐怖症」と訳し分けた。

☆3——原書刊行当時、カナダの首相はピエール・トルドー、その妻はマーガレットであった。二人は後に離婚した。

第十章　知覚

西洋近代文明の視覚偏重主義から考えると、聴覚の心理学がどちらかというとおろそかにされてきたのは驚くにはあたらない。両耳聴力と音の定位に関しては多くの仕事がされてきた。どちらも空間と大いに関わる問題である。マスキング（ある音が他の音によって遮蔽されること）についての研究例は実に多く、また聴覚疲労（同一の音への長時間にわたる暴露による影響）についてもある程度研究されている。しかし、そういった研究も全体としてみれば、われわれの目標にはるかに及ばない。われわれの目標は、さまざまな時代の個人や社会が、どのように異なったきき方をし、またそれがどのような意味をもつのかを明らかにすることである。

それゆえ音楽史家やサウンドスケープ史家が実験室の基礎研究から、ルドルフ・アルンハイムやE・H・ゴンブリッチのような美術史家が受けたのと全く同じような知的興奮を得られるとはあまり考えられない。[★1] というのも、彼らの仕事は視覚心理学の研究にかなりを負っているからである。少なくとも西洋世界における視覚の歴史の把握は、彼らのような研究によって可能になり始めた。サウンドスケープ史家はいまのところ、聴取習慣における知覚の変化の性質と原因を試行的に推測するしかなく、心理学者の友人たちがより実験的な研究の要求にこたえてくれることを願うしかないのである。

図と地

視覚において使われている用語のいくつかが、聴覚においてもそのままあてはまるような意味をもつというのは実際にありうることである。そうした用語は少なくともよく検討してみる価値はある。たとえば、明るく照らされた部分が広がって見える「光滲（こうじん）」のような現象が音でも起こることがある。つまり同じ長さでも大きな音のほうが小さな音より長く感じられるのである。不完全なパターンのすき間を埋め完全化しようとする知覚傾向を意味する「閉合」のような用語が、視覚のパターン知覚におけると同様に音にも適用できるか否かはまだ定かではない。もっとも音韻学の実験により、少なくとも言語においては明確な類似現象があることがわかっている。★2

視覚から借用したもうひとつの別の概念を、私は本書の最初から使いつづけてきている。図対地という考え方だ。この区別を導入したゲシュタルト心理学者たちによれば、図は関心の焦点であり、地はその背景やコンテクストである。これに後から、そうした観察がなされる場所を意味する第三の概念である「場［field］」が加えられた。なにが図あるいは地としてとらえられるかは主として場、および観察者と場との関係によって決定されることを指摘したのは現象学的心理学者たちだった。

いまやこの三つの用語と本書で使ってきた用語との関係は明らかである。図は信号音や標識音に呼応し、地はそのまわりの周辺騒音であり、それは同時に基調音であったりする。さらに、場はすべての音の起きる場所、つまりサウンドスケープ全体と呼応する。

視覚における図と地の知覚実験によれば、図と地は逆転しうるが、同時に両方を知覚することはできない。たとえばある人が澄んだ池の水を見ているとしよう。その人は水に映る自分の姿の影か池の底のどちらかを見ることはできても、その両者を一度に見ることはできない。もし、われわれが聴覚上の概念として図と地の理論を追究するなら、どんなときに音響的な図が知覚されない地に転ずるのか、またどんなときに地が突如として音事象や標識音といった図、すなわち記憶すべき重要な音響体験へと浮上するのかという問題を明らかにしたいものである。歴史はそのような事例に満ちているし、本書でもそれらのいくつかを示していきたい。

ある音が図となるか地となるかは、文化変容（訓練された習慣）による部分もあれば、個人の心理状態（気分や興味）、あるいはその個人と場との関係（生まれ育った環境かそうでないか等）にもよる。しかし、音の物理的次元とは何の関わりもない。このことはすでに述べたように、産業革命におけるような非常に大きな音でもそれが社会問題化するまではほとんど気にされなかったことからも明らかである。これに対し、ほんのかすかな音でもそれが新しいものだったり、アウトサイダーによって知覚されたりすると図としてとらえられることもある。パステルナークがラを田舎から移すや否や彼女はモスクワの電灯のノイズに気づく（『ドクトル・ジバゴ』）。旅行者としてパリに行くたびに、カフェのタイルの床に重い金属の椅子が擦れる音が私には気になる。

図、地、場という用語は体験を構成するための枠組をあたえてくれる。けれどもそれがいかに有効であっても、それだけで本章の冒頭に述べた目標に到達できると考えるのは早計である。なぜなら、そうした考え方自体、一組の文化的、あるいは知覚的習慣の産物にすぎないからである。つまりそれは、透視線に沿った前景、後景、遠方の地平線によって体験が組み立てられるような文化的・知覚的習慣の産物なのである。文化の全く異なる別の社会で、それらの概念がどれくらい妥当性をもつかは、われわれが大いに知りたいところである。

音響的能力

心理学者は知覚の過程を研究する。その知覚の能力を向上させようとはしない。だが、心理学者がテストをするということは、被験者にある能力というものを想定しているにちがいない。音楽の教師である私は、今日までになぜそうしたことについてほとんど何もなされてこなかったかを本能的に理解できる。音の印象を報告するには音を使うべきなのである。他の方法はすべてにせ物だ。先に音を図に置き換えようとする音響学者のまやかしを非難したように、今度は音を話に置き換える心理学者のまやかしを非難したい。つまりこれが、テープに録音された音についての印象を自由連想で語るよう求める音の連想テストの限界なのである。★3 目的が何であれ、そういったテストでは知覚そのものを説明することにはほとんどならない。知覚の様態を調べる唯一の方法は、聴者が聴いたことをそっくり再現するような課題を工夫することである。音楽の耳の訓練が役立つのもこのためである。聴覚をチェックする別の方法は、音を擬声(オノマトペ)的に模倣しながら舌を踊らせることである。イヤー・クリーニングの課題の一部として、私はこの種の練習課題を数多く考え出した。たとえば、シャベルを砂に掘り入れる音を声を使ってまねをし、次に同様に砂利、粘土、雪についても行なってみるといったものである。この課題は、ある部分は記憶の問題であり、ある部分は発声の器用さの問題でもある。また、名前を反復してみたりして他人の声と一致させるといったものも、音響的ルポルタージュの能力を高めるように作った別の課題である。

第二章では、異なる言語が、身近な動物、鳥、虫の擬声的表現をいかに独自にもっているかを述べた。言語の音声学的限界は別としても、これらの擬声語における明らかな差は、同じ音の異なる文化における聴かれ方の違いについて何かを示しているにちがいない。さもなくば、動物や虫も方言をもっているということか？

印象［impression］とは知覚の半面にすぎない。残りの半面は表現［expression］である。この二つを結ぶのが知能、すなわち知覚的観察の正確な知識である。印象をもってわれわれは環境から受けとった情報に対応する。[*1] 印象とは中に取り込むことであり、秩序立てることである。これに対し、表現とは外に出すことであり、形づくることである。こうした働き、および現段階ではまだそれほど明らかではない他の働きをもひとつにすると、オットー・ラスケ博士が〈音響的能力〉と呼ぶものができあがる。[★4] ラスケは音響的能力とは感覚情報の単なる受容の結果生ずるものではないことを指摘している。「もしそうであるとすれば、音響の形成（デザイン）のためには音響（心理）学的知識だけで十分ということになる。しかしそんなことはない。音響心理学的知識と音響的能

*1——ピアジェは、知覚のこの相互補完的な二側面を「調節」と「同化」と呼んでいるが、私は外向性を示唆する「表現」という語のほうを好む。

力の違いはちょうど『〜に関する知識』と『〜するための知識』との違いであり、音の特質についての知識と音を形成(デザイン)する能力との違いである」。ラスケは音響的能力が知覚の最も基本的レベルのものだと主張し、同様に意図的なサウンドスケープ・デザインすべての基盤であるとも述べている。

ある社会が他よりもすぐれた音響的能力をもっているということは、確かにありうることである。たとえば、情報収集の手段として耳がより重要であった時代がよりすぐれた音響的能力をもっていたということは本書中の証拠によってすでに仮説以上のものとなっている。また、聖書や『千夜一夜物語』のような作品中での耳の証人による精細な記述は、それらが音響的能力の高度に発達した社会によって生み出されたものであることを示している。それと比べると今日の西洋人の音響的能力は低い。われわれは耳を軽んじてきた。それゆえ騒音公害問題を引き起こしたのだ。しかし現在われわれは、耳と声に加えてテープレコーダーという道具をもっている。これはわれわれの聴覚的弁別力を回復させるのに役立つものだ。この道具によってわれわれはついに、音を途中で止め、切断し、より細かく調べることができるようになったのだ。そしてそれ以上に、音は合成できるようにもなり、そこでこそ印象、想像、表現を結合する道具としてのテープレコーダーは最大限の能力を発揮するのである。声では不可能な音の合成もテープレコーダーでは可能である。地震の音を例にとってみよう。あるラジオの効果音技術者による次のような音の描写は、私がこれまでに出会った中で最もすばらしいものである。

大地を砕く音と耳をつんざくばかりの悲鳴の突然の大騒ぎで表わされたこの種のありきたりの効果音をこれまでに何度聞いたかわからないが、これは最低の方法だ。私の開発した地震の効果音は四部分に分かれ、各々の間に二〜三秒の休止がある。最初は震えるような低いごろごろ鳴る音、ゆっくり大きくなり一〜二秒持続、そしてほとんどゼロまで落とす。音そのものは、ダンボール箱に二つゴムボールを入れゆすぶった音を倍速で録るか、もし可能なら三八センチメートル毎秒での録音を九・五センチメートル毎秒で再生する。「揺れ」の最初の部分（プレリュード）の録音の後、陶器の砕ける音を一つか二つ単独で入れ、次いで前よりも大きくごろごろ音の効果をもう一度ミックス・インする。

今度は突然滑り落ち、崩れる音を引き裂くような金属音と共に入れる。これは、ダンボール箱のふたを傾斜させて置き、その上に小石を落として作る。ふたは机から三〇センチほどもち上げられ、ふたの低い方の端にガラスのジャムびん（横に寝かせて）を置く。音は次のような順序となる。まず小石が箱のふたを打ち、その表面を滑り、机の上に落ちて止まる前にジャムびんの側を打つ。この音をぎりぎりの最大レベルで録音する。倍速で録れば音の長さも延び、音色が「重く」なってさらによい。最後にごろごろ音をもう一度フェード・インし、持続させてからフェード・アウトする。

ついでに付け加えると、重苦しい沈黙の不気味でかつ効果的な印象をつくるためには、各部分の間に遠方の声のみを非常にかすかに入れると良い。阿鼻叫喚のいわゆるパニック音は、望むなら三番目の落下崩壊の背景に重ねるのが一番良い[★5]。

教師としての私の経験からいうと、学生に自分たちの知覚を調べさせる最良の方法のひとつはテープレコーダーを使って同じような音の合成の課題を与えることである。これをさせてみるとトータルな音の複合体の中でないがしろにしていたり、うっかり聞き落としていた面が、すぐさま明らかとなる。

聴覚の鍵としての音楽

世界のサウンドスケープのいかなる研究者も音楽史の知識から益を受けるだろう。われわれはそこから多くの音のレパートリーを得ることができる。事実、それは過去の音（正書法のきまぐれと言語の音声変化によりあまり信頼性はないが、ここには言葉や文字の音も含まれる）の最大のレパートリーである。対照的な音楽様式を調べることは、時代や音楽文化の違いによって人々が実際にどのように異なる聴き方をしたかを理解する一助となる。というのも、音楽体験はわれわれに異なった特色や要素がそれぞれの時代や楽派を特徴づけていることを教えてくれるからである。アラビア音楽ではリズムと旋律に重きが置かれる。一方、少なくともここ三五〇年間の西欧音楽ではハーモニーとダイナミックスに重きが置かれている。したがってある文化で良い耳をもつこと、音楽的技術をもつことは、ある選択された領域での熟達を意味し、いかなる音楽文化においても、耳の訓練がそれらの領域を決定するのである。

音楽表現と聴覚との関係の比較文化的研究にはまだ全く手がつけられていない。しかし遅きにすぎてしまってもよくない。以下のような問いに答えることは大きな価値があろう。ある社会が、周波数、時間、強さの相互関係をどうとらえているか？　あるいは音の連続と中断、衝撃音と定常状態、前景の音と背景の音、信号と雑音の関係、あるいはまた、騒音と沈黙、つまり動と静の関係についてはどうであろうか？

遠近法と強弱法

ここであるひとつの文化の音楽表現と聴覚との相互補完的な発展の例をあげ、それが具体的な聴取態度にどのように発展していったかを示したいと思う。考えてみたい要素は強弱法であり、視覚の世界でこれに相当するのが遠近法である。遠近法は一五世紀にヨーロッパ絵画に導入され、マサッチオやウッチェロの作品以後広く行き渡った手法である。遠近法による絵画をながめる理想的な点、すなわち視点はひとつしかなく、見る者の位置は額縁の窓のすぐ前に固定される。

ジョバンニ・ガブリエリ[☆1]が《弱と強のソナタ〔Sonata Pian'e Forte〕》（文字通り訳せば「弱く鳴らされたり強く鳴らされたりすること」）を作曲したとき、彼は西洋音楽に遠近法的思考を導入したのだった。これより前には音楽における強弱対比の記録はない。だからといって実際に存在しなかったと推論すべきではないが、少なくとも演奏上、明確に意図されたことはなかったと演繹しうるだろう。ガブリエリのピアノとフォルテは、ちょうど昔フィートやファーロングといった単位が空間の初期の定量化手段であったように、音のレベルの定量化への第一歩であった。ちょうど遠近法において物体が見る者からの距離に従って段階づけられるように、楽音がサウンドスケープの虚空間における強弱づけによって段階づけられるのである。それは何世紀もの訓練によって習慣と化した磨きぬかれた幻想だ。西洋古典音楽の作曲家たちは、耳という視点の前に遠近法的めりはりを明確につけながら音を配置する。

ちょうど遠近法による画面構成が西洋美術に独自なものであるように、さまざまな強弱レベルにそって音楽を組み立てるのは西洋音楽独特のものである。事実、そうした強弱の表情が多くの音楽文化においていかに欠如しているかを知ると驚かずにはいられない。フォン・ベケシー[☆2]は音の大きさの弁別力についての実験で次のように報告している。

> ……一人の被験者はジプシーのヴァイオリン弾きであった。実験の前半で見せた彼の音の大きさの弁別閾は極めて大きなものであり、他の被験者にははるかに及ばなかった。しかしながらピッチの弁別閾は大体普通であった。さらに綿密に調べてみてわかったことは、彼が大きさの変化にはほとんど注意をはらわぬことだった。この理由は、ジプシー音楽ではピッチが重要な変化要素と考えられているが、大きさは比較的単調に保たれているためである。このことが被験者によって理解され、音の大きさの知覚の入念な訓練が施された結果、彼の強度弁別閾は正常となった。[★6]

同じことがキャサリンとマックス・エリスによってオーストラリアのアボリジニーについての研究の中で指摘されている。音をより弱くして弾くよう求められると、彼らは単に演奏を止めるのだった。

これとは対照的に、西洋音楽の大げさな強弱変化は、作曲家が音をあたかも遠い地平線のかなたから耳元までどこにでも自由に移動させることを可能としている。この広大な空間と無限の広がりを包含した表現は、ヴァーグナーやドビュッシーの作品において頂点に達している。だが、ここに重要な問題がある。こうしたすぐれた強弱法に呼応するものが、サウンドスケープを集めて遠近法的に再構成しようとする西洋的な知覚習慣の中に認められるか否かである。

本書の最初のほうにある引用をいくつか読み返してみれば、この問いへの答えは得られるだろう。ここでさらにもうひとつの例を加えてみたい。もっともこれは、仕事を通して音の環境について深く考えざるをえなかった人、つまり効果音の技術者によるものであるため、まさに絶品である。

雑多な音を扱うときの問題は、その情景なりそれに伴うコメントや会話を最大限に生かす音を選ぶことである。そうするためには、「三段階プラン」と呼ばれる方法を勧めたい。説明するといくらか制約的に聞こえるだろうが、とどのつまりやることは、どのシーンでも同時に含まれる効果音の数を実質的に制限し、さらにそれぞれの音の優位度を決定することである。

「三段階プラン」では全体の音の情景――いわゆる「景色［scenic］」――を三つの主要部に分ける。すなわち、「直接音」、「補助音」、「背景音」と呼ばれる各効果音である。留意すべきことは「直接音」は聴かれる音であるのに対し、「補助音」と「背景音」の効果は単に聞こえるだけだということだ……

「補助音」は進行中の主題と直接関係のある目前の音に注意を向ける役割をもち、「背景音」は全体の情景を醸し出す役割を担う。

遊園地での実況を例にとってみよう。「直接音」はレポーターの声である。このすぐ後ろにくるのが「補助音」、すなわち彼がたまたま解説中の乗り物の音であり、さらにこれらが小さめの音で入る音楽と群集のざわめきの「背景音」に支えられる。★7

放送技術者の三段階プランは、独奏者、協奏集団、全体伴奏というオーケストラ・スコアの古典的レイアウトとぴたりと一致する。また焦点的聴取を可能とする、前景から地平線までの広がりをもった音の強弱の平面にも呼応する。さらにあえて言うなら、西洋の心理学者の言う図／地／場の分割にも注目すべき近似関係をもつ。

他の多くの社会は遠近法的にものを見る習慣を発展させなかった。エスキモー、中国、ビザンティンの美術を調べてみると、各々の民族がいかに異なった空間知覚の様態をもっているかがわかる。中国美術は、対象を画面全体に広げるが、これは遠近法とはちょうど反対の広い周辺視を示している。もっと風変わりなのはビザンティンの逆遠近法である。そこではしばしば対象が遠くなるにつれて拡大されるのである。エスキモーは、エドマンド・カーペンター☆3が示しているように、しばしば画面の端を越えて裏側にまで描画を続け、それが同一面であるかのように考えているようだ。カーペンターは書いている。

私は、アイヴィリクのエスキモーのなかで空間をまずなによりも視覚的な用語によって描写した者の例をひとつとして知らない。彼らは空間を静的なもの、したがって測定可能なものともみなさないのである。だから、彼らは時間の均等分割をしないのとちょうど同様に、空間を測る客観的単位をもたない。彫刻を行なう者は眼からの視覚的な要求に全く無頓着で、各々の作品にそれぞれの空間を満たさせ、背景や外界のものすべてとの関連なしにそれ独自の世界を作り上げる。……ちょうど音のようにそれぞれの彫り物はそれ独自の空間と独自性（アイデンティティー）を創りあげている。つまり、それぞれが各々の世界を専有しているのである。★8

カーペンターはエスキモーの空間意識が音響的であると考えている。

聴覚的空間☆4には、適当な焦点がない。それは固定した境界のない球形である。物質それ自体によって作られた空間であり、物質を収めた空間ではない。それは仕切られた絵画的空間ではなく、ダイナミックで常に流動し、刻々それ自身の次元を創っているのである。固定した境界もなく、背景にも無関心である。目は焦点を合わせ、一点に集中し、抽象化し、背景と対照させながらそれぞれの物体を物理的空間において配置する。しかし、耳はどの方向からの音も受けいれる。★9

カーペンターが正しいとするなら、エスキモー文化はヨーロッパのルネサンスとはちょうど逆のあり方の例となる。つまりエスキモーの場合、音響空間が視覚空間に影響を及ぼし、また支配すらしているのである。

ジェスチュアとテクスチュア

聴者と音事象との間のある程度の距離感を意味する焦点的聴取が、現代社会の音の壁の前にいかに崩壊しつつあるかをこれまでにも何度か確認してきた。現代のローファイなサウンドスケープには遠近感は存在しない。むしろ音が連続的な存在感をもって聴者を刺激し続ける。世界に音が蔓延するにつれ、音の独奏的ジェスチュアが集合的テクスチュアに取って代わられる。テクスチュアと群集とは相関関係にある。毎日目にする群集の素早い動きは、五感が最初に適応を余儀なくされたある効果をうちたてたに違いない。人々が新しい視覚の技術を修得して初めて、群集は混乱をまねくものではなくなった。都市生活者はのんびりと見るとはなしに立ち現われる光景や興味深い人影に目を走らせることを学んだのだ。ボードレールの多くの詩がこの知覚習慣をあらわにしているが、それはおそらく彼の時代ではまだ新しいことであったろうと考えられる。「耳をつんざく町の流れのただ中で」とボードレールはソネット『道行く人へ』を始めているが、歩行者の群れの中から詩人の感性にその美しさでくいこんでくる一人の女性が偶然に浮かび上がる。

こういったことが、われわれすべてに起こるようになった。われわれは何も探していないのにそれを見出す。特に何も聴いていないのに、突如としてざわめきの中からある音が浮かび上がって図となる。このいわば「非焦点的」聴取のようなものが、過去の時代に存在しなかったというわけではないだろう。しかし、それを助長するような状況が産業革命以後のサウンドスケープのテクスチュアに多くなったことは確かである。

今日、さまざまな種類の統計的問題や確率の理論化が進んだのもまたこの群集化の反映であり、歴史の中でまさしくこの時代に統計学が作曲技術として音楽に登場したことも驚くに値しない。ヤニス・クセナキスは自らの作曲理論を推計論として述べている。彼は「推計論は、大数の法則を研究し、定式化する」と説明し、さらにそれを現代のサウンドスケープの観察から直接に啓示を受けたものであるとも述べている。

しかし、他の道もまた同じ推計論的な合流点へとつながっている。まず、硬い表面にぶつかるあられや雨の音や夏の野のセミの鳴き声のような自然界の事象がある。こういった音響事象は何千ものバラバラの音から出来ている。だがこの音の集合をひとつの全体として眺めれば新しい音響事象となる。この集積した事象は分節され、可変的な時間の型を形成し、それ自身偶然性や推計論の法則に従う。もし、弦楽器のピチカートのような点の音で大きな塊を形作りたいなら、こういった数学的法則を知るべきである。それはいかなる場合でも論理的推論の連鎖の緊密で簡明な表現以上のものではない。何千何万という政治的集会の群集による音響現象を耳にしたことは誰も経験があるだろう。人の河は皆が同じリズムでスローガンを叫ぶ。そして他のスローガンがデモの先頭から湧き起こり、後尾まで広がりながら最初のスローガンに取って代わる。遷移の波がこのように先頭から後尾まで通過していく。喧騒が町に満ち、人を圧倒する声とリズムが頂点にまで達する。それは狂暴さの内に偉大な力と美しさをもった出来事である。やがてデモ参加者とその敵との間に衝突が起きる。スローガンの完全なリズムは混沌とした叫びの大きな塊の中に崩れていき、その崩壊の波がまた最後尾にまで広がっていく。その全体の無秩序の中にいくつもの機関銃の銃声と弾丸の風を切る音がときおり入る様を想像してみよう。かくして、群集はくもの子を散らすように逃げ、地獄絵さながらの響きの後に静けさがはちきれんばかりにたちこめ、絶望と埃と死が満ちあふれる。政治的道徳的コンテクストを別にすれば、これらの事象の統計学的法則は、セミや雨のそれと同じである。それは完全な秩序が全くの無秩序へと連続的あるいは爆発的に移行していく法則であり、それがすなわち推計論的法則なのである。★10

ひとつの音だけが聞こえるときもあるし、多くの音がいっしょに聞こえるときもある。「ジェスチュア」とは単一の事象、ソロ、特別のもの、顕著なものを意味し、それに対し「テクスチュア」は全体的集合や雑色的印象、あるいはぶつかり合い動く雑然とした無秩序をさす。テクスチュアは無数のとらえきれないジェスチュアからなっているとも言えるだろう。ちょうど、集合し塊を形成した場合にのみ知覚されうる単細胞のバクテリアのようなものである。かくして、ひとつのテクスチュアの中の音事象は、統計的に考察されるようになった。このことは、騒音公害に対するコントロールを失った現代社会の多くの都市で手がけられつつある数えきれないほどの騒音レベル調査においてみることができる。

しかし、サウンドスケープ研究者は集合と個とを混同してはならない。それらはけっして同じものではないのだ。サウンドスケープ研究者は常に、次のようなゼノンの逆説を忘れるべきでない。「もし一袋の穀粒を床にぶちまけてある音がするなら、それぞれの粒が、あるいはその粒のそれぞれの部分も同様の音をたてるはずである。しかし実際にはそうならない」。

音の集積であるテクスチュアは個々の音が単にたくさん集積したものではなく、何か別のものである。どうして音事象の精細な組み合わせが「集積」でなく「別のもの」と化すのか、これは最も興味をそそられる幻聴のひとつである。

広帯域にわたるテクスチュアはまた、別の耳の錯覚を生じさせる。つまりそのような音の中に他の音が聞こえてくることがよくあるのだ。ブルース・デイヴィス[☆5]と私が海の自然の複合雑音と電子音、それに海に関する詩の朗読をミックスして《オケアノス》[☆6]という作品を作っていたときのことを思い出す。波の音のテープを相手に何時間も仕事をしていると、そのうちにその波の音の中に、そのプログラムの別の部分の音をしばしば聞いたものだった。あたかも沈んでいたものがあるとき知覚上に浮上し、またくだけ散る水によって忘却へと運び去られるがごとくであった。

心理学者にはこの種の幻聴は知られている。ピーター・オストワルドは魅力的な小著『サウンドメーキング』の中で、ホワイトノイズで九デシベル、マスキングされた赤ん坊の泣き声を精神

病院の患者グループに聞かせた結果について報告している。聴き手は赤ん坊の声を以下のようにさまざまにとらえた。★11

●「叫び声、誰かの耳をとらえようとしている人の声、興奮した音」
●「……誰かがわめき、それがこだましている」
●「ハンマーで打つ音の混じる騒がしい工場」
●「巨大な機械、発電機そして……人々が互いに叫び合っている」
●「高い音、トランペットのようなキーキーした響き」

海の複合雑音は実験室のホワイトノイズに似ている。同じ波は存在せず、また同じ波でさえもテープで何度も聴くたびに新しいイマジネーションをかきたて続ける。「二度と同じ水に触れることはできない」と言ったのはヘラクレイトスだ。

こういった不思議な力をもった音は他にも多い。たとえば風は、いたずら好きであるという点では海以上かもしれない。その耳の証人として第一章に引用したヘシオドスの『神統記』の中の風神テュフォンの矛盾に満ちた声を思い起こしてみよう。『絵画論』の中でレオナルド・ダ・ヴィンチは「鐘の音、そのすべての打音からあなたが想像できうるすべての言葉を聞くことができよう……」と述べている。同じ言葉を何度も何度も繰り返し、心が催眠状態になったとき新しい言葉の音が聞こえてくる場合も同じことである。マントラの機能とはそういったものである。なぜ、ある音が幻聴を生みだすかはおそらくけっして満足には説明されえないであろうし、またそうされるべきでもない。なぜなら説明を試みれば象徴としての音のその豊かな魅力を減じてしまうだろうからである。

原注

★1——私が言及している著作は、アルンハイムの『美術と視覚』〔ロサンゼルス、一九六七〕〔波多野完治・関計夫訳、美術出版社〕とゴンブリッチの『芸術と幻影』〔ニューヨーク、一九六〇〕〔瀬戸慶久訳、岩崎美術社〕である。

★2——George A. Miller, *Language and Communication*, New York, 1951, pp. 70-71. 参照。

★3——たとえば H. A. Wilmer, "An Auditory Sound Association Technique," *Science*, 114, 1951, pp. 621-622, また D. R. Stone, "A Recorded Auditory Apperception Test as a New Projective Technique," *The Journal of Psychiatry*, 29, 1950, pp. 349-353.

★4——Otto Laske 博士との私信。巻末のサウンドスケープ用語集も見よ。

★5——Alan Edward Beeby, *Sound Effects on Tape*, London, 1966, pp. 48-49.

★6——Georg von Békésy, *Experiments in Hearing*, New York, 1960, p. 6.

★7——Alan Edward Beeby, *op. cit.*, p. 12.

★8——Edmund Carpenter, *Eskimo*, Toronto, 1959, p. 27. マクルーハン『グーテンベルクの銀河系』、前掲訳書、一〇四頁。

★9——*Ibid.*, p. 26.［マクルーハン、カーペンター共著「音響的空間」大前正臣他訳『マクルーハン理論』サイマル出版会、三三—三四頁。］

★10——Iannis Xenakis, *Formalized Music*, Indiana, 1971, pp. 8-9.

★11——Peter F. Ostwald, *Soundmaking*, Springfield, 1963, pp. 119-124.

訳注

☆1——Giovanni Gabrieli　一五五三?—一六一二?。ヴェネツィア楽派の代表的作曲家の一人。《弱と強のソナタ》は音楽に強弱記号を使用した最も古い例のひとつとして知られている。

☆2——Georg von Békésy　一八八九—一九七二。ハンガリー生まれの物理学者。電話の研究から聴覚研究へ入り、一九六一年ノーベル生理・医学賞受賞。

☆3——Edmund Carpenter　カナダの人類学者。マクルーハンの高弟。

☆4——聴覚的空間［auditory space］はマクルーハン＝カーペンター用語。シェーファーの聴覚空間［aural space］と区別した。

☆5——Bruce Davis　一九四六—　カナダの作曲家。一九七一年、サイモン・フレーザー大学に音楽の講師として赴きWSPに参加する。

☆6——《Okeanos》一九七一年、WSPの本部ソニック・リサーチ・スタジオでつくられたシェーファーとデイヴィスの共作、九〇分のテープ作品。

第十一章　形態学

形態学（モルフォロジー）とは形態と構造についての学問である。一九世紀に造られた言葉で、最初は進化論者によって生物学的形態の発達の研究において使われた。しかし、一八六九年までには言語学者によっても用いられるようになり、抑揚や単語の形成における規則性を意味する。

私がこの用語を使うのは、時間あるいは空間に由来する音の変容についてこれを用いたいからである。類型学が音をその形態や機能にそって分類する体系であるとすれば、形態学は時間的あるいは地理的な流れにそった変形や進化的変容を明らかにするために同種の形態や機能をもった音を集めることである。つまり形態学は一点集中型と縦断型の両方の技法を可能にしてくれるものと言える。具体的に言えば、たとえば工場のサイレンの進化の研究に形態学的な技法を使う場合、時代とともにその音の物理的要素がいかに変化したかを明らかにすることもできれば、同じ工場サイレンを他の社会で同様の目的で使われているものと比較することもできる。これもまた形態学的研究であろう。[*1] ある意味では本書の第一部全体がサウンドスケープの一般的形態論のエッセイであったと言えるのだが、真の形態学的探究には同種の音のグループに特に焦点を絞ってみる必要がある。

ハロルド・イニス[☆1]は『帝国とコミュニケーション』の中でひとつの真実を言いあてているのだが、彼のグーテンベルク的な偏見により、それを部分的にしか表現できていない。「時間に重点を置くメディアは羊皮紙、粘土、石のように耐久性に富み……空間に重点を置くメディアはパピルスや紙のようにより耐久性に乏しく、そして軽い[★1]」。彼は「音のように耐久性に乏しく」と言うべきだったかもしれない。なぜなら、社会を形成する上での音の真の意味合いは、その空間的拡散性にあるからである。それは共同体の輪郭づけとしての音のプロフィールをとらえてみれば明確に理解されよう。そして、真のパラドックスは、音が時間の中に発せられると同時に、時間によってかき消される点にある。ここにサウンドスケープ形態学の時間軸上アプローチの困難さがある。われわれに残された信頼できる過去の音の人工遺物の数はあまりに少ない。それはちょうど楽器博物館に行って、その全部の楽器が毀れたり動かなかったりするのを発見するようなものである。サウンドスケープ形態学は、少なくともテープレコーダーの発明以前のものに関しては、当て推量の域を越えられないのが常であろう。しかし、徹底した形態学的研究に望ましい大規模なデータベースを欠いているとはいえ、その一般的方法論を概述することはできよう[*2]。

木からプラスチックへ

考えるべき最初のものは、さまざまな文化や社会における基礎的素材である。地球の各地域には特定の素材が豊富にあり、それが住居や家庭用品、工芸品の製造に使われる材料となる。すなわち、木、石、竹、金属といった素材である。そしてこれらの素材が切られ、削られ、鋸でひかれ、たたかれ、粉砕されるときそれぞれ特有の音を発する。すでに述べたことだが、中央ヨーロッパでは最初の建築材料は木、次に土地が切り開かれると石に代わり、今日では家、通り、町、国を相互につなぐのは生コンクリートの果てしない帯である。これに対し北米西海岸は、いわば「石器時代」を経験することなく木の時代からいきなり灰色の現代へと変わりつつある。

さて、それでは人類はどのように木を挽いてきたのだろうか？『農耕詩』の中でウェルギリウスは木工技術史上、極めて重要な転換点を書き残している。

つづいて現われたのが、強硬なはがねとかん高い音をたてる鋸の刃だ（昔はくさびを使って木を割ったものだが）。[★2]

かん高い鋸の刃はウェルギリウスの時代（紀元前七〇年頃）には比較的新しい音であり、二行目の言葉は木を処理するそれ以前のやり方へのノスタルジアを表わしている。ウェルギリウスの同

＊1――これら二つのタイプの研究法と、構造主義者がパラディグム的連関とシンタグム的連鎖と呼ぶものとの間にはある種の類似性があると考えられるが、こういった錆びた鉄を舌の上にのせたような言い方を使わないのが一番だと思う。

＊2――より限定した範囲の特定のフィールド研究においては、形態学的アプローチをより体系的に適用できるだろう。特に、われわれの研究『五つの村のサウンドスケープ』ヴァンクーヴァー、一九七六年を参照。

時代人であるキケロとルクレティウスも鋸の音質に非を唱えている。キケロは「ギザギザのきしり」の不快な音について述べ、[★3]ルクレティウスは「耳ざわりな鋸のギコギコと擦れ合う音」について報告している。木工技術のその次の新展開も、現代の詩人エズラ・パウンドの鋭い耳によって記録されている。彼は戦争に狂った『詩篇第一八』(一九三〇年頃)の中で、このことを深く受けとめた。

そこに着いて最初にデイヴが始動させたのはブーンとうなる鋸だった。
そして、彼はそれを黒檀の丸太にあてがった。
ウィーン、ズズズズ、二日の仕事が三分だ。[★4]

前にも述べたように、テヘランのタフテ・ジャムシドの石工の槌音は、石に関しての同様の変転を思い起こさせる。石を割る単発的な衝撃音がセメント・ミキサーのゴロゴロうなる定常音に取って代わられた(しかし、ハンマーの金属的打音は木製の合い釘から金属釘に代わると復活し、ジャックハンマーは流したコンクリートをかち割って穴を作るほうが最初から穴をしつらえるよりも経済的となるや否や必須のものとなってしまった)。

金属の導入の歴史研究は発音素材の形態学について多くを教えてくれる。たとえば紀元前五〇〇〇年から四〇〇〇年頃には、銅と錫が溶かし合わされ青銅の新しい重要な音が作られる。後年それが大砲や教会の鐘の中に自らの最も英雄的な響きを見出すことになる。青銅はヨーロッパ、中東、中国（紀元前一六—一一世紀の商〔殷〕王朝以前）においていずれも最初に用いられた金属であった。一方、インド人は別の合金を作り上げていた。銅と亜鉛を溶解させた真鍮である。その音のちがいは、今日でもインド大陸で作られている複雑な意匠を凝らした大皿や鐘で試すことができる。

紀元前一〇〇〇年頃始まった鉄の精錬とともに、その製造過程と製品の双方において新しい音が生まれることになる。シャルルマーニュの伝記作者の一人は九世紀頃、この男性的な金属をより進んだ戦闘の方策と結びつけ、その響きについて次のような力強い記述を残している。

そこに登場したのが頭を鉄の兜、こぶしに鉄の手袋をまとい、胸そして神々しい肩を鉄のよろいで身をかためた鉄の男、シャルルマーニュであった。左手には空に向けた鉄の槍を持ち、右手には征服されざる剣を握る。乗馬をたやすくするため普通の者は腿には防備を付けないが、シャルルマーニュは鉄の装甲に覆われている。彼のすねあてと言えば、彼の全ての兵士たち同様、鉄製であった。彼の防御は全て鉄であった。彼の馬は鉄色にきらめき、その気性も正に鉄のごとしであった。彼の前を走るものも横に伴うものも後に続くものも同じ鉄に覆われており、身につけるものも考えられる限り、シャルルマーニュにそっくりだった。鉄は野を原を埋めつくした。太陽の光はこの鉄の戦線によって照り返され、鉄より堅固なこの軍団は正に鉄の堅固さに忠順を尽すがごとくであった。独房囚の青白き顔色もこの鉄の輝きの前に一層青くなる。「おお鉄だ！　鉄だ！」そんな混乱した声がパビアの市民からあがった。

強い壁も鉄の前には震撼した。若者たちの心意気もこの年長の男たちの鉄の前には次第に火が消えていった。★5

ガラスもまたちがった特徴ある一連の音をもたらした。ガラスはヨーロッパに一二世紀までに導入され、一四四八年までには（ピッコロミニのアエネアス・シルビウスによれば）ウィーンの家屋の半数は窓にガラスをとりつけていたという。鉄とは対照的にガラスは女性的存在である。そのダルシマー的音色はゴブレットの触れ合いに聞くことができる。その響きはワインの賞味の席に音響的色合を添え、その会をミクストメディア的な体験の場に仕上げる。あるいはグラス・ハーモニカの柔らかくゆらめくような音色は、ジャン・パウルのようなロマン主義者がお伽の国を呼び出すのに用いた。そしてガラスは割れる時、女の泣き声のごとく胸を裂く。

ガラスはまた、ヨーロッパの基調音をなすもののひとつであった森の消滅と関わりをもっている。鉄の精錬同様、ガラス作りのためには莫大な森の面積を消失させる必要があったのである。

二〇世紀になってからは、ガラスは次第に他の素材に取って代わられるようになった。最初はセルロイドに、そして次にプラスチック――この鈍い声を出す、無類に内向的な万能の現代的素材――にである。

足からタイヤへ

交通の音も形態学的探究の対象となろう。すべての人がこの行動に毎日費す時間の長さを考察すると、その結果に応じて生み出される基調音が前景に浮上し、われわれの生活への影響を把握し始めることができるだろう。すでに、裸足から木製の靴、皮靴、すべり止めを打った靴などに至るいろいろな足音について触れてきた。ウォーキングとダンスの両方において、足音は派手な表現によく用いられる。さらに、ペルシアやアラビアの女がよく身につけた小さな足首の鈴——マホメットはそれを戒めた[★6]——を思い起こす人もいるだろうし、オーストラリアのアボリジニーが踊りの際に膝のあたりに結びつける大きな葉の束を思い起こす人もあろう。[*3]

もし社会の脈拍というものを測りたければ、測るべきものは心拍ではなく足取りの振り付け（コレオグラフィー）のテンポである。イタリア人のほどよい足取りは音楽のアンダンテ（*andare*＝歩く）となり、宮廷人の敏活なクーラントや、飢えて背を曲げた農民の荒く重々しいペサンテと対照的である。そう、すべてはここにある。つまりある社会の勢いを知るには、そこの人々の歩調を観察すればよいのだ。それは断固たるものか、向こう見ずなものか、冷徹か、ひきずった感じか、無作法であるか？　歩調は社会の一般的テンポに背くこともある。たとえば、北米人はおそらくどの時代よりペースの速い社会に住んでいるのだが、世界で最ものろい歩行者となってきている。事実、車の速度が増しただけアメリカ人の歩調は落ちている。

足音の単発的な衝撃音は、車輪の音の平坦線へと収まっていく。整地されていない大地の上でガタガタと音をたてていた最初の車輪を想像してみよう。次に、その変遷を考えてみよう。スポ

＊3——マオリの女性の腰蓑［*piu piu*］がすれ合いサラサラ鳴る音も同様にまことに美しい。

ークを使った軽い車輪、金属板を巻き付けた車輪、大砲に取り付けられた重い鉄製車輪、シュッシュッと蒸気を吐く蒸気機関車の車輪――これらの車輪の音は衝撃音と平坦線との中間にあたる。というのもこれらのリズムは、最終的なスピードアップの段階で蒸気機関車から完全に解放され、ピッチをもつ騒音となったのだが、それは内燃機関が発明されてからのことなのである。しかし空気タイヤにもヴァリエーションはある。雨の中でのシューという音、スノータイヤの重いハム音やスパイクのゴロゴロ音というように。

ホルンから電信へ

通信システムは著しい音響的変貌をとげてきた。音によるすべての通信システムは人間の声をより遠くへ到達させるという同じ目的をもっている。また、遠隔地へ送られたメッセージを改善し精密にするという目的もある。人間の声を拡張した最初の音響的用具のひとつはホルンだった。最初のホルンは攻撃的で恐ろしい音の楽器で、悪魔や野獣を追い払うのが目的だった。しかしこの段階においてすでに、邪悪に打ち勝つ善の力を示すというこの楽器のもつ温和な性格が認められる。この性格はホルンに常についてまわり、戦地での軍隊の信号手段として使い始められた時でさえ失われることはなかった。われわれはギリシア人とローマ人がさまざまなホルンとトランペットを戦場で使ったことを知ってはいるが、それらがどのように使われたかは正確にはわからない。対話をするホルンの最初のものは、われわれのよく知っているアルプホルンである。それはヨーロッパにおける最初の遠距離通話器(テレホン)であった。

しかし、本当の洗練度から言えば、アルプホルンはアフリカの遠距離通信(テレグラフ)ドラムにはるかに引けを取っている。二つのドラム（高いものと低いもの）が用いられ、また時には異なる種類の打ち方が使われることもあるとはいえ、基本的に用いられるのは二進コードに限られる。そのような制限内では複雑なメッセージを伝達するのは不可能に思えるかもしれない。しかし、そんなことはない。あいまいになりそうな時には、冗長にすることによってメッセージを明確にすることができる。たとえば、もし「月」と「鳥」の信号が、高音のドラムの二打ちで同一なものである（コンゴのロケレ族の場合）とすれば、次のように各々の語に説明句をつけて意味を明確化する。

月は大地を見下ろす
songe li tange la manga
HH LH HL LL LL
鳥はキオキオと言う小さきもの
koko olongo la bokiokio[★7]
HH LHH L LHLHL

音の起伏と音の刻み両方をもったアフリカのトーキング・ドラムは、静かな夕べなら六〇マイル先[★8]でも聴こえるが、おそらくかつて考案されたなかでも最も優雅な信号システムとなってメロディーとリズムを融合する。これに比べればローランの巨大なオリファン[☆2]は野蛮の一語に尽きる。

バロック時代の狩りの角笛やトゥルンとタクシスの郵便信号にみられるように、ヨーロッパの通信システムにおいてはリズムよりもメロディーのほうが重視されていた。しかしそれも、モールス信号のカチカチいう音によって再びメロディーなしの平らなものとなった。そして、ちょうどドイツで最後の郵便ホルンが消えつつあった一九三〇年頃、ラジオのおかげで人々は、コンサートを聴きに野外に出かけなくてもすむようになった。また、ラジオによるコマーシャルの放送の開始と同じ頃に路上の売り声も消えていったのである（もちろん、遠隔地へ声を送るのは電話によりすでに可能となっていた）。

通信システムにおける音楽的要素の導入と排除（あるいは少なくともメロディーに対するリズム優位、またはその逆）といったテーマはサウンドスケープ・デザイナーの興味をひくだろう。しかしこのテーマを研究するには、さまざまな通信システムをずらりと並べてみる必要がある。

ラチェットからサイレンへ

さまざまな共同体を扱う場合、最も高い建て物に注目するだけで、そこでの最も重要な社会制度は何かを興味深く推理することができる。同様に共同体の信号音の中で最も目立つものの変化に関する研究も、形態学的調査の興味深いテーマとなるであろう。たとえば、共同体の同時代における一組の信号音の強さが測定されるならば、共同体の環境騒音のレベルの変化に関する極めて精密な見解を明らかにすることができる。[*4]

ここで、異なる共同体の、さまざまな時代における火災警報の方法を考えてみよう。この仕事が真に啓示的であるためには、ひとつの文明における一点を深く掘りさげる研究に制限されるべきか、あるいは数多い現代文化の中の装置を比較するという共時的な断面図の形態をとるべきであろう。しかし、私はこれまでのところこれをするほど情報を手に入れていないので、ごく一般的な方法でこのテーマを扱うことにしたい。

モーツァルトの時代（一七五六―九一）、ウィーンは大変静かで、火災警報は聖ステファノ大聖堂の頂上に登って叫ぶくらいで十分だった。[★9] 同様に初期の北アメリカでも、消防署には見張りの高い火の見やぐらがあった。早くも一六四七年、ニューアムステルダムの知事は、夜間マンハッタンの街路をパトロールするための監視員を任命し、彼らには警報を鳴らすためのがらがら（ラトル）あるいはラチェット〔回し歯車〕を身につけさせていた（すでになくなっているが同じ装置を使っていた興味深い例は、戦時中ロンドンで市民防衛監視員が各々身につけていて、ドイツの毒ガス攻撃の際に鳴らすことになっていたラチェットである。そのような音具によって発せられた音は意外に大きく、われわれは三・五メートルの地点で96dBAという値を測定した）。

イギリスの消防車には、初めはゴングが使われていた。二〇世紀初期になるとモーターで動く装置の出現とともに、ベルが使用されるようになった。

サイレンは、第二次世界大戦後になって初めていくつかの消防団によって導入されたが、べ

＊4――そして、音響工学者に問い合わせるよりもはるかに安上がりである。本書第十四章参照。

ルは長い間イギリス消防隊の消防車に用いられていた伝統的な音の警報だった……しかし一九六〇年代には、交通事情の悪化と、より大型のディーゼルエンジンをもった商業車の使用が増加したため、四つの異なる警報装置を使ってたびかさなる試験が行なわれた……これらの試験の結果、消防車に対して二音から成る警報装置の使用を標準化することが決定された。その後これは、その他の緊急車両、すなわちパトカー、救急車にも採用され、現在ではその使用は緊急の場合に限定されている。★10

二音からなるこの耳慣れた警報装置は一九六四年に取り入れられたのだが、その大きさは静かな条件下で五〇フィート離れた地点で88dBAを下まわらないものと定められていた。★11

私のファイルに留められている二つの新聞の切り抜きは、カナダ諸都市がかなり早い時期にベルからサイレンに切り換えたことを示している。

ガーン、ガーン！　見よ、火の粉がふりかかる中、けたたましい響きをたてながら突進していく消火機械を！　そして、ヘルメットにゴムのコートをしっかりと身につけた消防士たちを。胸の鼓動の生き生きと力強く熱い男たちを。明るい希望と期待に満ちている男たちを！　通りを下っていく荒々しい疾駆、馬たちの狂ったようなスピード、腰掛けにわが身を縛りつけた御者、放水車やはしご車、消防車にハエのようにぴったりとはりついた男たち！★12

以上は一八九九年、ヴァンクーヴァーの馬に引かれた最初の消防車についての記事である。しかし一九〇七年以後、消防署から飛び出していくモーター付きの消防車は、もはや同じものではなかった。

狼のような長い遠吠え、突然の交通遮断、そしてモーター付きの大型消防車はかん高い悲鳴をあげながら通りを下っていく。その後ろにははっきりした轍が残され、それをめがけてイスラエルの民が通った跡に流れ込んだ紅海の水のように、人々と車の波がなだれ込む。運転手はハンドルの上におおいかぶさり、そして彼の横にはひとりの男が身をかがめ、サイレンのクランクをぐるぐる回しながらその恐怖におののく叫び声を送り出している。★13

北アメリカでは回転式の円盤型サイレンが、消防車、救急車、パトカーといったすべての緊急車両に用いられている。一方ヨーロッパでは、短三度（スウェーデン）、完全四度（ドイツ）、あるいは長二度（イギリス）といったさまざまな音程に調律された二音から成るサイレンを用いている。円盤型サイレンが北アメリカに導入されて以後の主な変化は、音の出力ボリュームだった。われわれが一九一二年型の車についているサイレンを測定した結果、三・五メートル離れた地点で88〜96dBAであった。一九六〇年までに、サイレンの音の強さは五メートルの地点で102dBAという値にまで上がってしまった。近年では、新しいタイプのキャンキャンいうサイレンが緊急車両に導入されているが、その音は前述と同じ距離で114dBAを記録している。アメリカ合衆国は目下、パトカー用のキャンキャンサイレンを制作中だが、それは三・五メートルの地点で122dBAである。そんな威嚇的な装置を使っては、愛される警察などにはとうていなれないだろう。[★14]

形態学的研究のもつ価値についての結論

私はこの形態学的研究というテーマが非常に示唆的であり、いつかはよりシステマティックな調査を生み出すことを望んでいる。テープレコーダーのおかげで、現代のサウンドスケープに関するそのような仕事は完全に実行できるようになっているし、実験室での分析と提携すれば、録音された音を次々と集め、それらの物理的変化を容易に分析できるのである。

変化がかなり規則的に進行しているように思われる場合もあるが、まるで突然変異のようにその変化が急に中断される場合もある。サイレンがベルに取って代わったことはそのひとつの例である。伝統的な音を根本的に新しい音に取り代える前に、サウンドスケープ・デザイナーは社会的に十分に確立された音に具わった強い象徴性を考慮し、極めて慎重にその問題を検討すべきである。

今まさに、多くの国々において霧笛は自動的に操作されるようになってきており、それらの響きの特性は大きく変わりつつある。耳慣れたダイアフォンやタイフォン[☆3]のあの忘れることのできない低い響きは、よりピッチが高く、届く距離も短い電気的警笛に道を譲らなければならない。カナダの漁師たちはそれを気に入っていないし、電気の警笛は聞き取ることができないと言っている。しかし運輸省は、大西洋と太平洋の両沿岸から、昔ながらの霧笛を取り除き始めている。

ときには、新しい技術が耳慣れた音を一部だけ変えることがある。電気的サイレンの場合がそうである。昔の円盤型サイレンと同じ音の起伏を保ちながらも、瞬間的なスイッチの切り換えによってそのグリッサンドのアーチを切断している。新しい電気型キャンキャン方式では、テンポが古いサイレンより約四倍にも増しており、新しい信号音が古いものから徐々に形が整えられるにつれて、元の装置がもっていた音の粒子が粗くざらついた効果も失われるようになった。

サウンドスケープの変遷の中にも、言語の形成に認められてきたような何らかの形態論的な規則性があるか否かを知るにはまだ時期尚早である。調査が進行した際にこれと同じような価値をもつのは、母型音（マトリックス・サウンド）とでもいうべきものの発見だろう。私がここで考えているのは、異なった文化の中で生じ、あるいは歴史を通じて繰り返される不変の物理的特性をもった、常に同一の一般的な意味合いをもつような音である。視覚のデザイナーにとって幾何学的な形態の知識が有益であるのと同様、サウンドスケープ・デザイナーにとっては母型音（マトリックス・サウンド）の知識が役立つのではないだろうか。それらの音はまた、強力な象徴性を帯びているに違いないのだ。

原注

★1——Harold A. Innis, *Empire and Communications*, Oxford, 1950, p. 7.

★2——Virgil, *Georgics*, Book I, lines 143-144, trans. C. Day Lewis, *The Eclogues and Georgics of Virgil*, New York, 1964.
『牧歌・農耕詩』、前掲訳書、一九〇頁。ウェルギリウスの原文は、*tun ferri rigor atque argutae*

lammina serrae (nam primi cuneis scindebant fissile lignum).

★3――Cicero, *Tusculan Disputations*, V, 40: 116; および Lucretius, *On the Nature of Things*, II: 10.

★4――*The Cantos of Ezra Pound*, London, 1954, p. 87.

★5――Notker the Stammerer, *Life of Charlemagne*, trans. Lewis Thorpe, Harmondsworth, Middlesex, 1969, pp. 163-164.

★6――Qur'an, Surah XXIV, vs. 31.

★7――J. F. Carrington, *Talking Drums of Africa*, New York, 1969, p. 33. からの例。

★8――E. A. Powell, *The Map That Is Half Unrolled*, London, 1926, p. 128. による。

★9――Kurt Blaukopf 教授との私信。

★10――Sir Henry Martin Smith, 王立消防署主任調査官との私信。

★11――Home Office, Fire Service Department, Specification No. JCDD/24, April, 1964.

★12――*B. C. Saturday Sunset*, September 21, 1907, p. 13.

★13――"The Flame Fighters" by Garnett Weston in *British Columbia Magazine*, June, 1911, p. 562.

★14――Kenneth Laas, Federal Sign and Signal Corporation, Blue Island, との私信。

訳注

☆1――Harold Adams Innis　一八九四―一九五二。カナダの経済史学者。マクルーハンに影響を与えた。

☆2――中世の騎士たちが用いた象牙製のホルン。

☆3――いずれも霧笛の商品名。

第十二章　シンボリズム

環境の音は、それぞれが指示する意味をもっている。サウンドスケープ研究者は音を単に抽象的な音響事象としてのみでなく、音による記号、信号あるいは象徴としても研究すべきである。記号とは、物理的現実の表象（楽譜のCの音、ラジオの入―切のスイッチ等）である。記号は音そのものではなく、単に何かを指し示すものである。信号はある特定の意味をもった音であり、直接ある反応を引き起こす（電話のベル、サイレン等）。それに対し象徴には、より豊かな内包がある。

C・G・ユングは次のように書いている。「言葉やイメージは、それが明白で直接的な意味以上の何ものかを包含しているときに、象徴的なのである。それは、より広い『無意識』の側面を有しており、その側面はけっして正確に定義づけたり完全に説明したりされないものである」[★1]。音事象は、それが機械的感覚や信号的機能を超えてわれわれの情動や思考をかきたてるとき、あるいは心の深い奥底に響くような超自然性や反響があるとき、象徴的である。

ユングは『心理的類型』という本のなかで、「地球の各地で土着的にあらわれるにもかかわらず、同一である象徴」の類型について述べている。この象徴は「同じ世界規模の人間の無意識かから形作られるが、それは無意識の内容の多様性が人種や個人の数よりもはるかに限られているからである」[★2]。こういった「原初的形態」の象徴をユングは「元型（アーキタイプ）」と呼んだ。これは祖先から代々受け継がれた原初的な体験の型で、原始の時代にまで遡行しうるものである。それ自体知覚上に浮かびあがることはなく、夢や芸術作品、ファンタジーの中にあらわれるものである。
この章ではある種の音が強い象徴的性格をどのようにもっていて、そのうちの最古のもののいくつかが元型的象徴としてどのように作用するかを示してみたい。

海への回帰

すべての音の中で、原初の生命要素である水は、最も見事な象徴性をもっている。そこで、第一章の最初のテーマをもう一度取り上げてみたい。雨、流れ、泉、川、滝、海はみなそれぞれ独自の音を出すが、共通の豊かな象徴的意味をもっている。つまりそれらは、浄化、純化、回復、再生を意味するのだ。

海は常に文学、神話、美術における人間の最も重要な象徴のひとつだった。海は、止むことない存在、永遠性の象徴である。また、潮の満干や波の動きから、海は変化の象徴でもある。ヘラクレイトスは言った、「同じ水に二度触れることはできない」。海はエネルギー保存の法則をあらわしている。すなわち水は海から蒸発し、雨となり小川となり河となり、最後にまた海にもどる。海は復活の象徴でもある。水は死なないのだ。水はまた、重力の法則からも自由だ。低きに流れ、蒸気となって舞い上がる。W・H・オーデンの言葉によれば、怒りを象徴するとき海は「野蛮な無定形と無秩序である。文明とはそのような状態から抜け出したものだが、神々と人間が努力して守らねば、いつでも逆行する危険がある」。オーデンは続ける、「海は永遠にわたる選択、誘惑、堕落、救済といった決定的な出来事のおきる場である」[★3]。

「汝が我を海の直中の深みに投げ入れたがために、そして大洋が我をとじこめたがために、汝の潮も波も我が上を通り過ぎるなり」（ヨナ書二章三）。ヨナのごとく堕落と混沌の淵から救われることは、常に再生として解釈される。というのも、水の奇蹟とは、水が永遠の破壊者であると同時に偉大な救済者であるという点なのである。ユングは言っている。「水は無意識の最も一般的な象徴である……それゆえ心理学的には水は無意識となった魂を意味している……奈落への下降は常に上昇に先立つものであるようだ」[★4]。

ギリシア人は地図に描かれ航行できる海ポントスと、無限の水の世界であるオケアノスとを区別していた。ポントスはユークリッド幾何学の閉じられた世界に符合し、オケアノスは神秘と混乱を意味した。未知の海での嵐は前兆も跡形もなく舟を飲み下すからである。オケアノスの混沌はまず嵐の海の音によって表わされている。海が怒っているとき、全可聴スペクトルにわたって等しいエネルギーをもつ。すなわち全周波数にわたるホワイトノイズとなる。しかも、スペクトルは刻一刻と変化し、あるときは低い振動が支配し、またあるときは高くヒューヒュー鳴ったりするが、どちらも実際に消えることはなく、変化するのはそれらの相対的な強さである。その印象は音響エネルギーの連続的な流れとして表わされる莫大で圧倒的なある力である。海の嵐の場合、波のひとつひとつの音はもはや聞き取れない。波の動きが聴きわけられるのは舟の中だけである。舟が横や縦にゆれるにつれ、舟壁が激しくうなり震える（そんなふうにして太平洋の暴風の中で、かつて波の時間を計ったことがあるが、六〜一一秒だった）。

海は荒々しい力を象徴し、陸は安息を象徴する。その両者のせめぎ合いは岩にくだける波に聴くことができる。その同じ声色の中で連続と断続をこれほど見事に結合した音は他にない。水際へやってくると、荒ぶる力は規則的な拍に道を譲り、驚くべきやり方でその響きのもうひとつのほうの性格、すなわちリズム的秩序を示しだす。海が静かになるにつれてリズムがカオスに取って代わる。そして最後には穏やかな楽の音を秘めながら、水平線のかなたからたち登るさざめきとなって響く。バルト海沿岸生まれのトーマス・マンは『トニオ・クレーゲル』のなかで次のように回想している。

彼はヴァイオリンを弾いた。下の庭の老いた胡桃樹の枝かげにゆらゆらと立ち昇っている、その噴水のささやきのなかへ、奏で得る限りひそやかに奏でた調べを響き込ませる時と、ほぼ似たような満悦を彼に与えるのであった……その噴水、その老いた胡桃樹、そのヴァイオリン、それから遠くの海——それはバルト海で、休暇になると、彼はその海の夏らしい夢をぬすみ聴くことができた——こういうものが彼は好きだった。こういうもので彼は云わば自分のまわりに垣を作った。そしてこういうものの間で、彼の内的生活は展開して行ったのである。★5

現代人は海から遠ざかっている。船旅は空の旅に取って代わられた。どんな場所よりも低い海は、汚物が投げ捨てられる溝のごとくになってしまった。「海の緑のさざめく塔」を離れ、陸に閉じ込められ、心の波立つことない現代人は海を〈サウンドロマンス〉としてとらえている（われわれの音の選好調査がこのことを明らかにしている。三〇一頁および巻末付録Ⅱを参照）。現代人はまた、夏の浜辺のひいては寄せる波が単にくつろいだ呼吸と韻をふむだけだと信じている。しかしながら現代人は、古代の美術や儀式の中で海を恐れおののく存在としている超生物的リズムとの接触を失いつつあるのだ。思い出のすべてはロマンスになるのであろうか？　もしそうなら、海はその最初の例である。

風は気まぐれ

荒々しく挑戦的な海と比べ、風は気まぐれでとらえがたい。顔や体への風圧の触感なしには、吹いてくる方向さえも知ることができない。それゆえ、風は信用できない。「風は思いのままに吹く。あなたはその音を聞くが、それがどこからきて、どこに行くかは知らない」（ヨハネによる福音書三章八）。ユングは風を霊の息吹きとして語る。

水を生き返らせる奇蹟を起こすためには、人間が水の方へ降りていかねばならない。しかし暗い水の上を吹いてくる霊（ガイスト）の息吹きは、自分がその原因でない、あるいはその原因を知らない者にとっては無気味である。それは見えざる臨在、ヌーメンを暗示しているが、人間の期待や任意の創作によって生まれたものではない。それは勝手に生きており、疾風のように不意に人間を襲う。人間にとって霊(ガイスト)とはいつでも、彼が信じているとおりのもの、自分で作ったとおりのもの、本に書いてあるとおりのもの、皆が話しているとおりのものであった。それが勝手に向こうから現われてくるときには、それがお化けに見えるので、素朴な人は原始的な恐怖に襲われる。ケニアのエルゴン人の長老たちが、「夜の神様」が出るときの同じような感じを私に話してくれたことがあったが、その神様を彼らは「恐怖を作る者」と呼んでいた。彼らが言うには、「そいつは冷たい疾風のようにやってきて身震いさせるかと思うと、背の高い草の中をヒューヒューいいながらグルグル回ることもあるんだよ」。これは幽霊の出そうな静かな真昼間に葦の中を笛を吹きながら徘徊して牧人たちを驚かす牧神のアフリカ版である。[★6]

ユングの言っていることには語源学的根拠がある。魂を表わす古いドイツ語は *saiwalô* であり、これは「すばやく動く、ずるい、あてにならぬ」の意のギリシア語の *αιολος* からきていると考えられる。

風の幻覚的特質を典型的に示しているのはエオリアン・ハープである。その忘れ難くとらえ難い音はロマン主義者たちに特別の情感をもって受け取られた。ノヴァリスは書いている、「自然とは一個のエオリアン・ハープだ。この楽器の音はわれわれの内なる高次の弦のつまびきから生まれる」[★7]。しかし風は時として、全く邪悪な性格をもつと思われることもある。ドイツのフェーンやアメリカのチヌーク風のように、死それも概して自殺といった異常行動の因としてあげられることのある風をどう考えるべきか？　サウサンプトン大学音響振動研究所のフィリップ・ディキンソン博士は未発表の論文の中で、自殺を図ったある老女のケースについて述べている。

彼女の自殺の原因は、低い脈打つようなノイズだった。それは彼女にしか聞くことのできないもののように思えた。……地域の保健局は何ひとつ聞くことも録音することもできなかった。しかしその後、他にそのノイズを聞いている人が多くいることがわかった。けれども彼らは、そう言うのが恐ろしかったのである。そこで、専門家の意見が取り入れられた。騒音コンサルタントが、医学的な訓練を積んだ彼の妻と共にその場所へ出かけた。彼もまた何も聞けなかったが、自分の聞いた「無音」を録音した。その分析の結果、三〇～四〇ヘルツに明確なピークが発見されたのである。このテストが新聞で報じられると、全国各地から低い脈打つようなノイズによる妨害についての深刻な報告が寄せられた。……それらの多くが調査され、そのすべてのケースに、三〇～四〇ヘルツの範囲に明確なピークをもつノイズが発見された。そのノイズが訴えを起こしている人に聞こえるのは、主に夜間、また特に微風のある寒い冬の朝か、気温の分布の上下逆転状態においてであり、無風あるいは強風の暑い夏の日には全く聞かれていない。ノイズの源を調査した結果、それらの場所の多くに送電線があるのがわかった。なかには木製の電柱が激しく共振し、耳をつけると痛いくらいのものもあった。すべての場所に送電線があったわけではなく、家やおそらく細い樹木（！）によってノイズが増幅されたケースもあると考えられた。

ディキンソン博士はこれらの低周波振動の原因を風であるとしている。博士は研究の中で、制御されない低周波振動が脳腫瘍の発生と関係しているとも述べている。

幻影的で気まぐれで破壊的、風は人が伝統的に最も信頼を置かず恐れてきた自然の音である。われわれはテュフォンが何枚もの舌で話すがゆえに狡猾な神であったことを思い出す。野外で録音を試みた誰もが知っているように、風のいたずらは現代までそのまま引き続いている。

マンダラとベル

鐘（ベル）〔鈴〕[☆1]ほど広く広まり、人間と長年にわたる関係を保ってきた人工物はおそらく他にないだろう。ベルにはさまざまな大きさがあり、信じ難いほど多様な用法がある。そのほとんどは集める力（求心性）と拡散する力（遠心性）の二つのどちらかの機能を発揮すると言えよう。不完全ながらこれを表にしてみよう。

地域あるいは民族	ベルまたはゴングの種類	目的	機能
ローマ	青銅のゴング	亡霊を追い払う	遠心的
スタイアマーク（オーストリア）	教区の鐘	嵐を追い払う	遠心的

アイフェル山脈（ドイツ）	小さなハンドベル	死にゆく人に悪霊を近づけない	遠心的
プエブロ・インディアン（アリゾナ）	小さなベル	魔女祓い	遠心的
イングランド（中世）	僧侶が病床に運ぶハンドベル	魔女を追い払う	遠心的
ヴァンクーヴァー（一八九五）	天然痘の犠牲者を運ぶ馬車につける小さなベル	通行人に伝染の危険を知らせる	遠心的
トンガおよびフィジー諸島	ベル	礼拝者を集める	求心的
アテネ	プロセルピナの僧侶が奏するハンドベル	人々をいけにえの儀式に呼ぶ	求心的
日本	新聞少年の小さな鈴	客の注意をひく	求心的
イスラエル、ペルシア、アラビア	女性のくるぶしに付ける鈴	男性をひきつける	求心的

すべてのベルがこうした機能によって容易に分類されるというわけではない。ヨーロッパ中世においては騎士は甲冑に、女はガードルに鈴（ベル）をつけた。これは求心的だろうか？　ならば、その帽子に同様の小さな鈴をつけた宮廷道化師はどうなのか？　さらにまた、所有者にその動物の所在を知らせるため、あるいは群れのリーダーを示すため、世界中で動物につけられている無数の

鈴もある。

群れの中で最も主体性のある馬の首に鈴がつけられる。その瞬間からその馬が主導権をとる。彼がどんどん進まなければ他の馬を前進させることはまず不可能である。行進中、乗っている馬を一～二マイル群れから遅らせた後、その手綱をゆるめてみよう。彼は猛烈な勢いでダッシュして残りの馬を追う。朝、出発したければ、鈴をつけた馬をつかまえておくことだ。鈴が鳴ればたちまち群れの馬が集まってくる。★8

同じ資料の中でわれわれは、ロッキー山脈の狭い小道をもうひとつの馬群の列が接近してくることを、リーダーの馬の鈴がどのように合図したかを知る。馬具につけられた鈴の音が祝祭的な調べを響かせていたことを、エドガー・アラン・ポーは有名な詩にしたためている。

氷のような　夜の大気をふるわせて
　ああ　何とりんりんと鳴りわたることか！
空いちめんにちりばめられた星くずまでが
水晶のような歓びに満ちて
ちかちかと瞬いているかのようだ――
　りん　りん　りん　りん

うるわしい音楽さながらに鳴りひびき
りん　りん　の鈴の音——
更に鳴りわたる鈴の音につれて
北欧の古曲にも似たリズムにのって
拍子　拍子　拍子をとって　ちかちかと瞬いているかのようだ。☆2

こういった鈴は、内燃機関がその響きをかき消すまでは、世界のあちこちのサウンドスケープを彩るものだった。場所によっては法令がその衰退に拍車をかけたところもある。サスカチュワン条例(第一〇条、一九〇一年)には「牛馬はプリンス・アルバート区域内では鈴をつけてはならない」とある。またロシアでは、トルストイの『戦争と平和』に登場する奇人、ニコライ・ボルコンスキー侯は自分の領地の中ではすべての家畜の鈴をしっかりゆわえ、紙をつめさせた。

教会の鐘(ベル)はもともと、求心的機能と遠心的機能の両方をもっていた。なぜなら悪霊を追いはらうのと同時に、神と信者たちの注意をひくように作られたものだからである。昔、教会の鐘は多くのキリスト教注釈者たちによって豊かな象徴性が与えられたものであった。

鐘は、聖パウロの「我は鳴り響くラッパあるいはシンバルとならん」という言葉に拠り伝道者の口を表わす。「我は汝に彼らのものより硬き額を授けん」という言葉に拠り、金属の硬さは伝道者の心の堅固さを意味する。両側を打ち音を発せしむる鉄の舌は、学を賛美し両聖書を朗々と唱える伝道者の舌である。鐘の打撃は、まずおのれの身中の悪を打ち、次に他者の中の悪を咎めるべき伝道者を示す。舌と鐘をつなぐ環は瞑想であり、舌を鐘にゆわえる手は伝道者の言葉の節度を表わす。鐘を吊るす枠組の木は主の十字架を意味する。鐘を木にとめる鉄は伝道者を十字架に分かつことなくつなぎ、「主の十字架にあらずんば、我と栄光とは離れるなり」と叫んでいる。木と木を枠組にとめる杭は予言者の告知である。鐘をたたくために木組につけられた鎚は、神の命をしっかり自分にとどめる伝道者の正しい心を意味し、繰り返し打つことにより、神の命を同様に信者に説き聞かせるのである。[9]

もうひとつの鐘に関する論述がある。同様に深い心情にあふれたものには変わりないが、よりわれわれに近い時代のものである。

空気全体が生きているようだった。その巨大な冷たい金属の舌が肉体と化し、喜びとなったかのようであった。それは歓喜に溢れて突然叫びだし、町全体が振動した。鐘の響きで語られた言葉に尽くせないものが、身体の内奥の何かに触れて涙を流れさす。あるものは死者の思い出を想起させられる。それは素晴らしく生き生きとした思い出であり、死者に語りかける生きた声である。もし誰かが死んで、その人を見ることとか聞くことかのどちらかが許されるとしたら、私ならためらうことなく聞く方を選ぶ。[10]

現代の教会の鐘は、共同体の信号音、あるいは標識音としてまだ重要性はあるかもしれない。だが一方で、キリスト教的象徴としての明確な意味作用は低下したか、もはや失われたかである。またそれにつれて教会の鐘は、そのもともとの目的をも弱めてしまっている。

さて、鐘（ベル）と銅鑼（ゴング）では重要な点で違いがあるが、今度はそれについて述べることにしよう。両者の違いは、東洋と西洋の文化の基本的な相違にかなりの程度まで呼応している。鐘は通常、青銅で中空のカップ状に鋳造される。中国の鐘はしばしば木製のマレットで外側を打たれるが、ヨーロッパの鐘は中にぶら下がっている金属の舌によって打たれる。事実、ヨーロッパ人は鐘の舌を極めて大きなものにまで発展させ、ケルンの大聖堂の大鐘のように一五〇〇ポンドにも達するものもあった。その舌の振りが金属の慣性に打ち勝つまでにある時間がかかるため、まず独特の鋭いアタックが生じた後に、ふくらむ球のごとく響きが大きくなっていく。銅鑼は展性のある平らな、あるいはほぼ平らな金属を叩いて作られ、通常柔らかいマレットで打ち鳴らされる。中国の鐘に見られるように、東洋の銅鑼には舌の打撃による鋭いアタックはない。それゆえ銅鑼の音はより柔らかく、より拡散的である。たとえ楽器は薄くても、その金属は、全周波数帯域にわたるノイズを帯びた豊かなひずみを一時的に発生させながら振動する。この二種の楽器の音は大まかに図15

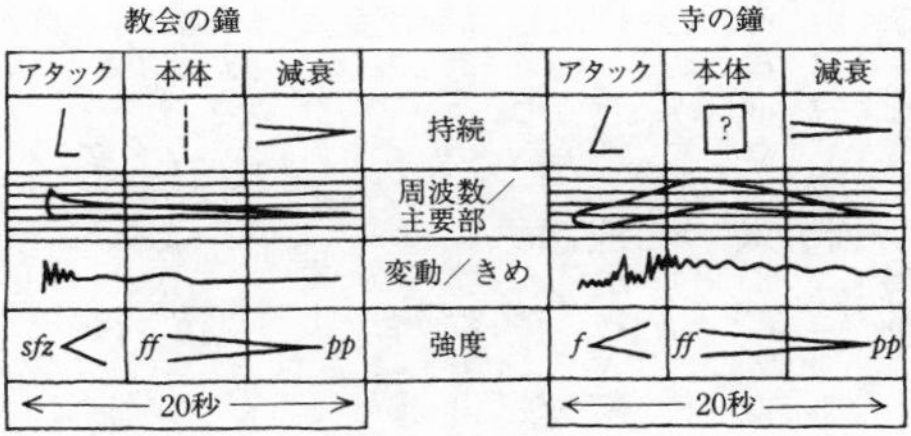

教会の鐘				寺の鐘		
アタック	本体	減衰		アタック	本体	減衰
			持続		?	
			周波数／主要部			
			変動／きめ			
sfz	ff	pp	強度	f	ff	pp
20秒				20秒		

●図15

のように比較しうるだろう。

ベル bell とゴング gong という言葉の響きそのものも、正に両者の音の相違について何かを暗示しているようだ。ゴングに比べてベルは *b* というより硬いアタックをもち、*ell* というより短い減衰がつづく。ゴングではより抑制されたアタック *g* と、より長い持続 *ong* がある。ゴングという言葉は事実、その響きの擬声語を起源とするマレー語からきている。しかし、ベルはアングロサクソンの *bellam* からきている。類似の言葉にアイスランド語の *belja* やドイツ語の *bellen* があるが、いずれも「吠える」の意である。ベルにはより攻撃性がある。ベルが西洋人の攻撃性を挑発した元凶ではないとしても、少なくとも関係はあるはずだ。なぜなら、西洋史によれば、同じ青銅を鐘(ベル)から大砲へ、そしてまた元へと始終鋳造しなおしてきたことが明らかだからだ。たとえばナチスは、一九四〇年の一年間で、ドイツや東ヨーロッパの教会から三万三〇〇〇個の鐘を没収し、武器に転換している。そして第二次世界大戦後、今度は大砲から鋳造された鐘が多くの教会や聖堂（たとえばウィーンの聖ステファン聖堂）に返却されている。この二つの一見相入れない装置間の関連はヨーロッパ史において根強く長い。

それにもかかわらず、われわれの目の前には次のような魅惑的な事実がある。つまり、もはや鐘の音にはっきりとしたキリスト教的連想をもたなくなった者を多く含む大勢の人たちの心の中に、鐘の音はいまなお深く神秘的な反応を呼び起こすのである。視覚の上でこうした力をもつものが円やマンダラであろう。これは、被験者に鐘の音のテープ録音を聞かせその印象を描くよう求めた実験からも明らかである。教会の鐘の音を円形に描く被験者が多かったのだ。心理学者

C・G・ユングによれば、マンダラは全体性、あるいは完結性や完全性を象徴する。この鐘のテストと同様のものを、銅鑼(ゴング)をテスト音にしてアジア人に試みてもよいだろう。そのよりまろやかなアタックが、マンダラのイメージを呼び起こすのにさらに適しているように思える。*1

現代都市の環境騒音が増大するにつれ、教会の鐘の音の到達距離は縮まる。無慈悲な交通にかき消されつつ、鐘は口ごもりながらもまだ何とか威厳を保っている。けれどもその同じ鐘がメッセージを伝達する範囲＝教区は、かつての驚くべき広さから実に小さな領域へと縮まってしまっている。この縮小については、耳の証人の陳述による鐘が聴こえたかつての範囲と、現在の範囲を比較してみればかなり正確に測ることができる。われわれはそういった比較をヴァンクーヴァーの聖ロザリー・カテドラルの鐘とドイツのビッシンゲンの村の教会の鐘について行なっている。★11☆3

別のやり方で、われわれはストックホルムの町の中の教会の鐘音の消失を確かめたことがある。一八七九年、五月のある晩、アウグスト・ストリンドベリはモーゼバッケに登り、この町の光景と音についての詳しい説明を残している。彼はなかでも町の七つの教会の鐘に特に注意をはらい、その鳴り方を極めて厳密に記述している。★12 およそ一〇〇年後のある晩、世界サウンドスケープ・プロジェクトの録音チームがモーゼバッケに登り、現代のストックホルムの音を同じ場所から録

＊1――実験に参加した多くの人が［カナダにおいて］、空調機などによる定常的持続音に対しても円形を描く反応を示したということは、人間が人工的に制御された室内環境に引きこもるにつれ、自然音を飼いならすようになったという後述する私の見解でおそらく説明がつくだろう。

音した。録音には三つの教会の鐘があったが、そのうちのひとつはほとんど聞きとれなかった。

キリスト教国の多くの土地で、教会の鐘は完全に取り払われつつある。英国の町バース（人口一〇万）には六〇の教会に一〇九の鐘があるが、われわれの調査ではヴァンクーヴァー（人口一〇〇万）の二一一の教会中、一五六ヵ所にはもはや鐘がなかった。残りのうち今なお鳴らしているのは一一ヵ所、二〇ヵ所は電動式カリヨンか録音された音楽を使っている。ここで考えさせられるのは、それらの鐘のいくつかを黙らせた理由が、鐘の音が騒音公害を助長しているという苦情であったことだ。

ホルンとサイレン

ベルが衰退するにつれて、ホルンとサイレン[☆4]がそれに取って代わってきている。ベルとホルンとの根本的な違いのひとつは、前者があらゆる方向に均等に音を放つのに対し、後者はある特定の方向に音を集中、もしくは向けるということである。各々の器具の形もその機能に完全に従っている。というのも図16のように、ホルンのために音響上最も効果的な形状はけっして元に戻ることなく無限大に向かって放射していく対数曲線だが、それに対してベルの形状は正規分布、すなわちガウス分布の曲線に似ているのである。このように、ベルの形状が共同体を示唆しているのに対し、ホルンの形状は権威を外に向かって押し出すことを暗示している。つまり、それはローランのオリファン、軍隊のラッパ、あるいは工場の号笛[☆5]といったものである。

角笛（ホルン）が発達して楽器の一門に加わるようになる遥か以前、それは一種の魔術的装置として用いられていた。たとえば原始人は、邪悪な悪魔をおどかし追い払うために使っていた。つまりそれは、攻撃的で忌まわしい音を出す超自然的な力を備えた道具であり、その誕生のときから悪にまさる善の力を表わしていたのである。角笛はこのように、説得力をもった威厳のある器具であり続けた一方で、同時にまた勝利や達成の祝福をも体現していた。角笛のそうした明らかに男性的な主張をもった音色や外に張り出した曲線の中には、女性的な要素もまた含まれている。すなわち、鐘状になって奥に退いていく暗闇である。[★13]

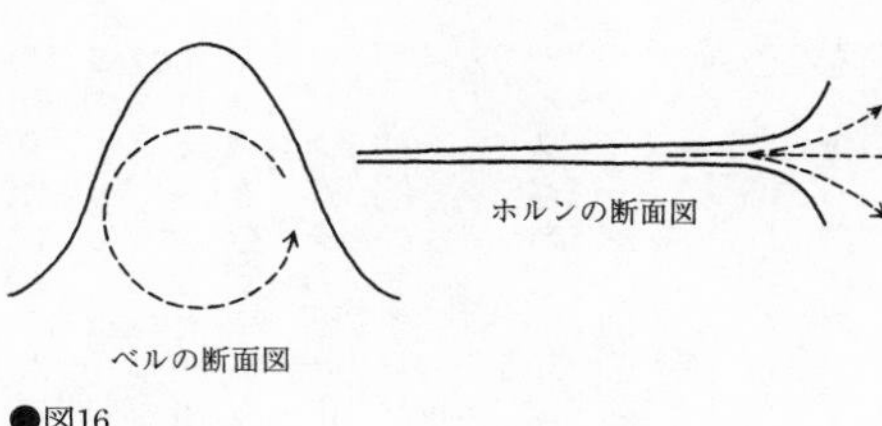

●図16

　ホルンの発明者はわかっていないが、サイレンは一九世紀の前半にシーベックによって発明されたものである。[☆6] 小穴のあいた円板の原理に基づいて作動するサイレンは、ベル同様あらゆる方向に向かって均等にエネルギーを放出する。もしサイレンが災厄を告げるという現在の用途と全く異なる使われ方をしていたなら、ベルと同じように神聖な響きとなっていたかもしれない。サイレンは、路上で人々を追い散らすことを意図した、遠心的な音響なのである。

　ギリシア神話においては、サイレン〔セイレーン〕とはニンフのことであった。彼女たちは、胸を突き刺すような、同時に蜜のように甘美な歌を歌うことによって、自分たちのいる島を通りがかった人々の命を奪ったのである。ところが、キルケーがオデュッセウスにこのセイレーンのことを警告しておいたので、彼は自分の部下の耳を蠟でふさぎ、自分のからだは船のマストに縛りつけさせ、命を奪うセイレーンの歌からわが身を救うことができた。このように、セイレーンとは人間に対し死に至る危機を意味するのであり、その危機は彼女らが歌うことによって広く知らされるのである。*siren* というギリシア語が語源学的にスズメバチやミツバチを意味する語に関連があるかもしれないということは、そのよい証拠である。[★14] 現代人はスズメバチの羽音によって危険という概念を再確認するのである。また、グリッサンドして泣き叫ぶ初期のサイレンと苦痛や悲嘆にくれる人間の叫び声との間にも、明らかな類似性がある。しかし、スイッチを入れたり切ったりする技術を用いて突然に音を発するキャンキャン型サイレンが導入されてからは、その類似性も薄れてしまった。

サイレンと教会の鐘はその響きの点では同じ部類に属する。つまり両者とも共同体の信号音なのである。したがってそれらは、共同体の環境騒音からはっきりと浮かび上がるくらい十分に大きくなければならない。しかしながら、教会の鐘が共同体にむけて神に護られているという呪文をかけるのに対し、サイレンは共同体内部からの不協和を告げるのである。

変遷する象徴性

音響上のあらゆる象徴性は、たとえ元型に関わるものでさえも、徐々にしかし着実に変容を遂げている。現代人は、人工的環境というカプセルの中に自らを閉じ込めることによって、風からも海からも逃れようとしてきた。そして、海を庭園の噴水の中で管理しようとしてきたのと同じように、風をも空調機の中で飼いならそうとしてきたのである。というのも現代建築における換気システムは、風を適切な力と方向で吹かせる技術以外のなにものでもないからである。こうした変化がこの種の元型の象徴性を変えてしまうだろうことは疑う余地がない。現にこのことは次のような事実によって証明されている。すなわち、海や風についての比較的古い時代の記述は必ずそれらの恐ろしい局面を強調しているのに対して、今日の美感に関する選好度調査においては、これら二つの自然の要素も嫌悪音（サウンドフォビア）というよりはむしろ愛着音（サウンドロマンス）として現われる。ただしこれも、ジャマイカなどのように突然の激しい嵐を体験するような土地は除いてのことである。

ルイス・マンフォードは、彼の著書『技術と文明』の中で、最初は鉱山の中で開発され、その後に地上で広く用いられるようになった発明品（エレベーター、エスカレーター、鉄道、人工照明、換気システム）が、いかに数多くあるかということを指摘している。いま、このテーマにさらにもう一章付け加えることができよう。なぜなら、現代人が再び窓のない人工的な地下環境の中にもぐる際、いかに多くの屋外の効果を新しい人造品の形でとり入れようと工夫しているかをみるのは興味深いことだからである。そのリストは長大で、噴水や空調機に始まり、プラスチック製樹木、剝製のフラミンゴと続き、なお、それがどこで終わるのかはだれも知らない。

豊かな象徴性をもった他の自然音も、同様に変化している。最初「神の声」であり〈聖なる騒音〉であった雷鳴は、まず大聖堂に移り、さらにその後工場やロックバンドへと棲家を移していった。また、鳥の歌は、もともと中世の庭園とのテーマ上の統一を生み出しており、庭園で愛を演出することをその目的としていた。しかしこの鳥の歌も、最終的にはトランジスタラジオに姿を変えてしまった。さしずめ昨今のトリスタンとイゾルデは、トランジスタラジオによって裏庭や郊外の公園で「トップ50」に熱狂するのかもしれない。

機械の音も、およそ二〇〇年前には幸福な象徴性をもっていた。その当時機械は、太古から大地に束縛されてきた人間を解放できると思われていたのである。伝統的に、機械は二つのことを象徴していた。すなわち、力と進歩である。テクノロジーはこれまでに、産業、輸送、戦争において未曾有の力を人間に与えてきた。それは自然を克服する力、そして他人を打ち負かす力だった。産業革命の始まり以来これまで、西洋人は機械の速度、能率、規則正しさに、さらにはそれが与える個人または集団の力の拡張に夢中になってきた。そして、テクノロジーの騒音に対するこのような熱狂は、いまや西洋以外の世界でも発生しつつあるのだ。

かつてジェームズ・ワットは、ほとんどの人にとって騒音と力は表裏一体であると述べた。もっとも、彼はそういう考えを支持していたわけではない。今日モーターの耳障りな響きは、現代文明の基調音としてわれわれの周囲にひっきりなしにきこえている。しかし、それが図として前景に浮かび上がってきた時にはいつも、力と繁栄の象徴として賛美されてきたのである。

しかし、不吉な前兆が起こっている。テクノロジーが地球の資源を無制限に開発したことから発生した副産物は、当初予期されていた以上に恐ろしいものだという事実を、われわれは（少なくとも西洋では）まさに認識しはじめたところである。この考えがさらに一般的に受け入れられるにつれて、われわれは機械の象徴性に関しても、それを不快なものとみなす急転が起こっていることに気づきつつある。このことは、世界中の騒音規制のための法律やその実施の中で起こっている諸々の変化によって示されているとおりである。

増加の一途をたどる人口、それゆえ一般的なサウンドスケープとはすなわち都市生活のそれである。しかし、都市それ自体は、新しい発明への熱が増すにつれて、その趣きをめまぐるしく変えている。その結果、われわれは消えつつある音、失われた音に対するノスタルジックな気分に追いやられる。私は四〇歳であるが、もはや聞くことのできなくなったカナダの都市の音の記憶（牛乳びん、汽笛、自転車のベル、金属の長釘に向かって投げかけられた蹄鉄の音など）は数多い。だれもがこのようなリストを持っているものだ。「失われた時を求めて」再び耳を傾けてみると、いつしか聞くことのできなくなってしまった音がいかにたくさんあるかということに気がつく。それらはどこにいってしまったのだろう。また、一体どこに失われつつある音の博物館があるというのか。最も平凡な音でさえ、消え去ってしまった後では、愛情を込めて思い出されることであろう。いや、まさにその平凡さゆえにかえって稀にみる音の記念物となっていくのである。アルベール・カミュの小説『異邦人』の中の囚人は、生涯におけるノスタルジックな時間の中だけにとらえられ、自分の生まれ故郷アルジェの街の音を鮮やかに思い出している。

護送車の薄闇のなかで、私の愛する一つの街の、また、時折り私が楽しんだひとときの、ありとあらゆる親しい物音を、まるで自分の疲労の底からわき出してくるように、一つ一つ味わった。すでにやわらいだ大気のなかの、新聞売りの叫び。辻公園のなかの最後の鳥たち。サンドイッチ売りの叫び声。街の高みの曲がり角での、電車のきしみ。港の上に夜がおりる前の、あの空のざわめき。……私はただ一つ覚えている、……アイスクリーム売りのラッパ

の音が、私の耳もとまで届いて来たのだ。★15

おそらく、音の記憶というものはすべて、物語(ロマンス)に変わってしまうのである。新しい音がより急速にわれわれに浴びせられるほど、われわれは記憶の井戸の中に押しもどされ、過去の音を魅惑的に虚構化し、さらに平和な空想の中でそれらを穏やかなものに変えてしまうのである。

原注

★1——Carl G. Jung, *Man and His Symbols*, New York, 1964, pp. 20-21. ユング『人間と象徴』河合隼雄訳、河出書房新社、上巻、一九頁。

★2——Carl G. Jung, *Psychological Types*, New York, 1924, p. 152.

★3——W. H. Auden, *The Enchafed Flood*, New York, 1967, pp. 6 and 13. オーデン『怒れる海』沢崎順之助訳、南雲堂、二〇頁、三一頁。

★4——Carl G. Jung, *The Archetypes and the Collective Unconscious*, Princeton, N. J., 1968, pp. 18-19.

★5——Thomas Mann, *Stories of Three Decades*, New York, 1936, p. 87. マン『トニオ・クレエゲル』実吉捷郎訳、岩波文庫、一七一頁。

★6——Carl G. Jung, *The Archetypes and the Collective Unconscious*, *op. cit.*, p. 17.

★7——Novalis, *Schriften*, eds. P. Kluckhohn and R. Samuel, Stuttgart, Vol. 3, p. 452. この引用を御教示下さったサムエル博士に感謝致します。

★8——George M. Grant, *Ocean to Ocean, Sandford Fleming's Expedition Through Canada in 1872*, Toronto,

1873, p. 272.

★9—Durandus, Bishop of Mende, 1286. *Tintinnabula*, Ernest Morris, London, 1959, pp. 43-44. より引用。

★10—Emily Carr, *Hundreds and Thousands*, Toronto/Vancouver, 1966, pp. 248-249.

★11—*The Vancouver Soundscape*, Vancouver, 1974, および *Five Village Soundscapes*, Vancouver, 1976. を見よ。

★12—この記述は Strindberg, *The Red Room*, New York/London, 1967, pp. 2-3. にみられる。

★13—この個所の記述、およびホルンの象徴性についての見解は、ブルース・ディヴィスの未発表の研究に負うところが多い。

★14—Gabriel Germain, "The Sirens and the Temptation of Knowledge," in *Homer*, eds. G. Steiner and R. Fagles, New Jersey, 1962, p. 94. 参照。

★15—Albert Camus, *The Outsider*, trans. Stuart Gilbert, Harmondsworth, Middlesex, 1972, pp. 98 and 104-105.

カミュ『異邦人』窪田啓作訳、新潮文庫、一〇四頁。

訳注

☆1—英語の bell は、教会などの「鐘」や電話の「ベル」、そりの「鈴」などを示す。本訳書では文脈において適宜訳し分けている。

☆2—「鐘のうた」入沢康夫訳、『ポオ全集3』東京創元社、一六三頁。

☆3—口絵2参照。

☆4——英語の horn は、角笛や楽器のホルンの他に、自動車などの「警笛」の意味にも使う。

☆5——原語は whistle。本訳書の他の個所では、この語が工場に関する場合にのみ、わかりやすいようにサイレンと訳した。

☆6——一般には、一八一九年フランスの物理学者カニャール・ド・ラ・トゥール Charles Cagniard de la Tour［一七七七—一八五九］が発明したとされている。

第十三章　騒音

当初、この本のアウトラインについて話し合った時、何人かの出版者は並々ならぬ意気込みを見せた。「騒音公害についての本は、まさにタイムリーに違いない」と彼らは言うのだった。そこで私は、騒音公害については私の他の著書[*1]の中で過去に扱っているし、とにかくそのテーマについては良い本がすでにたくさん出ていることを述べた。そうして計画していた本の話をもちかけたのだが、それには彼らは難色を示した。そこで私はこう主張した。騒音公害の問題に対処するための唯一の現実的方法は、包括的なサウンドスケープ・デザインへ向けての前段階（プレリュード）として、全体的なサウンドスケープを研究することであると。しかし、このような私の興味をどうも学問的だと思っている様子だったので、さらにこう続けた。社会全体の音響的能力を改善するためには、大多数の市民（望ましくは子ども）がイヤー・クリーニングを実践していくことが必要なのだと。そしてさらにこうも付け加えた。もしそのような聴覚文化が成立したならば、もはやどん

＊1――*The Book of Noise*, Price Milburn Co., Wellington, New Zealand, 1973.［この本はもともと一九七〇年にヴァンクーヴァーで自費出版されたもの―訳者］

な騒音公害も生じる余地はないだろうと。結局、彼らは私を夢想家だと決めつけた。それにもかかわらず、数年間騒音公害問題に携わった結果、それを解決しうる方法がただ二つしかないということが私にはわかっている。ひとつはいま述べたような方法、そしてもうひとつは世界的なエネルギー危機である。なぜなら今日、世界中で最大の騒音はテクノロジーの進歩によって生じているのであり、よってそのテクノロジーが破綻してしまえば、そうした騒音もたちどころに消え去るはずなのだから。

この章全体を通じて、世界サウンドスケープ・プロジェクトが行なった研究活動を広範囲にわたって述べるつもりである。このプロジェクトにおいてわれわれは、世界各地にわたる二〇〇以上の共同体が発令しているさまざまな条例や騒音規制の手続について調査を行なった。われわれの調査に答えて豊富な情報を送っていただいた多数の自治体職員の協力に深く感謝している。われわれの調査目的は、模範的な条例を起草することではなく（おそらくそうすることもできたであろうが）、調べ得る限りの多様な文化の中で、一体何が騒音をつくっているのかという問いを究明することだった。そもそも騒音というものは、サウンドフォビアの諸例にもみられるように多分に象徴的な性格をもっている。そして事実、ある騒音条例が優れているかどうかは、特定の地方において最も不快だとされている音に対して、その法規が効果的に対処しているかどうかによって明らかになるように思われる。さて、われわれの調査を紹介する前に、あらかじめいくつかの問題を検討しておかなければなるまい。

騒音の定義の展開

現代社会において音が増大した結果、*noise*〔騒音〕という言葉の意味も変化してきている。そもそも、これは語源的に、古フランス語の*noyse*という語や一一世紀に使われていたプロヴァンス語の*noysa, nosa, nausa*という語にまで遡ることができるが、それ以前の起源は定かではない。ラテン語の*nausea*〔嘔吐〕あるいは*noxia*〔とがめるべき〕のどちらかが*noise*の語源であると推定する説は、現在では否定されている。*noise*という語はいろいろな意味を持っており、ニュアンスも多様である。次に、その最も重要なものをいくつかあげてみよう。

1. 望ましくない音〔Unwanted sound〕　オックスフォード英語辞典では、*noise*を望ましくない音として説明し、その起源は一二二五年にまで遡るとしている。
2. 非楽音〔Unmusical sound〕　一九世紀の物理学者ヘルマン・ヘルムホルツは、*noise*という語を、周期的振動から成る楽音と対照させ、非周期的振動から成る音（たとえば木の葉のさらさらいう音）を記述する際の表現として用いた。「ホワイトノイズ」とか「ランダムノイズ」という言い方の場合、*noise*という語は依然としてこの意味で使われている。
3. 大きな音〔Any loud sound〕今日の一般的用法では、*noise*が特別に大きな音を指すことがよくある。騒音規制条例はこの意味において、大きな音を禁止したり、デシベルでその許容限度を定めている。

4. 信号体系を乱すもの［Disturbance in any signaling system］電子工学をはじめその他の工学において、*noise* は信号の成分ではない攪乱要素という意味を持っている。たとえば、電話での空電による通話障害やテレビ画面に生ずるスノー[☆1]など。

実際の問題はこれよりはるかに複雑である。たとえばイギリスでは、*noise* という語は最初「望ましくない音」を意味するために使われていたのだが、その一方でしばしばもっと豊かな意味をも持っており、ときには「快い、あるいは旋律的な音」を意味するためにも使われていた。チョーサーは『バラ物語』の英訳に際して、*noise* を次のように用いている。

かくしてナイチンゲールは己の力をふりしぼり、
にぎやかにさえずり［make noyse］、陽気に歌う。（七八―七九行）
その水はほとばしり、
喜びに溢れてせせらぎ始めた［make a noyse］。（一四一五―一六行）

ジェームズI世の欽定訳聖書の中でも、*noise* という語は広い意味で扱われている。

汝ら全ての国民よ、神の御元に歓喜のどよめき［noise］を捧げよ（詩篇第百章第一節）。

今日の英語の単語の中からはこのような広い語義はなくなってしまったが、フランス語の *bruit*〔騒音〕には依然として残っている。というのも、フランス人にとっては、現在でも交通の *bruit* と並んで、鳥の *bruit* あるいは波の *bruit* という言い方が可能だからである。騒音の問題を国際的に扱おうとする際の困難な点のひとつは、このように諸言語において騒音という語がわずかずつ異なるニュアンスを持っていることである。本書でも、〈聖なる騒音〉という表現をする場合には、より広い文脈でその語を用いてきた（一二六〜一二八頁及び二五三〜二五四頁参照）。

先にあげた *noise* に関する四つの一般的定義のうち、最も満足のいくものはやはり「望ましくない音」である。ここでは、*noise* はあくまでも主観的な用語として定義されている。つまり、ある人にとっての音楽も別な人にとっては騒音になりかねないのだ。しかしながらこの「望ましくない音」という定義は、ある社会においてどの音が望ましくない断絶をつくりあげているのかに関しては、おおむね見解の一致をみるはずだという可能性を示している。したがって「公衆を攪乱する」ということは、公衆のかなりの部分を攪乱するということであり、伝統的な法律が騒音問題を扱う際にはまさにこのような方法で行なっているのである。この種の騒音規制法は、それが世論を含んでいるという限りにおいて、質的なものだと言えるだろう。

これに対して、量的と言えるようなもうひとつのタイプの法律がある。この種のものは、特定の望ましくない音に対してデシベルによる制限を設けている。この場合、たとえばある法令で車の騒音の許容レベルを八五デシベルに定めているとすると、八六デシベルの音を発する車はうるさいが、八四デシベルの音を発する車はうるさくないということになる――あるいはその法令がわれわれにそう信じ込ませるのである。このように、音の量的な測定は騒音に「大きな音」という意味を与えがちであるが、それはとても不幸なことである。なぜなら周知のように、人をいら立たせる音すべてが必ずしも大きいとは限らないし、また少なくともそういう音が、騒音計の針の上に実際に表われるとは限らないからだ。騒音が量的に評価されるようになってきたのは聴力損失の危険性があるからであり、はっきりとした予防基準を確立する必要があったため、この問題については現在かなりのことが知られている。このようないきさつについては明確に理解されなければならない。

騒音の危害

医学では、八五デシベル以上の音を長時間にわたって連続的に聞いていると聴力が著しく脅かされるとされている。その結果生ずる病気は、しばしばボイラー職工病［boilermaker's disease］と呼ばれている。なぜなら、最も早く知られた犠牲者が金属製のボイラーをリベットでとめる作業を行なう工場の労働者たちであったからだ。耳が八五デシベル以上の音に長時間さらされると、まず最初、一時的閾値移動［temporary threshold shift］（TTSと呼ばれることもある）を起こす。TTSとは、恐ろしくやかましい体験を蒙った後などに知覚される音がすべて通常より弱く感じられるように、最小可聴閾値［threshold of hearing］が上がることである。そして正常な聴力がもどってくるのは二〜三時間ないし数日後である。さらに長時間騒音にさらされていると蝸牛殻に永久的な損傷を起こし、その結果、永久的閾値移動［permanent threshold shift］（PTS）を生ずる。この損傷が内耳に起こった場合には、もはや回復不能である。

産業衛生の権威者たちは現在、聴力への危険性に関する判断基準を定めてそれを実施しようとしている。アメリカ合衆国では、ウォルシュ・ヒーリー法〔労働安全衛生法〕が一九六九年に制定された時点で事態は大きく前進した。それは定められた基準を守らない業者とは政府は契約をしないというものだった。設定された基準はアメリカ耳科学会の勧告よりは幾分甘いものではあったが、理想的なこととすぐに実行可能なこととの間の妥協案を示すものだった。また、その数値はヨーロッパの多くの国々ですでに実施されていた基準に近似するものでもあった。

ウォルシュ・ヒーリー法（一九六九年）によって定められた騒音許容基準

一日あたりの暴露時間（時間）	騒音レベル（dBA）
8	90
6	92
4	95
3	97

2	1½	1	½	¼以下
100	102	105	110	115

いまや産業上の聴力損失の危険性は食い止められつつあるので、ここではそのことには触れないでおく。もっとも、PTSおよびTTSは、決して産業上の問題に留まるものではない。たとえば、70dBAという低いレベルでも毎日一六時間さらされていると、聴力損失は十分に起こり得るということを発見した研究者もいる。[★1] 70dBAというのは、実質的には往来の激しい道路沿いの騒音レベルよりもかなり低い数値である。産業労働者以外の聴力損失に対する名称として「社会性難聴」という用語が考案されており、多くの例をあげることができる。たとえば、97dBAまで達する発動芝刈り機を使いその音にさらされ続けると、四五分後には一時的に聴力を損失した状態になるということが、聴力検査によって明らかになっている。[★2] 本書でもすでに、スノーモビル(第五章)や電気的に増幅された音楽(第七章)に起因する同様の問題を取り上げている。ジョージ・T・シングルトン博士は、フロリダの公立学校の生徒三〇〇〇人を検査した結果、次のことを発見した。すなわち、生徒たちが六年生から一二年生に進級するにつれて高周波の音に対する聴力が著しく低下していくということである。それはちょうどロックバンド、バイク、その他の

レクリエーショナル・ノイズにさらされる時期なのだ。さらにシングルトン博士および数人の研究者は、ロックコンサートに度々行ったことのある大学一年生の聴力が、しばしば六五歳の老人くらいにまで低下していることも発見した。[★3]

音は空気の振動である。それゆえ、音はさらに身体の他の部分にも影響を及ぼす。激しい騒音は、頭痛、吐き気、性的不能、視力減退、心臓血管や胃腸および呼吸機能の障害などを引き起こす可能性がある。しかも睡眠中に至っては、さほど激しくない騒音でも十分に人体に影響を及ぼし得るのだ。ロシアの研究者たちは、「三五デシベルが最適な睡眠条件の閾値とみなされ得る……」そして「騒音が五〇デシベルに達すると、……かなり短い深い眠りが断続的に続いた後……動悸をともなう疲労感によって目覚める」ということを発見した。[★4]

すべての人間の聴力は年齢とともに若干退化する傾向にある。これは極めて徐々に起こり、まず高周波に対する鈍化から始まる。老人が時折「近頃だれもかれもがなにやらもぐもぐ言ってるよ」と不平を言うのは、まさにこのことが原因なのである。このように老齢化につれて聴力の鋭さが次第に失われていくことは、老人性難聴と呼ばれる。従来この老人性難聴は白髪やしわなどと同様、老化の自然な結果であると考えられてきた。しかしいまや、これには異説が唱えられている。アフリカのスーダンで行なわれたマバーン族に関する研究では、彼らには老人性難聴による聴力損失はほとんどないとされている。彼らは六〇歳でも二五歳の北アメリカ人と同じくらい、あるいはそれ以上の聴力を持っていたのである。ニューヨークの耳科学者サミュエル・ローゼン博士——彼の指導の下でその研究は遂行されたのだが——は、そのアフリカ人の優れた聴力は、彼らの騒音のない環境によるのだと結論づけた。[★5] マバーン族が聞く最も大きな音は、部族の踊りに合わせて歌ったり叫んだりする彼ら自身の声だったのである。

環境騒音のレベルはどのくらい急速に上昇しているか?

第五章においてわれわれは、まずどのようにしてテクノロジーの生み出す諸々の騒音が都会と田舎の生活の中に入り込み、またそれらがどのようにして「進歩」として是認されるに至ったのかを見てきた。一九一三年までに、ルイジ・ルッソロは、人間の新しい感受性は騒音に対する人間の欲求に基づいていると言いきることができた。けれども、都市の真ん中で機械が日夜作動して破壊と建設を目まぐるしく繰り返す今日、現代社会の主な戦場は近隣の電撃戦となった。ここでもうひとつ思い出されるのは、人間は有史以来初めて都市外壁の門の外側でよりもむしろ内側において無事でいられなくなったと述べたコンスタンティン・ドクシアディス[☆2]の言明の正しさである。

近代都市における環境騒音のレベルが、どのくらい急速に上昇しているかを正確に評価することは困難である。このことについては一年ごとに一デシベルという数字がしばしば言われてきたのだが、デシベルが対数的数値であることを思い起こせば、この数字ははなはだ高いように思われる。すなわち、ほんの三デシベル増加しただけで、音のエネルギーはほぼ二倍に達したのと同じことになるのである。現在の騒音レベルを測定しようと、近年さまざまな都市において大変多くの音響工学的調査が実施されている。しかしこの仕事を本格的に行なうためには、大変な費用がかかる。なぜなら、熟達した測定者が高価な装置を使って、おびただしい数にのぼる記録を採取しなければならないからだ。

このような調査の欠点を指摘するため、なかでも典型的な例をひとつだけあげておこう。一九七一年、ヴァンクーヴァーは大規模な調査を委嘱したのだが、それは市全域を数万個にも及ぶ方眼状に分け、それぞれにわたってくまなく記録を採取するというものだった。報告書は次のような結論（これが一般大衆にも理解することができるほとんど唯一の一節である）を下している。「全時間帯を通して、交通騒音が最も際立った騒音源である。日中、その土地の自動車による交通騒音は全騒音源の四〇パーセントを占めるのに対し、遠隔地からの車による交通騒音は約一三パーセントを占めることが明らかになった。しかし夜間は、それぞれの数値が三〇パーセントと二六パーセントに変化する」[★6]。調査を担当した専門家たちは、この結果を他の土地で行なわれた同様の調査結果と照らし合わせて、ヴァンクーヴァーの騒音は一九五四年当時のアメリカ諸都市における騒音より約6～11dBA悪い状態にある、と結論づけた。つまりそれは、一年ごとに約〇・五デシベルずつ増加した結果と言えるだろう。しかし、これは特別意味のある比較ではない。この調査は、将来ヴァンクーヴァーにおいて同じ方法で繰り返されたときに初めて、有効なものとなるだろう。しかしながら、計測技術が急速に改良されているため、調査が同じ方法で繰り返される可能性そのものが疑わしい。またもし繰り返されたとしても、人々が変わりゆくサウンドスケープについてどのように考えているのかを探りだす社会調査と統合されない限り、いかなる工学的調査もその価値を信頼するわけにはいかないだろう。

ある問題に対して簡単な解決法がある場合でも、行政官はいつもあえて回りくどい方法を好むものである。本書でもすでに、環境騒音の増加を算定するより簡単な方法は、共同体の信号音を測定することであろうと述べてきた。これは、環境騒音のレベルは、それよりもレベルが常に上まわっているはずの社会的信号に比例して増加するだろうという仮説に基づいている。そこでわれわれは、ヴァンクーヴァーを対象にこの調査を実施した。つまり、種々の消防車についてサイレンの騒音レベルを測定したのである。一九一二年型のラ・フランス（88〜96 dB A）に始まり、一九七四年の最新型のサイレン（114 dB A）に至るまで、すべてを三・五〜五メートル離れた地点で測定した。この結果、消防車の信号はここ六〇年の間に約二〇〜二五デシベル大きくなったこと、すなわち平均して一年にほぼ〇・五デシベルずつ大きくなったことがわかった。このような研究は、音響工学の同僚たちが行なっている研究を実にうまく補足し、さらに拡大するものであると同時に、われわれの知識を五年ほど過去へ遡ったところまで広げる。しかし残念なことには、その過程において誰も何のもうけにもならなかったのである。[*2]

環境騒音の増加に対する人々の反応

現代都市の環境騒音が毎年〇・五デシベルずつといった具合で増加しているとすれば、住民はそのことについて一体どう考えているのだろうか。われわれが世界各地の自治体職員に尋ねた質問のうちのひとつに、住民から最も苦情を受ける騒音をあげよというものがあった。以下の一覧表は、各音源があげられた回数の総計を、大まかなカテゴリー別にそれぞれ示している。

騒音のタイプ	あげられた回数	騒音のタイプ	あげられた回数
交通（全般的な）	115	パーティ	9
建設工事	61	発動芝刈り機	7
産業	40	隣人／人	7
ラジオ／電気的に増幅された音楽	29	鉄道	6
航空機など	28	造船所	4
オートバイなど	23	除雪車	3
トラック	21	スノーモビル	3
動物	20	教会の鐘	2
バンド／ディスコ	12	その他	19

地域によって苦情がどのように異なるかがわかると、もっとおもしろいであろう。われわれは多

＊2――二、三の都市においては、厳しい騒音規制の実施により騒音レベルが実際に低下したことが指摘できる。モスクワ市が一九五六年に車の警笛の使用を禁止した際にも、八～一〇ホーンの低下という結果を生んだ［コンスタンチン・ストラメントフ著『沈黙の建築』ユネスコ・クーリエ、一九六七年七月、一一頁］。またイェーテボリ［スウェーデン］においても、新型バスや圧縮機およびごみ処理トラックに厳しい制限を加えたため、近年騒音レベルが七デシベル低下してきている［B・モルシュテット博士との私信］。

くの官公吏から、騒音問題のさまざまなカテゴリーごとに受けた苦情の数について、詳細な報告を得た。諸都市で用いられているカテゴリーはかなり異なってはいるが、ここに三つの大陸における六つの異なる都市から送られてきた図表を示してみると、いくつかの顕著な違いを認めることができる。

ロンドン（イギリス）一九六九年

騒音のタイプ	苦情の数
交通	492
建築用地	224
電話	200
事務所の機械類など	180
ごみ収集車	139
街路修復作業	122
トラック（ローリー車）	109
サイレン	86
換気装置	69
人の声	59
オートバイ	52
航空機	42

シカゴ（アメリカ合衆国）一九七一年

騒音のタイプ	苦情の数
空調機	190
建設工事	151
ごみ収集のトラックなど	142
その他のトラック	125
工場の騒音	113
楽器	109
排気扇	97
スピーカー	95
オートバイ	82
自動車	80
警笛	77
振動	55

ドア	34
ラジオ	10
列車	9
工場の機械	5
その他	81

出典――「静かな都市キャンペーン」報告書（一九六九年ロンドン市庁舎、ロンドン港市衛生委員会）

ヨハネスバーグ（南アフリカ）一九七二年

騒音のタイプ	苦情の数
動物および鳥	322
電気増幅器／ラジオ	37
建設工事	36
人	34
機械類など	29
家の仕事場	25
空調／冷蔵	19
交通	18
楽器／バンド	15

ガソリンスタンド	34
教会の鐘	25
列車	23
その他	214

出典――イリノイ州シカゴ市環境管理局

ヴァンクーヴァー（カナダ）一九六九年

騒音のタイプ	苦情の数
トラック	312
オートバイ	298
電気的に増幅された音楽／ラジオ	230
警笛および汽笛	186
発動のこぎり	184
発動芝刈り機	175
サイレン	174
動物	155
建設工事	151

サイレン	9
牛乳配達	5
芝刈り機	2
バス	1
ごみ収集	1
行商人	1

出典――ヨハネスバーグ市医学衛生局騒音管理課

パリ（フランス）一九七二年

騒音のタイプ	苦情の数
家庭および隣家の騒音	1599
建設工事および道路工事	1090
工業および商業上の騒音	1040
レストランおよびキャバレー	553

自動車	138
ジェット機	136
小型機	130
産業	120
ホバークラフト	120
家庭	95
霧笛	88
列車	86
子ども	86
事務所の騒音	81

出典――世界サウンドスケープ・プロジェクト「騒音に関する社会調査」（ブリティッシュ・コロンビア州バーナビー、サイモン・フレーザー大学）

ミュンヘン（西ドイツ）一九七二年

騒音のタイプ	苦情の数
騒々しいレストラン	391
産業上の騒音	250
建設工事	87
交通	29

その他	90

出典——フランス　パリ市公害局

家庭の騒音	27
航空機の騒音	11
その他	2

出典——州首都ミュンヘン　環境保護委員会

以上のように、統計表はそれぞれ違った形で編成されているわけだが、いくつかの都市間の非常におもしろい相違も現われてくる。たとえば、ロンドンとシカゴ、あるいはヨハネスバーグとヴァンクーヴァー——それぞれに人口がほぼ等しく、温和な気候の都市——における主要な苦情の違いに注意してみよう。また、ヴァンクーヴァーが海と森に近接しているということが、市民からの苦情のタイプに影響を与えているその様子に注意されたい。また、六つの都市においてそれぞれ交通騒音に対する苦情の起こる率が異なっていることも興味深い。おおかたの国際的調査では、議論の余地なく交通騒音が耳障りな音のリストの第一位に挙げられているが、これには何らかの説明が必要であろう。

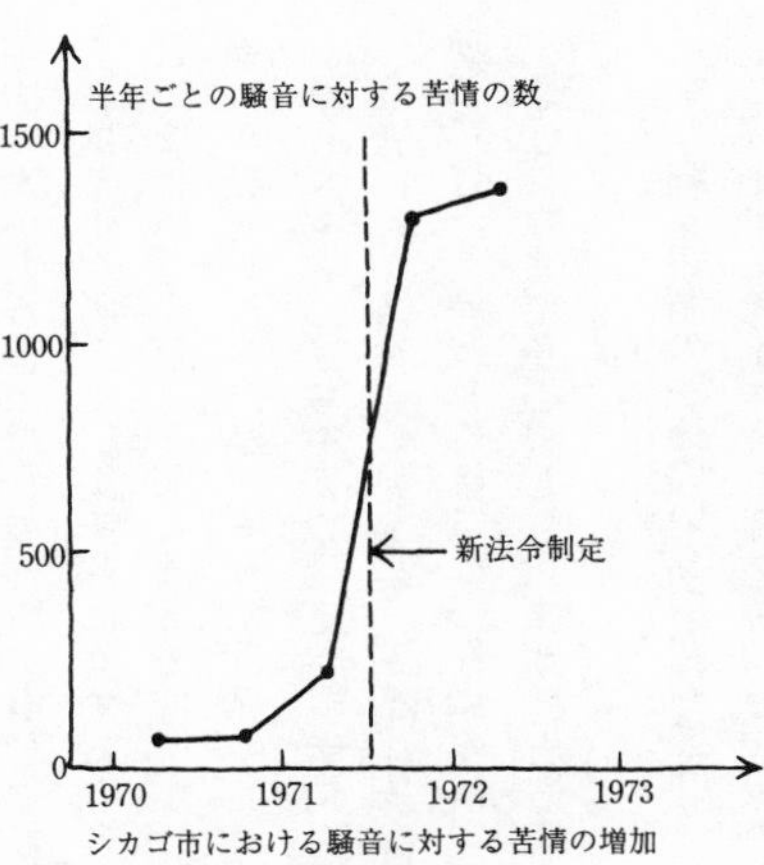

シカゴ市における騒音に対する苦情の増加

●図17

ある人がある音に対して苦情を申し立てるか、はたまたそれを我慢する決心をするかどうか、それは不平を訴えた結果それに対する方策が期待され得るか否かによってある程度影響されると言ってよい。少なくともシカゴでは、このことが体験されている。一九七一年、新しいシカゴ市条例が発効したのだが、それは世界中で最も妥協がなく包括的な条例のひとつだった。この新しい法律に対するすみやかな反応が、苦情の劇的な増加となって現われた。一九七〇年には市当局は騒音に対する苦情をおよそ一二〇件受けていたが、一九七一年の上半期（新条例が発効する以前）には、その数はほぼ二二〇件にのぼっていた。しかし同年の下半期には、その数は一気に一三〇〇件にまで急上昇し、以来ずっと着実に増え続けているのである。

騒音規制の法律のいくつかの側面

これまでに考案された騒音規制の法律の中で、真に効力を持っていたものは唯一、天罰の形をとるものだけだった。『ギルガメッシュ叙事詩』の中には、次のようにある。

このころ、国土は拡がり民の数は増した。国土は雄牛のごとく吠えたて、神々はその平安を乱された。エンリルは彼等の騒ぎを聞き、偉大なる神々に向かって言った、「人間どもの騒ぎは耐え難いほどにひどくなった。彼等の騒々しさのために眠ることも出来ぬ」。そこで神々は、ひそかに大洪水を放とうという気になったのだった。★7

近代的な意味における法令の中で騒音に関する最初の例は、紀元前四四年、元老院令において ジュリアス・シーザーによって下されたものであった。そこにはこう定められている。「今後、日の出より日没に至るまで市域の境界内においては、いかなる車輪付運搬具も許可されることを得ず。それらは夜間に市中内に入り、夜明けには静かに移動し、そして定められたる時間までには停止し、からの状態になるようにすべし」。狭い通りは混み合っていたため、荷馬車は夜間しか通行を許されなかったわけだが、これは人々の安眠を妨害した。ユウェナリスは『風刺詩』第三篇（紀元一一七年）の中で次のように言っている、「市中内のどこにいようと、眠ることなど絶対にできないのだ。周囲の通りに響く荷車の絶え間ない往来は……死人をも目覚めさせるほどだ」。

一三世紀までに、イギリスの町の多くは鍛冶屋の厄介な騒音をのがれるため、それらを特別な区域に限定するという法律を制定していた。[★8] また同じくイギリスでエリザベス一世の治世下には、大道音楽も二つの国会制定法によって抑制されていた。この耳障りなものに対して提案されたマイケル・バスの有名な一八六四年法案についてはすでに述べたが、これと同様の法令が全ヨーロッパの国々にも共通して認められた。次にひとつの都市を例として選び出すことにより、中央ヨーロッパの状況に関してはその歴史的概観を得ることができる。

ベルン市（スイス）[＊3]

制定年	条例
一六二八	祭りの日に、通りや家で歌ったり叫ぶ行為の規制
一六六一	日曜日に叫んだり、大声をあげたり、近所迷惑をおこす行為の規制
一六九五	同右
一七四三	安息日を尊重する
一七六三	夜間に騒がしい音を出すことの規制
一七六三	夜間に騒音を出す行為の規制、夜警への取り締まりの確立
一七八四	犬の吠え声の規制
一七八八	教会の近所での騒音規制
一八一〇	騒音を出す行為一般の規制
一八七八	病院・病人のそばでの騒音の規制
一八七九	午後一〇時三〇分以後の音楽演奏の規制
一八八七	犬の吠え声の規制
一九〇六	日曜日には静寂を守る
一九一一	クリスマスと新年パーティでの騒がしい音楽と歌、夜間に不必要にむちを鳴らすことの規制
一九一三	夜間の不必要な自動車騒音、警笛の規制
一九一四	カーペットをたたくこと、子どもが騒ぐことの規制

一九一五　カーペットとマットレスをたたくことの規制
一九一八　カーペットをたたくこと、音楽を演奏することの規制
一九二三　日曜日には静寂を守る
一九二七　子どもが騒ぐことの規制
一九三三　商業上の騒音、家庭騒音の規制
一九三六　ベル、ホーン、行商の叫び声の規制
一九三九　休日に過度の騒音を出すことの規制
一九四七　日曜日には静寂を守る
一九六一　商業上の騒音、家庭騒音の規制
一九六七　日曜日には静寂を

ここで現代のすべての騒音規制の法律について詳細な分析を企てることなど、とても手に負えない仕事であるのは明らかである。ここでは、そのいくつかの側面に触れるだけで満足しておかなければなるまい。

多くの国々（イギリス、フランス、ドイツ、ポーランド、スウェーデン、トルコ、ベネズエラ等）は、騒音に関して国家的に法律を定めているが、その中には地方自治体の条例によって補足されるも

＊3——ベルン市の資料室より情報を提供していただいたG・シュメーツァー博士に謝意を表する。

のもあれば、そうでないものもある。たとえばイギリスでは、一九六〇年の騒音削減法および一九七三年の騒音隔離制定法は、イングランド、スコットランド、ウェールズのすべての政府によって実施されている。また、その他の国々（カナダ、オーストラリア、アメリカ合衆国の一部等）では、地方自治体による採択や補充を必要とする一般的法律が州政府によって立案されている。さらに、こうした問題がもっぱら地方自治体に任されている国もあれば、政府のさまざまなレベル間で調整が行なわれている国もある。これらの特質を国際的な規模で分類することは、たとえ不可能な仕事ではないにしても、ことのほか困難な作業である。しかし私は巻末付録Ⅲのリストで、多様なタイプの法律についていくつかの基本型を示すことを試みた。

世界をめぐる都市の騒音規制法令

その巻末付録のリストから、すべての大陸で相当量の騒音規制のための活動が行なわれていることがわかる。また図18からもわかるように、こうした関心の多くは最近起こったものである。次頁のグラフは、そのリストにあげた共同体により可決された法律の総計を、年ごとに示すものである。

比較のため、ここにカナダにおける九〇の共同体に関するグラフをもうひとつあげておく。ここでは、騒音についての関心は最近比較的人口の少ない市や町へも広がっていることがわかる。

この点に関連して、騒音規制の法律をもたない都市が後進的であると必ずしも見なされるべきではないことを指摘しておきたい。おそらくそういう都市は、ただ単に比較的静かなだけなのだ。

たとえば、インドの主要な都市には騒音規制の法律がないのだが、ボンベイの多くの地域で夜間記録された騒音レベルはすべて、ノルウェーにおいて夜間の住居地域のために提唱されたレベルの上限よりはるかに低かったのである。*4

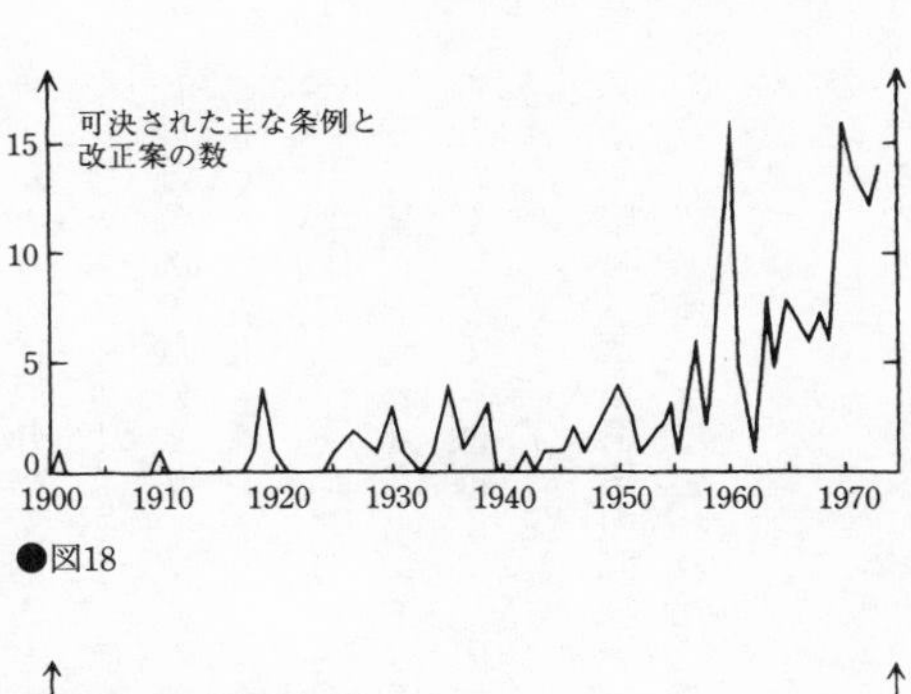

●図18

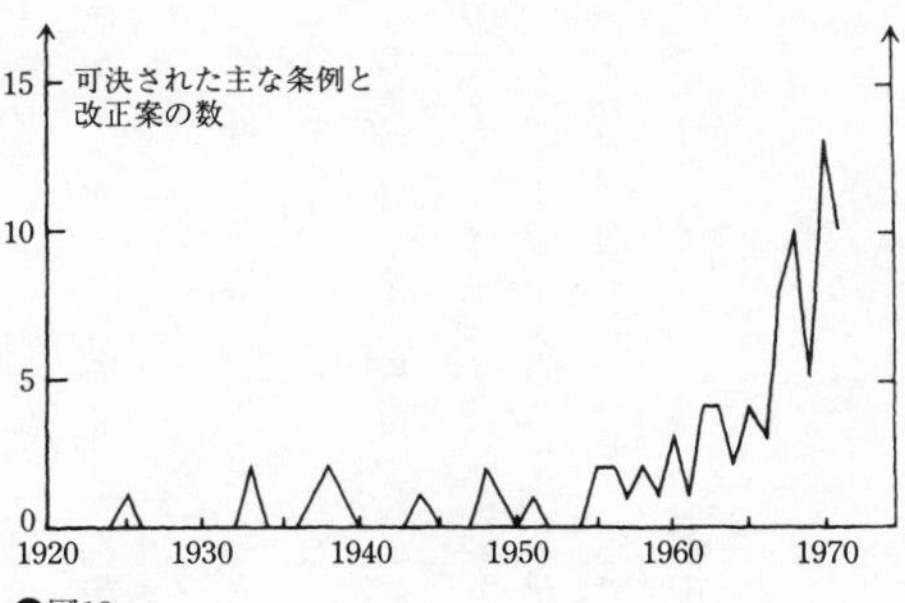

●図19

世界中の共同体の騒音関連法は種々多様であるにもかかわらず、以下のようないくつかの項目は判で捺したように繰り返し現われる。

公共の場で叫ぶ、あるいは
騒ぎを起こすこと
路上および家の中の音楽
スピーカー、ラジオ等
騒々しい動物
マフラーのないバイク
住宅地域内の騒がしい工場

これらは世界中の多くの地域に共通のことだが、強調点はしばしば異なっている。北方諸国では犬がとりわけ厄介物であるということがわかったのに対し、ラテン・アメリカにおいてそれはラジオとスピーカーである。ラテン・アメリカの多くの都市では、ラジオとスピーカーだけが騒音規制条例の対象となっている項目である。また、こうした条例は通常、行商および露店でのスピーカーの使用を禁止することを目的としている（ベネズエラは、バスやタクシーの中の音楽を乗客が不愉快だと感じた時には、それをやめさせることができる、という点でユニークである）[★9]。

車の警笛を鳴らすことに対する規制は、その施行のしかたこそ実に多様であるが、世界中のおびただしい数の条例の中に見出される。たとえばチュニスのような都市は、警笛を「絶対必要な場合にのみ……一、二度短く[★10]」鳴らすように制限しているが、世界のいくつかの首都の主要な交差点で鳴らされる警笛の回数を調査員に数えさせたところでは、中東が車の警笛騒音に対して最も寛容であるように思われた。ここにいくつかの異なる都市で記録した一時間あたりの平均回数をあげておこう。

モスクワ	一七	ロンドン	八九
ストックホルム	二五	東京	一二九
ヴァンクーヴァー	三四	ボストン	一四五
ユトレヒト	三七	ローマ	一五三
トロント	四四	アテネ	二二八
シドニー	六二	ニューヨーク	三三六

ウィーン	六四	パリ	四六一
アムステルダム	八七	カイロ	一一五〇

これらの測定は、一九七四年から七五年にかけて行なわれたものである。われわれはごく普通のウィークデーに一日九時間にわたって交差点で聞こえるすべての警笛の数を数えるという方法をとった。そこでとりわけ興味深いことは、以前ロンドンとパリの同じ地点で行なった測定で記録

＊4――ボンベイ地区

	真夜中	午前三時
ダダール［B・B］	40dBA	35dBA
ガトコパール	47dBA	43dBA
ワダラ	35dBA	30dBA
ヴィレ・パーレ［西］	33dBA	25dBA
カルバデヴィ	50dBA	45dBA

ノルウェーの住宅地区の騒音レベルは、夏の夜間には55dBA、冬の夜間には60dBAである。ボンベイの騒音レベルは、S・K・チャタジー、R・N・セン、P・N・サハの調査によって得られた［本章原注★19］。それらの騒音レベルのほとんどもまた、夜間の住宅地区で45dBAという東京都条例で命じられているレベルよりも下回っている。さらに比較してみると、スウェーデンの夜間の騒音レベルは40dBA、リッチモンド［オーストラリア］では30dBAとなっている。

した警笛数のほうがはるかに少なかったという事実である。これら二つの都市において、その数は四年間で実になんと約四倍も増したのである！　このような増加の傾向がこれからもずっと続くなどということが一体あり得るのだろうか？

ところで、巻末付録にある都市の騒音規制の法律のリストは、質的な法律をもつ共同体と量的な法律をもつ共同体とを区別している。同時にそれは、かなりの数の共同体が何らかの形で量的法律を採用しようとしているか、あるいは積極的に研究しようとしているということをも示している。このことは、少なくともテクノロジーの発達した国家においては、ひとつの傾向であるように思われるので、若干の説明が必要であろう。そもそも量的法律とは、調査と証明の責任を市の行政に課すものである。質的法律では法廷で騒音の申し立てを立証することが常に難しかったことを考えると、こうした傾向はわれわれにとって心強い変化である。しかしそれにもかかわらず、量的法律を執行していくには難しい点も多く、また費用も相当にかかる。なぜなら、高価な設備を購入しなければならないし、さらにその設備は訓練されたスタッフによって操作されなければならないからである。

音響測定の数量化へのアプローチとしては、目下、次の二つが用いられている。ひとつは、日本、スカンジナビア、オーストラリアなどの地域でよく使われているのだが、共同体の中にいくつかの地域の類型（住居地域、商業地域、工業地域等）を指定し、その地域ごとに一日のうちの特定の時間区分について一般的な騒音レベルを定めておくという方法である。もうひとつは、特定の不快な騒音に対して制限を設け、それらを管理することに全力を注ぐという方法である。これは、カナダ、アメリカ合衆国およびヨーロッパと南アメリカの一部の国々で採用されている。しかしこれは、国ごとにも、あるいは同一国の中の共同体ごとでさえも、ほとんど標準化がなされていない。たとえば、自動車に対して量的制限をもつカナダの七つの都市間で、一九七二年にその許容レベルは二〇フィートで八〇デシベル（ブリティッシュ・コロンビア州のバーナビー）というものから、一五フィートで九四デシベル（オンタリオ州のトロント）というものまで、広い範囲にわたっている。実のところ、多くの国々から集めた量的法律を丹念に調べた後では、質的法律と同様、その策定法はどの点からみても気まぐれであると結論づけざるを得ない。

ところで設定されたレベルは、身体に対し破壊的な音には確かに対処することができるかもしれないが、心理的に苦痛を与える有害な音の問題については解決できないというところが難点である。音の心理的な害は、これまでにほんの少しの調査しか行なわれてこなかった領域ではあるが、いずれにせよかくも安易な数量化に頼りきるなどということはまずなさそうだ。こうした理由から、現代において最も実践的な騒音規制のための法律とは、量的規定と質的規定の双方を含んだものであるべきなのだ。ただし人間の本性というものは、問題解決に対してあれかこれか式のアプローチへと傾いていくのが常であるからして、われわれはおそらく将来、量的規定への支持が高まり質的規定が影をひそめていくのを目撃することになるだろう。なぜなら、量的規定のほうがテクノクラートの精神に、より適合しているからである。

騒音規制の法律の研究がどのように文化の違いを明らかにするか

騒音条例というものは、個々人によって勝手につくりだされるものではない。社会的に論議されたうえでつくりだされたものである。それゆえに、騒音条例を調べてみるとサウンドフォビアに対するさまざまな文化的態度を明らかにすることができる。たとえばジェノア市（イタリア）の市警法令（一九六九年）においては、周知の騒音源を扱っている条項と並んで、いくつかの珍しい問題が確認されている。第六五条では、シャッターは午後九時から午前七時までの間はできるだけ静かに開閉しなければならないとしている。ヨーロッパ人にとっては基調音であるシャッターの音も、外部の人間にとっては標識音となる。またこれに関連して思い出すのは、エティエンヌ・カベー[☆3]の著わした一九世紀のユートピア『イカリア旅行記』である。そこで著者は、イカリアの各家につけられた音のしない窓というすばらしい発明について述べている。[★11]ジェノア市の法令の第六七条においては、午後一一時から午前七時までの間、引越し荷物の運搬による騒音の禁止措置がとられている。これにはちょっと困惑するが、運搬のような重労働は夏の暑さを避けてしばしば夜に行なわれることをイタリア人が説明してくれると初めて納得がいく。また第七〇条には、大道音楽に対する慣例的な禁止が含まれており、第七三条では夜中の一二時以降はボッチャ［木球戯］は行なってはいけないとされている。騒音源として特定のゲームの名があげられているのは驚きだが、屋外でのボーリングは他のヨーロッパ諸都市の条例の中でも頻繁に言及されている。ルクセンブルクにおいても、午後一一時から午前八時までの間は、「九柱戯で遊ぶ」ことは禁じられている。[★12]

ところで法律の中でひとつ奇異なものがある。ゲルマン系の国々に見られ、それ以外の国にはないのだが、カーペットやマットレスをたたくことを禁じたものである。これについてはスイスの例（三八八頁）をすでに取り上げているが、ボン（ドイツ）では「カーペット、マットレスその他をたたくことは、平日の午前八時から正午まで、それに加えて金曜日の午後三時から午後九時までの間にのみ許容される」[★13]。フライブルク（ドイツ）においても同様であるが、時間がわずかに異なり、平日の午前八時から午後一時まで、および午後三時から午後九時までとなっている[★14*5]。

昼寝（シエスタ）はエネルギーを回復するための時間である。そこで多くの条例が、この時間帯には騒音を出す活動を制限している。日射しの強い南の方へ行くにつれて、昼寝の時間がどのように長くなっていくかを観察してみると大変おもしろい。北ヨーロッパでは、一般的に午後一時から三時までの二時間。イタリアの諸都市では、しばしば正午から午後四時までと延びている。しかし北アフリカになると、これが午後五時までとさらに延びている。この種の条例で典型的なのは次のチュニスの例である。「一年を通じて午後一〇時から午前八時までの間、および六月一日から九月三〇日の一二時半から午後五時までの間は、隣人の平穏を乱す可能性のある騒音を出すこと、も

＊5――フライブルクではまた、午前八時～午後一時および午後三時～午後八時に限り、芝刈りを許可している。ゲルマン諸国以外ではただひとつの都市からだけカーペットをたたくことを禁じる条例をもっという情報を得た――それはアデレード［オーストラリア］の条例第一〇条、二五b項［一九三四年］である。

しくは出すのを許可することを禁ず」。[★15] 興味深いのは、この条例があげている騒音のいくつかである。「この禁止令は、通りあるいは私有地において発せられる以下のような騒音に対し、特に適用される。車の警笛、楽器、モーターのテスト、排気ノイズ、ガソリンの販売員によって使用されるラッパ［！］、アイスクリーム売りの笛や呼び声、およびその他の呼び声である」。アルベール・カミュが北アフリカでの生活に思いをめぐらしたとき、特に思い出したのがこの最後にあげられたアイスクリーム売りの呼び声だった。「私はただ一つ覚えている、……終わり頃に、街の方から、この法廷のひろがりをわたって、アイスクリーム売りのラッパの音が私の耳もとまで届いて来たのだ」。[★16]

強い騒音であっても、土地に極めて固有なある種の騒音は、標識音（サウンドマーク）——たとえネガティヴなものであるにせよ——とみなしてよい。たとえばエッセン市（ドイツ）で最も苦情の多い音の中には、カツレツ用の子牛の肉をたたくレストランの騒音というのがある。[★17] また香港の場合、主に苦情を受ける騒音源のひとつは「麻雀大会」の音である。[★18] しかし、麻雀牌をぴしゃりと打ち合うこの音も、ヴァンクーヴァーやサンフランシスコにおいてはチャイナ・タウン独特の雰囲気をかもしだすものであり、観光客に楽しまれている。

インドでは、いま盛んに建設されている高級観光ホテルにおける夜間の空調機の騒音が憂慮されるようになってきたところだが、[★19] この問題は富める都市シカゴにおいてはすでに騒音に対する最大級にのぼる住民の苦情を引き起こしている。同じインドの中でも、この種のホテルがあるところでは、騒音レベルが夜間一五〜二〇デシベル高いということが明らかになった。

モンバサ（ケニア）の最も一般的な騒音には「ブリキ缶製造者、ドラム缶製造者、鍛冶屋、木炭ストーブ製造者」といったものがある。[★20]一方、港湾都市オークランド（ニュージーランド）では、主な苦情の原因は「裏庭で車のへこんだところを打ち出したり、ボートを作る音」である――夜間そのような音をたてるのを禁止するように立案された条例もある。[★21]またラバト（モロッコ）における主な騒音のひとつは家族の親睦会であり、[★22]イズミル（トルコ）においてのそれはバスターミナルでの勝手気ままな行動である（このことを本当に理解するにはトルコを実際に訪れなければなるまい）。[★23]この問題は、幾分妙な法律の一節で扱われている。「バスのターミナルや駐車場では礼儀正しい行動が望ましい。公衆を妨害する可能性のある騒音――たとえば叫ぶ、争うなど――はいかなる場合でも罰金の対象となる。たとえその行為が単なる冗談であったと主張しても、罰金五〇トルコリラという結論は変わらない」。

条例というものはまた、社会のさまざまな発展状態をも示している。一九六一年メルボルン市（オーストラリア）は、「競売人がベルを鳴らすこと」を禁止する古くからの条例を、もはや不必要であるという理由で廃止した。[★24]ところが同じ年マニラ（フィリピン）では、そのような行為に対する法律の導入が必要だとされたのである。「合図や旗を除いては、ベルおよび呼び声、その他騒音や身振りを用いてせり手を誘引するような手段はとるべからず」。[★25]

スピーカーや電気的に増幅された音楽を禁ずる法律は世界各地に共通してみられるものだが、その一方でさまざまな社会がそれらに与えている免除条項に注意することも重要である。たとえば、マニラでは屋外でのラジオや蓄音機の操作を禁止しているが、「レストラン、喫茶店、美容院、理髪店に対して、……午前七時から夜中の一二時まで」は留保している。[★26] さらに「アイスクリーム、果物、アメ、菓子、糖菓の呼売り商人、および新聞の」売り子には、午前五時［!］から午後一一時までの間、メガフォンもしくは拡声器（マグナヴォックス）を用いることが許可されている。[★27] またマニラの別の市条例は、次のように告示している。電気的に増幅された音の禁止は、「四旬節に神聖なるキリスト受難曲が朗唱あるいは歌唱されている家や場所……さらに国際的または国家的に重要なラジオ番組の場合」には適用してはならない。[★28]

日曜日には静寂を守る、ということはスイスでは特別な関心事であったが、すべてのキリスト教諸国の問題であったわけでは決してない。たとえばサンサルバドルの場合、スピーカーの使用を管理するために次のようなスケジュールをたてているが、宗教上の祝日を祭典の時とみなすべきだとしていることがここからわかる。スピーカーは以下の時間帯に許可されている。

月曜日から土曜日――正午～午後一〇時
日曜日と祝日――午前八時～午後一〇時
一二月二四日および三一日――午前八時～翌日の午前五時[★29]

さてわれわれは、教会の鐘がいかにして苦情の原因になり始めているかということをシカゴの例――この章の前のほうで触れられているのだが――から知った。ドイツでも同じく鐘の音が問題を引き起こし始めており、ルクセンブルクでは増大する苦情の種として指摘されている。[★30] 事実、いくつかの地方自治体は、すでに教会の鐘を打ち鳴らす時間帯を制限するような法律を定めている。たとえばマニラの場合、日中は一時間につき三分以上は鳴らさないよう制限し、午後八時から午前六時までの間にはその使用を一切禁止している。[★31]またチクラヨ（ペルー）では午後九時から午前六時まで禁じられている。[★32]ジェノアでは苦情のために鳴らすことができなくなり、[★33]ハートフォード（コネチカット州）では「建物や家屋に隣接し、その付近の人々の平穏や休息を乱す危険性のある鐘を打ち鳴らすことを禁ず」としている。[★34]

回教徒の街であるダマスカス市（シリア）にもこのような法律と類似するものがある。そこでは「コーランの朗唱をラジオで放送すること、また公共の場、特にレストラン、ナイトクラブ、娯楽場でいかなる人であれ、それを朗唱することは厳しく禁じられる[★35]」。

言語における騒音

キリスト教が支配力を持っていた時代、教会は教会自体に属するいくつかの音を禁止していた。神を冒瀆する言葉を口にすることには恐ろしい刑罰が与えられた。このような観念は騒音に関する民事条例に残されている場合がよくあり、その例は特にアングロ・サクソン系の国々に多い。カナダの場合このような禁止令は、リモウスキおよびラバル（ケベック州）、ブランドン（マニトバ州）の法律の中にある。[★36]また、アデレイド[★37]（オーストラリア）やバッファロー[★38]（ニューヨーク州）、スー・シティ[★39]（アイオワ州）のようなアメリカの諸都市の条例の中にも、同様の条項が見られる。条例は通常、単に「わいせつな、あるいは冒瀆的な言葉」に言及するだけだが、オクラホマ市の条例は以下のようにその問題をより明快に述べている。「治安妨害あるいは襲撃のために、神、イエス＝キリスト、聖霊、聖書、キリスト教徒、その他信仰されているあらゆる宗教に関して、非難もしくは神聖を汚す嘲笑を……放逸にも発し、その結果治安妨害あるいは暴行を引き起こすことは……不法であり、なんびとたりとも犯罪と見なされるであろう」[★40]。このような条例は、少なくともアングロ・サクソン系世界のある地域では依然として効力を持っている。そのことは、一九七二年ソールスベリイ（ローデシア〔現ジンバブエ〕）において路上で神の悪口を言ったという理由からの告訴が一七八八件にものぼったという事実からも立証される[★41]。

ウェリントン（ニュージーランド）には、法律上の興味深い変則があった（一九七三年、新法令によって廃止されるまで）のだが、それは物理空間と音響空間との間の矛盾へと、われわれの注意を引きつける。というのも、汚らわしい言葉に対する告訴が成立するためには、犯した者と訴えた者の双方が公共の場に居合わせていなくてはならなかったからである。「路上でわいせつな言葉を用いた者でも、もし告訴人がその言葉を私有地（たとえば庭）あるいは家の中で聞いたと申し立てた場合には、警察は起訴できなかった。起訴事実が立証されるためには、告訴人は路上へ移動していなければならなかったのであろう」[★42]。文献学者が四文字語（フォー・レター・ワーズ）の世界史を書く日がいずれやってくるに違いない。神聖な言葉も時が経つにつれて一般的な罵声の表現に卑しめられてしまうといった事が生じるらしい。たとえば「キリスト」「神」「イエス」という神聖な言葉が、「チキショウ」「クソッタレ」など、ののしりの言葉として一般の会話の中に入り込むようになったのは、北アメリカでは一九六〇年から七〇年までの一〇年間のことであった。このように神聖な言葉をののしりの言葉として会話のサウンドスケープの中へ解き放すことにはひとつの目的がある。つまりショックを与えることである。そして少なくともそれらの言葉が習慣によって柔らげられたり、婉曲なものに変化したりするまでは、それらはショックを与え続けるのである（ちなみに、神聖な言葉の多くはこのような粗悪な語法によく適していると言えよう。なぜなら音声学的にみて、それらはしばしば衝撃的な音や耳障りな音だからである。「ジーザス」や「クライスト」という語も例外ではない。前者は摩擦音を発するし、後者も舌の上で切れのいい鋭い音をたてる）。

しかし罰当りな言葉に関しては、最初の耳の感触だけでなくより多くの問題がある。なぜなら、禁忌語はある社会の中に常に存在し続けるという事実があるからである。いまだかつていかなる社会も、その魂（プシケー）の暗い部分を奔放な日の光の中へすべてさらけだす勇気など持っていなかったし、これからもまた持たないであろう。したがって、ある卑猥な表現が一般のおしゃべりの中に解放されたとき、今度は別の表現が、言語を絶する衝撃的な言葉としてそれらに取って代わるのだ。英語の新しい隠語は、「グレイス［grace＝神の恩寵］」「ヴァーチュア［virtue＝美徳］」「ヴァージン［virgin＝処女］」「テンダーネス［tenderness＝慈悲心］」である。

禁忌音

私は本書の至るところで、頻繁に次のように述べてきた。騒音規制の法律の真の価値は、それが持っている効力の度合いではなく——なぜなら、少なくともノアの洪水以来それは一度も効力を持ったことなどないのだから——むしろそれがさまざまな社会や時代のサウンドフォビアについて比較可能なカタログをわれわれに供給することである。禁じられている音というものは実に多くの象徴的な響きを持っている。太古の人々は、非常に注意深く自分たちの禁忌音［taboo sound］を守っていた。そしてジェームズ・フレイザー卿は、歴史に名高い彼の研究『金枝篇』中のひとつの章全体をこの問題にあてている。その章からわれわれは、たとえば全くの恐怖心からある特定の人間の名前、敵の名や死んでしまった祖先の名を決して口にしない部族もあるということを学ぶ。また自分自身の名を言明することはすなわち生命力を奪われてしまうことだと考える部族もある。このような最も個人的な音を発音するということは、自分の首を処刑人に差し出すようなものなのだ。

騒音対策の実施という観点からさらに興味深いのは、いくつかの部族に見られる次のような習慣である。それは、神の怒りに触れるかもしれないという恐れから、ある時間にある騒音を発することを禁ずるというものである。

日の光を連想させる騒音は、夜には常に禁じられる。たとえば、女たちが日暮れ時以後に穀粒をつき砕くことは許されない……特別な場合を除いて、騒々しい仕事は村を森との危険な関係の中に追いやるらしい。普通の日、精霊たちは森の最も深い所で眠っているためそうした騒々しさにも平安を乱されることはない。しかし安息日には起きて来て村のそばにいるかもしれないのだ。そして、森で木を切り倒す音や村で穀粒をつき砕く音を聞いて、激怒するであろう。★43

安息日に沈黙を遵守するというキリスト教の習慣も、これと同じ考え方を基盤にしているのかもしれない。

禁忌音というものは伝統的に、万一不適切に発音された場合には常に死や滅亡を招いてきた。これはヘブライ語のヤハヴェーにも当てはまることだし、また中国の黄鐘についても同様である。黄鐘が敵に奏されるようなことがあれば、それだけで帝国や王朝の滅亡を招くと考えられていた。さらにアラブ人も、同じような恐ろしい力を有する多くの言葉をアラーの神に対して持っていた（以下の語は小さな声で読みなさい）。アル・カビード、アル・ムッシル、アル・ムミート等その他九九の言葉がある。

このような禁忌音というものを、われわれは今日の世界においては一体どこに位置づけるのだろうか。ひとつは間違いなく民間防衛サイレンである。それはほとんどの現代都市が持っているものであり、来たるべき運命の日のために取っておかれる。その日に、それは一度だけ鳴らされ、その後には大惨事が続くのである。

騒音の規制と禁忌（タブー）との間には、決して無視することのできない深い関係が結ばれている。なぜならば、ある音を禁止のリストに組み入れた瞬間、われわれはその音に決定的な栄誉を与えて非常に力強いものにするからだ。共同体の条例による小規模な禁止が決して成功しないのは——実際成功するはずなどないのだが——まさにこの理由によるのだ。それゆえ、ちょうど神々の威光がその不可視性にあるように、終局的な力とは——そう、「沈黙」なのである。これは、神秘主義者や修道士の極意である。音についての適切な研究ならどんなものでも、沈黙をもってその最後の省察を終えるだろう。

原注

★1——Alexander Cohen *et al.*, "Sociocusis—Hearing Loss from Non-Occupational Noise Exposure," *Sound and Vibration*, 4: 11, November 1970. Clifford R. Bragdon, *Noise Pollution: The Unquiet Crisis*, Philadelphia, 1971, pp. 74-76. を見よ。

★2——William A. Shearer, "Acoustical Threshold Shift from Power Lawnmower Noise," *Sound and Vibration*, 2: 10, October, 1968.

★3——*Time* magazine, August 9, 1968, p. 51. を見よ。

★4——"Séminaire Interrégional sur l'Habitat dans ses Rapports avec la Santé Public," World Health Organization PA/185. 65. WHO *Chronicle*, October, 1966. の要約を見よ。

★5——Samuel Rosen *et al.*, "Presbycusis Study of a Relatively Noise-Free Population in the Sudan," American Otological Society, *Transactions*, Vol. 50, 1962.

★6——*A Community Noise Survey*, Greater Vancouver Regional District, 1971, p. 12.

★7——*The Epic of Gilgamesh*, trans. N. K. Saunders, Harmondsworth, Middlesex, 1971, p. 105.

★8——A. L. Poole, ed., *Medieval England*, Vol. 1, Oxford, 1958, pp. 252-254.

★9——Venezuela, *Gaceta Municipal*, Capitulo 1, articulo quinto (1972).

★10——Ville de Tunis, *Arrêté du 17 Octobre, 1951*, art. 5.

★11――Étienne Cabet, *Voyage en Icarie*, Paris, 1842, p. 65.

★12――Ville de Luxembourg, *Règlement Général de Police*, Chapitre II, art. 32.

★13――Bonn, *Strassenordnung*, para. 5 (1970).

★14――Freiburg, *Polizeiverordnung*, para. 2 (1968).

★15――Ville de Tunis, *Arrêté sur le Bruit*, article premier (1955).

★16――Albert Camus, *The Outsider*, trans. Stuart Gilbert, Harmondsworth, Middlesex, 1972, pp. 104-105.『異邦人』、前掲訳書、一二〇頁。

★17――Dr. Hüblinger, Essen, 私信。

★18――C. McGugan, Assistant to the Colonial Secretary, Hong Kong, 私信。

★19――S. K. Chatterjee, R. N. Sen and P. N. Saha, "Determination of the Level of Noise Originating from Room Air-Conditioners," *The Heating and Ventilating Engineer and Journal of Air-Conditioning*, Vol. 38, No. 59, February, 1965, pp. 429-433. を見よ。

★20――D. S. Obhrai, Town Clerk, Mombasa, 私信。

★21――R. Agnew, Chief City Health Inspector, Auckland, 私信。

★22――Mohamed Sbith, Préfecture de Rabat-Salé, 私信。

★23――Izmir, *By-law Concerning Bus Terminals*, art. 25.

★24――City of Melbourne, By-law 418 (1961) にこの廃止規定が含まれている。

★25――Manila, Ordinance No. 1600, Sect. 846 (1961).

★26――*Ibid*.

★27――*Ibid*., Sect. 846-a.

★28——Manila, Ordinance No. 4708, Sect. 848-a (1963).

★29——Municipalidad de San Salvador, *Ley del Ramo Municipal*, art. 8 (1951).

★30——Arthur Paulus, Ville de Luxembourg, Administration des travaux, 私信。

★31——Manila, Ordinance No. 1600, Sect. 847 (1961).

★32——Chiclayo, *Reglamento sobre Supresión de Ruidos Molestos en las Cuidades*, art. 11 (1957).

★33——Genoa, *Regolamenta di Polizia Comunale*, art. 64 (1969).

★34——Hartford, City Ordinance, 21-2k (1967).

★35——Damascus, By-law No. 401, Sect. 3, para. 8 (1950).

★36——*A Survey of Community Noise By-laws in Canada (1972)*. World Soundscape Project, Burnaby, B. C. 参照。

★37——Adelaide, By-law No. IX, Sect. 3-1 (1937).

★38——Buffalo, Noise Control Ordinance, art. X VII, paras. 1703-11.

★39——Sioux City, Ordinance No. 21954, Sec. 9-11 (1972).

★40——Oklahoma City, The Charter and General Code, Chapter 3, 9. 3. 09 (1960).

★41——Wm. Alves, Mayor of Salisbury, 私信。

★42——I. A. McCutcheon, Town Clerk, 私信。

★43——Mary Douglas, "The Lele of Kasai," in Daryll Forde, ed., *African Worlds : Studies in the Cosmological Ideas and Social Values of African Peoples*, London, 1963, p. 12.

☆1——受像機内の熱雑音などのためスクリーン上に現われる白いドットによるちらつきのこと。

☆2——Constantin Doxiadis　一九一三—七三。ギリシアの建築家。

☆3——Étienne Cabet　一七八八—一八五六。フランスのユートピア的社会主義者。

第四部　サウンドスケープ・デザインに向かって

第十四章　聴く

音響生態学とサウンドスケープ・デザイン

二〇世紀の美術教育において最も重要な改革は、バウハウスによって行なわれた。高名な画家が多数バウハウスで教鞭をとったが、その教え子たちは有名な画家にはならなかった。この学校の目的が別のところにあったからである。純粋芸術と工業技術を用いた工芸を統合することによって、バウハウスはインダストリアル・デザインという全く新しい分野を生み出したのである。同じ改革がいま音の研究の諸領域において求められている。この改革は、音の科学に関する諸分野と音の芸術に関する諸分野とを統合することによって成り立つ。その結果、音響生態学とサウンドスケープ・デザインといった学際領域が発展することになろう。

生態学は、生命体とその環境との関係を研究する学問である。したがって音響生態学とは、生活や社会との関連において音を扱う学問ということになる。こういった学問は、実験室に籠っていては成し遂げられない。音環境がそこに生きる生物に及ぼす影響を、まさにその場で注意深く調べたときにはじめて達成される学問なのである。本書はこの章に至るまで一貫して、音響生態学をそのテーマとしてきた。なぜなら音響生態学は、サウンドスケープ・デザインに先行すべき基礎研究だからである。

私が提唱するサウンドスケープ・デザインとは何かを理解するのには、世界のサウンドスケープをわれわれの周りで果てしなく展開していく巨大な音楽作品とみなすのが、最も良い方法である。われわれはその聴衆であると同時に演奏者であり、また作曲家でもある。どの音を残し、どの音を広め、どの音を増やしたいのか。これがわかれば、退屈な音や破壊的な音もはっきりとし、それらを排除しなければならない理由もわかるだろう。音環境をこのように総合的に理解してはじめて、世界のサウンドスケープのオーケストレーションを改善する手立てが得られるのである。サウンドスケープ・デザインは、単に音響技術者が取り組めば事足りるといった問題ではない。それは多くの人々の活力を必要とする仕事である。専門家、アマチュア、若者――良い耳をもった人なら誰でも。というのも、この宇宙のコンサートは常に開演中であり、会場の座席は空いているからである。

サウンドスケープ・デザインは、決して上から統御するデザインになってはならない。むしろ意味深い聴覚文化の回復こそが問題であり、それはあらゆる人々に課せられた仕事なのである。とはいえ、こうしたデザイン活動を引き起こすにあたっては、重要な役割を担う人物が必要だ。特に作曲家は、余りにも長いあいだ社会から隔絶していたわけだが、今こそ再び、人類の航海を手助けしなければならない。作曲家は音の建築家である。彼らは、聴き手に特定の反応を引き起こす効果を工夫することにかけては、最も豊かな経験を積んできた。しかも彼らの中の最も優れた者は、これらの効果の流れを調節して、哲学者たちが人生経験そのものの隠喩として述べてきたような、複雑で変化に富んだ経験をもたらすことができる巨匠なのである。

しかし世界の環境の再オーケストレーションに際し、作曲家たちは自らリーダーシップをとるにはいまだ準備不足である。大仰な苦痛をひけらかしながらも、いまだに芸術の神山パルナッソスに身を捧げている者がいるかと思えば、その一方で、環境の再構成というより大きなテーマの重要性を感じてはいるのに、それを不器用にいじくり回す結果、自らの経験不足や快楽主義を露呈している者もいる。コオロギの鳴き声の美しさに夢中になって以来、作曲するのをやめたと語ったオーストラリアの若い作曲家に会ったことが思い出される。だがどのように、いつ、そしてなぜコオロギは鳴いたのかと尋ねても、彼は何も答えられなかった。彼はただ、その鳴き声を録音して大勢の聴衆を前に再生してみせることが好きなだけだったのだ。私は彼に言った。作曲家といえども、コオロギについてそれらのことを知っている義務がある。職人気質とは、自分が扱っている素材についてはすべてを知っているということなのだ。ここはひとつ、作曲家も生物学者や生理学者になってみるべきだ——あるいは、作曲家自身がコオロギに。

真のサウンドスケープ・デザイナーは、自分が取り組んでいる環境を完全に理解していなければならない。そのためには、音響学、心理学、社会学、音楽、その他必要とあらばさらに多くの分野で教育を受ける必要がある。そのような教育が可能な学校などどこにもないが、その創設をあまり先にのばしてはならない。というのも、サウンドスケープがローファイな状態にまで落ち込んでいる現在、有線のバックグラウンド・ミュージックのプロモーターが勝手にサウンドスケープ・デザインを、金ぴかのビジネスとしてとりあげようとしているからである。

サウンドスケープ・デザインのモデュール

モデュールとは、測定の際の指標として用いられる基本単位である。人間の環境においてその基本モデュールを形成するのは、人間自身である。建築家が人間の居住空間を構成するときは、人間の身体がその指標として用いられる。戸枠は人間の体格に合わせられ、階段は人間の足に、天井は人間が身体を伸ばしたときの高さに合わせられる。建築空間とそこに住む人間との密接な関係を明らかにするため、ル・コルビュジエは腕を上に伸ばした人間の姿をモデュールの象徴とし、自作の建築物すべてにその印を刻んだ。

音環境を測定する際の基本モデュールは、人間の耳であり人間の声である。本書を一貫して私は、人間外の種々の音を理解できるようにするための唯一の方法は、われわれ自身の音を感知し生み出す行為と深い関係があると力説してきた。経験によって世界を知ることが、まず初めに必要なことである。そのうえではじめて、想像力を巧みに働かせて石の音楽、死者の音楽、「天体の音楽」などを考え出すことができる。それらはわれわれが実際に聞くことができ、自分の中で響かせることのできる音と比較することによってのみ理解されるものなのである。

耳や声の反応の仕方や忍耐力についてはかなりよく知られている。今日のように、環境音が人間の声を覆ったり圧倒したりする状態になっている場合、われわれは非人間的な環境を生み出してしまっているのだ。また、耳が危険にさらされたり心理的に衰弱させられたりするような音の集中攻撃を浴びる場合も、非人間的な環境を生み出していることになる。

自然においては、声によるコミュニケーションの能力をはばむ音はほんの僅かだし、ましてや聴覚器官を威嚇するような音はほとんどない。たとえば、機械を通していない生の声でもかなり高いレベル（二、三フィート離れたところで八〇デシベルほどの大きさだろうか）にまで達するが、人間どうしの通常の交流では耳を危険にさらすほど高い数値（九〇デシベル以上）に達することはあり得ないというのも興味深いことだ。[*1] 人間の耳は低周波の音に対しては鈍感なので、便利なことに、脳波や血管の血流音など低い身体音はフィルターにかけられてきこえなくなる。また高音のほうの可聴閾も都合よく、空気の分子が衝突し合って音を奏でる絶え間のないリサイタルには招待されなくて済むレベルに設定されている。体のどの動きもほとんど音を立てずに効率よく活動できるというのも、またひとつの天才技だ。そして、もし耳が頭の横ではなくて口の横についていて、おしゃべりペチャクチャ、スープずるずる、といった音に常にさらされていたらどんなにか不都合なことだったかということに、これまで誰が思いをめぐらしたことがあったろうか。

神は第一級の音響技術者だった。一方われわれ人間は、自分たちの創造物である機械のデザインがこれまでずっと下手だった。騒音が生じているということは、エネルギーが漏れ出していることなのである。完璧な機械とは、おそらく音を立てない機械を言うのだろう。すなわちエネルギーのすべてが、効率的に使われているのである。したがって人間の身体はわれわれが知る限り

＊1――イギリスのスカーバラからは、ある漁師が「世界大声コンテスト」なる大会で、三メートルの距離から一〇三デシベルもの大声を出したというニュースが伝えられている。

だ。最良の機械であり、工学的完全性といった立場からすれば、これからのモデルとすべきものなのだ。

音響生態学によるこのような簡単な教訓に反し、われわれは機械仕掛けのおしゃべり商品がふえる一方でしばしば人間の音が抑圧されるといった時代に生きている。われわれの大学の学生が、ヴァンクーヴァーの下町で建築現場の騒音を測定していたとき、大道で歌いながら献身的に神を崇拝する東洋の宗教運動、ハレ・クリシュナ教団の教徒たちのなかなか楽しい布教活動が繰り広げられていた。一九七一年この一団は、騒音規制条例に背いたかどで逮捕され有罪となった。彼らはその判決に対して控訴したが、却下された。[★1] この条例は特に、建設や取り壊しによって生じる騒音をことごとく締め出そうというものである。——ところが、学生たちの調査から、ハレ・クリシュナの歌い手たちが逮捕されたまさにその場所で、建築現場の騒音がしばしば九〇デシベルの高さにまで上がっていたことがわかった。確かに、大道で歌ったりふれ歩いたりするのは迷惑であることが多い。しかしそれがなくなってしまったら、人間性も失われることになろう。

イヤー・クリーニング

サウンドスケープ・デザイナーの第一の職務は、聴き方を学ぶことである。ここで登場するのが〈イヤー・クリーニング〔耳のそうじ〕〉ということばである。耳を洗い清めるのに手助けとなる課題はたくさん考えられるだろうが、まずはじめに最も重要なのは、聴き手に沈黙を尊重するよう教える課題である。これは、忙しく神経過敏になっている社会では特に重要である。われわれがよく学生に出す課題は、まる一日の会話停止を宣言するというものだ。しばらくのあいだ音を出すのを止め、他の人が出した音に耳を澄ましてみよ。それはなかなかむずかしい、ちょっと恐ろしささえ伴う課題で、誰もが完全に実行できるものではない。だがやり終えた人は後に、自分の人生の中でも特別な出来事であったと語っている。

リラックスさせたり集中させたりする創意豊かな課題によって、聴くという体験に自然に導入することもある。物事を〈透聴力〉をもって聴けるようになるためには、一時間ほどの準備が必要だろう。

ときには、際立った特徴のある音をひとつ探し出すという課題も有益である。たとえば、立ち上がりの音が高くなっていく音や、短くて周期をもたない一連の破裂音からなる音を見つけてみよ。どしんと鈍い音がしてから高いさえずりのような音が続くもの、あるいは唸る音とキーキーきしむ音がいっしょになった音を見つけてみよ。こういった音は言うまでもなく、どの環境の中にもあるというわけではなかろうが、それだけに探索中の聴き手は必然的に、あらゆる音を注意深く点検するようになるだろう。私の音楽教育用の小冊子には、このような課題がたくさん載っている。[*2]

＊2——『教室の作曲家 *The Composer in the Classroom*』［一九六五］、『イヤー・クリーニング *Ear Cleaning*』［一九六七］、『新しいサウンドスケープ *The New Soundscape*』［一九六九］、『ことばが歌うとき *When Words Sing*』［一九七〇］などがある。

分類番号＿＿＿＿＿＿＿タイトル：＿＿＿＿＿＿＿＿＿＿＿＿＿＿＿＿
録音年月日：＿＿＿＿＿録音機材：＿＿＿＿＿＿＿＿＿＿＿＿＿＿＿＿
使用機材：　テープ速度＿＿＿＿毎秒7.5インチ　　モノラル＿＿＿＿
＿＿＿＿毎秒15インチ　　ステレオ＿＿＿＿
＿＿＿＿その他　　4チャンネル＿＿＿＿
録音地点：＿＿＿＿＿＿音源からの距離：＿＿＿＿＿＿＿＿＿＿＿＿＿
天候などの環境条件：＿＿＿＿＿＿＿＿音の強さ：＿＿＿＿＿dBA
＿＿＿＿＿dBB
＿＿＿＿＿dBC
歴史的観察事項：＿＿＿＿＿＿＿＿＿＿＿＿＿＿＿＿＿＿＿＿＿＿＿
社会的観察事項：＿＿＿＿＿＿＿＿＿＿＿＿＿＿＿＿＿＿＿＿＿＿＿
その他の観察事項：＿＿＿＿＿＿＿＿＿＿＿＿＿＿＿＿＿＿＿＿＿＿
インフォーマントの氏名, 年齢, 職業, 住所
＿＿＿＿＿＿＿＿＿＿＿＿＿＿＿＿＿＿＿＿＿＿＿＿＿＿＿＿＿＿＿＿

ときには、音の周波数や発音パターンのより明確な印象を得るため、サウンドスケープ内の個々の音に限って記録するのも良い方法である。車のクラクションやオートバイ、飛行機などは、誰でも耳で数えることができる。このようにして多くの音からひとつの音を取り出すとき、音を識別する能力は驚くほど高くなる。同時に、ある地域の住民に対し、一定時間内に生じたと思うそうした音の数を見積もるよう依頼する社会調査も行なうとよい。この種の課題を繰り返すうちに、想像した交通量が実際の数を極端に下回る――九〇パーセントも下回ることがよくある――ことがわかった。たとえば一九六九年、西ヴァンクーヴァー市民に自分の家の上空を通過する水上飛行機の数を見積もるよう頼んだところ、その平均値は八回であった。これに対し、実際の数は一日に六五回だったのだ。一九七三年に同地区で同じ実験を再度行なった。今度は、見積もりの平均値は一六回に上がったが、実際の回数も一〇六回にまで増えていた。このような課題は、イヤー・クリーニングを広く一般社会にまで広げるものである。音を思い出すということはその音について考えることであり、音を懐かしむということは次の機会にはその音をよ

く聴こうとすることである。

テープレコーダーは補聴器として役立つことがある。ハイファイ録音のためにある音を単独に取り出そうと試みるうちに、サウンドスケープの中で以前には気づかないでやり過ごしてしまっていた微かな音にも常に気づくようになる。音事象や音風景（サウンドスケープ）は、後で分析するために録音することが可能だし、将来に向けての永久保存に値するものであればそれもできる。この目的のためには最も性能の高いテープレコーダーのみを用いるべきことは言うまでもない。われわれの録音の際には、前頁のようなカードで情報をまとめることにしている。

絶滅に瀕している音は特に注意すべきであり、それが失われないうちに録音するべきである。消えつつある音響体は、重要な歴史的所産として扱わなければならない。というのも、失われつつある音を正確に録音した記録が、いつの日か非常に価値あるものになるからだ。われわれは目下、そうした記録づくりをしている最中である。そのリストは大変広範囲に及ぶものだが、二、三の例を挙げれば説明に事足りるだろう。

古いレジスターのベルの音
洗濯板で衣類を洗う音
バターを攪拌する音
かみそりの刃を皮砥で砥ぐ音
灯油ランプの音

皮の鞍袋のきゅっきゅっという音
手動式のコーヒー・ミル
荷馬車に積まれたミルク缶のがらんがらんという音
重いドアをがちゃっと閉め、かんぬきをかける音
学校のハンドベル
板張りの床の上で揺り椅子が揺れる音
古いカメラのフラッシュをたくおだやかな破裂音
手動式の汲み上げポンプの音

われわれは、学生たちにサウンドスケープの録音の仕方を訓練する際、録音すべき特定の音、つまり工場のサイレンや町の時計、カエルやツバメの声を指示する。障害を除去することなく「クリーンに」音を録らなければならない場合、これは容易なことではない。航空機の「完全な」パッセージを録音するよう送り出された録音の初心者が、音が環境の中に完全に消え去らないうちに機械のスイッチを切ってしまうことのいかに多いことか。より経験を積んだ録音技術者の場合ですら、その作業の成り行きは運まかせなものだ。たとえばあるとき、われわれ録音班が特殊な正午のサイレンの測定と録音を行なうため、騒音計とテープレコーダーをセットしているのを、年端もいかない少年が見ていたことがあった。ちょうどサイレンが鳴り出したとき、不注意にもマイクのすぐ近くに放っておいた少年が喋ってしまった。「このサイレンが欲しかったの？　お

じさん！」

録音者が抱えている最も大きな問題のひとつは、社会環境をそれをそこなうことなく録音する方法を工夫することである。機材は人目を引きやすく、多くの場合、録音者自身もまた人目につく存在である。ピーター・ヒューズ[☆1]は『波』という詩の中でこの問題をとらえている。

ぼくらはラウンジへよろよろ入り、
ブルースがぼくの革トレンチに身を包んできゅうきゅうと音をたて
　ぼくと同じやぎひげをしごいて作業を指示する。
　　テープでふさがれたツイードのポケット
　　　型がくずれたベレー帽
そこに巻きつくイヤホンのコード、そして金の重さのナグラが
　ぼくの肩に食い込み
二トラックにセットして、ぼくは
　手にしたマイクをかまえて、あたかも
　　　機械のスイッチが入っていないかのように、でも
　　ポットは両方83
　録音中、革のケースで隠されて
スコッチ206がヘッドを通り

リールに巻き付き、ぼくらは続けて
夜更けのハート形と重なり
蛍光灯が怪しげにともり、金髪のセイレーンが
ぼんやり現われる。
(ずずっとズームイン、フレームはグラグラ、エンジンはブルブル
ドアが開く、クローズアップ――彼女の歪んだ顔がそれて
中央から左へ向きを変え、椅子をひきずり、ギーギー音をたて
二、三のもごもごした声、一番大きくがらがらした彼女の声)
脱色した髪を見てごらん、酔っぱらった
息を嗅いでごらん、彼女は酒に飲まれ、しかも金に困っている。
(全体をまとめてとるためカットして――ティントレット/ホーム・ムーヴィー
きついライトと青いフィルターだけ、二人の男が笑う)
彼女はぼくらに手をふって、歌っている
"I wanna hol' your han' …"
これをぼくらは録音する。

サウンドスケープの旅人

サウンドスケープ・デザインを学ぶものはサウンドスケープ日記をつけ、場所や時刻による興味深い音の変化を書き留めるべきである。馴染みのない環境を旅しているときには特に、耳はより一層注意深くなるものだ。それは、普通の内容の本では音に関してそう目立った記述をしていない多くの作家たちが、紀行文学となると音を非常に豊かに書き留めていることからも証明される。このことは少なくとも、ソロー、ハインリッヒ・ハイネ、ロバート・ルイス・スティーヴンソンといった作家に関してはあてはまるように思われる。リオデジャネイロの旅行（一九六九年）から帰って来たアメリカ人の学生は、自分が住んでいる町のサウンドスケープよりブラジルのサウンドスケープのほうを、より鮮明に再現することができた。

リオデジャネイロ

路上の呼び売りの声
市場での売買い
市場での生きた鶏その他の鳥の声
レストランで歩き回ってハエを叩いている人
氷の塊（細かく砕かれていない）から氷を切り出す音
石だたみの上を行く車や荷馬車
道路をほうきで掃いて掃除する音

ニューヨーク

交通
タクシーのクラクション
ヴィレッジや通りでの衝突
バス
地下鉄

電話のダイヤルを回す時の異様な音、せわしない信号やベルの音
大多数を占める一九四〇年代および五〇年代の古い車の音
路上での歌や踊り――増幅器から全市に響き渡る音楽（カーニヴァル）
手動式の古いエレベーター
田舎の蒸気エンジン
先生が入って来るときの教室全体に広がる沈黙
会社や銀行には電化機器は皆無
二五万人の群集がスタジアムで一斉に叫ぶ声
オウム
猿
ジャカランダの木の伐採
通りやレストランでの外国語
夜の通りで時折出会う酔っ払い
警察のサイレン

旅に出ると、耳慣れない音が意識の中に飛び込んできて、その音は「図」の状態にまでひき上げられる。しかしサウンドスケープ・デザイナーは、いかなるサウンドスケープでもそのすべての局面を過ちなく理解するよう訓練されていなければならない。そうでなければ、一体どうやってサウンドスケープを適切に判断できようか？　どうやって信号音や標識音の効果を予測し、基調音や背景音の機能を知ることができるというのだろうか？

サウンドスケープの中に旅行者として留まっているだけでは不十分だが、訓練過程においてはそれは有効な一段階である。そうすることによって人は、機能的環境を興味の対象として、また美的な楽しみとして知覚するため、そこから距離を保つことができるようになる。旅行自体そうだが、この種の知覚作用は、人間文明の進化の中から最近発展してきたものである。アメリカの地理学者デヴィッド・ローウェンタールが述べているように、「景色を知覚するということは、その風景の中で実際には何の役割も果たしていない者にのみ可能なのである」[★2]。ローウェンタールはこの見解を、マーク・トウェインやウィリアム・ジェームズを引用して説明する。マーク・トウェインの小説に登場する蒸汽船旅行者にとって、夕焼けは、さざ波の立つ銀白の川面に映えて、ますます表情豊かになっていく。しかし水先案内人にとっては「この落日からすると明日は風が出るな。……あの斜の線は恐ろしい暗礁があって、あんな風にいつまでもひろがっていると、誰かの船がいつかの晩にはそれに衝突するだろうってことだな。……あの森蔭の銀の筋は新しい沈木でできている波で……[★3]」ということになるのだ。

若いときにノースカロライナを旅したウィリアム・ジェームズは、美しい森が農夫たちによって傷つけられていくさまを書き留めることができた。「しかし、これらの農夫たちがあのものすさまじい切株を眺めるとき、その心に浮かぶのは自分の力の勝利という思いだったのです。木屑や、樹皮をけずりとって枯らした木や、粗末な、木を割ってつくった柵は、心こめた汗と辛抱づよい勤労と最後の報いを物語るものだったのです」。ところがジェームズにとっては「私の心が受けとった印象といったら、ひどくあさましいという感じでした。どの移住者もきまって比較的御し易い樹木を切り倒しており、その焼けこげた切株はそのままに放ってあるのでした。大木は樹皮をはがして枯らし、……そして自分が行なった大破壊の現場の周りに、ジグザグになった高い柵をめぐらして、……森は無残に荒らされていました。そして『改善を加えて』森の存在を抹殺してしまったあとは、見るも恐ろしい光景で、まるで潰瘍みたいな有様でした。自然美の喪失を償おうといった創造的配慮は、たったのひとかけらもないのです[★4]」。

現代人は視覚的な刺激に頼っているため、旅行が単に見物から成り立っていると旅行業界によって信じ込まされてきた。しかし敏感な人間ならば、環境が単に見られたり所有されたりするものではないことぐらい承知している。すぐれた旅行者は、環境全体を批判的に、かつ美的に観察する。単に「見物する」のでは決してない。彼は聞き、においを嗅ぎ、味わい、触れるのである。サウンドスケープの旅行者は見る価値（ゼーエンヴェルデイッヒカイト）ではなく聴く価値（ヘーレンヴェルデイッヒカイト）を要求するものだ。余暇が増えるにつれて、あらゆる人がサウンドスケープの旅行者になれることだろう。そして、訪ねた土地のサウンドスケープの楽しさに思いを馳せるのだ。必要なのは、いくらかの旅費と鋭い耳、それだけである。

音の散歩

〈音聴き歩き［listening walk］〉と〈音の散歩［soundwalk］〉とはまったく同じことというわけではない。両者の微妙な相違を書き留めておくことは少なくとも無駄ではあるまい。

〈音聴き歩き〉というのは、聴くことに集中して単に歩くことである。これはゆっくりとした歩調で行なわれるべきだし、グループで実施する場合に良い方法は、めいめいの参加者を前にいる人の足音がちょうど聞こえなくなる距離をおいて散らすことである。前の人の足音を聴こうとして絶えず耳を澄ますことによって、鋭敏な耳の状態が保たれる。しかも同時に、いろいろと考えをめぐらすプライバシーが与えられる。聞こえた音、気づかなかった音について、後で話し合ってもよい。[☆2]

〈音の散歩〉とは、ガイドとしてスコアを用い、特定の地域のサウンドスケープを探索することである。スコアは、聴者がそこに書かれた道を辿っていくうちに、聞き慣れない音や周囲の音に注意を向けていくように仕組んだ地図でできている。音の散歩には耳の訓練の課題も含まれるだろう。たとえば、いろいろなレジスターの音高や電話のベルの長さを比べたりすることも可能である。部屋や通路には、それぞれ特有の固有音（アイゲントーン）が見出されるだろう。[*3] 歩道のさまざまな舗装面（木・砂利・草地・コンクリート）を調べてもよい。「歩きながら自分の足音が聞こえると、エコロジカルな環境の中に身を置いていることがわかる」とは、ある学生の弁。音の散歩をする人がサウンドスケープに耳を傾けるよう指示された場合、彼は聴衆となる。サウンドスケープを分

＊3——固有音［Eigenton］とは、空間の基本振動に関して使われるドイツ語で、平行な壁面の間を行き交う音波が反射して生み出されるものである。それは異なる音程で歌ってみることで実験的に突き止めることができる。固有音とぴったり一致する音程が響いたときに、空間（特にからっぽのもの）はその声と斉唱するようにとても大きく共鳴するのである。

かち合うよう求められた場合、彼は作曲家兼演奏者となる。ある音の散歩で、ひとりの学生が参加者たちに、店に入ってあらゆる缶詰商品のふたを叩くよう指示したところ、その食料品店はたちまちカリブのスチール・バンドに早変わりしてしまった。別の音の散歩では、参加者は街道を走る排水管の音高を比較するように言われたり、ネオン・サインのさまざまな倍音に基づいて歌を歌うよう指示するものもあった。

工夫に富んだ一連の音の散歩(サウンドウォーク)は、旅行業界が放ってはおかないだろうし、イヤー・クリーニングを学校に導入する際にも大きな価値をもつことだろう。

このような課題は、サウンドスケープ・デザインのプログラムの根底をなす。それらは高価な装置など必要とせず、また、単純な音響的事実を音の出ない、すなわち音響的情報は何もも、た、ら、さ、な、い、ような絵や統計表示によってカモフラージュすることもない。

最終的に、サウンドスケープ・デザインの名にふさわしい学校が実現したときには、イヤー・クリーニングを基礎コースとしなければなるまい。

原注

★1――*Regina vs. Clay Harrold*, Vancouver Court of Appeal, March 19, 1971. 参照。
★2――David Lowenthal, "The American Scene," *The Geographical Review*, Vol. LVIII, No. 1, 1968, p. 72.
★3――Mark Twain, *Life on the Mississippi*, New York and London, 1929, pp. 79-80.
トウェイン『ミシシッピ河上の生活』上野直蔵訳、創元社、九八頁。

★4——William James, "On a Certain Blindness in Human Beings," in *Talks to Teachers on Psychology*, New York, 1958, pp. 149-169.
「人間における或る盲目性について」大坪重明訳、『ウィリアム・ジェイムズ著作集』第一巻、日本教文社、二二八—三〇頁。

訳注

☆1——Peter Huse　一九三八—　カナダの作曲家、詩人。一九六七年以降WSPに参加。
☆2——付録Iの図4を参照。

第十五章　音響共同体

音響空間

視覚空間と音響空間との間の対立をわれわれはすでに眼のあたりにしてきた。われわれが自らを視覚的に位置づけていることの影響は、芸術作品に刻印されているだけでなく、より明確な形で法律にまで及んでいる。所有地は平方メートルとか平方キロメートルといった物理的用語で測定される。所有地の領界内では、所有者は比較的自由に望みの環境をつくることが許されている。世界がもっと静かだった頃、プライバシーは壁や垣根、植木などによって十分に守られていた。視覚空間と音響空間がより一致していた時代には、音響空間には特別な注意など払われなかったのである。

今日、音響空間は、環境的にも法律的にも重要な意味を担っているが、それが十分に認められているとは言い難い。ある発音体が形成する音響空間とは、その音がきこえる範囲の空間を指す。ある人間が住まう音響空間の最大限度は、その人間の声がきこえる区域となろう。ラジオや電気のこぎりの音響空間であれば、それらの音がきこえる範囲の空間ということになる。現代のテクノロジーは、個人個人により大きな音響空間を開発するための道具をもたらした。こうした方向は、人口増加による一人あたりの利用可能な物理的空間の減少とは相容れないように思われる。土地の所有者が庭や寝室など私的な場所への他人の侵入を禁止することは、法律上許されている。だが、音の侵入者を禁ずるのにどのような権利があるのだろうか。たとえば飛行場では、用地の物理的な拡大なしに騒音が年々劇的に増大し、共同体の音響空間をますます占拠するに至っている。現在の法律は、こうした問題を解決する手立てを何も持っていない。現時点では、所有が許されているのは土地そのものだけなのだ。その上空一メートルの環境に関してさえ所有者は何の権利も持ち合わせていないし、その環境を守る訴訟に勝てる可能性は非常に稀である。

必要なのは、音響空間の意義を、これまでとは異なってはいるが同様に重要な測定手段として、社会的に、究極的には法律的にも再主張していくことである。以下に述べるような歴史的所見は、こうした考えを根付かせる一助となるだろう。

音響共同体

共同体を定義する方法はたくさんある。つまり政治的存在として、あるいは地理的、宗教的、社会的存在としてなどである。しかし私は、理想的な共同体は、聴覚的にもうまく定義され得ることを提案したい。

家を、最も基本的な共同体である家族のためにデザインされた音響現象とみなすこともできる。家の中で家族は、壁の外側では何の意味もない私的な音を出しているだろう。教区もまた、かつては聴覚的なもので、教会の鐘の音が届く範囲によって定義されていた。教会の鐘が聞こえなくなれば、教区から出たことになる。今でもロンドンっ子（コックニー）と言えば、東区でも特にボウ・ベル[☆1]が聞こえる範囲に生まれ、そこで一生を暮らす者を指す。このような共同体の定義はまた、東洋にもその例をみることができる。中東では、礼拝招集僧（ムエッゼン）が聖堂（ミナレット）から祈りの時刻を告げる声が聞こえる地域がひとつの共同体となる。

九世紀にみられる音響共同体の興味深い例に、フン族のものがある。彼らは、九重に取り囲んだ円によって共同体を構成した。「こうした塁壁の間に、人間の声が次から次へと伝わるように、小村や農場が配置されていた……。円と円の間では、あらゆる畑及び住居が、ただトランペットを吹くだけで有事のニュースが次々に伝えられるように配置されていたのである」[★1]。

歴史を通じて、人間の声の到達範囲は、集落を決定する際の重要なモデュールとなってきた。たとえば、北アメリカへ初期に入植した人々の「細長い」農場もこのことによる。そこでは家々は、奇襲攻撃の際にお互い叫んで知らせることができる距離に建てられ、畑はその後ろに細長く走っていた。このような聴覚的農場は、その存在理由は消滅してしまったもののいまでもセントローレンス川の土手沿いに見ることができる。

プラトンは国家論の中で、理想的な共同体の規模を、一人の雄弁家が演説するのに都合のよい五〇四〇人という数に限定している。これはゲーテやシラーの時代のワイマールの規模とほぼ同じだろう。ワイマールの六～七〇〇棟の家は、その当時ほとんどが市の城壁内にあった。詩人たちがそうした小都市国家の中で強く魅かれた人間尺度の感覚を最もよくあらわしていたのが、ゲーテも語っているように城壁内ならばどこでもきくことのできた半盲の夜警の声だったのである。

音響共同体の考察にはまた、共同体の外からの重要な情報がいかに住民の耳に届き、日々の仕事に影響を与えるかということの調査も含まれるだろう。フランス北西部のブルターニュ半島の南岸にある漁村、レスコニルのサウンドスケープを調査した際、われわれはこの点を研究する機会を得た。レスコニルは三方を海に囲まれ、「太陽風（ル・ヴァン・ソレーユ）」として知られている海風―陸風の周期に支配されている。[☆2] 遠くの音は、夜にまず北から始まり、日中は東から南へ、そして夕方には西というように、時計回りの順序で村へ運ばれてくる。早朝、漁師が海に出るときには、プロバナレ教会の鐘やそのそばの農作業の音がはっきりときこえる。午前九時頃には、ロタデュの鐘が北東にきこえ、一一時頃には、「プッ」というブイの音が東の海岸沖にきこえる。そして正午になるとトロール船のモーター音が南の沖からきこえてくる（穏やかな日には船の音が一二キロ沖からきこえてくることもある）。午後二時頃に西のブイの音がはっきりときこえ、四時になれば一二キロ西の先のトルシェ岬での鯨の潮吹きの音がきこえることも多い。霧がかかっていると、午後には同じ沿岸のエクミュールの霧笛の音が運ばれてくる。そして夜半には再び農場の音がきこえ、それと共に北西にトレフィアジャの鐘が響く。

このパターンはおもに天気が良く大漁となる夏季に特徴的である。何か変化が起これば、それは天候の変化を意味する。たとえば、いくつかのブイが不規則に乱れてきこえるとスコールの前ぶれだし、西の沖合で波が高くなると、天気が良くなるといった具合である。漁師やその妻は皆、こうした音の信号のちょっとした違いをどのように読み取ればよいのか知っており、共同体の生活はそれによって規則正しく営まれているのである。

騒音規制条例がおびただしい数にのぼっていることからも明らかなように、音響共同体は結局のところ空間上の共同体と衝突を引き起こしたのである。この矛盾は、ひっきりなしに攻め入ってくる交通騒音のために教区が縮小してしまった際のキリスト教の衰退としても記録されている。同様に、聖堂（ミナレット）にラウドスピーカーを取り付けなければならなくなったことはイスラム教の衰えを意味したし、夜警の声がもはやワイマール都市国家のすべての住民には届かなくなってしまったことは、ゲーテのヒューマニズムの時代が過ぎ去ったことを表わしていたのである（ワイマールのヒューマニズムがさらに抑圧されていったことは、窓を閉めなければ音楽をやってはならないという一九世紀の条例によって示されている）。★2

現代人は、何もできなくなった戸外の生活環境を逃れ、依然として室内に引きこもっている。現代の大都会のローファイなサウンドスケープでは、音響的な境界規定は一層知覚しにくくなっている。パトカーのサイレンの出力（100 dB A以上）はすでにひるみ気味の教会の鐘の音（80 dB A以上）をしのいでしまったようだが、そのような全くの力ずくで新たな秩序を生み出そうとする試みは、ますますひどくなったアノミーや社会の崩壊と同様、今日ではもう時代遅れであることがわかりつつある。大都会のたれ流す排水や汚物がおしゃべり商品の増殖を招いている今日、混乱を整理し、社会を再び人間的な枠組の中に置き直すにあたってサウンドスケープ・デザイナーに課せられた課題は、都市学者や都市計画家が抱える問題に劣らず困難で、しかも等しく必要なことなのである。音響共同体を再規定する場合の問題のひとつに、境界区分の規則を確立することがあるだろう。しかし、今日ありがちなことだが、問題をこの点に限定してしまうと、サウンドスケープの描く線を風景（ランドスケープ）上の所有地境界線ととり違えることになってしまう。音の可聴範囲の外向的で相互に浸透する特性が理解され、操作可能な実体として認められた時はじめて、音響的な地域区分は知的な取り組みのレベルに達するだろう。

戸外の音と屋内の音

空間は、反射や吸収、屈折、回折などの作用によって知覚された構造を変化させて音に影響を与えるだけでなく、音の生成の特性にも影響を及ぼす。地球上のいろいろな地形に応じて生じるさまざまな自然音響が、人々の生活に本質的な影響を与えているのかもしれない。たとえば、アカンサスの大草原について、トーマス・ナタル（一八一九）は「声にはこだまひとつ返ってこない。その音は限りなくそして少しずつ弱まる波動となって消えていく」と語っている。[★3] 一方ブリティッシュ・コロンビアの深い森には豊かな反響がある。「周囲やかなたに広がる深い森では、話し手が発した警告音はこだまになって返って来るようだった。そして、集会にやって来た人々が声を合わせて讃美歌を唱えると、木々さえもそのメロディーにカデンツを添えているように思われた」。[★4]

戸外の音は屋内の音とは異なる。同じ音であっても、空間が変われば変化する。人間の声は、戸外に出るといつも大きくなる。携帯用テープレコーダーを屋内から戸外に持ち出して、マイクロフォンからの距離を一定に保った状態で喋ってみると、再生音は音量の増加を示すだろう。こうしたことが起きるのは、屋外では反響が少ないので屋内と同じ程度にはっきりきこえるにはより多くの声量が必要となるためであるし、また環境騒音レベルが高いためでもある。さらに心理的には、私的な場所から公的な場所に変わったことが影響している。人間には公共の場所ではより強く訴えかけようとする本能的傾向があるのだ。熱い土地で戸外に住む人々が屋内に住む人々より大きな声で話す傾向にあることはすでに記した（一五四頁参照）。北方の人々は南の人々に比べて騒音をより不快に感じるようだが、これもまた重要なことである。

閉じられた空間で意図的に発せられた音は、いずれも多かれ少なかれ私的であったり儀式と結びついていたりする——その儀式は愛の営みや家族の儀式、宗教祭礼の儀式、あるいは秘密の政治計略の儀式だったりする。原始人は自らの住み処だった洞窟の特殊な音響特性に不思議な魅力を感じていた。アリエジュのトロア・フレーレやテュ・ドドベールの洞窟には、仮面をかぶった男たちが原始的な楽器を携えて動物を追い払う儀式をしているところを描いた絵が残されている。猟を準備する際、この暗くてよく響く空間で聖なる儀式がとり行なわれていたことが想像される。

マルタ島にある深成岩でできた新石器時代の洞窟（紀元前二四〇〇年頃）では、聖堂や神託室のような空間が並はずれた音響特性を有している。一方の壁の目の高さに大きなヘルムホルツ共鳴器[*1]のような形をした窪みがあり、約九〇ヘルツの周波数の音が共鳴するようになっている。ここで男性がゆっくりと低い声で話すと、その話し声の低周波成分がかなり大きく増幅され、低く鳴り響く音が神託室そのものだけでなく、周囲の部屋にまで響き渡り、畏敬の念を抱かせる響きで満たされることになるのである（子どもや女性がこの効果を生み出すことは不可能であろう。彼らの声の基音は共鳴体を振動させるには高すぎるのだ）。

初期の音響技師は、このような特殊な音響特性をバビロニアのジグラートおよびキリスト教カテドラルや地下聖堂に持ち込もうと努めた。したがってエコーや残響は強烈な宗教的象徴を担っている。もっとも、エコーと残響は同じものを意味しているわけではない。残響がひとつの大きな部屋に生じる音を指すのに対し、エコー（そこでは反射音が原音の繰り返し、あるいは部分的繰り返しとして認められる）は距離を保った無数の壁面からの音のはね返りを指すからである。つまりエコーは、たくさんの部屋がある宮殿や迷宮のような場所で生じるのである。

エコーはさらに深い神秘を湛えている。音響学者は、離れた壁面からの音の反射を単に原音波が入射角も反射角も等しくはね返ってくる場合として説明するだろう。この効果を理解するためには、壁面の後ろ奥深くに、原音が壁面に対して持っていたのと全く同じ距離と角度で原音の鏡像が映ることを考えればよい。言い換えれば、反射音とはすべて、反射壁の裏面に隠れている原音の幽霊（ゴースト）による音の二重化現象のことである。これは、真の世界からわずかに遅れて追いかけてそ

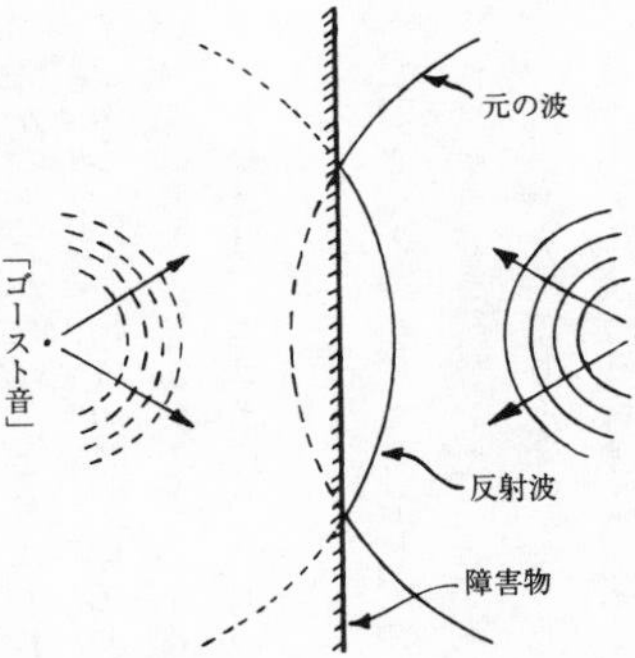

●図20

＊1——ヘルムホルツ共鳴器とは有腔型の共鳴器である。凹みがつけられているため特定の周波数でのみ振動する。これは、複雑な音の構成音を分析するために、ドイツの物理学者ヘルマン・ヘルムホルツが開発したものである。

の愚かな様をからかうようにまねをする分身の世界である。つまりイメージとしては、水に映ったナルシスというより、岩陰の見えない場所からナルシスの声をからかってまねする彼の分身といったほうがはるかによくわかる。科学と詩学とが非常に巧みに調和した哲学を生み出したルクレティウスは、エコーについての記述の中でこの魔術的な性質を次のようにとらえている。

ひとつの声が急に分散して多くの声になる。……ひと声発しただけで六、七回も叫び声を返す場所さえ経験したことがある。丘また丘と続くところも、ことばを一音一音打ち返し、その残響をも繰り返す。そうした場所にはやぎの足をしたサテュロスやニンフが住んでいる、と附近の者は想像する。……彼らは、その附近一帯で、農夫らがいかにきき耳をたてているかを語ってくれる。農夫らには、パンが半人間の頭をおおった松の葉をゆらしながら唇をはすかいにして葦笛を吹くこと、パンパイプは森に溢れる音楽を決して止めようとしないこと……そしてその場所全体が声で満たされ、視界から遠ざけられたその場所のまわりはあまねく音で湧きたち、渦を巻いているのがきこえるのである。[★5]

残響やエコーは、音が永遠に鳴り続けるのではないかと錯覚させたり、音響的な威信を印象づけたりもする。旋律の連続音は残響やエコーによって同時に響き、和音となる。そして和声が生まれるのである。残響がたいした重要性をもっていなかった(「〇・二、三数秒以上にはならなかった」という)ギリシアの円形劇場では、和声もまた音楽体系から欠けていた。[★6]西洋において和声理論が徐々にしか発展しなかったのは、おそらく教皇グレゴリウスや中世の理論家たちが、ギリシアの音楽理論を引き継いでいたからだろう。ここでわれわれは、文化的継承が自然な発達を妨げた例を見るわけだ。つまり、ロマネスクやゴシックのカテドラルの閉じられた空間のもっていた多声音楽を準備する力が妨げられたのである。ゴシック教会の残響（六〜八秒）は会話の速度もまた遅らせ、歴史に残る演説法（レトリック）を生み出した。こうした教会にラウドスピーカーを導入することが最近流行ってきたが、これは教会の音響的欠陥を意味するものではなく、むしろ聴く側の忍耐力が弱まったことを示しているのである。

室内空間の大きさと形は常に、その中での活動のテンポを左右するものである。このことを再び音楽を引き合いに説明してみよう。ゴシックやルネサンスの教会音楽の変調速度は遅く、これに対し一九、二〇世紀音楽のそれは、もっと小さな部屋か放送スタジオに合うように生み出されているためにずっと速い。この発展は、情報が高度に集中化されパックされた十二音技法の音楽において最高度に達した。現代のオフィスビルは狭い無味乾燥な空間でできており、これもまた現代ビジネスの狂乱ぶりに見合っている。つまりこれらは、洞窟や地下聖堂のためにつくられたミサその他の儀式のゆったりとしたテンポとは際立った対照をなすのである。さて再び音楽に関していえば、最新の音楽がテンポを落としたり小さい音を使ったりしていることは、生活のペースを遅くしたいという要求を示しているように思われる。これは、かつてストラヴィンスキーやヴェーベルンの音楽が現代のビジネスのやり方を前もって示していたのと同様である。

古代における音響技師としての建築家

いま少し、現代の建築家のサウンドスケープ・デザイナーとしての能力について、少々厳しい意見を述べてみたい。だが彼らを批判する事例を準備するためには、現代の建築家を古代の同僚たちと比較する必要がある。昔の建築家は音の効果についてかなりよく知っており、音を積極的に利用していたのに対し、現代の子孫たちは音の効果についてはほとんど何も知らず、音に対してネガティヴに対処するだけになった。

古代の建築家は、目だけではなく耳も使って建物を建てていた。おそらくエピダウラスのアスクレピオス劇場によって最もよく代表されるギリシアの円形劇場の格別良い音響効果も、古代ギリシアにおいて音響学が完全に修得されていたことを証明するものではない。だがそれは、建造物の形や位置を決定する際には音響的配慮がその一助となるような建築技術一般の哲学があったことを示している。エピダウラスの空(から)の円形劇場では、針を一本落とした音が一万四千のどの席でもはっきりとききとれる――これは実際やってみた上での断言である。ギリシアの俳優はよく、口の部分に拡声器を取りつけた仮面を被って描かれているが、これは古代の劇場音響に欠陥があったことを示しているのではなく、単にギリシア劇の観衆が騒々しかったであろうことを物語っているのだ。

私が見聞した最も美しい建造物は、イスファハンのシャー・アッバース・モスク(一六四〇年完成)である。黄金と空色のタイルに包まれ壮麗で優雅なたたずまいをみせるこの建物は、メインの尖塔の下できこえる七重のエコーが有名である。その尖塔の先端の真下に立つと、エコーが七回完全にきこえるのである。一歩でも横にずれれば何もきこえない。この珍しい出来事を体験すると、エコーが単に視覚的なシンメトリーの副産物なのではなく、自分たちがしていることを十分に心得ているデザイナーによって意図的に仕組まれたものだったと考えざるを得なくなる。ことによると彼らは、エコーの原理を用いて尖塔の放物線構造を決定したのではないかとさえ思えてくる。

同じようなところが、北京の皇穹宇[☆3]にもあるということだ。実際の寺院は円形の建物だが、それは周囲がやはり円形の外壁で囲まれ、その中には長方形の建物が二つ並んでいる。これはおそらく宇宙の中の地球の位置を示しているのだろう。この敷地の中央に立って手を打ち鳴らせば、外側の垣に反射して間隔の短いエコーがたて続けにきこえてくる。しかし中央から少しでもずれると、原音の地点には二番目の反射音しか戻ってこないので、エコーの様子はまったく変わってしまう。中央近くの別の場所では、音響条件がますます複雑となり、発音位置をわずかにずらすたびに、エコーは変化する。この建造物の中ではまた、円形の外壁の内側に立っているときには非常に離れたところでも普通に会話をすることが可能である。この平らで堅い壁面が、最低の伝導損失で壁の内側にぐるりと音を反射させているからである。

残念なことに、このような特殊な音響がどのように、そしてなぜ古代の建築物に組み込まれたのかということについては何の記録もない。しかし古代文化は総じて非常に聴覚的であったので、それらはおそらく神の神秘を表現するために故意に考え出されたものだったに違いない。いずれにせよ、それらが設計段階の事故による予想外の結果ではなかったことは確かである。現代の最もすぐれた建築音響学者、W・C・セービンは、ロンドンのセント・ポール大聖堂のドーム、ワシントンの国会議事堂の彫刻ホール、パリのルーヴルのカリャティドゥ・ホールにある壺、ローマの聖(セント)ジョン・ラテラン、ギルゲンティのカテドラルなど、比較的新しい建物にみられる「ささやきの回廊」[☆4]を研究した。セービンは次のような結論を下している。「現存するささやきの回廊すべてが偶然にできたものと考えられる。少なくとも有名な六つのものについては確かである。ところがまた同様に、すべてがさしたる困難もなく前もって設計された可能性もあれば、この種のものの常として後から改良されたということも考えられる」[★7]。しかしこうした表現は、耳の文化が目の文化に取って代わられつつある時代、つまり技師の図面が建築家の思考に不可欠のものになろうとしていた時代のものである。これがアスクレピオス劇場やシャー・アッバース・モスク、あるいは皇穹宇だとそうはいかない。それらは「改良された」ものではあり得ない。なぜなら、それらは目と耳の同時相互作用のたまものだからである。

建築に関する古文書の中でも、ローマのウィトルウィウスが著した『建築十書』ほど、内容が豊富で価値あるものはない。これは紀元前二七年頃に遡るものだが、なかでも第五書によってこの著者が音響技術の重要性を十分に心得ていたことがわかる。特に劇場建築の場合は、以下のように長々とギリシアの科学原理を解説し、音の発生を強めるためには劇場に共鳴壺を使用すべきことを論じている。

こうして、この研究に従って、劇場の大きさに比例して青銅の壺がつくられなければならない。この壺はそれが触れられた時、四度と五度を交互に二オクターヴ分順次発生することができるように造られるべきである。それから、劇場の座席の間に凹みがつくられ、そこにこの壺が次のように据えられる。どの壁にも触れることなく、周囲に空所をもち、頭頂にも隙間を置く。壺は逆さに据えられ、ステージに面する部分で二分の一フィートを下らない高さの楔で支えられる。この穴倉に対しては長さ二フィート高さ二分の一フィートの孔が下段の座へあけられるべきである。……こうして、この割付けを行なうことによって声はちょうど中心から溢れるようにステージから溢れて周囲に広がり、おのおのの壺の凹みに触れてそれを打ち、高い明瞭度をもった音を誘発し、また協和して相互に共鳴を起こすであろう。★8

このような技術がウィトルウィウスに特有のものではなかったことは、著者自身の次のような記述から明らかである。「ローマでは毎年多くの劇場がつくられるがそれらの劇場にはこの種の手法が何ら考慮されていないという者もいるだろう。しかしそれは誤っている」。★9

これらの共鳴壺は、現在ヘルムホルツ共鳴器と呼ばれるもので、ローマに起源をもつか否かは別にして、その後何世紀にもわたりヨーロッパやアジアを通じて広く用いられてきた。それらはイスファハンのシャー・アッバース・モスクにも使われ、スカンジナビアやロシア、フランスなどのいくつかの古い教会の壁に埋められていたのも発見されている。ヨーロッパの教会の場合、その原理は完全には理解されていなかったように思われる。というのもそこにあった共鳴壺は、はっきりとした音響効果を生み出すのに十分な数に達していなかったからである。しかし最近、リュブリャナとザグレブの中間、プレテルジェの一五世紀に建てられた小さな修道院で、大量の（全部で五七個）共鳴壺が発見されたことは、この伝統がユーゴスラヴィアの建築家の間では正確に理解されていたことを物語っている。この場合には二重共鳴構造を用い、その結果、通常のれんが造りの礼拝堂では残響時間が長すぎてしまっていた八〇〜二五〇ヘルツの広い周波数帯域の音を、高度に吸収していたのである。

サウンドスケープ・デザインのプラス・マイナス

建築は彫刻と同様、視覚空間と音の空間との境界領域にある。建造物の周囲や内部には、視覚と聴覚双方の作用点として機能する特定の場所がある。放物線や楕円の焦点、あるいは平面が交わる角（かど）がそのような場所である。そして雄弁家の声や音楽家の演奏が最も引き立ってきこえるのはここからなのである。彫像がかもし出す形而上的な声に気づくのもまた、メトープでもティンパヌムでもポーチ[☆5]でもなく、まさにこうした場所なのである。

このように古い建物は、視覚的スペクタクルであったと同時に、聴覚的スペクタクルでもあった。上手にデザインされた建物の立派な空間に足を踏み入れた雄弁家や音楽家は、その空間に魅せられて最善を尽くした作品を創作しようという気持ちにさせられた。彼らはそこで、ごく普通の状態ではほとんど得ることのないような加勢を得たのである。しかしそのような建物が共同体の音響的中心ではなくなり、ただ静けさのために骨を折る機能空間に堕してしまったとき、建築は、積極的なサウンドスケープ・デザインの技術（アート）ではなくなってしまったのである。

静かな世界では、建物の音響技術は音を創意工夫する術として盛んに利用されていた。それが騒々しい世界では単に、建物内部でのすり足の音を消したり、喧騒に満ちた環境から侵入してくる音を締めだすための技術と化してしまう。このように現代の超高層ビルは、かつての火の見やぐら並みに都市の火事に怯え、つま先立ちになっている。風光明媚(ベルヴュー)——だが音だけは汚い。

サウンドスケープ・デザイナーとしての現代建築家

ある日のこと、私は建築科の学生数名と、お互い関心を持っている問題について話し合っていた。私は黒板に将来ありそうな未来都市の絵を描き、彼らにこの環境の目立った特徴は何だと思うかと尋ねた。私の絵には空に七機のヘリコプターが飛んでいたが、これを特に目立ったことと感じた学生は誰もいなかった。私は（あきれかえって）言った。「君たちは七機のヘリコプターの音をきいたことがないのか？」

現代の建築家は耳のきこえない人たちのための設計をしている。

彼の耳にはベーコンがつまっている。

イヤー・クリーニングの実践によって彼らの耳から詰まったものが取り除かれないうちは、現代建築はこのまま堕落したコースを辿り続けることだろう。現代の建築専門学校において音の研究は、音の削除や隔離、吸収に関することとしてしか導入されていない。

誰もいないとき、建物が出す音に耳を傾けてみよう。建物はそれ自身の生命に応じて息づいている。床がきしむ音、木の柱がぴしっという音、ラジエーターのぱんと鳴る音、暖房機がうなる音。昔の建物はいろいろな特徴のある音を発していた。けれども発せられた音の強さや持続力に関しては、それらは現代の建物の比ではない。現代の換気装置、照明、エレベーター、暖房システムは強烈な内部音を生み出している。扇風機や排気システムはその建物の周囲の道や歩道にまで、びっくりするほど大きな騒音を吐き出しているのである。

建築家や音響技師は、しばしば結託して現代の建物を騒々しくしてきた。機械の振動や足音、人の話し声をマスキングするため、ムーザックやホワイトノイズ(その提案者はむしろ「ホワイトサウンド」とか「音の香水」などと呼びたがる)を加えることは、今日では広く知られたやり方である。最近の教科書に見られる以下のような考え方は、建築科の卒業生や落第生に押しつけられている現代の典型的なメッセージである。

> 現代の環境制御は、住人の物理的、生理的および心理的要求のすべてに見合う複雑な人工環境を建造物内につくり出すことが可能である。このような人工的に生み出された合成環境は、多くの点で自然環境より優れている。いかなる戸外環境も、空調や温度調節が施された部屋とは比較に値しない。たとえば現在利用可能な照明設備は日光と同じ光を発するだけでなく、特定の活動には欠くことのできない改善された(影のない)明るい環境を生み出すのだ。

この著者はレスリー・L・ドエルで、一九七二年に著わされた本からの引用である。騒音の抑制についてドエル氏は次のように述べている。

一方、音が望ましくないもの（隣家のテレビの音や交通騒音）である場合は、その発生・伝達・受容に対して、都合の悪い条件を与えねばならない。まず、騒音の強さをその音源において抑制するための手立てをとらなければならない。また音源を受け手からできる限り遠ざける試みがなされるべきである。適度に音を鳴らしてバリヤーを張ったり防音装置を使用するなどして、その音の伝達経路の有効性をできるだけ低める必要があるし、一方ノイズやバックグラウンド・ミュージックを用いて、受け手を保護したり妨害に耐えられるようにする必要もある。これらの基準はすべて、騒音防止の分野に属する……

マスキング現象は、環境騒音の防止に役立つだろう。マスキング音が絶えず鳴り、音も大きすぎず、また何ら情報内容を持たない場合、それは許容可能なバックグラウンドノイズとなり、他の不快な侵入音を心理的により静かに抑制することになるだろう。換気や空調機の音、とぎれのない交通によって生み出される高速道路の騒音、噴水の音などは、マスキングの音源として適している。★10

レスリー・ドエルの天然記念物ものの戯言(たわごと)はこれくらいでもうたくさんである。

確かにマスキング技術がサウンドスケープ・デザインに役立つ場合があるかもしれない。だがそんなことだけでは、現代の堕落した建築の救済はとてもできないだろう。いかにたくさんの香水をふりまこうと、悪臭を放つ仕事は隠せないのだ。

君は厳格すぎる、と建築家は言い張る。コンサートホールや講堂の音響デザインをする際、建築家や音響技師は自らの仕事を上等の科学におとしめてしまった。室内音響学の創始者、ウォレス・クレメント・セービンは、この分野が確立されて以後七五年の歳月を経た今でも、あいかわらず唯一確かな指導者である。セービン作のボストン・シンフォニー・ホールは、いまだに北アメリカで最も優れたホールだと考えられているが、これは一九〇〇年に開館されたものである。セービンは、空席時に二・三〇秒の残響時間を持つライプツィヒのゲヴァントハウスの再現を目指していたのだ。ボストンのホールの収容人数はライプツィヒの聴衆席より約七割多いものだったが、彼は二・三一秒（空席時）の残響時間にこぎつけることができた。

現代のホールの問題は大きすぎることにある。現代生活のその他の諸局面におけるのと同様、ここでもいまや量に気を回して質を疎かにせざるを得なくなっているのだ。ヨーロッパの最良のホールのいくつか（いわゆる音響学が着手される以前に造られたもの）と、収容人員の多い現代のホールとを比較してみれば、このことは一目瞭然である。

場所	建造年	総面積（m²）
ウィーン：　楽友協会大ホール	一八七〇	一一一五
ライプツィヒ：　新ゲヴァントハウス	一八八六	一〇二〇
アムステルダム：　コンセルトヘボウ	一八八七	一二八五
ニューヨーク：　カーネギー・ホール	一八九一	一九八五

ボストン：シンフォニー・ホール　一九〇〇　一五五〇
シカゴ：オーケストラ・ホール　一九〇五　一八五五
タングルウッド：ミュージック・シェド　一九三八　三〇六五
バッファロー：クラインハンス・ミュージック・ホール　一九四〇　二二六〇
ロンドン：ロイヤル・フェスティヴァル・ホール　一九五一　二一四五
ヴァンクーヴァー：クイーン・エリザベス劇場　一九五九　一九七五

現代建築の中でも最も壮観な構えをもつ建物のひとつは、シドニー・オペラハウスである。港を往復する小さなかなり老朽化したフェリーから眺めるクリーム色をした巨大な蝶の羽の光景は、まさに忘れがたい美しさをたたえている。たとえオペラハウスの位置が霊感によってというよりむしろ、便宜上そこに決定されているとしてもその美しさは変わらない。というのも、その後ろに広がるシドニーの夜景の俗悪さや、特に脇に横たわるまったく優雅さに欠ける橋などが、オペラハウス一帯の美観を損ねているのである。

一九七三年にオープンする寸前、私はそこの音響コンサルタント主催のオペラハウス・ツアーに参加した。私は、コンサートホールの壁に自然の大きなヘルムホルツ共鳴器がはめ込まれていることに気付いて非常に嬉しかった――それはウィトルウィウスが二千年前に述べているのとほぼ同じように機能しており、私が知っているもののうち、この技術の復活を誇れる唯一のホールである。しかしロビーでは、例の避けることのできない〈ムーズ〉の装置があることを窺わせる無数の小さなスピーカーに気がついた。「皆様これをお望みのようです」と、ガイドが弱々しく言った。

小さいほうだが、それでもなお巨大なアーチ構造の建物になっている三番目のレストランでは、床はカーペットを敷かないままで、調理場は中央にオープン式に据えられるという説明だった。私は八本足のテーブルをわずかに持ち上げ、手を離して落としてみた。残響はイスタンブールの聖（セント）ソフィア寺院に匹敵するほどで、おそらく八秒以上だったと思われる。

ガイドは耳に指を突っこみ、目をしばたいた。

シドニーを訪れることがあったら、スープ用のスプーンでエコーを出してみることをお忘れなく。

原注

★1——Notker the Stammerer, *Life of Charlemagne*, trans. Lewis Thorpe, Harmondsworth, Middlesex, 1969, p. 136.

★2——Kurt Blaukopf, *Hexenküche der Musik*, Teufen, Switzerland, 1959, p. 45. より引用。

★3——David Lowenthal, "The American Scene," *The Geographical Review*, Vol. LVIII, No. 1, 1968, p. 71. より引用。

★4——George Green, *History of Burnaby and Vicinity*, Vancouver, 1947, p. 22.

★5——Lucretius, *De Rerum Natura*, trans. W. H. D. Rouse, London, 1924, pp. 289-291.

ルクレーティウス『物の本質について』樋口勝彦訳、岩波文庫、一八〇―一頁。

★6――W. C. Sabine, *Collected Papers on Acoustics*, New York, 1964, p. 170.

★7――*Ibid.*, p. 255.

★8――Vitruvius, *De Architectura*, Book V, trans. F. Granger, London, 1970, pp. 277-279.
『ウィトルーウィウス建築書』森田慶一訳註、東海大学出版会、二二九頁、二三一頁。

★9――*Ibid.*, p. 281. 同訳書、二三三頁。

★10――Leslie L. Doelle, *Environmental Acoustics*, New York, 1972, pp. 3, 6, 19-20.
ドエル『建築と環境の音響設計』前川純一訳、丸善、三頁、六頁、二〇頁。

訳注

☆1――聖メリー・ル・ボウ教会の鐘。

☆2――口絵3参照。

☆3――明の永楽一八年［一四二〇年］に建てられた二七〇ヘクタールの面積をもつ儀式場。

☆4――小さな音が遠方でも聞こえるように造られている回廊またはドーム。大きな曲線を持つ反射面では、曲面近くで音を発するとその面に何回も音が反射して曲面沿いに音が伝わり、非常に遠くまで音が伝達されるという現象を利用したもの。

☆5――メトープはドーリア式建築の小間壁、左右のトリグリフにはさまれた石板でつくられた四角い壁。テインパヌムはドアの上部のアーチの下の半円形壁部分。ポーチは張り出し玄関。

第十六章　サウンドスケープのリズムとテンポ

宇宙のリズムは無限の変化に富んでいる。なかには理解を超えるほど大規模なものもある。たとえば天地の創造も偉大なる宇宙のシンフォニーの中では創造と破壊の単なる一振動にすぎなかったことを想像してみよ。しかも次の振動がいつやってくるかについては、われわれにはまったく見当がつかないのである。それでもなお、永違という比類のない構造の内にあってはこれらもまた、宇宙のシンフォニーに単なる音のひとかけらを捧げている取るに足らない二つの周期にすぎないだろう。一方、知覚するには速すぎるリズムもある。たとえば滝の一生のうちの一瞬や、ラジオ信号の断片など、大幅に増幅することによってかろうじて記録可能な事象となるものがそれで、通常は単に「出来事」としてしかみなされていない。

人間は、非エントロピー的生物である。人間は、無作為のものに秩序を与える編曲家であり、すべてのものにパターンを知覚しようとする。最も広義には、リズムとは全体を部分に分けることである。したがってリズムの正しい認識は、音環境がいかに調和するかを理解しようと願うデザイナーにとっては不可欠のことだ。そのためには、スケールないしモデュールが必要である。この場合、スケールを手に入れたからと言って、それによってあらゆるものが支配されなければならないというわけではない。ただ、それを通じてあらゆるものがより理解しやすくなるだけである。建築家やデザイナーは、人間の居住空間を設計するためのスケールを人間の身体から得る。ひいてはそのスケールの拡張によって、われわれの能力や制御を超えた人間のまだ居住していない空間をも測定することができる。これと同様に身体からはまた、環境や宇宙の音響的リズムを理解するためのモデュールが得られる。それではリズムについては、どのようなモデュールを発見できるだろうか？

心臓、呼吸、歩行そして神経系

まず第一に規則的に持続する心臓のリズムがある。これは、十分トレーニングを積んだ運動選手の場合には一分間に五〇拍といった低さだが、病気や熱がある場合には二〇〇あるいはそれ以上の高い割合で脈を打つ。もっとも普通のリラックスした状態では、一分間に六〇から八〇の拍となるだろう。これは弁で血液を出し入れする二歩句韻律[☆1]で、テンポが変わるだけである。

心拍は音楽のテンポに非常に強い影響を与えてきた。メトロノームが発明される以前、音楽のテンポは人間の脈拍によって決定され、ある音楽が陰気な拍子であるか陽気な拍子であるかということは、それが活発あるいは不活発な心拍からどれだけ逸脱しているかによっていた。このように心拍と深い関係にあるテンポには、人の心に強く訴えかけるものがある。キャサリン・エリスはオーストラリアのアボリジニーの音楽のリズムを研究して、基本的な太鼓の拍が常に正常な心拍数のあたりに集中していることを発見した。同じことが、ベートーヴェンの第九交響曲の

〈歓喜の歌〉の場合にも認められる。一分間に八〇拍というベートーヴェンのオリジナルのメトロノーム表示は心拍数の範囲内にあり、演奏のテンポが指揮者によってかなり異なっているにもかかわらず、心拍範囲は十分に尊重されている。★1

すべての音楽もしくはあらゆる人間活動は、このような適度なテンポ範囲をとっており、それはよく調和のとれた社会を表わしている、と結論づけられたらさぞかし嬉しいことだろう。だが不幸にも、このテンポ範囲は、ムーズの御用商人たちの間でもよく知られており、そこではほとんど退屈なのろさ以外の何ものでもない。一方、軍楽はテンポを少しずつ上げていくことによって人の心に必ず熱狂を起こしてきた。心拍はまさにリズムのモデュールであり、人間に知覚されるリズムを大まかに速い遅いに分けているのである。

持続しているもうひとつのリズムは呼吸のリズムである。これも、運動やリラックスの度合によってテンポが変わる。通常の呼吸は一分間に一二〜二〇サイクルの間で変化すると言われている。つまり一サイクルにつき三〜五秒の長さである。しかしリラックスしているときや睡眠中は遅くなり、一サイクル六〜八秒に保たれるようだ。われわれが岸辺で感じるあの安堵感は紛れもなく、リラックスした時の呼吸のパターンが、岩にくだける波音のリズムと驚くほど一致するという事実と関係がある。つまり、決して規則的ではないが、波のリズムはしばしば平均八秒のサイクルを生み出しているのである。

呼吸と波の動きとが一致することは、すでにウェルギリウスによって理解されていた。彼の『第六牧歌』では、アルゴーの勇士たちが、「ついには長い岸辺が『ヒュラー、ヒュラー』と叫びだすまで」[☆2]さらわれた若者をいかに探したかを語っている。一回叫ぶごとに一呼吸。打ち寄せる波ごとに叫び声がひとつ。この完全なる一致。

あらゆる詩および朗唱文学のリズムは、呼吸のパターンと関係している。文章が長く自然な場合は、リラックスした呼吸のスタイルが望まれ、また不規則で歯切れのよい場合は、不安定な呼吸パターンが要求される。二〇世紀の詩にみられる激しく突き刺すようなスタイルを、それ以前のよりリラックスした詩と比べてみよう。ポープとパウンドとの間に何かが起こった。そしてその何かとはおそらく十中八九、サウンドスケープにおけるシンコペーションと弱起の増大である。またパウンドの詩に感じられるいらいらは、彼がアメリカの田舎の生活からロンドンの大都市へ移った後に始まった。人間の会話のスタイルが電話のベルによって簡略化されたのと同様、現代詩も現代生活に特有の音の榴散弾をうまくかわしているような特徴を生んでいる。現代詩に句読点を打つのは、さらさら流れる小川ではなく、車のクラクションである。

文芸批評家たちが呼吸と文体との関係を掘り下げてこなかったことには驚かずにはいられない。かろうじてヴァルター・ベンヤミンが、ぜん息患者であったプルーストの著作の中に窒息への恐怖を表わす構文が認められると指摘して、このテーマを取り上げた。[★2]都市の騒音と絶縁するために特にデザインされたコルク張りの部屋の中でプルーストはこう書いている。「私のゼーゼーと息をする呼吸が、ペンを走らせる音や階下で鳴り続けている入浴の音を消し去っている」。

人間はまた自らのリズムを、手仕事の際の身体的世界にも刻みつけている。鎌で草を刈ったり、水を汲んだり、ロープを引っぱったりする手仕事は、呼吸に合わせなければうまくいかない。ハンマーで叩いたり、のこぎりを引いたり、釣り糸をたらしたりするなど、腕を基準としているリズムもある。編物をしたり楽器を演奏したりするリズムは、指の動きに左右される。ろくろや機織機など足ペダルを使う道具の場合、手と足は補いあって流れるような動きに統一される。トルストイは、ロシアの農民が、無駄なエネルギーは少しも使わず、いかに一斉に牧草地の草を刈ることができたかを書き留めている。次の記述から、労働者の身体の動きと道具と材料がすべて、完全に一体となっていることがわかる。

彼はただざっさっと鳴る鎌の刃音を耳にし……刈り跡の半月状になった草を、自分の鎌の刃の前にゆっくりとリズミカルに倒れていく草やその先についた花を、そして、そこまで行けばひと休みできる列の終りを見るばかりであった……

リョーヴィンは草刈をつづけるにしたがって、ますますこの忘我の一瞬を感じることが多くなった。そういう時は、もう手が鎌を振るうのではなく、むしろ鎌のほうが、自意識と生命にみちた肉体を引っぱっていき、まるで魔法にでもかかっているように、仕事のことなどまったく考えてもいなかった。仕事はひとりでに規則正しく、きちんきちんとできていくのであった。これこそこのうえなく幸福な瞬間であった。★3

音環境に深く関係するもうひとつの生物的テンポは、感覚受容器官の分解能のテンポである。人間においてこれは、一秒間に一六〜二〇サイクル付近に集中する。ばらばらなイメージや音がつながり合い、連続的に流れているような印象が生じるのはこの周波数範囲においてである。映画では画面がちらつかないよう、一秒間に二四コマのものが使われている。聴覚器官に関して言えば、急速なリズム振動を徐々に速めていくと、およそ一秒間に二〇サイクルの時点で、明確な音高が認められるようになる。このように人間活動のテンポが速くなるにつれ、足や手のリズムは機械化される。初めは、産業革命によって生み出された初期の機械が、粗い「粒子的な」音の連なりを発していたが、遂には現代の電子工学がなだらかな音高の線を描くに至っている。感覚の分解能によって、サウンドスケープの神経質な音の揺れのいくつかは、より耳障りでなく、どちらかと言えば気持ちを静める性質のあるドローンへ転換することが可能なのである。

われわれの経験の枠内で言えば、心臓、呼吸、歩行のリズム、さらには神経系の保存作用のリズムを耳で理解することによって初めて、周囲の環境にあるその他の偶発的リズムすべてに秩序を見出すための手がかりが得られるのである。

自然のサウンドスケープのリズム

環境には多くのリズムが存在する。それらは昼と夜とを分かち、太陽と月を、夏と冬を分けている。これらは耳に届くような拍動は打たないかもしれないが、移ろいゆくサウンドスケープにとって重大な意味をもっている。

あらゆるものには季節がある。光輝く時があり闇に覆われる時もある。活動の時があり休息の時が、音がする時があればしない時もある。自然のサウンドスケープがひとつの鍵を与えてくれるのはこの点である。自然音における休息と活動の全期間を記録してみると、それぞれの活動が、力を発揮するところから活動しなくなるまで、すなわち生から死に至るまでの上昇と下降の非常に複雑な一連の周期を観察することになるからである。年周期の型を示すため、ブリティッシュ・コロンビアのサウンドスケープに認められる特に顕著な自然の特徴のいくつかを、図21のような簡単な図にまとめてみた。世界中のあらゆる場所同様、全体は普遍的な周期法則に従って、生き生きとした土地固有の作品をつくりあげている。その作品の中では楽器奏者がそれぞれ、自分がいつ演奏し、いつ他の奏者が奏でるテーマを聴く側に回ったらよいかを心得ているのである。

人間もまた、この周期の中で自分の役割を果たしている。少なくとも農事暦を重んじていたころはそうだった。種まきや収穫は、田園のサウンドスケープに季節の音の豊かなパターンを提供していた。人間の活動においても、音を出す期間と沈黙の期間があった。なぜなら人間はその当時よりよい聴き手であり、生き残るために不可欠な音響的手がかりが森や草原によってもたらされていたからである。

自然のサウンドスケープにおける音とのこのような健全なやりとりが、現代の都市生活からは失われつつある。産業革命の工場が、労働者に鎖をつけ一生同じ作業台につなぎ止めておくようになったとき、季節の変化は失われたのである。工場はまた、夜と昼との違いをなくしてしまった。このことは、都市全体へと拡大し、近代的な照明が蠟燭や夜警を感電死させてしまった。現代都市の下町の路上で長時間録音をしても、日々や季節による変化を認めることはほとんど不可能であろう。絶え間なくよどむ交通騒音が、そこに生じているはずのより微細な変化を、洗いざらい区別できなくしてしまうのである。

代わりに、ヴァンクーヴァー近郊の田園地帯で行なった録音を分析してみよう。録音は、夏至の日に小さな池のほとりで二四時間にわたって行なわれた。巻末の図[☆3]は、二四時間周期を明確に示しており、録音中仕掛けられた騒音計の目盛りは、録音されたいくつかの有力な音のレベルと共に全体的な環境騒音レベルをも示している。持続音のうち最も音が大きかったのは航空機の音で、録音中に作製したこの図からは、この音が昼から夕方にかけては一時間のうち平均三二分間も鳴り続け、田園地帯を覆っていたことがわかる。

航空機を別にすると演奏者は主に三つのグループ——鳥、ウシガエル、アオガエルに分けられた。録音中最も注意を引く——録音者にとっては最も美しい——瞬間は、夜明けと日暮れ時、アオガエルと

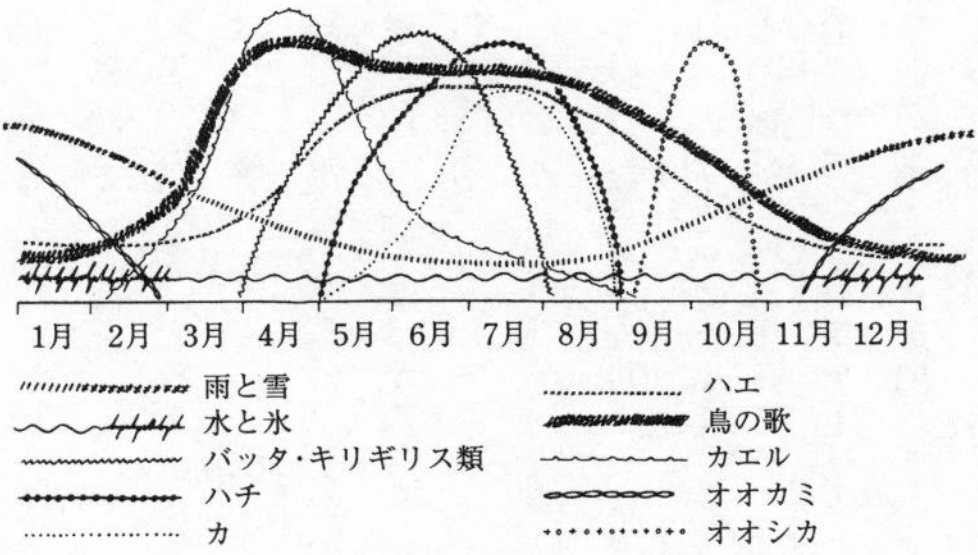

ブリティッシュ・コロンビア州西海岸の自然のサウンドスケープの年周期。諸音の相対的な量を示す

●図21

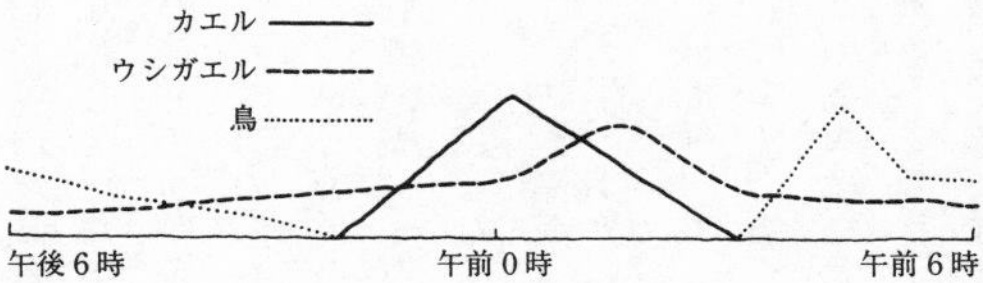

●図22

鳥の鳴き声が互いを補うようにして交差して現われるときに訪れた。一番鳥が声をあげたまさにその時（午前三時四〇分）、アオガエルは鳴き止み、それは最後の鳥の声が次第に消えていく日暮れまで再びきこえることはなかった。このことが演奏者たちにとってどのような意味をもつのかはわからない。わかったことと言えばただ、双方の演奏者たちの声が同程度の高音域を占めるため、もし同時に鳴けば互いの声をマスキングするだろうこと、交代して鳴く場合のような明晰さは半減してしまうだろうということぐらいである。一方、太く低い声で鳴くウシガエルは、どちらの演奏者に対しても競技を挑まず、昼となく夜となく断続的に鳴き続けていた。

同じような自制が、夜明けの鳥のコーラスの録音時にも認められる。一番鳥に続いてコーラスが徐々に複雑さを増して大きくなっていき、約三〇分後にはピークに達した。その後それほど激しくはないレベルに戻りその状態を一日中保ち続けた。特に興味深かったのは、それぞれの鳥がその種ごとに目を覚まし、ある種の鳥がしばらく力強く歌った後に別の種が前面に出てくると、前の種はその音量を下げることである。この効果は、オーケストラ全体で合わせる前に種々のパートが別々に音を出していく様子に似ている。このことはわれわれの録音では極めてはっきりしているのだが、この効果を説明している鳥類学者にはまだお目にかかったことがない。

他の演奏者グループの長期的な演奏の型も同様で、音量が次第に大きくなり、徐々に弱まって活動を停止する。けれどもこの振幅は、それぞれの種に応じて、さまざまな時間にわたって繰り返される。アオガエルは約五時間、鳥は一八時間、ウシガエルは二四時間といった具合だ。

二つのカエルのグループが活動の最高潮に達する様子はそれぞれ違っている。ウシガエルのグループでは、カエルの数は一定で、個々のカエルが各自の声の大きさを強めたり弱めたりしている。一方アオガエルのグループでは、個々のカエルが鳴く強さにはほとんど変化がないが、活動しているカエルの数が最も多くなる真夜中過ぎに、そのクライマックスが訪れる。

これら二種のカエルのグループのより短い時間のパターンはさらに異なっている。アオガエルは沈黙によって隔てられた合唱間奏曲のようにいっしょに歌う。一、二匹のカエルが歌い出すと、ほとんど同時にすべてのカエルがこれに加わっていく。ひとしきり賑やかに鳴いた後すべてが一斉に鳴き止む、といった同時性はさらに一層注目に価する。これに対してウシガエルは、集団ではまったく活動しない。各々のカエルが独自に鳴く。ただし最高潮の活動時には、それらの音が重なって、リズムのずれたクラスターとなるのである。

録音したのはカエルと鳥の鳴き声だけではない。それらの音をこのように迅速に分析することはできなかったが、それらもまた独自のリズムパターンを持っている。このことをより明らかにするため、夏至の日の録音を各一時間から二分間ずつ選び出して合成し、短縮テープを作った。これによって二四時間周期のリズムを非常に鮮明にきくことができる。その他のさまざまな場所でいろいろな機会に、同様の手法を用いたが、これはここ数年の中で極めて貴重な学習体験のひとつとなっている。

村の生活のリズム

二四時間周期や季節ごとのリズムは人間の集落でも観察され、なかでもそれらが最も強くあらわれるのが生活が共同の活動によって規則づけられる傾向にある小都市や村においてである。一九七五年にわれわれがヨーロッパの五つの村の調査を手掛けたのは、村のサウンドスケープの力学的原理を研究するためだった。この調査により、村の生活がいかに教会の鐘や工場のサイレンといった重要な共同体信号を中心に営まれているかを立証することができた。また共同体信号が、村の生活に時間的な句読点をつけていくだけでなく、それらの到来がその他の音を次々と紡ぎ出し、じつに整然としたリサイタルを生み出すこともわかった。たとえば早朝の工場のサイレンの前には通りの賑いがあり、その後では工場が騒々しくなり、通りは静かになる。また村のさまざまな場所を毎日数時間歩き、きこえる音すべてのリストを作製した結果、多くの音が一定のリズムパターンに従っている様子を明らかにすることができた。たとえば通りでは、女性の声が一日のうちのある一定の時間に優勢で、男や子どもの声はその他の時間帯に優勢である。また村では、交通量増加の割合に応じ、いかに他の音の量も同様に増加するようになるか、しかもそれでいて、驚いたことにきかれる音の多様性をいかに減少させてしまうか、ということを示すことができるようになった。——これは本書の始めのほうで述べたことを裏付ける重要な発見である。これらの問題を詳しい統計表もなしに説明するのは難しい。興味のある読者は研究そのものを参照していただきたい。[★4] ここではより簡単なやりかたで、村のサウンドスケープがみごとにリズムパターンをきざんでいることを説明しておくことにしよう。

チェンブラは、イタリアのトレント北方にある山村で、チロル山脈の下のほうにある。深い谷にはさまれ、外の世界に通じる道はたったひとつ、曲がりくねった山道があるだけだったチェンブラは、われわれが研究した村々のうちでは通りにおける人間の音の数がモーター化された交通音の数を上回った唯一の村だった。二〇世紀に入ってもかなりの間、チェンブラは自分たちの食料や生活用品を作りサービスを行なう実質的に自給自足の村だった。その結果、とても活発で自立的な社会生活が発展した。娯楽、教会の祭礼、その他の活動が豊かに繰り広げられ、それらが極めて聴覚的なことが特徴だった。

冬は静かな季節だったが、祭礼がなかったわけでは決してない。聖ルチアや聖ニコラの日（一二月五日）には、少年たちが振り鐘を鳴らしたり鎖を打ちつけて大きな音を出しながら村中を練り歩き、しばしば立ち止まってはそれらの聖人の歌を一節歌ったものだった。少年たちはクリスマスイブにもまた通りに出てクリスマスキャロルを歌った。大晦日の夜一一時五五分になると、特別な鐘が鳴らされ、モルタレッティと呼ばれる祝砲と共に新年を迎えた。この大砲は口径一五センチほどの小さなもので、機会があればたいてい、また宗教祭礼の際には必ず撃ち鳴らされていたようだ。本書でもすでに教会の鐘と大砲との密接な関係については触れ、またヨーロッパの歴史を通じていかに同じ金属が鐘の型と大砲の型とに流し込まれてきたかを述べた。モルタレッティによっても、再びその密接な関係が明らかになるわけである。

冬の静けさも、三月一日の夕方のイル・トラット・マルツォーと呼ばれる風習で破られる。その日は、大勢の若者が群れとなって村の後ろにある丘のそれぞれ違った頂上に登っていく。頂上で彼らはグループに分かれて火を灯し、そして紙製のメガフォンを使って、今年中に結婚しそうな若者の名前を呼んだものだった。もし結婚が本当に可能性のあるものであれば祝砲が撃ち鳴らされる。縁組がひやかしの場合は、代わりにラッパが吹かれたのだった。

聖週間[☆4]の間は教会の鐘は鳴らされず、時を告げるのにはラチェットが使われた。異教時代にまでその起源を遡るこれらのラチェットの中には、巨大で手押し車のように路上を押されていったものもあった。イースターには大道での受難劇が呼び物だった。一八二一年、いたずら好きな少年たちが通りに置いた栗のいがをキリスト役の男が踏んでしまい、あまりの痛さに大声をあげて悪態をついたため、司教が礼拝行進をすべて取り止めてしまった――それ以来、受難劇が途絶えてしまった、と農夫たちはいまでも村を訪れる人に語っている。われわれがその村に滞在していたときのイースターでは、全員肩章とサーベルのついた儀式用の制服をはおった消防団有志による行進が唯一の呼びものだった。行進を終えると彼らは、消防署に戻ってサイレンを鳴らした。

イースターの日、チェンブラの鐘は再びエル・カンパーニョ・スタイルで鳴らされ、モルタレッティが谷の上で鳴らされた。エル・カンパーニョの鳴らし方は特別な日のためにとっておかれるもので、ひとつの鐘の音だけで奏でられ、それに続いて、チェンブラの三つの教会の鐘が皆一斉に鳴らされる。その響きは、遠くから聞こえた場合、たとえば谷間のむこうから聞こえたときなどはさぞかし美しいことだろうと思われる。

夏になると村人は皆、冬のびょう打ちブーツから木靴にはきかえたものだった。すると足音――チェンブラの玉石を敷きつめた通りではいつもはっきりときこえるのだが――は、金属のカツカツという音からポコポコと低くこもった木の音に変わった。村では毎日、ヤギ飼いが朝に家畜を放牧に連れ出すときと、夕べに連れて帰ってくるとき、彼の角笛の音がきこえたものだった。

夏の宵はまた、合唱の時間でもあった。夕食後、老若男女が外に集まり、グループで交唱に興じたのだった。特別な歌の行事は、カンタ・デ・メッシ（月々の歌）と言って、人々は衣装をまとい、その歌に様々な詩をつけて歌ったものだった。

主な夏祭り（聖ペテロ祭、聖パウロ祭、サン・ロッコの祭り、そして聖母マリアの被昇天祭）が終わると、万聖節がやってきた。すると、家畜はベルを鳴らしながら牧草地から連れ戻され、村は再び屋内での生活を始めた。そして遂に、薪が丘から村へ荷車で運ばれるときがやってくる。荷車は輪止めのような丸石――険しい丘の斜面でブレーキをかけやすくするために置かれたこの地方特有のもの――の上をひきずられて来たものだが、その音は小学生たちによれば彼らのお気に入りの音のひとつだったそうだ。

私がこの簡単な素描に過去時制を使ったのは、これらの音の多くが今のチェンブラではもはや聞こえないからであり、それらは住民から話を聞くことによって初めて推測できるものだからである。今日、チェンブラにもジュークボックスが持ち込まれ、新しい大型の登山バスやテレビも入ってきた。けれどもチェンブラはいまだに、でっぷり太った若い寺男が夕べの鐘をついた後、ハァハァ、フウフウ息をきらしながら自転車にやっとこさ乗ってガタガタと闇の中に消えていく、そんな音が聞こえるところでもある。

ラジオ放送のリズム

現代都市には、村や自然のサウンドスケープにおけるようなゆったりとした音のリズムはない。

非常にたくさんのリズムがお互いを相殺し合っている、と言ったほうがよいだろう。都市のサウンドスケープの主要な特徴はランダムな動きで、それは遠くから、あるいは夜遅くに最もはっきりと聞こえるもののようだ。夜中の一時か二時ごろ、近くの丘の上で、あるいは開け放たれた窓から聞こえてくるのは、ゴウゴウとうなる低周波の連続音である。これはブラウン運動であり、ガウス雑音〔ランダムノイズ〕だ。それは、めいめいの私的な行動範囲を自在に動きまわったり、もっとでたらめの日課を送ったりして、一緒に活動したりお互いを考慮し合ったりすることのほとんどない一〇〇万人のブラウン氏やスミス夫人によって生み出されている。

マーガレット・ミードがどこかで述べているように、われわれの生活には儀式が足りない。これを言い換えれば、現代の社会生活はリズムの規定を欠いているということになろう。過剰な活動のため、特別な行事でさえ単調で均質なものとなってしまう。四六時中を特別なものにしようとしているひとつの活動を参考に、この問題を説明してみよう。それはラジオ放送である（テレビも同様のことをしているかもしれないが、われわれの関心は聴覚文化にあるので、ここでは話をラジオに留めておこう）。

社会学者は放送内容の分析ならばある程度行なっているが、リズムの研究となるとまったく手をつけていないようである。そのような調査こそサウンドスケープ研究が得意とするものである。第一に、放送は独立した情報チャンネルに分かれているため、サウンドスケープ一般によくありがちな、同時性による混乱ということがない。第二に放送は、人間の反応や情報処理能力に従って、情報の流れを管理しようとする計画的な試みである。第三に、放送は常に変化しており、こうした変化の研究が可能であるのは、文学や音楽において批評家や歴史家が対立する学派の様式や傾向を研究できるのとまったく同じことである。放送が初期には、長時間の沈黙によって分断された控え目な活動だったことについてはすでに述べた。ここでは、世界の他の国のほとんどが今日こぞって模倣するモデルとなっている、北アメリカの現在のラジオ放送の形に関してのみ述べることにする。

言語において句が文章や段落に形づけられるのとちょうど同じように、各ラジオ局には独自の句読点の打ち方があり、番組の素材をより大きな単位にまとめる独自の方法をもっている。様々な内容が毎日あるいは毎週繰り返され、一日のうちでもお決まりの出し物が一定の間隔を置いて何回も繰り返される。ステーションコールはそうした句読点のひとつの手法である。北アメリカでは、これらのコールは頻繁に繰り返され、音楽がつくことも多い。その他の地域ではいまだに時報と同時に流し、よりいかめしく行なう傾向もある。また民間の放送システムでは、コマーシャルが一日中決まった時間に変わりばえもなく繰り返されている。これらのパターンは、イソリズム[☆5]と呼べるかもしれない。共同体の信号音と同様、それらは時間を刻み、聴き手が時間的な位置づけを得るのを助けている。イソリズム的な番組には内容が変化するものと、しないものとがあるようだ。つまり、録音された一定のメッセージが正確に繰り返されるものがあるかと思えば、ニュースのように決まった時間に現われるが素材は次々と異なるといった出し物もあるのだ。ニュースの放送では、構成単位が徐々に変化していったり、遂には新しい事件に入れかわったりしながら、内容が連続的に展開していくさまが見受けられる。基調となるようなニュースの場合は、数日あるいは数週間にわたって、同じテーマが少しずつ変化して流れているのを耳にすることがある。

予想のできない形で繰り返される項目もあるが、それもライトモティーフと呼ばれるに相応しいほど何回も繰り返される。たとえば、ヴァンクーヴァーのラジオ局に関して調べたところ、ひとりのディスクジョッキーが、一時間に特定のいくつかの項目をひどく強調して繰り返していたことが明らかとなった。局名が一時間に二八回繰り返され、同じ時間内に、ディスクジョッキーは自分の名前を一六回、ヴァンクーヴァーという町の名前を一三回も口にしていた。このような主要な言葉に続いて、三回あるいはそれ以上繰り返される一連の言葉が数多くある。頻出順に並べてみると、「旅行、初の、新しい、モダンな、現代の、人気、金、完全、最高、懸賞金、賞、便利な、スピード、信頼、パワー、エンタテインメント、偉大な、ラブ」というようになる。さらに同じ一時間内に、一二枚のレコードが流され、一六のコマーシャルがあった。このパターンは、コマーシャルの数——常に放送規制法で承認されている数の最高に達している——に関しては、日によっても月によってもほとんど変わらず、ラジオ放送の至るところでたびたび登場する要素として、事あるごとに出現している。

放送のテンポもまた、注意深く研究する価値がある。ここで考えなければならない問題は、このようなテンポが社会生活のリズムを再び生み出そうとしているのか、それともスピードを上げたり下げたりして社会生活のリズムを変えようとしているのかということである。ヴァンクーヴァーの四つのラジオ局に登場するニュースキャスターの一分間にしゃべる単語数を調べた結果、読みのスピードがかなり違っていることを確認することができた。

ＣＫＬＧ　毎分一七七・五語
ＣＢＣ　毎分一八四・〇語
ＣＪＯＲ　毎分一九〇・〇語
ＣＨＱＭ　毎分二一二・三語

興味深いのは、ＣＫＬＧがティーンエイジャー向けの局でポップ・ミュージックを中心に扱っているのに対し、ＣＨＱＭは中高年向けの「くつろぎの」局と自称していることである。これら一分間あたりの単語数は、極度に興奮した場合は別として、普通の会話で数えた単語数をはるかに上回っていた。

同じ四つの局を一六時間続けて調査した結果、より顕著なことがいくつかわかった。平均一、二分ごとに新しい話題が登場するのである——言うなればこれが、一つの題材に与えられた時間量であり、その時間が過ぎれば、古いテーマは新しい話題のために捨てられてしまうのである。これは、かなり以前に人間が音楽に興味を寄せる平均的長さを三分以内と定めた普通のポピュラー音楽のレコードよりさらに短い時間である。

以上の情報を導き出した表からは、イソリズム的、およびライトモティーフ的な素材が繰り返し登場することによって、一日にわたって小さな輪（ループ）が形成されていることがわかる。たいていの放送局では、ニュース放送の間隔が一時間を超えることはめったになく、天気予報の間隔が一五分を超えることも、コマーシャルの間隔が五分を超えることもめったにない。現代の放送の同時的性質は、番組のダイナミック・レベルを一律に統一する圧縮(コンプレッション)と呼ばれるテクニックによってさらに強調される。

ラジオ放送の絶え間ない音の壁は、この章ですでに述べた他のリズムと鋭い対照をなす。ラジオによる音の壁はそうした他のリズムと対立し、われわれがそれらのリズムを感知する能力を弱めることにさまざまな形で貢献してきた。しかし、ラジオがそういうものでなければならないということはないのだ。芸術と同様、ラジオもいろいろと考えたうえでつくられている。芸術とは、諸経験の巧みな選択であり、より高度な存在様式を、少なくとも普通とは異なるもうひとつの存在様式をわれわれに指し示すために創られたものである。したがってラジオも、われわれにもうひとつの生活様式を示すのに用いることができるはずである。現代生活のペースが速すぎるのなら、ラジオは新しい使命を見つけてもよいはずである。つまり、もしラジオが現在のように自らのテンポを上げていくかわりに、自然な生活のリズムを今ひとたび強化すれば、人々の生活のテンポを落とす一助となることができるだろう。

このことはブルース・デイヴィスの「環境ラジオ」の背景にある考え方でもある。デイヴィスの計画は、大自然の中にマイクロフォンを設置し、都市に住む人々にありのままの音を中継し、自然のサウンドスケープそのものを伝達しようとするものである。この計画の重要な点は、何の音も加えなければ編集もしないということにある。放送局はただ、マイクが置かれた場所の音を絶え間なく送るだけである。

人間は長年にわたり、大自然の環境を超えて自分たちの仕事を汲み上げてきた。一度くらい自然のサウンドスケープに耳を傾け、叡知をもってわれわれに話し返してくれるそのことばを聴いてもよいだろう。

原注

★1——Abraham Moles, *Information Theory and Esthetic Perception*, London, 1966, p. 139. のグラフを見よ。

★2——Walter Benjamin, *Illuminations*, New York, 1969, p. 214. を見よ。

★3——Leo Tolstoy, *Anna Karenina*, trans. C. Garnett, New York, 1965, pp. 265 and 267. 『アンナ・カレーニナ』、前掲訳書、三〇頁、三三頁。

★4——*Five Village Soundscapes*, Vancouver, 1976.

訳注

☆1——バラッドによく用いられる韻律でアクセントの置かれる連続した二歩句によって作られる。この場合は強弱の繰り返しのリズムのこと。

☆2——ウェルギリウス『牧歌・農耕詩』河津千代訳、未来社、一一八頁。ヘラクレスに愛され、キオス島で水の精にさらわれた少年の名がヒュラース。

☆3——付録Ⅰの図3を参照。

☆4——キリストの受難を記念する行事、復活祭が行なわれる前の一週間。

☆5——楽曲の各部分が同一のリズム型を反復する楽曲構成法を意味する音楽用語。

第十七章　サウンドスケープ・デザイナー

サウンドスケープのリズムが乱れ、不規則になってくると、社会はだらしなく危険な状態へと陥る。これはすでに本書の序章で述べたことである。しかし、それに続けて述べたもうひとつの主張は、サウンドスケープが社会によって偶然もたらされる副産物では決してなく、むしろその創造者によって意図的につくられるもの、その醜さだけでなく美しさによっても識別されるひとつの作品（コンポジション）だということであった。ある社会がへたな手つきで音をいじくりまわしたり、発音行為における上品さやバランスの原理を理解しなかったり、さらには音を発すべきときもあれば音を消すべきときもあることをわかっていないと、その社会のサウンドスケープはハイファイな状態からローファイな状態へと移行し、最終的には喧騒の中に摩滅してしまう。

重要なのはまず、ローファイな状態というものが人口が増加し生活環境の密度が高くなった場合の当然の結果ではないということを理解することだ。中東の市場（バザール）や昔ながらの村々を訪れると、大勢の人々が互いに邪魔し合うこともなく、各自の仕事をうまく片づけているその静かな、ほとんどひそやかな様子はとても印象的である。いわゆる「音のたれ流し」は、社会が自らの耳と交換にその目を手に入れる際にとかく起こりがちだし、こうした視覚の偏重にさらに機械への深い傾倒が加わるとまず例外なく起こるものである。

サウンドスケープ・デザイナーが耳を重視するのは、ただ現代社会の視覚偏重主義に対抗するためであり、究極的にはむしろすべての諸感覚の再統合をめざすものなのである。

サウンドスケープ・デザインの原理

サウンドスケープ・デザイナーは、偉大な音楽作品にみられるようなみごとに調節され、バランスのとれたさまざまなサウンドスケープのモデルに対し、社会の耳を再び開かせることができるだろう。そうした偉大な音楽作品からはまた、サウンドスケープを改造する方法、つまり、サウンドスケープの速度や厚みを加減したり、特定の効果を強めたり弱めたりする方法についての手掛りを学ぶことができるだろう。そして最終的には、音をどのように配列し直せばそこに起こりうるあらゆるタイプの響きが最も良い状態できこえるか――サウンドスケープのオーケストレーションとでも言うべき技術――を学ぶよう努力しなければならない。音を完全に禁止するなどということはそもそも不可能だし、騒音規制のあらゆる対策も結局はむなしいことである。芸術と科学の新たな総合分野であるサウンドスケープ・デザインの指示に従いつつ、音に対するこうしたネガティヴな諸活動をいまこそポジティヴな営みへと転換しなければならない。

したがってサウンドスケープ・デザインを構成しているのは、無法で手に負えないサウンドスケープを押さえつけるための一群の規範や公式ではなく、むしろそうしたサウンドスケープのどこが悪いのかを判断し、改善する際に用いることのできる一組の原理である。音楽から学ぶ教えに加えて、そうした原理には次のようなものがある。

1．耳と声の重視——耳の聴取機能に障害をきたしたり、声が聞きとれないような環境は有害である。
2．音の象徴性の認識——音の象徴作用には常に信号伝達機能以上のものがある。
3．自然のサウンドスケープのリズムとテンポの知識。
4．軌道をはずれたサウンドスケープを本来の姿に戻すためにバランスをとる仕組み（メカニズム）の理解。

この最後の項目を理解するのには、中国の哲学と芸術を思い起こしてみるのが一番よい。陰と陽の転換の神秘をかたちづくるのは事象の自然な交代であり、その完全な振動（オシレーション）においては、一方はそれ自体の中に他方の存在をすでに含んでいるのである。老子は、「重きは軽きの根為り、静かなるは躁がしきの君為り」と言っている。[★1] このことを、ある中国の画家[☆1]は次のように表現している。

生発の所は是開。一面生発して、即ち一面の収拾を思ふときは、則ち所所に結構ありて散漫の弊無し。収拾の所は是合。一面収拾して、又即ち一面の生発を思ふときは、則ち時時に余意を留めて、不尽の神あり。[★2]〔事物の成長し拡大するところを開といい、事物が収拾するところを合という。事物を拡大する（開く）ときには、同時にそれらを収拾する（合わせる）ことを考えねばならず、そうすればそこには自ずと構造が生まれるだろう。また事物を収拾する（合わせる）ときには拡大する（開く）ことを考えねばならず、そうすれば無為の境地と無限の精神の高揚が得られるだろう。」

古代中国の社会では、あらゆる事物においてバランスと調節が何よりも重んじられていた。どんなことでも過度になることは避けなければならなかった。この時代の音楽においては、穏やかで落ちついた性格をもち、平坦で音高の変化しない平と、力強く活動的で攻撃的な性格をもち、突如として変化する仄の二つの対照的な概念が対になっている。[★3] 当時の楽曲を分析してみると、これら二つの状態の間のバランスが厳格に保たれており、ひとつの楽曲の中には平と仄の特徴が全く同じ数だけ含まれていたことがわかる。これに対し、西洋音楽はバランスがとれておらず、常により静的な状態、あるいはより動的な状態へとかたよる傾向がある。西洋世界のサウンドスケープもまた極端な状態にある。そこには、バランスを崩した注意を要する状態が数多く認められる。たとえば次の表では、いずれも上段の用語が下段の用語を支配しているように思われる。

有音	テクノロジーの音	人工の音	連続音
無音	人間の音	自然の音	断続音

低周波音―中、高周波音

いま考えなければならないのは、これらの比重を修正して新たな調和と均衡を生み出すにはどうしたらよいかということである。十分な修正を行なうためには、もはや個々人の力では対処しきれない数多くの問題がある。かといって、デザイナーが社会全体をデザインし直すということではない。デザイナーはただ、社会が自らのデザインをやり直さないことで何を取り逃がしているかを示すだけなのだ。そして、彼がもしそれを熱心に才能豊かに行なえば、最終的には彼の主張が人々の耳に届き、理解されるようになるだろう。社会というものは常に、かなたからの声なしには現状をどのように修正したらよいかを想像することができない。平凡な市民のスミス氏やジェームズ氏にどんな家に住みたいかと尋ねてみたところで、彼らはいつもつまらない小屋を思いつくのがせいぜいだ。よりすぐれたプランを提示するのはデザイナーの責任である。新たな知覚形態を開拓すること、これまでとは違った新たな生活様式を描き出すことが芸術の役割である。芸術とは常に社会の外側に存在するものであるから、芸術家が安易に名声の獲得を期待するようではいけない。デザイナーの精神は遠い非現実の世界へとさまよい出るものである。けれども彼はまた同時に、何らかの極めて実際的な保存や修繕の仕事にも携わっているのである。

標識音の保存

サウンドスケープ・デザイナーの実際的な仕事のひとつは、すぐれた標識音（サウンドマーク）に対して社会の注意を喚起し、必要とあればその保存のために戦うことである。独特な標識音は、ベートーヴェンの交響曲と同じくらいはっきりとわれわれの歴史に刻まれる価値がある。その記憶は、ちょっとした年月では到底消し去ることのできるものではない。標識音の中には、社会の構造に深く組み込まれているためにその共同体全体に自らの刻印を深く留めているものがある。たとえば有名な教会や時計台の鐘、警笛やサイレンなどがそれにあたる。サルヴァトーレ・ムンディのないザルツブルク、市庁舎のカリヨンのないストックホルム、そしてビッグ・ベンなしのロンドンがどんなものなのかは想像もできない。

たとえばヴァンクーヴァーには一八一六年に建造されたひとつの大砲がある。この大砲は一八九四年から現在に至るまでずっと、もともとは漁師たちに時刻を知らせるために、そしていまでは音の記念物として毎晩港に向かって打ち鳴らされている。また、アトキンソン岬の灯台には一九一二年以来ダイアフォンの霧笛があったが、これは最近、運輸省によって味けのない自動警報装置と置き換えられてしまった。もっと最近（一九七二年）つくられたものには、市内の高層ビルのひとつの屋上に取り付けられた一組のエアー・ホーンがある。これは、カナダ国歌の冒頭のフレーズを毎日正午に（一ブロック離れた地点で108 dB Aの大きさで）吠えたてるというものだ。[☆2]

標識音としてどのようなものを思い浮かべようと、それらは共同体の性格を反映している。すべての共同体は自らのいくつかの標識音をもつものである。が、それらが常に美しいものとは限らない。たとえばオーストラリアのバラーラットでは、「金の採掘が始まったばかりの頃、非常にたくさんの水晶粉砕機が作動していた。それが市街地全域に絶え間のない騒音を響かせていた

が、その音は、金の抽出工程の一部として容認されていた」という。[★4]

めったにきかれない音の中には法律的な保護を受けるものもある。たとえば灼熱の都市ダマスカスでは、製氷器の音が騒音規制条例における禁止音のリストから特別に除外されている。[★5] これは、製氷器が共同体に対して望ましい働きをし、そこに魅力的な象徴性があると考えられているためである。

サウンドスケープ・デザイナーが特別な注意を払わなければならないのは、むしろもっと目立たない標識音である。というのもそれらの標識音は、土地に独自なものであり、昔ながらの魅力をもっているにもかかわらず、そのサウンドスケープからいともあっけなく削除されてしまうことが多いからである。標識音がもっている価値や独自性を共同体に対して指し示すのに、外部からの訪問者を必要とする場合もしばしばある。なぜなら、そうした標識音は土地の住民にとっては特に注意を引くこともない基調音であるかもしれないからだ。私個人の記憶から、ここにいくつかの例を挙げてみよう。

●パリのカフェのタイル張りの床の上で、重い金属製の椅子がすれる音。

●パリの地下鉄で、古い客車のドアが閉まるバタンというはでな響きと、続いて掛け金が降りる際のガチャッという鋭い音（一九七六年現在、これは、メリ・ディシ駅からポルト・ド・ラ・シャペル駅間でしかきかれない）。

●オーストラリアのメルボルンの路面電車のつり革の音――つり革が強く引っぱられると、

水平にわたした長いポールのまわりでねじれ、キューキューと大きな音をたてる。

●オーストリアの役人たちが長い取っ手のついたゴムのスタンプを名人芸的な速さで、まるで太鼓をたたくようにおす音――タテテダタテダ。

●コンヤの町の馬車タクシーの高音でよく響くベルの音――トルコの主要都市の中でもコンヤがこの音をきける最後の場所である。

●ロンドン郊外の地下鉄のいくつかの駅で、録音放送が言う（あるいはかつて言っていた）「ドアから離れてお待ち下さい［Stand clear of the doors!］」というあの印象的な声。

世界は、このような決してまがいものではなく、また偽造することもできない音の記念物に満ちている。それらは、聴覚的感性の鋭い旅人にとっては忘れることのできない思い出である。そうした音の記念物は、多国籍企業がばらまくくだらない製品と取り替えられないよう、常に保護する必要があるのだ。

サウンドスケープの修理

サウンドスケープ・デザインが有用な職種としてひとたび確立されれば、若いデザイナーたちは政府や企業内にポストを得て、サウンドスケープに対するさまざまな修理作業を実際に行なえるようになるだろう。彼らの仕事はまず、音痴の前任者によるひどいデザインのいくつかを修正することから始まるかもしれない。

横断歩道用の音の出る信号機を考えてみよう。こうしたものは、現在すでに世界各地にいくつも存在している。私は少なくともその三つの例を、オークランド（ニュージーランド）、ヴェクシェ（スウェーデン）および、ロンドン（イギリス）できいたことがある。オークランドの信号機には、反対方向に進む乗り物へのそれぞれの方向への指示と、歩行者に横断可能を指示するもの――合計三つのモードがある。なかでも歩行者用の合図は、光に音の信号がプラスされた特別なものだが、その音は気分が悪くなるようなブザーで、それでいて周囲の交通騒音からきわだって聞こえるだけの音量も音の高さもない。ロンドンとヴェクシェの信号機はどちらもリズムの効果を用いている。ロンドンのものは、歩行者に横断を指示するのに約四秒間、半音離れた二音が断続的にピピピピと速く鳴る。私のきいた信号機では、一方の音が他方の音より少しばかりうしろにずれるためにこれら二音の位相が常に一定にならず、音からだけでは、それがイギリスのデザイナーのセンスの悪さからくるものなのか、それとも単に技術的な欠陥によるものなのかを判断するのも容易ではなかった。一方、ヴェクシェの信号機は一音でカチカチと鳴るが、そこには横断を指示する速いテンポと、停止を指示する遅いテンポの二つのモードがある。速いモードはちょうどラチェットがまわるような速さで響く。遅いほうのモードはだいたいオリンピックの短距離走者の心臓の鼓動のテンポにセットされているが、この音が人々に連想させようとしているのもまさにこのイメージであろうと思われる。

ここで私が主張したいのは、音響的にデザインされた横断用の信号機は（目の見えない人々にとってその価値が明らかであるように）おそらく一般の人々にとっても役に立つものであるはずなのに、これまでに聞いたそうした信号機には、社会的にも美的にも、すべてのデザイン基準にかなったものがひとつとしてないということである。

北アメリカでは一九七〇年頃から、気分の悪くなるような一連のブザー音が鳴り響くことになった。つまりデザイナーはこの頃から、安全ベルトのついた車に乗った人にベルトの着用を喚起するための音を取り付けるようになったのである。音響的な注意喚起装置はどうしてこうもひどいものばかりなのだろうといういつもながらの疑問が、ここでもまた浮かんでくる。

次に、PAシステムのような音分裂症的な装置に認められる異常な特性を思い起こしてみよう。首のつけ根のあたりで突如としてがなりたてる放送の声の、あの前ぶれもなくやってくる衝撃や人をびくっとさせる効果は、スイッチを入れさえすればたちどころに音が出てくるという電気音響装置の即時性によって誇張されている。このような状況は、いまや極めて一般的になっているが、これもまたデザインをやり直す必要がある。びっくりさせないで人々の注意を引く技術には、繊細な創造行為が必要である。ベルやブザーがそうした目的のために使われていることがあるが、その場合にもベルの音のエンベロープが間違っている。PAの音の合図のアタックは突然のものではなく、勾配をつけたものでなければならない。つまり、そのエンベロープは ではなく であるべきなのだ。

ニュージーランド鉄道ではPAのアナウンス前に、グロッケンシュピールが奏でる八秒間の旋律の前奏曲をテープループで流している。けれども八秒間というのは、繰り返し使用するにはおそらく長すぎる。一方、オランダでは三音から成る旋律が電子的なグロッケンシュピールで演奏されるが、こちらはおそらく短すぎるし退屈だ。サウンドスケープ・デザインを専攻する学生たちに、こうした状況を改善するための短い前奏を二、三、デザインする課題を出すのは有益なことであろう。

以上の例は、多くの知的な人々が精力をかたむけて従事するのに十分な長さの仕事のリストから、特に注意を要するいくつかのものを挙げたにすぎない。

ベルの電話のベルというまずいしゃれ

PAからの音声はすべて思考を短縮してしまう。したがって聡明な社会は、その使用を必要最小限に留めようとする。電話もまた思考を短縮してしまう。いつ何時(なんどき)——おそらく私が次のセンテンスを書き終えないうちにも——ロレンス・ダレルが『ジュスティーヌ』で「小さいけれど針のように鋭い響き」と呼んだ音と共に、カリフォルニアかロンドン、あるいはウィーンからの声がテーブルの上に飛びこんで来るかもしれない。

電話のベルを発明したのは誰だろう？　音楽家でないことはまず確かだ。電話のベルという名称は、その発明者の名前をへたにしゃれただけのものだろうか？　あるいは電話はあのようにずうずうしい装置だから、その音も耳障りなものがよいということかもしれないが、ともかくこの問題についてはより一層の考慮が必要である。いずれにしてもわれわれが毎日、十回や二十回、この電話の音で気をそらされなければならないのなら、どうしてそれをもっと気持ちのよい音にしないのだろう？　また、誰もが自分自身の電話の信号音を自由に選べないのはどうしてなのだろう? カセットやテープループの製造費が安くなった今日では、これは完全に実現可能なことである。

電話のベルの鳴り方は、確かに国によってかなり違う。北アメリカの電話は同じひとつの響きを繰り返すものだが、その響きは全く同じか、あるいは非常に似かよった周波数の二つのベルの間を舌が機械的に震動して生じるものである。ヴァンクーヴァーの電話ではこのベルが六秒間ごとに、最初の約一・八秒間は鳴り、その後の四・二秒は鳴らないといった具合に繰り返される。

北アメリカの電話の音の強さは、その装置の台についているダイヤルである程度調節できる。しかし、受話器を通してきこえてくる相手の声の強さや呼び出し音（相手の家に電話をかけているときに受話器からきこえてくるベルの音）の強さは厳密には調節できない。われわれの研究プロジェクトのひとつで、話し中の信号音が120 dBA以上の値を、また会話音が100 dBA以上の値を、どちらも受話器を普通の状態で耳にあてた場合に記録した。これは耳の機能障害を起こすのに十分な音の大きさである。

イギリスの電話にはちょっとしたデザインの工夫がほどこされている。というのも、まず大きな音が二回鳴り、その後しばらく間があくのだが、それが意図的に五つの単位——最初に二拍の音が鳴った後に三拍の休止が続く——から構成されている。なぜならこうした非対称的な拍子のほうが、三拍子、四拍子、あるいは六拍子よりも人の注意を強く引くと考えられたからである。ニュージーランドの電話も、二つの音がこれと同じように鳴るが、測定したところではそのサイクルは三・二五秒で、北アメリカの電話に比べるとかなりせかせかした感じになっている（なお、ニュージーランドの電話は音の強さを手で調節することはできない）。これに対し、スウェーデンおよびドイツのいくつかの地方では、ベルの音の間隔が十秒もある。けれどもスウェーデンは一九七五年に、より速いペースのベルへとそのプログラムを変更し始めた。電話会社にとって、時は金なりである。電話がよりすばやく応答されれば、回線がふさがっている時間もそれだけ少なくなる。したがって、電話会社が少しばかり余計にもうけるために、国全体がよりぴりぴりと神経質にさせられることになるのだ。

公共システムの中で、音楽をさらにおもしろく使っているひとつの例がフランスの電話だった。ダイヤル一〇番（手動切り換えでパリから市外へかける場合）をまわすと、線(ライン)を接続している間ギュスターヴ・シャルパンティエ[☆3]のオペラ《ルイーズ》の冒頭が数小節きこえた。また、ダイヤル一九番（自動切り換えで国外へかける場合）をまわすと、ベートーヴェンの第九交響曲の〈歓喜の歌〉の最初の数小節がきこえた。しかし一九七一年一二月四日、これらの音楽は八五〇ヘルツの電子音と置き換えられてしまった。係官の一人によればその理由は、「こうした単純化によって、すべての通話にコンピューター制御による遠隔操作が可能となり、それによってデータ通信技術がより発展し、さらには、パンチカードによる情報の符号化と自動送信器の導入が促進される」ためだという[★6]。それでは、パリ市民はベートーヴェンよりも八五〇ヘルツの発信音のほうが気に入ったのだろうか？　この点についての同係官の回答は、「ラジオやテレビ、新聞でかなり以前から通知していたため、これまでのところ市民からの反発は特に認められていない」というものであった。だが実際のところは音楽が、当局側の操作能率を引き下げていたばかりか使用者側の電話をかける速度をも遅くしていたのだ。つまり、「この改正以前にも、音楽を使っていないフランスの他の地域の人々が電話をかける速度がパリ市民よりも速いということに気づいていた。おそらくパリ市民は、ベートーヴェンの〈歓喜の歌〉や《ルイーズ》の美しい音楽にうっとりとして、ダイヤルする手を止めてその響きを聴いていたものと考えられる」のである。

サウンドスケープ・デザイナーは不均衡を正そうとする。ものごとの速度を落とそうとする。平坦な線（フラットライン）を描く単一音の数を少なくして、明確な個性をもつ生き生きとした音をつくり出そうとする。たとえそのようなサウンドスケープ・デザイナーがいたとしても、彼一人の力ではパリ市がその電話に単一音を導入することを防ぐことはできなかっただろうと考える読者もいよう。だが私が言いたいのは、ひとつの音しかでない電話に切り換えた場合に生じた美的な損失を、彼が社会に対して十分に主張できるようなポストに就くまでは、われわれの社会は荒れ果てた（フラット）不毛の地（ランド）へ至る道を一直線に辿ることになろうということである。サウンドスケープ・デザイナーになってベートーヴェンやシャルパンティエを擁護したいという人は誰かいないだろうか？　そして、世界中の各局番が、小さな村の各々が、電話の各使用者が、それぞれ独自な個々の電話のベルの音を持てるような社会をつくろうではないか！

これに対して現在われわれは、逆に電話の音を国際的に標準化していく道をとらされている。北アメリカの新型の電話では、プッシュフォンの導入によってダイヤルを回す時間が短縮されている。ダイヤルの各番号を押すと、それぞれ周波数の異なる高音と低音の二つの合成音がきこえてくるが、〇〇〇五―八八八三という番号を押すと、大ざっぱではあるが第五交響曲の冒頭のフレーズと共にベートーヴェンが戻ってくる。

自動車の警笛

音楽の素養をほとんどもたない無名の発明家がこの世に残した変更不可能で絶対的な音のもうひとつの例、それは自動車の警笛である。北アメリカの車では、警笛の二つの音が長三度、あるいは短三度の音程になっている。警笛に三つの音が用いられているのは、キャデラックやリンカーン・コンチネンタルといった高級車だけである。その貴族的な雰囲気は、最も裕福な君主が最大の編成のオーケストラを所有していた頃の時代を思い出させる。リンカーン・コンチネンタルの警笛は（二つの長三度が重ねられた）増三和音に調律されている。

トルコでは、車の警笛が長二度か短二度の音程に調律されている。これらの音程が非常に不協和な響きとされる文化もあるが、その一方でバルカン諸国、たとえば西ブルガリアのいくつかの地方でみられるように、二声部が長二度、あるいは短二度の音程で歌われる民謡の例もある。つまり、歌い手たちはこれらを協和音程とみなしているのである。

世界のサウンドスケープにおける地域的な特異性を保存するためには、さまざまな種類の信号音の調律にそれぞれの土地の音楽文化に特徴的な音程やモティーフを使用することが考えられるべきである。たとえばジャワの場合、あの「せまい」五度の音程を車の警笛に使うことができよう。なぜなら、ガムランのオーケストラの調律ではその基本となり、島に生息するある種の鳥の独特な鳴き声に由来すると言われるこの音程は、私の知る限り他のどの文化にも認められない独自なものだからである。

ユートピアのサウンドスケープ

現実の修理作業のための時間が必要であれば、一方ではるかなユートピアへ向けて想像力を飛翔させる時間も必要である。その場合、そうした夢がそのまま実現できるかどうかは問題ではない。重要なのは、そのような空想が精神を高揚させ、心を崇高にすることである。

こうした理想郷をめざした夢のひとつがチャールズ・アイヴズの《宇宙の交響曲》であった。この作品は渓谷や丘の斜面、あるいは山々の頂きに散らばったおびただしい数の参加者によって演奏されるものだった。いかなる個人も作品を統御したり支配することのないよう、その規模は非常に巨大で包括的でなければならなかった。そして、作品に参加したい人は誰でも加わることができた。当時これは単なる構想に留まるものだったが、今日に至るまでわれわれの想像力を大いにかき立ててくれる作品である。自分たちを《宇宙の交響曲》の参加者として想定するほうが、ただ大きなごみ捨て場のようなところにいると考える場合よりも、自らの演奏に対してずっと厳しい注意を払うことになる。つまりわれわれは、普通の環境音よりも、音楽を分析したり批評するほうが上手なのである。それぞれのソリスト、指揮者、プリマ・ドンナたちの違いを聴き分け、彼らの長所や欠点を評価する。まさにこうした意味において、サウンドスケープ・デザイナーはわれわれに演奏のためのスコアの一部を提供できるのであり、事実こうしたことを、さまざまな環境的な作品の中で多くの若い作曲家たちがすでに行なっているのである。

音楽は、ユートピア的なサウンドスケープへの鍵である。けれどもこれに対し、ユートピアを描いた文学作品における音を調べてみると、その結果は少々がっかりしたものとなる。全体として、そうした未来を描く作家たちの音に対する示唆は鋭さを欠いている。われわれがそこから学ぶものは、せいぜいトマス・モア卿がムーザックの出現を予想しそれを好意的に見ていたこと、エドワード・ベラミーが『顧り見れば』の中でラジオの出現を予想していたことぐらいである。それらの中にあって、最も説得力をもち、包括的な視野に立って考えられた未来のサウンドスケープは、フランシス・ベーコンの『ニュー・アトランティス』に描かれたものだった。この著作でベーコンは、音の研究のための特別な家について述べている。

> 音響館というのもあります。あらゆる音とその発生方法を試験し実験する場所です。四分の一音だとか、その他もっと小さな音程などを使った、あなたがたの知らない和音があります。また、あなたがたの知らないさまざまな楽器があり、そのあるものはあなたがたのどの楽器よりも美しい響きを奏でます。更に、優雅で美しい響きをもったいろいろなベルや鐘もあります。小さな音を大きく低く響かせることもできれば、同様に大きな音を細く、鋭く鳴らすこともできます。元の音は完全な姿（まま）で残しておいて、そこからさまざまな震動や唸りのような音を出すこともできます。また、あらゆる分節の音や文字の音、また鳥や獣の鳴き声までも人工的な音で模倣できるのです。耳にあてると聴力を大幅に増強するような一種の補聴器もあります。またいろいろな不思議な人工のこだまもあり、まるでトスを返すように声を幾

度も反射します。その中には、最初の音よりも大きく、あるいは鋭く、あるいは深くしてはね返すものもあります。それどころか、音を受けたときのものとは全く違う文字や分節の音にして返すものもあるのです。そして、筒やパイプでずい分くねくねと、しかもかなり遠くまで音を伝える方法もあります。★7

紀元一六〇〇年の時点から、その心の耳を未来へ向けていたフランシス・ベーコンには、その後の約三五〇年のあいだに生み出されるさまざまな音の発明品のほとんど（音の録音や編集、変調や変換のための機械、さらには音の増幅や放送、電話、ヘッドフォン、補聴器など）がきこえていたのだ。それらの機器はすべてがまだ胎児のままの状態で、思慮深い未来主義者によって予言されるのを待っていたのである。

しかし、われわれは今こうした機器に死ぬほどうんざりさせられている。今度はわれわれが自分たちの耳と精神の前途に何が待っているかを予想する番なのだ。来たるべき世界をデザインする君が、豊かな想像力と知力を最大限に働かせて五〇年先、百年先、そして千年先の未来に耳を傾けるのだ。さて、君には何がきこえるだろうか？

原注

★1——Lao-tzu, *Tâo Teh King*, *The Texts of Taoism*, trans. James Legge, New York, 1962, p. 69. 『老子』小川環樹訳、中公文庫、五五—六頁。

★2――Shên Tsung-ch'ien, Jacques Maritain, *Creative Intuition in Art and Poetry*, Washington, 1953, p. 396. より引用。

★3――John Hazedel Levis, *Foundations of Chinese Musical Art*, New York, 1964. を見よ。
［沈宗騫・熙遠甫「芥舟學畫編」、今關壽麿纂訂『東洋畫論集成　下巻』、讀畫書院、六三頁――訳者］

★4――F. J. Rogers, Town Clerk, Ballaarat, 私信。

★5――Damascus, By-law No. 401, Sect. 3, para. 7 [1950].

★6――P. Fortin, Ministère des Postes et Télécommunications, France, 私信。

★7――Francis Bacon, *The New Atlantis*, London, 1906, pp. 294-295.
『ニュー・アトランティス』成田成寿訳、『世界の名著　ベーコン』中央公論社、五四六頁。

訳注

☆1――沈宗騫　?―一八一七以後。清、乾隆時代の山水人物画家。

☆2――口絵4「ヴァンクーヴァーの標識音」参照。

☆3――Gustave Charpentier　一八六〇―一九五六。フランスの作曲家。

第十八章　響きの庭

庭園とは、自然に人の手が加えられた場所であり、風景を人間の好みに合うように処理したものである。そこでは木々や果実、さまざまな草花が、芸術と科学の力によって大自然の中から有機的に刻み出されている。ヴェルサイユやウィーンの厳格な古典庭園にみられるように、草木を徹底的に刈り込んで整えられた庭園もあれば、また別の場所では、自然に対する人の手の介入を制限し、風景そのものが持っているいくつかの特徴をただ引き出そうとする庭もある。

本物の庭園は人間の全感覚を楽しませてくれる。次の文章は中世バグダッドの庭園を描いたものである。

> 門は大広間のように迫持（せりもち）になっていて、壁や屋根には色とりどりの実をつけたぶどうの蔓（つる）が一面におい繁っていました。赤い実はルビーのようで、黒いのは黒檀にまごうばかりです。門のむこうには、木の枝を四つ目棚にした亭（ちん）があって、ただひとつぶらさがっている果実もあれば、かたまってぶらさがっている果実もありました。小鳥は枝にとまって美しい鳴き声でさえずり、夜鶯（うぐいす）は千変万化の音色（ねいろ）を出して声高くうたい、山鳩のくーくーという啼声もあ

たりをみたしていました。また、つぐみはまるで人間の口笛のようにぴーぴーと啼き、白子鳩は酔いどれさながらのうめき声を立てました。

木々はすっかり熟れた実をつけ……春の訪れにそこら一帯は喜びにあふれて燦然と輝きわたっていました。小川は小鳥の陽気な歌声に調子をあわせてさらさらと流れ、そよ風はさわやかな音を立てて、大気をなごやかに和らげていたのでございます。★1

公園（パーク）とは、共同体のさまざまな娯楽施設が設備されている公共の庭をいう。よく設計された公園ならそこで、演劇、音楽、運動競技、ピクニックの全部、あるいはそのいくつかを楽しむことができる。しかし近頃の公園はあまりうまく設計されておらず、それが問題なのだ。現代都市では余った土地が公園になっていることが多い。そうした公園は普通、さしさわりのないようにわざと上品な言いかたで「パークウェイ」と呼ばれる自動車専用道路に囲まれている。だがまさにその道路が、ただ視覚的な観点から選択された公園の敷地に、悪臭や騒音をたれ流しているのだ。一方、古くからの都市では高速道路が後から建設されることが多く、それによってかつては大切にされていた聖域（サンクチュアリ）がその汚物によってけがされている。このことは、ウィーンの三つの公園、ブルクガルテン、シュタットパルク、ベルヴェデーレ庭園に対してわれわれが作成した等音圧地図（イソベルマップ）にはっきりと示されている。今日これらの公園はすべて、交通量の多い通り沿いに位置している。環境騒音のレベルが48dBA以下のところはひとつもなく、その平均値はほぼ55dBAに達している。これは、四メートルの距離での通常の会話がききとりにくい「会話妨害レベル

[SIL]」を数デシベル上まわる値である。

こうした理由から、音響的に計画された公園、あるいはもっと詩的に〈響きの庭［Soniferous Garden］〉とでも呼べるようなものが今日特に必要であると主張したい。この目的の達成へわれわれを導く原理はただひとつ――自然を常にそれ自身の力で歌わせるということである。水、風、鳥、木、そして石、こうした自然界のさまざまな素材は、木々や灌木のように、もともとすべてが有機的に、非常に独特なハーモニーを奏でるよう、創造され形づくられているに違いない。

庭園とはまた、ベンチ、四つ目がき、ぶらんことといった人工物の置かれる場所でもある。だがそうした人工物は、その場の自然環境と調和しなければならず、実際その場から自然に生まれてきたかのように見えなければならない。したがってたとえ〈響きの庭〉の中に人工的な合成音が導入されるとしても、それらの音はその庭が持っている本来の音と共鳴するような響きでなければならない。アンカラの美しく広々としたゲンチュリック公園およびその他の場所で、私がこれまでに聞かされたような有線の音楽放送システムなどはそれこそ禁物である。また、ここにはそれがいかに巧妙なものであろうと他のどのような電気音響的な仕掛けも置いてはならない。かつてひとりのアメリカ人の彫刻家が、強く張ったケーブルでできた橋状の作品を見せてくれたことがある。彼はそれにコンタクトマイク、アンプとラウドスピーカーの大がかりなシステムを取り付けていたのだが、その電線にハエが一匹とまるたびに曲射砲のような大音響が森中に響きわたった。これがハエではなくカラスやジリスならばユタ州全域に轟きわたるような音がするだろうと考えると、恐ろしくて息がつまるような思いがしたものだ。

自然をそれ自身が持つ本来の声で語らせる——これがサウンドスケープ・デザイナーにとっての非常に重要かつ簡潔な課題である。以下、過去を振り返りながら、こうした問題に対してどのような解決の可能性があるかを考えていきたい。

雄弁な水

水に特別な気品と美しさを与えたのはルネサンスとバロック期のイタリア庭園だった。そこでは水の持つ涼感が、夏の暑さの中で戸外にぎらぎらと照りつける太陽の光と実に気持ちのいいコントラストをなしていた。教皇ピウス四世のカジノ、ランテ荘、ヴァル・サン・ズィビオ荘——これらはみな、尽きることのない噴水、せせらぎ、光を照り返す池、巧妙な水の噴射装置などによって、それぞれ独自な水との恋物語（ロマンス）を語る。そうしたさまざまな仕掛けによる細かな霧のようなしぶきの中に、それらの庭園は揺らめいていた。プリニアーナ荘では、カローレ渓谷から泡立ちながら流れ落ちる急流が中央の部屋に直接流れ込んでいる。その古い屋敷は爽やかさで満たされ、がらんとしたアーチ形天井の部屋部屋には水の陽気な音が響きわたっている。けれども、ローマ近郊のティヴォリにあるエステ荘の庭々の水のすばらしさにまさるものは他のどこにもなかった。

膨大な経費と労力を費やしてアニョから引き上げられた水は、おびただしい数の小川となって流れ落ちていく。テラスからテラスへ、欄干の石のレールにしかれた水路を走り、階段を一段ずつ飛びはね、こけのむす巻貝の中にしたたり、また海の神々の角笛や神話の怪獣たちの口からしぶきとなってほとばしり、つたをびっしりとはりめぐらせた斜面に溢れ落ちる。第二のテラスの周囲には深い水路がぐるりとめぐっており、水の流れはクジャクシダの揺れる縁取りの上につくられたおびただしい数の出口からその水路の中に流れ落ちる。すべてのわき道や階段に添って小川が軽快な音をたてて流れ、擁壁の壁龕（ニッチ）の中にはどれも水を注ぐニンフの像や水の溢れ出る壺が置かれている。そのおびただしい数の水流の音は荘厳な深い緑の木立ちに響きわたる。[★2]

エステ荘では水が、最も深いところでそのすべての生命を司る原理のように庭園全体を通じて鼓動している。だが水はこれらの庭で、単にその構造の有機性を強調するように使われていただけでなく、数多くの水の彫刻（ウオーター・スカルプチャー）の中に非常に巧妙に人の目をあざむくような方法で用いられてもいた。ジョン・イーヴリン[☆1]が一六四五年にエステ荘を訪れた際、これらの水の彫刻はまだもとのままの状態で動いていた。

もうひとつの庭にはすばらしい鳥小屋がある。人工の小鳥たちがさえずっているところへ一匹のフクロウが現われる。それと同時に小鳥たちは突然その歌の調子を変える。このそばには轟音をたてながら大量の水を放出している竜の噴水がある。また、自然の岩屋（グロット・ディ・ナトゥーラ）と呼ばれる別の岩屋には水オルガンがある。この下には数個のいけすがあり、そのうちのひとつには海馬につないだ戦車に乗ったネプトゥヌスの像が、また別のいけすにはトリトンの像が立っている。そして最後のところには「簡素の庭」がある。[★3]

水鳥（ウォーター・バード）の発明はアレクサンドリアのクテシビオス（紀元前二五〇年頃）に遡るようである。この鳥たちは水圧によって送り込まれた空気の流れによってさえずるように設計されており、アレクサンドリアのヘロンの水力オルガンと同じ原理を用いている。事実、ヘロンの『気学』[★4]には、鳥たちが代わる代わる交替でさえずる、この歌う小鳥の非常に洗練された例が記述されている。ここでは閉じた管の中に入ってきた水がそこにある空気を、互い違いに配列された青銅の管を通して押し出す。これらの管は木の枝の間に隠されており、その先端は人工の小鳥たちのくちばしに取り付けられた笛になっている。ウィトルウィウスもまた「水飲み人形および同じような自動人形、その他眼の悦びや聴覚のはたらきに媚びるもの」と並んでそうした装置について言及している。[★5]同じような仕掛けがイタリアのバロック庭園にたくさんあったということは、そうしたからくりについて多くの記述を残しているジョン・イーヴリンの日記によって証明される。フラスカティの枢機卿アルドブランディーニ荘でイーヴリンが観察したのは次のようなものだった。

> 水オルガン、水の力で動いたりさえずったりするあらゆる種類の歌う小鳥たち、その他いくつかのからくりや驚くべき発明の数々があった。部屋のひとつには、その中央で一個の銅の球が床から約三フィートの高さに浮かび、絶えずひょいひょいと上下に揺れている。これは

ちょうど球の下の穴へ人目にはわからないように送られる風の力によるものである。また油断している観客に水をかけるさまざまな装置もあり、たいていの人はびしょぬれにならなければ前に進めない。こうした水の劇場のひとつには、水を非常な高さにまで噴き上げるアトラスや、角笛ですさまじいうなり声をあげる怪獣がいたりする。けれども、なかでもとりわけ嵐の表現は実に真に迫っている。かくもすさまじい雨や風、雷に遭って、人はあたかも何か非常に激しい大嵐の中にいるような気がするのだ。[★6]

確かに、このいわゆる〈水の劇場［*théâtre d'eau*］〉はしばしば行き過ぎたものとなった。しかしこれによって、サウンドスケープ・デザイナーがちょっと工夫すれば水を使ってすばらしい冒険的な企てができるのは明らかなのである。水が異なった表面や素材の上ではそれぞれ違った音を出すということだけでも、豊かな発明の主題となるだろう。木材、竹、金属、波形の石、貝殻といったあらゆる種類の素材をさまざまに配置し、各素材の下にはそれぞれ共鳴箱を置くなどして特別に工夫された庭園が、夕立ちのようなよくある自然現象のもとで鳴り響いている様子を想像してみよう。リュエイユの枢機卿リシュリュー荘の庭にある有名な噴水についてのイーヴリンの記述からは、さまざまな素材や共鳴体が水の流れの下でどのような役割を果たせるかについて示唆を得ることができる。

さらに歩いていくと、人工ではあるが豊かな水量をほこるカスケードが非常に急な斜面を下

> り、大理石でできた階段と池泉の上に、すさまじい音をたてながら激しく流れ落ちている。池泉の中にはどれも噴出口（ノズル）があり、水を一枚の透明のガラス板のようにして噴き出している。なかでも鉛でできた大きな貝の形をした池泉から噴き上げられている水は、そこから広々とした砂利道の中央を通って水路の中へ静かにすべり落ち、最終的には岩屋の中に流れ込む。……次にわれわれが見たのはサテュロスやその他の空想上の野獣の形をした貝細工の大きくて非常にめずらしい岩屋である。中央には大理石の台が立っており、その上でひとつの噴水がグラスやコップ、十字架、扇、冠といったさまざまな形を織りなしている。上からは降雨を表わす水が流れ落ち、それに下から小さなしぶきが吹き上げて応じるような噴水もあった。そこを出ると二人の荒々しい銃士が、彼らのマスケット銃の銃身からとび出す水流でわれわれを撃った。この岩屋の手前には、鉛製のホタテガイ型の池泉から水がさまざまに流れ込んでいる細長い池がある。★7

ここには、技術的にはいまだにおそらく十分には発展していない水のコンサートについてのヒントがある。この水のコンサートは今後、彫刻家とサウンドスケープ・デザイナーとのきわめて興味深い協同作業の対象となるだろう。

　世界中には、美的効果のために用いることのできるさらにおびただしい数にのぼる水の装置がある。たとえば水車——これは回転が速くなったり遅くなったり、速度が一定でないときが最も魅力的である。バリ島には、ちょうつがいで取り付けられた大きな竹筒が、流れから水をくみ上げた後に回転して田に水を落とすという独創的な灌漑システムがある。竹筒はそれぞれもとの位置に戻るときコンコンと軽くたたくような音をたてる。つまり、絶え間なくブクブクと流れる水の音の中で、五〇以上ものこうした小さな水車が同時に動き、それらが発する連打音による繊細で不規則なリサイタルを聞くことができるのだ。竹筒の長さをいろいろに変化させれば連続的なマリンバの旋律が生まれるだろう。

今日のデザイナーは、排水管を単なる雨水の排出口としてしか考えていないが、そうした考え方は全面的に改められなければならない。水が、互い違いに配置された屋根からさまざまな種類の管や水盤に流れ込み、あらゆる種類のガーゴイル[☆2]や雨どいからほとばしり、窓を浸し、斜面をすべり落ち、またその水の働きでいろいろなおもしろい自動人形たちが笛を鳴らしたり、ガラガラと音をたてたり、回転したり口笛を吹いたりする——そんな住まいを想像してみよう!

風の霊

サウンドスケープ・デザイナーがそこから限りない変化を引き出すことのできる水の複合雑音に対応するのが、エオリアン・ハープにおける空気の音である。人間はここでもやはり楽器を組み立てはする。だがそれを奏でるのは自然なのだ。エオリアン・ハープの弦から発する無気味で恐ろしくさえあるその響きは、すでに述べた風の気まぐれな性格とまさに一致する。次に引用するE・T・A・ホフマンによる嵐の中の大きなエオリアン・ハープについての描写をよく味わってほしい。

> 君も知っている通り、あの広い噴水池の上へ引かれてある大風琴、あの弦をわしは張らせてあったんだが、嵐はそれを腕利きの音楽家として大変巧みに弾いたのだ。人々の叫喚と、颶風の怒号と、轟々たる雷鳴との中に、その大風琴の和音が恐ろしく鳴り響いた。その力強い響きはいよ〳〵早く鳴り出した。劇場の亜麻布製の壁の間ではほとんど聞くことが出来ないほど並はずれて大規模な様式をもっと言われているあの復讐の女神（フーリエ）のバレーも、恐らくそんなものかと思われた。——さて——半時間ですべてが終わった。月が雲の後ろからのぼった。戦いにおびえた森を夜風が慰撫するようにざわ〳〵と吹きわたり、暗い藪から涙をぬぐい去った。その間に、なおとき〴〵大風琴が低く遠い鐘の響きのように鳴った。★8

エオリアン・ハープに対するドイツ人の熱狂はロマン主義の時代にその頂点に達した。ホフマンの著作と同様にジャン・パウル（一七六三—一八二五）の小説にもエオリアン・ハープはしばしば登場する。ゲーテもまた、ファウスト（一八三二）の第二部における天使の合唱のオーケストレーションにいくつかのそうした類いの楽器を用いている。エオリアン・ハープと高く飛翔する精神を持ったファウスト的な気質とのこのような関連を考えると、なぜユングが魂と精霊の超越的な息吹きを元型的に結合したかを理解することができる。

アタナシウス・キルヒャーは一六五〇年の著書『音楽汎論［*Musurgia Universalis*］』の中でエオリアン・ハープを「音楽的自動発音器」と呼び、ドイツ人が発明したものだと主張している。しかしさらに調べてみると、エオリアン・ハープはそれより一世紀前のイタリアで少なくともその原理が知られていたことがわかる。最初に発明したのは中国人かもしれない。中国ではエオリアン・ハープはある種の凧のデザインに組み込まれ、「風箏［*Feng Cheng*］」と呼ばれていた。

全部竹でできている弓。弦は約二分の一インチ幅の非常に薄い竹片であるが、その両端の部分は弓の端のV字形の切込みにひっかかるように分厚く残してある。また、弓の本体の部分はそのままの竹を二、三フィートの長さに切ったもの。この弓を、弦にうまく風が当たるように紙の凧のてっぺんに取り付ける。★9

同じタイプの凧に取り付ける風箏がジャワにもある。西洋式のものは一般に複数の弦で、ときには倍音列に調弦されているが、ジャワや中国の風箏はそれと違って単音を発するものだった。それらの風箏はそれでもなお、西洋のものと同じようなこの世のものとは思われない無気味な音を奏でたのである。ジャワの風箏は次のように描写されている。

サバンガン☆3の低い基音は、われわれの耳には中央のハ音の下のヘ音に聞こえ、その音は長い全音符で（約六秒間）鳴り続き、その後およそ半音低くなった。音は徐々に弱まりながらもさらに二、三秒続き、いわば第二「小節」の四拍目のところでびっくりするようなうなり声をあげ、そのあとは最初のヘ音が再びきこえた。そして以後同様に続いた。★10

エオリアン・ハープの原理は広く知られていた。エチオピア、南アフリカ、そして南アメリカのインディオの人々の間でも知られていた。また、『千夜一夜物語』の中にでてくる、そよ風のような弱いものでも風がその木を通り過ぎると妙なる響きが立ちのぼり風と共に消えるという「歌う木」もこの原理によるものである。一般にエオリアン・ハープの音には、ベルリオーズが「自殺への誘惑に駆られるような焦燥感の突然の来襲」にたとえた独特なもの悲しい響きがあるとされていた。だが実際には、こうした装置はいかなる種類の響きをも奏でることができる。したがって、彫刻家とサウンドスケープ・デザイナーはそれぞれの技術を提携し、未来の〈響きの庭〉に取り入れることのできるような豊かなヴァリエーションをもった効果を生み出すべきである。

ガラス、貝殻、竹、木材などの材料からできているさまざまな風鈴は、風に声を与えるもうひとつの方法である。もっともこの場合、その声は変化してカタカタと震える不規則な脈動を発するようになる。

庭園の中に音の標識を優れた判断力をもって慎重に設置することは、その庭のさまざまな音の魅力に対して市民の注意を引きつけるばかりでなく、現代社会のあらゆる場所の公園が回復するよう努力しなければならない特別な心の平静さを喚起するうえでも役に立つ。

〈響きの庭〉の片すみに、音のアトラクションをたくさん置いてもごたごたしないぐらいの広々とした空間があるとすれば、そこにジョン・グレイソン[☆4]が考案したような公共の〈楽器園

［*instrumentarium*］〉を設けてもよいだろう。これは自然の材料からつくられたいくつかの単純な楽器から成るもので、公園の中に常設され、共同体の市民が連れだってやって来ていっしょに演奏できるように設計されたものである。この〈楽器園〉は非常にすばらしい企画である。というのも現代社会においては、共同体の意識を再びもたらす可能性のあるあらゆる活動が有効だからである。ここでバリ島のガムランのオーケストラをわれわれのモデルとしてみよう。バリには音楽を職業にしている者は誰もいない。オーケストラはそのコミュニティの五体満足なすべての人々によって構成されており、彼らは仕事を終えた夕暮れどきに演奏を始め、夜遅くまでそれに興ずるのだ。

グレイソンの〈楽器園〉のオーケストラのための指示には、環境騒音のレベルは四五デシベルを越えてはならないとあり、すべての楽器の出す音のレベルが全体で八〇デシベル以上にならないように設計されている。つまりそれは人間の声のレベル以上にはならないということであり、したがって生態学的にバランスがとれていることになる。

公園には音の生態学的なアンバランスがあってはならない。サウンドスケープ・デザイナーの仕事は、四つ目がきがバラの存在を強調するのと同じやり方で自然の音を際立たせる方法を発見することである。その特別な課題のひとつは、活発な都市生活の真只中で公園の一画に静寂な聖林（グローブ）の状態を取り戻すことだろう。この仕事はたやすいものではあるまい。交通量の多い通りに面したところでは大きな盛り土が唯一の対応策となろうが、こうした盛り土はただその高さが行き交う車を視界から隠すのに十分なだけでなく、その構造が交通騒音を公園から外の方向へ屈折させるように設計されていなければならない。また、地面の震動を解消するだけの厚さもなければならない。庭を半地下にしたり、岩屋などその他のタイプの遮音構造も役立つだろう。

以上述べてきたさまざまな提案がすべての公園に当てはまるというわけではない。そして何よりもまず、音の公園はシンプルなものであるべきだし、そのためには庭の主要な装飾が単に「沈黙の寺」――瞑想だけを目的とした建物――だけでもよいのである。「沈黙の寺」といっても、そこでは訪れる人のすべてが静寂を守らねばならないということ以外には何も特別なことはない。疲れ切った人々が、ただこの世の向こう側の究極的な音楽の簡潔さ、すなわち沈黙を求めてやって来るのがこの場所である。その沈黙の只中にあって、われわれは「天体の音楽」の大いなる軌道の響きをきくのだ。

原注

★1――"The Story of Nur-ed Din and Enis-El-Jelis," *The Thousand and One Nights*, New York, 1909, p. 222.
より。
『千夜一夜物語［バートン版］』大場正史訳、河出書房、第一巻、四二〇―一頁。

★2――Edith Wharton, *Italian Villas and Their Gardens*, New York, 1904, p. 144.

★3――*The Diary of John Evelyn*, Vol. 1, ed. William Bray, London, 1901, p. 179.

★4――*The Pneumatics of Hero of Alexandria*, ed. Marie Boas Hall, London, 1971, pp. 31-32.

★5――Vitruvius, *De Architectura*, trans. F. Granger, London, 1970, Book X, p. 313.

『建築書』、前掲訳書、五二一頁。

★6――*The Diary of John Evelyn, op. cit.*, p. 177.

★7――*Ibid.*, p. 52.

★8――E. T. A. Hoffmann, *The Life and Opinions of Kater Murr*, trans. L. J. Kent and E. C. Knight, Chicago, 1969, p. 25.

ホフマン『牡猫ムルの人生観』秋山六郎兵衛訳、岩波文庫、上巻、三六―七頁。

★9――A. C. Moule, "Musical and Other Sound-Producing Instruments of the Chinese," *Journal of the North-China Branch of the Royal Asiatic Society*, Vol. XXXIX, 1908, pp. 105-106.

★10――J. S. Brandtsbuys, "Music Among the Madurees," *Djava*, Vol. 8, 1928, p. 69.

訳注

☆1――John Evelyn　一六二〇―一七〇六。イギリスの日記作家。

☆2――ゴシック建築などで、雨水を落とすためにといから突き出るように付けられた大口をあけた怪獣の形の吐水口。

☆3――インドネシア語で風箏のこと。

☆4――John Grayson　一九四三―　。カナダ、ヴァンクーヴァー在住の音響彫刻家。

第十九章　沈黙

魂も消える思いの彼女の耳に聞こえたのは沈黙のひびきだった……

エドガー・アラン・ポー「アル・アーラーフ」

静寂な聖林と時間

かつては、やかましい音に疲れた誰もがその地を訪れ、精神の休息のために引きこもることのできる静かな聖域があった。木立の中、海の上、あるいは雪に埋もれた冬の山腹がそうした場所であったかもしれない。人はそこで、星々や空高く音もなく飛ぶ鳥を見上げては心をやすめたものだった。

頑丈な樫の木でできた杖をつき、背中にはリュックをかついで、僕たちはカリエに続く石のごろごろとした道を登って行った。道の両側は半ば葉の落ちた栗の木やビスタシオの木、広葉の月桂樹の深い森だ。大気は芳香に満ちていた——ともかく僕たちにはそう思えた。自分たちがまるで、海と山々、そして栗の木の森でつくられ、天井にはドームの代わりに天空がのっかっている巨大な教会の中に足を踏み入れたような感じがした。僕は友人を振り返った。重くのしかかり始めていた沈黙を破りたかったのだ。「ちょっと話さないか？」と僕は言った。「いま話してるところじゃないか」。僕の肩に軽く手を置いて友人は答えた。「僕らは話をしているんだよ。ただし沈黙の言葉で、天使の話し方でね」。そして彼は急におこったような表情になった。「きみは何をしゃべろうというんだい？　何て美しい光景だとか、心に翼がはえたみたいだ、どこかに飛んで行きたい、僕らは天国への道を歩きだしたんだとでも言いたいのか？　言葉、言葉、言葉、ああうんざりだ。黙ってろよ」。[★1]

生活のエネルギーを補充し回復するために人間が睡眠を必要とするのと同様に、心と精神の落ちつきを取り戻すためには静寂な時間が必要である。かつて静けさは、人間の権利の不文律における貴重な一項目だった。人間は精神的な新陳代謝を行なうために、自らの生活の中に静けさを確保していた。都市の中心部においてさえ、教会や図書館の暗く静かなアーチ形の天井に覆われた空間があり、客間や寝室でのプライバシーがあった。都市の喧騒のすぐ外側には田園地帯があって、自然の音のやさしい響きを聞くことができた。静かな時間もあった。休日（ホリデー）になってしまう以前の聖なる日（ホーリー・デー）は静かだった。北アメリカでは、娯楽の日（ファン・デー）となる以前の日曜日（サンデー）は一週間のうちで最も静かな日だったのである。これらの静寂な聖林と時間の重要性は、それぞれが設けられた際の個々の目的をはるかに超えるものだった。そうした静けさを失ってしまった今になって初めて、われわれはこのことをはっきりと理解することができる。

沈黙の儀式

メルボルンの植物園のそばの公園に、次のような碑がある。

エドワード・ジョージ・ハニー
一八五五—一九二二
を記念して
メルボルンのジャーナリスト
そのロンドン滞在中
沈黙
の厳粛なる儀式を最初に提唱した者
この儀式は現在
大英帝国のすべての国々で
戦没者追悼として行なわれている。

実際には、世界大戦の記憶が薄れるにつれ、一一月一一日の午前一一時[☆1]の黙禱が年々行なわれなくなっているのが現状である。サウンドスケープ・デザイナーの仕事には、単に静寂な聖林を奪還することだけではなく、静寂な時間を取り戻すことも含まれなければなるまい。事実一九七五年、イェフディ・メニューヒンはユネスコ国際音楽評議会の議長として、「世界音楽の日」では今後一分間の黙禱を行なうべきであると議会に提唱した。われわれがここで論じているのは、騒音に対して時間的な規制を設けるといったことよりもはるかに重要な事柄である。つまり、沈黙の儀式を計画的にとり行なうことであり、もしそれがひとつの社会全体で同時に行なわれれば息をのむほどの荘厳さであろう。ここにひとつの例がある。オランダのユトレヒトで毎年五月四日に行なわれる戦没者追悼式のプログラムである。[★2]

午後六時　暗くなるまで市内全部の旗を半旗にする。公共の娯楽施設を閉める。宣伝用のネオンやショー・ウィンドーの照明を消す。

午後七時一五分　沈黙の行進への参加者は聖ペテロ寺院の構内に三列に並ぶ。戦没者遺族とその他の参加者の並ぶ位置がそれぞれ標識で指示される。参加者は喪章や国旗、および花輪を携帯してはならない。

午後七時三〇分～八時　市内すべての教会の鐘が打ち鳴らされる中を行進はゆっくりと進む。その間、参加者には静寂を保つこと（文字通り、音を立てないように注意すること）が要求される。行進の順路は、聖ペテロ寺院の構内からヴォエティウス・ストリート、カテドラル・ストリート、オールド・チャーチ広場、クワイヤ・ストリート、セルヴェット・ストリートを通って、カテドラル・タワーの下をくぐりカテドラル広場へ出る。

午後八時　教会の鐘が鳴りやみ、二分間の完全なる沈黙の開始。カテドラル・クロックの八時のチャイムの第一打とカテドラル広場の点灯によって指示される。

午後八時二分　二分間の黙禱終了。王立ユトレヒト電報電話局のブラスバンドによりウィルヘルムス[☆2]が二番まで演奏され、参加者によって歌われる。この間、戦没者慰霊碑にユトレヒトの全市民を代表して花輪がひとつ捧げられる。行進の参加者は全員、慰霊碑から少し離れて並び、持ってきた花を供える。この献花もできるだけ静かに行なわれるよう全員の協力が求められる。

午後八時一五分～八時四五分　シュトフェル・ファン・ヴィーゲンによる教会でのオルガンリサイタル。リサイタルの最後にはウィルヘルムスが二番まで歌われる。これには誰が参加してもよい。

この式典に参加したバリー・トゥルアックスは次のように回想している。

共同体における独特な音の式典である。感動の深さでは北アメリカにはそれに匹敵するような体験はまずない。広場に近づくにつれ、一番大きなカテドラルの鐘が雷鳴のようにとどろき、その響きが一種の眠けをさそうように、また恐ろしい沈黙を強いるかのように、集まったすべての人々の頭上に重くのしかかる。その高い鐘楼から打ち鳴らされる重く低い音の塊（かたまり）によって、大戦の悲劇のすさまじさのすべてが表現されているように思われる。

行進が鐘楼の下の狭い通路から現われ、慰霊碑の前で徐々にいくつかの列に分かれるにつれて、鐘の音はひとつ、またひとつと鳴りやみ、響きの層がだんだんと薄くなっていく。ふだんは騒々しい都市も死んだように静まりかえる。いまや、ほんの少し前まで鳴り響いていた鐘の音と同じように、沈黙が重くのしかかってくる。都市の日頃の卑俗な雰囲気が重い砲撃によって清められ、その後に緊張感の張りつめた奇妙な静けさが広がっているようである。

数名の音楽家が、弱音器をかけた低い音域で国歌の冒頭の和音を非常に静かにひびかせる。そのとき、参加しているすべての人々の口からも同じ和音のひびきがゆっくりと立ち昇るという衝撃的な瞬間が訪れる。大地までもがそれに応ずる叫びを発しながらせり上がり、その叫びが徐々に高まりながらわれわれの周囲をぐるぐるとかけめぐるように感じられる。その瞬間、この優しくも勇敢な人々が当時占領軍に対抗して抱いた団結の精神に、再び火がともったように思われた。

だがここには軍隊はいない。若い男女が市の花輪をその場に捧げた後に、会葬者は慰霊碑の前に列をつくり、ひとりひとりゆっくりと自分たちの持って来た花を置く。近年になって会葬者の数が減ったとはいえ、その場の少数の会葬者たちにとって、この体験は深遠で美しい式典の中で再び生命を獲得するのである。オルガンが鳴り響くカテドラルの中に入っていくとき、この式典の幕は閉じる。

西洋人と否定的な沈黙

人間は自分がひとりぼっちでないことを確かめるために音を発したがる。こうした観点から見れば、完全なる沈黙とは人間の本質的性格に反するものである。人間は生命の欠如を恐れるように音の欠如を恐れる。究極的な沈黙は死であり、そのために追悼の式典において沈黙が最も厳粛なものとなる。

近代人はそれ以前のどの時代の人間にも増して死を恐れるので、永遠の生命という自らの幻想をはぐくむために沈黙を回避する。西洋社会では、沈黙は否定的なものであり、虚ろなものである。西洋人にとって沈黙とはコミュニケーションの断絶に等しい。もし自分に何もしゃべることがなければ、相手がしゃべることになる。そしてこのことが、あらゆる種類のおしゃべり商品によって拡張されている現代社会の、絶えず音をたてていなければ気がすまない性格の根本原因なのである。

絶対的な沈黙というものを考えることは、西洋人にとっては否定的で恐ろしいこととなったのだ。だからこそ、ガリレオの望遠鏡が無限の宇宙の存在をほのめかしたとき、哲学者パスカルは永遠につづく沈黙を想像して深い恐怖の念を抱いたのである。「これらの無限の空間の永遠の沈黙に私は恐れおののく」[★3]。

無響室——つまり、完全な防音室——の中にしばらくいると、人間は同じような恐怖をいくらか感じるものである。音声を発すると、音は口から床へ落ちていくように感じられる。耳は、まだこの世界に生命が存在するという証拠を確認しようとして最大限に機能する。けれどもジョン・ケージがこのような部屋に入ったとき、彼は一方は高く他方は低い二つの音を聞いた。「私が担当の技師にそれらの音のことを話すと、高い方は私の神経システムが作用している音、低い方は私の血液が循環している音だと教えてくれた」[★4]。そこでケージの出した結論は「沈黙などというものは存在しない。いつも何かが起こっていてそれが音を発している」というものだった[★5]。

人間が自分自身を宇宙の中心と見なす場合、沈黙はただ近似的なものとしてしか考えることはできず、決して絶対的なものにはならない。ケージはこうした相対性をすでに見破っており、自らの本のタイトルに『沈黙（サイレンス）』を選ぶことによって、現代人にとってこの言葉は、どのように用いられようともアイロニカルなものとして理解され、またそのように想定されなければならないことを強調したのである。エドガー・アラン・ポーが「アル・アーラーフ」において「静けさをわれらは沈黙（いい）と呼ぶが、それはすべての中でも文字通り単にまったくの言葉にすぎない」と述べたときもやはり同じことに触れていたのである。

沈黙はその否定的な性格によって、西洋芸術の最も可能性を秘めた特質となった。なぜならそこでは無の状態が、存在に対する果てしない脅威となるからである。したがって、生命の最高の高揚を表わす音楽は、沈黙の器（うつわ）の中に細心の注意を払って入れられる。沈黙が音に先行する場合、強い期待感がその音をより刺激的なものにする。一方、音をさえぎったり、音の後につづく沈黙は、その発音体と共に鳴り響き、その状態は記憶がそれを保っている限り継続する。ゆえに、かすかではあるが、沈黙は鳴り響くのである。

沈黙が失われつつあるため、現代の作曲家はそれに対してより多くの関心を払っている。沈黙によって作曲をすることもある。アントン・ヴェーベルンは作品を沈黙のふちにまで近づけた。[☆3]彼の音楽の魅力はその崇高で驚くほどすばらしい休符の使い方によって高められている。ヴェーベルンの作品はいわば消しゴムで作曲された音楽なのである。彼の生涯最後の音が、兵士が彼を射殺した拳銃の爆発音であったとは何というアイロニーだろうか。

カナダの作曲家ジョン・ワインツヴァイク[☆4]は《ダミヤー》という作品の中で、ヒトラーの犠牲者たちへの追悼として指揮者に長い沈黙のパッセージを指揮させている。「沈黙、それはナチの大虐殺の最後の音だ」と彼は述べている。

わたしは黙して物言わず、むなしく沈黙を守った。
しかし、わたしの悩みはさらにひどくなり、
わたしの心はわたしのうちに熱し。
『詩篇』三九章二―三

ヴェーベルンが音楽における沈黙の価値を発見したのと同じ頃、同国人であるフロイトは精神分析における沈黙の価値を発見している。「分析医は沈黙をおそれない。ソシュールが言ったように、一方の患者側のつじつまの合わないひとり言と、それに対する精神分析医側の完全な沈黙が方法論的な原理になるなどといったことは、フロイト以前には決してなかった」[★6]。

音楽と精神分析とのこうした関連性は決して偶然に生じたものではない。フロイトは、ちょうど音楽教師のように定期的に自分の患者に会い、長時間にわたって彼らの話をきいた。精神分析

においては、多くの現代詩の場合と同じく、語られないことに潜在的な意味がこめられている。哲学もまた沈黙で終わっている。ウィトゲンシュタインは述べている、「語りえぬものについては沈黙しなければならない」[★7]。

しかしこれらも、沈黙が西洋人にとってはいわく言い難い袋小路、可能なものや獲得できるものの領域を超えた否定的な状態を表わすものだという私の主張を弱めるものではない。西洋の辞書編集においても同様の意味論的観点が取られている。以下は『ロジェ新ポケット類語辞典』(ニューヨーク、一九六九年)における「沈黙」の項目の全記載事項である。これを読めば、そこに述べられているものが好ましく積極的な状態ではなく、むしろ単なる音の口封じであることが理解されよう。

沈黙――[名詞] 音がしないこと、静かさ、静かな状態、静寂、静けさ、口をきかないこと、むっつりしていること、口数の少ないこと、無口、口数の少なさ、口の重いこと、寡黙。声を失うこと、無言症、聾唖症、発音麻痺、失構語症、失語症、失声症、不全失語症。言語障害、口ごもり、どもり、重音症、発声障害、錯語症。だんまり屋、不可解な人物、物を言わない人、むっつりした人、静かな人、おし、聾唖者、発語麻痺者、失語症患者、失声症患者、不全失語症患者。

――[動詞] 沈黙させる、静める、静かにする、落ちつかせる、静かにさせる、口をふさぐ、口を封じる、黙らせる、物を言えなくする、音を消す、息を詰まらせる、突然に黙らせる、口をつぐませる。

静かにしている、落ちつく、静かになる、静かにする、黙りこくる、沈黙を守る、物を言わない、何も言わない、黙っている、口をつぐむ。

——形容詞　静かな、音をたてない、ひっそりとした、音のしない、音の止んだ、しんとした。

話す能力のない、無言の、声のない、ものを言えない、おしの、はっきり口がきけない、舌足らずの、音をたてない、黙っている、不可解な。

無愛想な、むっつりした、ふさぎ込んだ、口をきかない、寡黙な、遠慮がちな、黙りがちな、口を堅く閉じた、無口な、声を出さない、口数の少ない、口の重い、控え目な、恥ずかしがりの、内気な。

話されない、暗黙の、表現できない、言外に示された、言わず語らずの、言わないで伏せてある、言わない、口に出さない、言い表わされない、声に出さない、口外されていない、

無声音の、語られない。

はっきり示されない、発言されない、音声を伴わない、音のしない、無声音の、声のない。

聞きとれない、不明瞭な、ぼやけた、かすかな、聞こえない。

言葉で表現できない、口に出せない、言語に絶する、言いようのない、口では言えない、名状しがたい、名づけられない、すばらしい。

——参照　⇩遠慮、平穏。

反対語　⇩音の大きさ、叫び声。

積極的な沈黙の回復

西洋では、ひとつの生活条件としての沈黙、実現可能な概念としての沈黙は一三世紀の終わり頃、マイスター・エックハルト、ロイスブルーク、フォリーニョのアンジェラ、そして『不可知の雲』の無名のイギリス人の作者の死とともに消滅したと考えられる。一三世紀末は最後の偉大なキリスト教神秘主義者たちの時代であり、習慣や技術としての瞑想もやはりこの頃に姿を消し始めた。

社会を侵食する音の量が増大してきた結果、今日われわれは精神集中（コンセントレーション）という言葉の本当の意味を理解できなくなりつつさえある。言葉自体は生きのびている。言わば、そうした言葉の骸骨が辞書の中に横たわっている。けれども、その言葉に生命を吹き込む方法を知っている者はほとんどいない。瞑想を復活させることによってわれわれは、沈黙をどうしたらそれ自体において積極的、かつ好ましい状態として見なすことができるか、さまざまな行為を浮かび上がらせる背景、それなしには自分たちの行為が意味を為したり存在することさえできないような偉大ですばらしい背景として見なすことができるかを学ぶことになろう。このような考えを述べた哲学がこれまでにもたくさんあった。人類の歴史における偉大な時代がそれらの哲学によって生み出されてきたことをわれわれは知っている。そうした教えのひとつが、老子の次のような言葉である。「其の兌を塞ぎ、其の門を閉ず。其の鋭を挫き、其の紛を解く。……是れを玄同と謂う[★8]」。

道教ほど静寂のもつ積極的な至福を見事に捉えた哲学や宗教は他に例をみない。それは言わば、騒音規制の法律をことごとく不必要にするような哲学である。ジャラール・ウッディーン・ルーミーが弟子たちを諭した次の言葉もそうした教えのひとつである。「羅針盤の針先のごとくに沈黙を守れ。王者は言葉の書物より汝の名を消し去ったのだから」★9。ルーミーは「話が文字や音声の介在なくおこなわれる」世界を発見しようとしていたのだ。ベドウィンが輪になり何も言わずに座っている光景は今日においてもなお見ることができる。そんなとき、彼らはおそらく過去と未来の狭間（はざま）に捕えられているのだろう——なぜなら沈黙と永遠は神秘の絆で結ばれているのだから。私はまた、ペルシアの村々のあのゆったりとした静けさを思い出す。そこにはまだ、座ったりしゃがんだりして考える時間が、あるいはただ座ったりしゃがみこむだけの時間がある。松葉杖をついた子どもや盲（めし）いた老人に付き添って非常にゆっくりと歩く時間が、食事のしたくができるのをのんびりと待ったり、太陽が移動していくのをながめるような時間があるのだ。

静けさを回復し、そこに入ってくるわずかな音に原初の輝きを取り戻させる必要がある。インドの神秘主義者キルパル・シンは、この点を巧みに表現している。

> 音の本質は、動きと沈黙の両方に感じられる。それは存在から非存在へとすぎていく。音のないときは何もきかないというが、それはきく力そのものが失われているということではない。実際、音のないときこそ、きく力はたいへん鋭い。一方、音のあるときにはきく力はほとんど開発されない。★10

音が何もないとき、聴覚は非常に鋭敏になる。リルケが『ドゥイノの悲歌』で「沈黙から生まれる絶えまのない便り」と表現したのもやはりこれと同じ考えである。透聴力をもった人々にとっては、沈黙とはまさに「便り」なのである。

世界の音のデザインを改良したいと望んだとしても、それは沈黙がわれわれの生活の中で積極的な状態として回復された後に初めて実現されるものであろう。心の内なる雑音をしずめること——これがわれわれの最初の仕事だ。そうすれば、他のすべては時のたつうちに自然にすすんでいくだろう。

原注

★1——Nikos Kazantzakis, *Report to Greco*, New York, 1965, pp. 198-199.

★2——Barry Truax 訳 *Utrechts Stadsbad*, May 2, 1973, p. 3.

★3——Blaise Pascal, *Pensées*, ed. Ch. M. des Granges, Paris, 1964, p. 131.
パスカル『パンセ』津田穣訳、新潮文庫、上巻、一四五頁。

★4——John Cage, *Silence*, Middletown, Connecticut, 1961, p. 8.

★5——*Ibid*., p. 191.

★6——Theodor Reik, *Listening with the Third Ear*, New York, 1948, pp. 122-123.

★7——Ludwig Wittgenstein, *Traktatus*, London, 1922. remark 7.

ヴィトゲンシュタイン『論理哲学論考』坂井秀寿ほか訳、法政大学出版局、二〇〇頁。

★8——Lao-tzu, *Tao Teh King*, *The Texts of Taoism*, Part II, Chapter 56, verse 2.

『老子』、前掲訳書、一〇七—八頁。

★9——Jalal-ud-din Rumi, *Divan i Shams i Tabriz*.

★10——Kirpal Singh, *Naam or Word*, Delhi, 1970, p. 59.

訳注

☆1——第一次世界大戦の戦闘終了日時。

☆2——オランダ国歌のこと。

☆3——ヴェーベルンは一九二八年の交響曲　作品21から作風を大幅に変化させ、それまでの旋律法や主題法による音の持続から、休止符でさえぎられ単一の音と音程に圧縮されたいわゆる「点描音楽」へと移行した。

☆4——John Weinzweig　一九一三—二〇〇六。カナダ音楽の父と呼ばれ、シェーファーやサマーズなど多くの作曲家を育てた。

エピローグ　音楽をこえて

人間が生まれる以前、耳が創造される以前には、ただ神のみが音をきいた。そのとき音楽は完全なるものであった。東洋にも西洋にもみられる不可思議な文書が、そうした時代がかつて存在していたことを暗示している。『サンギータ・マカランダ』（一、四—六）は、音には「アナーハタ」（打たれない）と「アーハタ」（打たれた）という二つの形態があると教えている。「アナーハタ」とは、天空の上層に漲る精気エーテルの震動で、人間の耳にはきこえないがあらゆる現象の基盤となっている。つまり「アナーハタはこの世の存在の基礎である永遠の数のパターンを形づくる」のだ。[★1]

こうした考え方は、西洋の「天体の音楽」という概念と同じである。これは音楽を合理的な秩序として捉えるもので、古代ギリシア、中でもピュタゴラス学派にその源を発する。鳴り響く弦の倍音の数比間に数学的な対応関係があることを発見し、さらに惑星や星々もまた完全な規則性をもって運動するようにみえることに注目したとき、ピュタゴラスはこの発見から直感的に、音と星々の運動はどちらも完璧なる宇宙の法則を表わすものであると推測し、音楽と数学を結びつけた。ピュタゴラスはこの天空の音楽をきくことができたと伝えられている。もっとも、彼の弟子は誰一人としてその音をきくことはできなかった。けれどもそうした発想はながく続いた。ボエティウス（四八〇―五二四）もまた「天体の音楽」の存在を信じていた。

あの非常な勢いで動く天空の仕組みが、音もなくその軌道をたどることが一体どうしてできようか？　その音が我々の耳に達しなくても（きこえてはならない理由もいろいろとあるのだが）かくも巨大な物体の途方もなく速い動きが全く音を発しないということはまずありえない。なぜならとりわけ、星々のさまざまな軌道はそれ以上ぎっしりと配置され結合されたものが他には想像もできないほど互いにうまくかみ合って結合しているのだから。星々のうちあるものは高いところを、またあるものは低いところを運動しているが、その位置にかかわりなくすべての星は同様の推進力で回転している。そのようなさまざまな不均衡から、ひとつの確立された秩序をもったそれぞれの軌道が導き出される。こうした理由から、一定の確立された調整（モデュレーション）の秩序がこの天界の回転には欠くことができないのだ。★2

ある回転体の質量と速度がわかれば、理論的にはその物体の発する音の基本的な高さを計算することが可能である。ヨハネス・ケプラーも、音楽と天文学を結合するひとつの完全な体系の存在を信じており、太陽系の各惑星の音高を図23のように計算した。「天体の音楽」は永遠の完全性を表わす。われわれにそれがきこえないとすれば、それはわれわれが不完全だからである。シェークスピアは『ヴェニスの商人』（第五幕、第一場）の中で、こ

ケプラーの用いた記譜法で各惑星の音高は次のように示されている。

現代の記譜法ではこのようになる。

●図23

の点をみごとに表現している。

ごらん、あの広い大空には、
きらきらした金の小皿が一面にちりばめられ
ている。
あそこに見える星は、どんなに小さいのだっ
て、
大空をめぐりながら、天使のように歌をうた
っているのだ……
不滅の魂の中にも、実は、そういう音楽の調
べが奏でられているのだ。
だが、この土泥（つちひじ）に朽ち果てゆく肉体の衣にお
おわれている限りは、
われわれにはそれが聞こえて来ないのだ。

要するに、われわれは道徳的に不完全なだけでなく、肉体的にも不完全なのである。完全に純粋で、数学的に定義される音は、人間にとっては理論的な概念として存在するだけなのだ。フランスの数学者フーリエは、彼の調和解析の理論を展開していたときこのことをすでに知っており、

それを語っている。音が発生する瞬間あるひずみが生ずる。なぜなら、音を発する物体は運動を開始するためにまず自らの慣性を克服しなければならず、これによってわずかな不完全さが伝播する音に入り込んでくるからである。同様のことがわれわれの耳にも生じる。耳の鼓膜が振動を始めるには、やはりまずはじめにそれ自身の慣性を克服する必要があり、その結果、伝播してきた音にはより多くのひずみが生ずることになる。

かくしてわれわれがきく音はすべて不完全である。音が発生時のひずみを完全にのがれるためには、音がわれわれが生まれる以前に生起しなければならないだろう。さらにその音が死後にまで継続するとすれば、そこには何のひずみも入らないことになり、その音は完全なるものとして解釈できるだろう。けれども、われわれの誕生以前に生起し、生涯を通じて全く何の変化も衰えも示さず、死後にも継続するような音は、われわれにはおそらく沈黙としてしか知覚されないであろう。

本書の冒頭で述べたように、音に関するあらゆる研究が沈黙を以て終わらなければならないのはまさにこのためなのである——それは、中身のない虚ろな状態の否定的な沈黙ではなく、充実した完璧な状態の積極的な沈黙である。要するに、人間が完全性をめざして努力するのとちょうど同じように、あらゆる音は沈黙の状態、すなわち「天体の音楽」の永遠の生命を切望するのだ。沈黙をきくことができるだろうか？　宇宙に向けて、無限の世界に向けて意識を拡大していくことができれば、われわれは沈黙をきくことができる。瞑想の訓練によって、筋肉と精神は徐々に弛緩し、全身が開かれて耳となる。インドのヨガの行者は諸感覚から自由に解き放たれたとき、

「アナーハタ」すなわち「打たれない」音をきく。そしてその瞬間、完全なるものが達成され、宇宙の秘密の暗号が明らかとなる。数がきこえてくる。その響きは、きく者を音や光で満たしながら降りそそいでくるのだ。

原注

★1——Alain Daniélou, *The Raga-s of Northern Indian Music*, London, 1968, p. 21.

★2——Boethius, *De Institutione Musica. Source Readings in Music History*, Oliver Strunk, New York, 1950, p. 84. より引用。

訳者解説

世界は音に満ちている。さまざまな音がいろいろな形で私たちを包んでいる。海の音、風の音、都市のざわめき。聞こえる音、聞こえない音、過去の音、未来の音が、私たちの音の世界をつくりあげている。今この瞬間に私たちが耳にしている響きもこうした音の地平のなかにある。

これまで一般に音が問題にされるとき、それは「音楽」として取り上げられるか、あるいは「騒音」として取り上げられるかのどちらかであった。その場合、「音楽」も「騒音」もあらかじめ価値付けられている「音」である。たとえば、「私たちに安らぎを与えてくれる美しい音楽」、あるいは「私たちを悩ますやかましい騒音」というように。

しかし、私たちの音の世界はそれらの枠組みよりも遥かにダイナミックである。本書の著者マリー・シェーファーは、そうした従来の「音楽」や「騒音」によってはとらえることのできないさまざまな音をすくいあげる包括的な枠組みとして〈サウンドスケープ〉という考えかたを提示している。

本書はマリー・シェーファー［R. Murray Schafer］の主著 *The Tuning of the World*（一九七七）

の全訳である。著者シェーファーは、一九三三年生まれのカナダの作曲家で、トロント王立音楽院に学んだ。学生時代から彼の関心は音楽に留まらず、文学、哲学、外国語、美術などの広い分野を独力で学んだ。本書にも強い影響の認められるマーシャル・マクルーハンのゼミに出入りしていたのもこの頃であったが、やがてアカデミックな音楽教育に飽き足らなくなったシェーファーはヨーロッパへ渡り、ドイツ、イギリスをはじめ各地を訪れながら、学問と芸術、さらには宗教について幅広く学び、独自の音楽観と世界観を形成していった。一九六一年に帰国して以来、前衛的な音楽作品を数多く発表する一方、新しいコンサート・シリーズの企画や実験的な音楽教育の試みを各地で展開するなど、カナダの現代音楽界において常に第一線で活躍を続けている。音楽教育の分野における一連の業績（一九七六年に『創造的音楽教育』としてまとめられた）は極めてユニークなもので、世界的にも高い評価を受けている。また、六〇年代初期、ロンドンBBCでフリー・インタビュアーとして働いていた頃から批評の分野においても精力的に著作を発表しており、なかでも、『E・T・A・ホフマンと音楽』（一九七五）や『エズラ・パウンドと音楽』（一九七七）としてまとめられた仕事はたいへん優れたものである。そして一九六五年にはブリティッシュ・コロンビア州ヴァンクーヴァーに新設されたサイモン・フレーザー大学へ赴き、〈世界サウンドスケープ・プロジェクト［The World Soundscape Project＝WSP］〉を母体として一九七五年まで音環境の調査研究を行なった。

一九七七年に原書が出版された本書は、このような極めて多岐にわたるシェーファーのその当時までの諸活動の集大成とも言えるものである。事実、シェーファーが序文で述べているように、本書は彼のそれ以前の一連の著作から多くを引いてきている。とりわけ、本書と、世界サウンドスケープ・プロジェクトとの関連は緊密で、そのことは原書がWSPの同僚たちに捧げられていることからも明らかである。本書は〈サウンドスケープ〉という一見つかみどころのないテーマを扱いながらも、抽象的な哲学論議に終始することなく、膨大な資料を豊富に駆使しつつ、その全体を極めて説得力のある「音の思想」として展開している。その背景には、「ケージ以後」の作曲家として現代社会における音楽家の役割を模索し、WSPを通じて音環境のフィールド・ワークに従事した実践家シェーファーがいるのである。

「音楽の音」とそれ以外の音——すなわち、「楽音」と「非楽音＝環境音」との間の従来の厚い壁は、二〇世紀の音楽史におけるひとつの流れの中で徐々に取りはずされてきた。それは、ルイジ・ルッソロの〈騒音の音楽〉の思想に始まり、エリック・サティの〈家具の音楽〉、ピエール・シェフェールの〈ミュージック・コンクレート〉へと続き、さらにジョン・ケージの音楽——ハプニング、イヴェント、あるいは〈不確定性の音楽〉へと至る。とりわけ六〇年代には「環境の芸術化」、「日常生活と芸術の同質化」といった志向が現代芸術の状況のなかで盛んであった。このように「音楽」の素材を「楽音」からそれ以外のあらゆる音へと拡大することは、「音楽」そのものを「芸術」の制度の中から環境や日常生活一般の世界へと拡大させていくことを意味していた。ケージはこの点を、「音楽を作曲する目的はなにか……この活動は生の肯定である。それは混沌から秩序を引き出そうとか、創造に何らかのより良い技法を提起することではなく、ただ我々が生きているまさにその生活そのものにめざめさせようとする試みである（傍点筆者）」と述べている。

一方、六〇年代は「自然破壊」をめぐる社会問題が大きく取り上げられ、環境一般に対する人々の意識が非常に高まった時期でもあった。「エコロジー運動」に代表されるこうした傾向は、特に北アメリカの西海岸を中心に盛んで、それはカナダにおいても例外ではなかった。

このような中で、六〇年代の後半からシェーファーは現代社会における音環境の諸問題に強い関心をもちはじめ、一九六八年にはヴァンクーヴァーのサイモン・フレーザー大学における講義で、当時はまだ社会的にほとんど関心の払われていなかった騒音公害のテーマを取り上げた。また、市民団体の集会などでも騒音の人間におよぼす害などについてレクチャーを行ない、『騒音の本』（一九七〇）という小冊子を出版している。やがてシェーファーは活動の対象を、騒音公害という特殊な問題から人間と音環境の関係全般へと拡大し、環境音の調査研究の組織的な推進をめざして同大学のコミュニケーション学部に〈世界サウンドスケープ・プロジェクト〉を設立した。常勤のスタッフの活動を基盤としたWSPの正式な発足は一九七二年であるが、シェーファー個人による事前の活動は六九年頃から始まっていた。

WSPはユネスコやカナダ議会などの諸団体から助成金を受けつつ、プロジェクトを㈠ヴァンクーヴァー　㈡カナダ国内　㈢世界各地　の三段階で進めていった。その代表的な活動を挙げると、まずヴァンクーヴァーでは一九七二年頃から調査を開始し、WSP最初のフィールドワーク報告書『ヴァンクーヴァー・サウンドスケープ』（一九七四）を二枚組のレコードと共に刊行した。また一九七三年にはカナダ全土を巡るサウンドスケープ調査を敢行し、その成果は翌年CBCラジオの全国ネットで『カナダのサウンドスケープ』として放送された。さらに一九七五年にはヨーロッパ野外調査旅行を行ない、『五つの村のサウンドスケープ』『ヨーロッパ音日記』(いずれも一九七七)を出版している。そして、一九七五年にシェーファーがヴァンクーヴァーを去った後、WSPからの正式な刊行物としては最後のものとなった用語集『音響生態学ハンドブック』が一九七八年に出版されている。『世界の調律』がシェーファー個人によるWSPの集大成であるとすれば、『音響生態学ハンドブック』はWSPという共同研究組織としてのひとつの総括と言えよう。

さて、本書の意義にはさまざまなものがある。たとえば環境デザイン、文化人類学などの諸領域においても本書の意義に関しそれぞれ独自な評価ができようが、ここではあくまでも音楽の領域を中心に次のような点を指摘したい。まず第一に、〈サウンドスケープ〉概念の明確化である。〈サウンドスケープ［soundscape］〉は「ランドスケープ［landscape］＝風景」からつくられた用語で、「耳でとらえた風景」、すなわち「音の風景」を表わすことばである。〈サウンドスケープ〉とは、ともすると誤解されがちなように、「音楽以外の音」を意味するものでもなければ、「騒音公害に反対する運動」を指すものでもない。むしろ、「音楽」も「騒音」をもその中に含みつつ、音の世界全体のどの部分が「音楽」を形成しているのか、どのような場合に「騒音」が生じるのかを問うことを可能にする、またそれらを両者の間にちりばめられている無数の音の群れと共にとらえることを可能にしてくれる枠組みそのものなのである。〈サウンドスケープ〉という考え方によって立ち現われてくる音がいかに多様であるかは、本書において扱われているさまざまな音を思い浮かべればすぐに理解できる。本書の各章のテーマとして取り上げられている「自然の音」「生物の音」あるいは「町の音／都市の音」ばかりでなく、〈元型音〉といった民族の深い記憶の奥底に眠る音、「幻聴」による音や「夢の音」といった聞こえない音もある（第九章にある音の分類のためのインデックス・カードの目録は、そうした〈サウンドスケープ〉の地理をコンパクトに示している）。

本書の第二の意義は、〈サウンドスケープ・デザイン〉という音楽活動の新たな形態の提唱、およびその具体的構想の展開である。〈サウンドスケープ〉が「音の風景」という概念そのものであるのに対し、〈サウンドスケープ・デザイン〉は人間を音の風景とどのようにかかわらせていくかという、さまざまなレベルにおける創造活動である。つまり、この場合の「デザイン」は単に音響的オブジェを考案するといったレベルにとどまらず、人間とサウンドスケープとのかかわりのあらゆる領域におよぶ文化デザインまでをも包含する創造行為を意味するのである。

したがって〈サウンドスケープ・デザイン〉の本質を理解していくには、再び私たちとサウンドスケープとのかかわり方から考えていかなければならない。音の世界が「音楽」と「騒音」によってとらえられている限り、私たちと音との付き合いかたも、作品の作曲、演奏、鑑賞といったいわゆる「音楽活動」と、騒音の規制や防止といった「騒音公害対策」に限られてしまう。これに対し、従来の「音楽」と「騒音」を自らのなかに含みつつ無限に広がる音の世界を意味するサウンドスケープは、音とのより多様な付き合いかたを可能にする。また私たちが主体的にかかわっていくサウンドスケープの諸レベルを考えると、まず、〈周辺的聴取〉や〈透聴〉などをも含めたいろいろな聴取行為の対象としてのサウンドスケープがある。一方、異なる時代や地域によってどのような音の文化が形成されているかをテーマとする〈音響生態学〉の調査のフィールドとして意識されるサウンドスケープもあれば、失われつつある〈標識音〉の保存や〈響きの庭〉のなかの各種の音響装置の考案などさまざまなレベルでの創作活動の対象となるサウンドスケープもある。本書で展開されている〈サウンドスケープ・デザイン〉とは、これらすべての〈サウンドスケープ〉をめぐる諸活動を包括する領域なのである。

アメリカの作曲家デイヴィッド・コープはその著『音楽の新たな方向』において「サウンドスケープ」を、「ミニマル・ミュージック」や「コンセプト・ミュージック」などと共に「反音楽［Antimusic］」として紹介しているが、コープがさらにそれを周到に「西洋音楽の伝統に反する［anti-Western-tradition-music］」と規定しているのは当を得ている。〈サウンドスケープ・デザイン〉の提唱とは音楽を西洋近代音楽の枠組みから解放しようとする試みであり、それはまた従来の「音楽」概念では覆いつくすことのできないさまざまな音楽の在り方を浮き彫りにすることにつながる。事実、本書では「天体の音楽」やインドの「アナーハタ」などのような非西洋近代の音楽思想がしばしば言及されている。ただしここで注意したいのは、〈サウンドスケープ・デザイン〉は従来の「音楽」を排除しているのではけっしてなく、むしろその中心に西洋近代音楽を据えつつ、その枠組みを拡張・変換しているということである。ここに本書第三の意義、西洋の音楽概念の拡大と芸術音楽の社会的機能の拡張がある。

以上三点をすべてまとめれば、本書の意義は音楽概念とその機能を限られた音の世界から〈サウンドスケープ〉というより広い音の世界へと拡大したことである。そもそも音楽も騒音もサウンドスケープの地平を自由に行き交っていたのであり、「音楽」や「騒音」といった固定した意味を担うものではなかった。「天体の音楽」と〈聖なる騒音〉――『世界の調律』は、音楽と騒音をその本来の地平へ解き放つのである。

『世界の調律』の本文は大きく四つの部分に分けられている。第一部と第二部では、神話の時代に始まって産業革命を経て現代のエレクトロニクス時代に至るまでの〈サウンドスケープ〉の歴史が、地球的な規模で綴られている。第三部では〈サウンドスケープ・デザイン〉の実践へ向けての重要なプロセスとして、表記、分類、象徴などのサウンドスケープの分析上の諸問題が扱われる。第四部では〈サウンドスケープ・デザイン〉が論じられ、その実践において重要なテーマとなる聴取、音響共同体、サウンドスケープのリズムとテンポ、沈黙などの問題が取り上げられている。とりわけ第三部以降には、音環境の調査や計画を試みようとする人々にはすぐにでも役立つような、図表などの資料がふんだんに盛り込まれている。本書はこのように、想像力豊かな思想の書であると同時に、極めて実践的な活動の手引書でもあるのだ。

ところで、本書を読む際に特に留意したいことがひとつある。すでに述べたように原書の刊行は一九七七年（わが国では七八年春の『美学』第一一二号に庄野進氏による書評がある）であり、その後の一〇年間において音をめぐる社会的、技術的状況の変化は著しい。そのため本書に述べられているデータその他の中には部分的に現状にそぐわなくなっているものがある。たとえば、本書第六章に述べられている〈音分裂症〉の状況は一層進展しているように思われるし、第十七章で示唆されていた電話のベルの個性化は今日部分的ではあるが実現されつつあると言えよう。さらに音楽の分野でも、音響彫刻やサウンド・インスタレーションなど、従来の「コンサートホール音楽」の構造によらず、さまざまなタイプの空間において成立する新たな音楽活動の試みが多様な形で展開されている。いずれにせよ、こうした状況の変化を考慮に入れても、本書におけるシェーファーの主張は、依然として新鮮な魅力に満ちているのである。

ここで、本書の翻訳作業に関するいくつかの点を説明しておこう。人間の音風景の歴史と現状を明らかにするというその目的から、本書は古今東西の神話や文学から数多くの〈耳の証人〉の記述を引いてきている。文体の多様性など、それらの引用文の翻訳には工夫の必要な点も多く、基本的にはすでに邦訳のあるものはできるだけ参考にさせていただいた。参考にした邦訳はすべて各章末の注に示したが、前後のコンテクストなどの理由により適宜変更を加えた部分も少なくない（変更部分についての指摘は煩瑣となるので省略した）。また、原文の英語はシェーファーの該博な知識を反映しつつ、しばしば裏に辛辣な皮肉をこめた「ことばあそび」的言い回しがちりばめられている。ルビなどを用いてそうした原文のニュアンスをできるだけ伝えるように努めたがやはり限界があった。とりわけ、本書に頻出するサウンドスケープ用語には、全く新しい諸概念を論じるため造語が多く、その複雑なニュアンスをできるだけ正確に伝えるなどのために必ずしもひとつの定訳をあてはめられなかったものもある。

また、一九七七年の時点ではまだ明確にその用法が確立されていなかったものもある。本書において最も重要な用語のひとつである「サウンドスケープ・デザイン」に関しては、この点が特に問題となった。この用語は先に述べたように、本書の提唱する新たな音楽活動の包括的領域を指すものであるが、この領域を意味するものとして原書では基本的に「音響デザイン[acoustic design]」が用いられており、「サウンドスケープ・デザイン[soundscape design]」は単に文章にヴァリエーションをつけるために用いられている。つまり、原書においてはこれら二つの用語の意味上の区別は厳密には行なわれていない。ところで、先に述べたように、シェーファーの提唱する音楽活動の新たな形態は〈サウンドスケープ〉をめぐる諸活動を統合するものとして想定されており、文化デザイン的スケールで理解して初めて、その意味を明らかにすることができる。原書における最大の問題点はここにある。すなわち原書は、聴取の対象、調査の対象としての〈サウンドスケープ〉、また保存の対象としての〈サウンドスケープ〉にかかわる諸活動をもすべて一様に、音の物理的側面を強調する「音響＝アクースティック・デザイン」という用語によって言及しており、まさにそのために、その用語の意味する新領域のイメージが常に不明瞭になるという問題を抱えていたのである。シェーファー自身がこの点に気付くのにも、原書出版後それほどの時間を要しなかったと思われる。なぜなら、先に紹介したサウンドスケープ研究に関する用語集『音響生態学ハンドブック』で「音響デザイン」の項を引くと「サウンドスケープ・デザインの項を見よ」となっているからである。

昨年一九八五年の夏、シェーファーは自作オーケストラ曲の初演のために来日した。本書訳者グループは幸運にも、シェーファーに滞在中の多忙な日程のなかで一日を割いてもらい、翻訳上のさまざまな問題点について原著者から直接アドバイスや要望をきけるという機会を得た。気さくな雰囲気のなかでシェーファーは、われわれの質問をひとつひとつ慎重に検討し、誠実に答えてくれた。その際シェーファーからも、原書の「音響デザイン」を邦訳では「サウンドスケープ・デザイン」にするようにとの強い要望が出された。原書のオリジナリティー尊重と、原書出版後のサウンドスケープ研究をめぐる情況変化の反映とのどちらをとるかという選択に迫られたが、本訳書では後者を優先させることとした。以上の経緯から本書では一貫して、原書の「音響デザイン」と「音響デザイナー」をそれぞれ「サウンドスケープ・デザイン」と「サウンドスケープ・デザイナー」と訳し、巻末用語集もそれにならって統一した。

なお本書の邦題についてひとこと断っておきたい。原題 The Tuning of the World が、ロバート・フラッドの『両宇宙誌』の挿絵 Monochordus Mundanus から採られていることは序章でも述べられているとおりだが、この絵はわが国では一般に「宇宙の一弦琴」と呼ばれているものである。本訳書のタイトルは、“The Tuning of the World” という英語の語感を尊重して『世界の調律』とした。

『世界の調律』翻訳出版の計画が開始されたのは約四年前のことであり、当初の訳者グループには田中直子、鳥越けい子、若尾裕のほかに、故芦川聡がいた。芦川氏逝去の後に小川博司が加わり、その後さらに庄野泰子が参加した。担当は、序章、第一、二、十七、十八、十九章、エピローグを鳥越、第三、四、十四、十五、十六章を田中、第五、六、七章を小川、第八、九、十章を若尾、そして第十一、十二章は若尾と庄野が共同で、第十三章は庄野が受け持った。また、巻末用語集などを含めて訳語の統一、文体の調整等はすべて鳥越が担当した。

最後に、本訳書ができるまでにお世話になった多くの方にお礼申し上げたい。ここではすべてのお名前を挙げることはできないが、多岐にわたる内容のため、音楽をはじめ、動物学、英文学、建築、造園、制御工学などのさまざまな分野の専門家の方々に貴重な御教示をいただいた。特に、坂崎紀先生と平松幸三先生には音響学に関する部分の原稿に目を通していただき有益なコメントをいただいた。またサイモン・ハンター氏には原語の複雑なニュアンスについて解説していただいた。心より感謝申し上げる。ただし、本書に何らかの不備があるとすれば、それはすべて訳者たちの責任である。

終わりに、長年にわたり本書に多大な情熱を注ぎ、常に原稿を丁寧に読み鋭い指摘をくださった編集の柴俊一氏、また出版の機会を与えてくださり、最終的な編集作業を担当してくださった平凡社の関口秀紀氏には厚くお礼を申し上げたい。

鳥越けい子

平凡社ライブラリー版 訳者あとがき

原書の出版(一九七七年)からはすでに二九年、訳書初版(平凡社、一九八六年)の刊行からはちょうど二〇年が経つ。本書を著した当時のマリー・シェーファーは四〇代半ば。翻訳作業に当たっていた頃、五人の訳者の多くがまだ二〇代だった。

今年七三歳になるシェーファーは現在、カナダ・オンタリオ州の片田舎に居を構えながら、自然界や都市など特定の環境のための作品づくりや、ワークショップや講演会等のため、国内外を飛び回る多忙な日々を送っている。ちなみに筆者は昨年、日本と海外で彼に会う機会があった。シェーファーの近況、原書出版以降の彼の仕事ぶりを伝えるべく、そのときの様子を簡単に紹介したい。

二〇〇五年七月末、シェーファーが訪れた日本の都市は、被爆六〇周年を迎えた広島。若き日のシェーファーは、被爆した子どもたちの証言を収めた『私たちは長崎にいた』(永井隆編著、一九五二年)の英訳に出会い、そのテキストを用いて〈挽歌[Threnody]〉(一九六七年)という作品をつくった。この曲に取り組むカナダの若者たちに、被爆地での演奏の機会を与えようという「平和教育プロジェクト」への参加が、彼の来日の目的だった。このときシェーファーは、日本の音楽教師を対象にしたワークショップの講師もつとめ、その自由闊達な指導は好評を博した。

一方、その約半月前、シェーファーはポルトガルのリスボンで開催された、第一二回音響・振動国際会議に設けられた「サウンドスケープ・セッション」で、基調講演を行っていた。彼のいつもの詩人のようなスタイルの講演は、理工学系の学者たちに、新鮮な感銘を与えたようだった。

原書はこれまでに、日本語をはじめいくつかの言語に翻訳されてきた。この間、「サウンドスケープ［soundscape］」には、ドイツ語では Klanglandschaft、フランス語では paysage sonore といった定訳も生まれた。サウンドスケープの考え方をめぐる現在の国際情況としては、世界音響生態学フォーラム［World Forum for Acoustic Ecology］（略称ＷＦＡＥ）という国際ネットワークの存在がある。

このフォーラムは、一九九三年にカナダのバンフで、サウンドスケープをテーマに開催された国際会議をきっかけに結成されたもの。現在、カナダをはじめ、英連邦とアイルランド、ヨーロッパドイツ語圏、フィンランド、オーストラリア、アメリカ、および日本、と七つの拠点をもち、二、三年に一度、世界各地で国際会議を開催し、「音環境の社会的、文化的、エコロジカルな状況に関心をもつ人々」が国や専門を超えて集まっている。わがくにでは、ＷＦＡＥより一足先に動きだした日本サウンドスケープ協会があり、ＷＦＡＥの窓口にもなっている。

Soundscape: The Journal of Acoustic Ecology という機関誌を、年に数回発行している。と同時に、

現在、わがくににおけるサウンドスケープ論の展開には、カナダをはじめとする欧米諸国には

見られない広がりがある。その意味で、日本で今、「音の風景」を語るとき、必ずしも「サウンドスケープ」やマリー・シェーファーに触れる必要はない。一九九六年に当時の環境庁が実施した〈残したい日本の音風景〉事業などはその一例である。けれども、そうした現状を生み出した原点には、二〇年前の訳書初版があったことは言うまでもない。だからこそ、今回本書がライブラリー版となって、その存在がさらに広く世に問われることになった。

一方、原書が出版された約三〇年前はもとより、訳書初版が刊行された二〇年前に比べて、現代社会における音環境の実態、音を含むメディア環境の実態は、大きく様変わりしている。その意味でも、普及版としての本書が、より多くの読者に改めて、音を切り口とした環境の重要性、その本質的な問題や可能性について問い直すことになることも期待したい。

昨年の広島でのプロジェクトで、シェーファーのプロフィールは「国際的に高い評価を受けている作曲家、作家、教育者、芸術家、環境問題専門家」と、プログラムに記されていた。リスボンでは、「作曲家、理論家、実践家。……彼は恐らく、音響生態学の開拓者、サウンドスケープという用語の提唱者としてより知られているが、この用語はもともと、著書 *The Tuning of the World* を通じて世に問われたもの」と紹介されていた。

このようにシェーファーはその人生で、「作曲家」をやめて「教育者」になったり、「音楽家」から「環境問題の専門家」に転身したのではない。作曲家だからこそ、音や音楽の教育にかかわり、音楽家としての責任感のもとに騒音問題や音環境の研究に携わってきた。が、同時にまた、彼の創作活動の内容が「作曲」や「音楽」、あるいは「芸術」といった用語の範疇をはるかに超えているのも事実なのである。

ここにシェーファーが、ときとして「現代のルネッサンス人」と呼ばれる所以がある。レオナルド・ダ・ヴィンチは、画家であり音楽家であり、同時に発明家、科学者でもあった。同様に、シェーファーが提唱するサウンドスケープ概念に根ざした本書の内容には、いわゆる「真善美の枠組み」や「科学、宗教、芸術の枠組み」をダイナミックに行き来しながら、それらの領域すらも統合しようとするものである。社会の知の在り方がより分断され、人々の知識や関心の領域が細分化しがちな今、そのような意味で本書はこれからも、私たちにより本質的な問題を問いかけ続けるだろう。

「シェーファーのサウンドスケープの世界」を知るために、もうひとつの重要な本がある。音と静けさをめぐる課題集、『サウンド・エデュケーション』(春秋社、一九九二年/原書も同年の出版)である。「聞こえる限り最も遠くの音を聴きとってみよう。それは何の音?」「あなたの人生で経験した心に残る音は?」「あなたの街角では、何種類の靴のタイプを聞き分けられるだろう?」といった身近な音環境に関する一〇〇の設問から成る。「聴く技術(アート)」の復権と、その新たな展開をめざすという趣旨は、『世界の調律』と共有する。けれども『世界の調律』は、サウンドスケープを「知の在り方」として、書かれた言葉を通じて理解させようとしている。これに対して『サウンド・エデュケーション』は、それを体験的に知る(体得する)ために編まれたもの。つまり、この二冊は、シェーファーのサウンドスケープの世界を伝えるメディアとして、対極的かつ補完的な関係にあると言えよう。

さらに、シェーファーが一九七〇年代前半に主宰し、音環境に関する各種の野外調査を実施した団体、世界サウンドスケープ・プロジェクト［The World Soundscape Project］（WSP）の最後の出版物のひとつ、*Five Village Soundscapes*（一九七七年）はまさに、サウンドスケープをフィールドとした野外科学の成立をめざした本。これと比較したとき、『世界の調律』は、「シェーファーのサウンドスケープ論」のなかで、シェーファー個人の世界観を伝える著述として位置づけることができよう。

「サウンドスケープ」という考え方は、時代が違い、土地が違い、社会が違い、さらに人が違えば、同じ音が生む風景も異なるということを主張する。同様の意味で、『世界の調律』に綴られた世界は、決して普遍的なものではなく、一九七〇年代の北アメリカ、それもカナダの文化や風土を背景とした、シェーファーという個人によって構築された世界なのである。

ひるがえって日本には、「サウンドスケープ」といった考え方がやってくるはるか以前から、豊かな音の美学や文化があった（この点は、本書の訳書初版の「日本語版の序文」でシェーファー自身が指摘している）。だからこそ、本書の訳書初版以後、わがくににおいてはサウンドスケープ論の豊かな展開があった。であれば、原書の出版から三〇年近くも経った二一世紀の日本において、私たちはシェーファーとは異なるどのような音の世界を、またどのような聴取のアートと哲学を構築し得るのか？　本書が今後、読者にそのようなことを問いかけていくことも期待したい。

訳書初版からライブラリー版への移行にあたって、一番大きな変更点はレイアウト。ハードカバーの旧版は、戸田ツトムさんによる斬新なレイアウト——ページを開くと、どこも異なるデザインになる、まさに「偶然性の作品」のような「芸術的レイアウト」——で、それが大きな特徴だったが、それを普通のものに変えた。それに伴い、注の位置や、引用の入れ方も変更した。他には、表記の統一について、いくつかの点を見直し、生没年の付加等を行ったが、修正についでは、基本的に校正レベルに留めた。

最後に、訳書初版を担当いただいて以来一貫して本書を見守り、ライブラリー版への移行をすすめてくださった平凡社の関口秀紀さん、編集の実務を担当してくださった田村洋子さんには、訳者を代表して心より感謝申し上げる。

二〇〇六年三月

鳥越けい子

平凡社ライブラリー新装版 訳者あとがき

二一世紀に入り二〇年余が過ぎた今、これまでにない自然災害が世界各地で頻発している。コロナ禍を含めたこれらの災害は、地球規模の環境問題（特に温暖化）の結果として理解されるようになり、より多くの人々が、人類がこれまで発展させてきた文明の限界に気づくようになった。

現代社会がその奥深くに抱える環境問題について、私はかねてより、その根源には「聴く力」の衰えがあると考えている。そこには、現代人の単なる「聴力の減退」に留まらず、「聴取範囲の閉塞」「聴取対象の偏向」等の問題が含まれる。そしてそれは、現代人と現代社会が、何に対してどのように耳を開き――より正確には、何に対してどのように「身体」を開き――そこに何を、どのように感じ取るのかをも含む「複合的な衰え」を意味する。

今から四四年前、シェーファーが「サウンドスケープ」という言葉とその思想の普及をめざし、本書の原書を著したとき、彼のなかにはおそらく、そのような危機感や問題意識が（直観的にも）あったはずだ、と思わずにはいられない。

＊

ここで改めて、本書の構成を確認してみよう。全体は「序章」「間奏曲」「エピローグ」を配した四部形式という、なかなか凝った構成になっている。ここで重要なのは、本書の前半（全体の半分を占める）第一部と第二部が、神話の時代に始まって産業革命を経て現代（実際には一九七〇年代当時）に至る「地球規模のサウンドスケープ史」となっていること。なかでも注目すべきは、その一部第二章最後の項、「人間は言語と音楽でサウンドスケープにこだまを返す」までは、人類由来の音は一切登場しないという点である。つまり本書は、海や風、火山の噴火、雨等の自然現象の音をテーマにした第一章（自然のサウンドスケープ）、鳥や虫、水棲生物や哺乳類といった生物の音の世界をテーマにした第二章（生命の音）のほぼ最後まで、人類が存在・介在しない地球の音の世界を扱っているのである。

本書はその後、集住を旨とするホモサピエンスが、地球上に村（第三章）、町や都市（第四章）を形成するプロセスを追う。そして「産業革命」（第五章）や「電気革命」（第六章）が、地球のサウンドスケープにいかに本質的な変化をもたらしたかを論じていく。

ここで特筆したいのは、こうした構成のなかで展開するシェーファーの主張、さらにその根底にある彼の世界観や問題意識には、最近知られるようになった「人新世」に通じる視座が認められるということである。その意味で、同書におけるシェーファーのスケールの大きな世界観やその論点に「今、ようやく時代が追いついてきた」ことを実感せずにはいられない。

本書で展開するシェーファーのサウンドスケープ論は、一貫して自然を基本とする。そのうえで産業革命以降の人工環境が自然との間にバランスの不均衡を生み出したことを論じている。それを今、私たちは「人新世的な世界観や問題意識」に繋がるものとして位置づけることができる。だが、本書が著されて以後かなり長い年月にわたり、「人新世」といった発想や概念は存在していなかった。そのため、そのサウンドスケープ論における自然へのこだわりは単に「シェーファーの個人的な自然趣味／理想論」もしくは「カナダ的自然志向」として片付けられることも少なくなかったのである。

＊

「人新世」とは、人類が地球と大気に与えた影響の大きさに着目するために提唱された概念である。その原語 Anthropocene は、アメリカ合衆国の生態学者ユージン・F・ストーマーが一九八〇年代に考案したもので、それをオランダの大気化学者パウル・クルッツェンが二〇〇〇年に開催された国際会議で使ったことがきっかけとなり広がったとされる。つまり、Anthropocene という用語やその考え方は、本書の原書出版（一九七七年）の時点では存在していなかった。また、その邦訳初版出版（一九八六年）の段階においても一般には知られていなかった。

シェーファーは、一九六〇年代から七〇年代の公害反対運動に象徴される環境問題への意識の高まりを直接の背景としつつも、人間の文明をはるかに超えた「宇宙や地球」にも及ぶ環境観に支えられた本書を構想・執筆していた。「音の環境問題」は、基本的にはローカルである。にもかかわらず、本書はそのタイトルを（この新装版カバーでも使用している）「宇宙の一弦琴」という「地球」をはるかに超えたスケールの挿絵の英訳［The Tuning of the World］から採っている（この点については初版「訳者解説」を参照されたい）。本書を通じて初めて示されたシェーファーのサウンドスケープ論は当時、その環境観のスケールの大きさ故に「大風呂敷」と揶揄されることもあった。しかし今では、シェーファーのサウンドスケープ論の奥深さやその鋭さが、より良く理解され得る状況となっている。

こうしたタイミングで、長らく入手できなかったこの邦訳書が、今回「新装版」として復活したのは嬉しい限りである。

＊

本書の前半（第一部と第二部）は、各種の「耳の証人」を活用したサウンドスケープの「通時的研究」である。また「分析」と題された第三部（第八章：表記、第九章：分類、第十章：知覚、第十一章：形態学、第十二章：シンボリズムから成る）は、その「共時的研究」である。シェーファーは本書において、これら「サウンドスケープという考え方に基づく研究活動」の全体を総称して「サウンドスケープ研究［soundscape studies］」もしくは「音響生態学［acoustic ecology］」と呼んでいる。

一方、近年欧米を中心に盛んになっている、音や聴覚の文化や歴史等に関する研究群は「サウンド・スタディーズ［sound studies］」と呼ばれている。このサウンド・スタディーズという領域の成立と発展は基本的に『世界の調律』の原書刊行（一九七七年）以後のことであり、本書がサウンド・スタディーズに、さまざまな発想や論争のきっかけを与えているという事実を忘れてはなるまい。

ただし、本書が展開するサウンドスケープ研究と、それらサウンド・スタディーズとの間には、ひとつの大きな違いがある。それは、サウンド・スタディーズが基本的に「学術として完結する活動」であるのに対して、本書が提唱するサウンドスケープ研究はあくまでも「デザイン活動」（本書第四部のテーマ）のために必要な活動として位置づけられているということである。

つまり、シェーファーが本書で提唱しその普及をめざしたサウンドスケープ概念とその考え方は、本質的に「デザイン」を内包している。この点については、サウンドスケープが「ランドスケープ」からの造語であることも無関係ではあるまい。つまり、英語のランドスケープには「風景・景色」といった意味と共に「風景画を描く／造園する」という動詞の意味がある。そのためこの用語は、大きな意味での「作品（あるいはある種のコンセンサス）としてのサウンドスケープ」を含むことになる。

＊

シェーファーのサウンドスケープ論において重要な役割を担うこのデザイン概念の理解においても、先に紹介した人新世の考え方にも通じる長期的なものの見方が役に立つ。つまり、簡単に整理すると「デザイン」という用語は、その意味する内容や範囲から「広義のデザイン：ホモサピエンスがそれぞれの時代や地域で直面する問題を解決して生き延びるためのデザイン」と「狭義のデザイン：ウィリアム・モリス以降の近代デザイン・現代デザイン」とがあり、前者は後者を含む。そして、シェーファーのサウンドスケープ論とその思想が、全体として依拠するのは「広義のデザイン」に他ならない。

二〇世紀後半に人類が直面した公害問題の原因を追究するなかで、大量生産・大量消費に対する反省が起こった。それと表裏一体にあるインダストリアル・デザインを乗り越え、人類が進むべき未来への道を探ろうとするのが、本書の基本的な位置づけである。事実、本書第四部「サウンドスケープ・デザインに向かって」を構成する「第十四章：聴く」「第十五章：音響共同体」「第十六章：サウンドスケープのリムズとテンポ」「第十七章：サウンドスケープ・デザイナー」「第十八章：響きの庭」「第十九章：沈黙」では、いずれもインダストリアル・デザインや「狭義のデザイン」の枠組みをはるかに超えた諸論を展開している。

第四部の冒頭で、シェーファーは次のように述べている。

> 私が提唱するサウンドスケープ・デザインとは何かを理解するのには、世界のサウンドスケープをわれわれの周りで果てしなく展開していく巨大な音楽作品とみなすのが、最も良い方法である。われわれはその聴衆であると同時に演奏者であり、また作曲家でもある。（中略）音環境をこのように総合的に理解してはじめて、世界のサウンドスケープのオーケストレーションを改善する手立てが得られるのである。サウンドスケープ・デザインは、単に音

響技術者が取り組めば事足りるといった問題ではない。それは多くの人々の活力を必要とする仕事である。専門家、アマチュア、若者――良い耳をもった人なら誰でも。というのも、この宇宙のコンサートは常に開演中であり、会場の座席は空いているからである。

（四一四頁）

これは、彼が提唱するサウンドスケープ・デザインのイメージを、わかりやすく伝える言葉のひとつである。言うまでもなく、ここでの「音楽作品」「作曲家」「演奏家」さらには「オーケストレーション」「コンサート会場の座席」といった言葉はいずれも、比喩的に用いられている。そして、私たちが耳を傾けるべき「巨大な音楽作品」（すなわち「広義の音楽」）の根幹をなす構成要素は、潮騒や風の音をはじめとする自然現象の音、鳥や虫、水棲生物や哺乳類といった人間以外の生き物の発する音である。そうした自然の音が鳴り響くなかで、人間がつくっていった家や庭、町や都市といった人工環境、それぞれの社会環境、メディア環境に特有の音の世界があり、そうした音の推移からも人類の歴史と現在に耳を傾けるべきことを、本書はそのテキストに加えて構成そのものを通じて私たちに訴えている。

いずれにせよ、シェーファーが言う「われわれの周りで果てしなく展開していく巨大な音楽作品」とはまさに、人類がこの地球上でこれまで体験してきた（またこれから体験していく）音の世界の総体に他ならない。つまり、人間はかつて、その音の世界を通じて自然と豊かな交わりをもっていた。当初、人間は生き生きと（本書におけるシェーファーの言葉を借りれば）言語と音楽で自然にこだまを返していたのである。しかし、人間が自分たちの技術で整備した生存・生活圏が発達・確立していくと、人間はその暮らしを「人工世界」のなかだけで展開している（完結できる）ものと錯覚し、ともすると自然の存在を忘れてしまうようになった。

＊

だからこそ、シェーファーはさらに「サウンドスケープ・デザイナーの第一の職務は、聴き方を学ぶことである」と述べ〈イヤー・クリーニング〉や〈透聴力〉といった用語をつくり、「意味深い聴覚文化の回復」の必要性を訴えている。

〈イヤー・クリーニング〉とは英語で「耳の掃除」を意味する。重要なのは、ここで耳からいったん除去する対象となるのは「人工音」であり、それは「狭義の音楽」をも含むということである。つまり、シェーファーによれば、騒音問題の最大の原因は、現代人の聴取態度における言葉など伝達手段としての人工音への偏向であり、環境音一般への閉鎖性にある。つまり、現代人の耳に詰まっている「人工音」あるいはその象徴としての「音楽の音」を掻き出すことが必要だ、というのが彼の言う〈イヤー・クリーニング〉なのである。

いずれにせよ「サウンドスケープ」という用語には、社会全体の聴く力、さらには聴覚をはじめとする全身感覚を取り戻すことが大切だという考え方（すなわち、現代そして未来の社会に向けたデザイン論）が内在している。逆に、そうした社会や文化を取り戻すためにシェーファーがその普及をめざしたのが「サウンドスケープ」という言葉とその思想である。つまりシェーファーはこの言葉に「音楽」という概念を周囲の環境にまで拡大し、現代人の聴取対象の人工音への偏向を解消するというミッションを与えたと言うことができる。

こうしたシェーファーの主張を、明確にかつ美しく凝縮しているのが、本書序章におけるシェーファーの「今日すべての音は、音楽の包括的な領域内にあってとぎれのない可能性の場を形成している。新しいオーケストラ、鳴り響く森羅万象に耳を開け！ 音を出すすべての人、すべてのものが音楽家なのだ！」（二八頁）という言葉である。

＊

二〇一一年三月、東日本大震災に襲われた日本で、私たちはこの言葉をはるかに超えた「自然の現実」に直面した。地震や津波の襲来によって私たちが思い起こしたのは、自分たちの生存・生活圏が人間の力が到底及ぶことのない自然によって取り巻かれ、左右されているということだった。そして、その自然界のごく一部に（その荒ぶる力の及ばない）制御可能な世界、安全かつ快適な生活環境を構築できるような気になっていたことに気づかされた。自然本来の営みのなかでは、人間の築いてきた境界は、いとも簡単にその機能を失うことに、私たちは改めて思い至った。

振り返れば、人工環境の比重が大きくなるにつれて、人類は自分自身の活動やそれが依拠する環境そのものに、何かにつけて境界線を引いてきたと言える。芸術音楽の世界においては、楽音と非楽音、人工音と自然音の世界を分けてきた。その背景には「美」を自然美と人工美に分け、人類のアートやデザインという営みを、後者（人工美）の枠組みのなかに閉じ込めようとしてきた近代西洋の美学や哲学がある。

「芸術（アート）」と「学術（サイエンス）」との間にも、そうした境界線を引いた。さらにはアートやサイエンスのなかにもさまざまなジャンルや専門を分ける線を引いてきた。そのようにして、人間は自らの世界に多くの境界線を引き、そのなかで成立する各種の評価方法や判断基準をつくり自分自身をその一部の領域内に押し込めてきた。

それらの（本質的にはあまり意味のない）境界によって分断された世界のなかで、人類は今、本来は向き合わなければならない現実から自分たち自身を隔離しているような状態にある。それはすなわち、人間本来の能力を発揮することのできない状態に自らを追い込んでいる、と言うこともできるだろう。そして、この問題と表裏一体にあるのが、この「あとがき」冒頭に記した「現代社会がその奥深くに抱える環境問題」である、と私は考えている。

＊

今、私たちにとって必要なのは、自分自身の身体に潜む野性の感性と思考への目覚め、宇宙や自然がその根底を支える環境の現実との向き合い、さまざまな境界線を乗り越えていくしなやかな態度、これまで仕切られていたさまざまな領域を、これからのデザイン活動のために統合していく力……等々であるのだろう。

最近ではＳＤＧｓとして、多くの領域に分けたさまざまな目標が掲げられている。そうした動きが単に、政府の外交政策や企業の生き残りのためのアクションに終わらずに、本書が展開するサウンドスケープ論が大切にしているような「個々人の身体を通じてのリアルな体験」をベースとしたところからそれらの活動が実行され、その根底にある思想が社会に深く理解されるようになってほしいと思う。

二〇世紀後半の環境問題がきっかけとなりカナダで生み出された本書が、今回の新装版邦訳出版をきっかけに、今後もより多くの読者にさまざまな影響を与え、これからも豊かな展開を生み出すことを願ってやまない。

＊

訳書初版（平凡社、一九八六年）の刊行からは三五年、平凡社ライブラリー版（二〇〇六年）の刊行からもすでに一五年が経過した。とうの昔に還暦を超えた五人の共訳者たちが、全員で元気に校正作業に当たることができたのは幸せなことだった。一方、数年前から体調を崩し、今年八月一四日に八八歳で亡くなったシェーファー氏には今回、この新装版出版を報告できないのが残念でならない。

初版の翻訳作業を進めていた頃、私たちのほぼ全員がまだ二〇代後半。自分自身の人生についても暗中模索だった頃の訳文を改めて読み返すと、いろいろ気になる部分が出てきたのは言うまでもない。が、邦訳書初版自体がある種の「里程標」であると考え、原則として当時の訳文を尊重し、修正作業の対象は最小限とし、「明確な誤り」のみに留めることにした。

最後に、本訳書に長年の念願だった「復活の道」を拓いてくださり、この「訳者あとがき」に至るまでさまざまなご尽力をいただいた平凡社ライブラリー編集長の竹内涼子さんには、訳者を代表して心より感謝申し上げます。

二〇二一年一一月

鳥越けい子

追記

本書（原書）には、シェーファーがサウンドスケープという言葉を使うようになった経緯についての記述がない。しかし、東日本大震災の翌年に出版されたシェーファーの自伝［*My Life on Earth & Elsewhere*］（二〇一二年）には次のような記述がある——「この用語を地理学者、マイケル・サウスワース［Michael Southworth］（本書の巻末付録「図2」の製作者）の論文［*The Sonic Environment of Cities, Environment and Behavior I*, 四九 - 七〇］から借用したのではないかと指摘されたことがある。その可能性はおおいにある。というのも、私は実際にその論文を読んでいるからだ」。

この点について彼が生前、自ら言及する機会があったことは実に幸福なことであった。と同時に、サウンドスケープという用語をその思想と共に、日本をはじめ全世界に広めたのは本書とその著者シェーファーであることには変わりがないことを申し添えておきたい。

バーミングハム（アラバマ州）●□
ボストン（マサチューセッツ州）●■
バッファロー（ニューヨーク州）●□
チャタヌーガ（テネシー州）●□→
シカゴ（イリノイ州）●□■
クリーヴランド（オハイオ州）◉➡
ダラス（テキサス州）●■
エルパソ（テキサス州）●□
フェアバンクス（アラスカ州）●□
フォートワース（テキサス州）●□
フレズノ（カリフォルニア州）●■
グランドラピッズ（ミシガン州）●□■
グレートフォールズ（モンタナ州）●□■
ハートフォード（コネティカット州）●□→
ヘレナ（モンタナ州）●□■
インディアナポリス（インディアナ州）○→
ジャクソン（ミシガン州）○
ジャクソンヴィル（フロリダ州）●□■
ジュノー（アラスカ州）○
カンザスシティ（ミズーリ州）●□→
リトルロック（アーカンソー州）●□➡
ロサンゼルス（カリフォルニア州）●■
マディソン（ウィスコンシン州）●■→
マイアミ（フロリダ州）◉
ミルウォーキー（ウィスコンシン州）●■
モービル（アラバマ州）◉
ナッシュヴィル（テネシー州）●□➡
オクラホマシティ（オクラホマ州）●□
オマハ（ネブラスカ州）●□
フェニックス（アリゾナ州）○
ピーア（サウスダコタ州）●□
ピッツバーグ（ペンシルヴェニア州）◉➡
ポートランド（オレゴン州）●□➡
ローリー（ノースカロライナ州）●□
セントオーガスティン（フロリダ州）◉➡
セントポール（ミネソタ州）●■
ソルトレークシティ（ユタ州）●■
サンディエゴ（カリフォルニア州）●■
サンタフェ（ニューメキシコ州）○→
サヴァナ（ジョージア州）◉
シアトル（ワシントン州）●□
スーシティ（アイオワ州）◉
スプリングフィールド（イリノイ州）●□
タラハシー（フロリダ州）○
トゥーソン（アリゾナ州）◉→
ウィチタ（カンザス州）○

カナダ

バリー（オンタリオ州）●□
ブランドン（マニトバ州）◉
カルガリー（アルバータ州）●□■
バーナビー（ブリティッシュ・コロンビア州）●□■
シャーロットタウン（プリンスエドワードアイランド州）◉
エドモントン（アルバータ州）●□■
フレデリックトン（ニューブランズウィック州）◉
ハリファックス（ノヴァスコシア州）●□
モントリオール（ケベック州）●□➡
オタワ（オンタリオ州）●□■
ケベック（ケベック州）●○■
レジャイナ（サスカチュワン州）◉→
リムースキ（ケベック州）●□
セントジョンズ（ニューファンドランド州）○
サドベリー（オンタリオ州）●□
サンダーベイ（オンタリオ州）●□
トロント（オンタリオ州）●□■
ヴァンクーヴァー（ブリティッシュ・コロンビア州）●□
ヴィクトリア（ブリティッシュ・コロンビア州）◉
ウィニペグ（マニトバ州）●■➡

マニサレス（コロンビア）●□
メリダ（ベネズエラ）●□■
リベイランプレト（ブラジル）●■
リオグランデ（ブラジル）○
サンフアン（プエルトリコ）◉●□
サンサルバドル（エルサルバドル）●□
サンパウロ（ブラジル）●□■

ヨーロッパ

アムステルダム（オランダ）●□■
オーフス（デンマーク）◎●■
アテネ（ギリシア）◉□
ビアリッツ（フランス）●□
バーミンガム（イギリス）◎●□
バーゼル（スイス）◎●□■
ベルン（スイス）◎●□■
ボン（西ドイツ）◉●□
ボルドー（フランス）◎●□■
ブレスト（フランス）●
ビドゴシュチ（ポーランド）◎●
ケルン（西ドイツ）●□■
コペンハーゲン（デンマーク）◎●■
コルフ（ギリシア）○
コーク（アイルランド）●□
ダブリン（アイルランド）●□
エッセン（西ドイツ）●□→
フィレンツェ（イタリア）●□
フライブルク（西ドイツ）◉
フランクフルトアムマイン（西ドイツ）●□■→
ジュネーヴ（スイス）●□■
ジェノア（イタリア）◉
グラスゴー（イギリス）◎●□
イェーテボリ（スウェーデン）◎●□■
シェフィールド（イギリス）◎●□
サウサンプトン（イギリス）◎●□
ストックホルム（スウェーデン）◎●□■
シュトゥットガルト（西ドイツ）●■
ツーロン（フランス）◎●□■
トリノ（イタリア）○
ツールコー（フィンランド）●□➡
ウプサラ（スウェーデン）◎●□■
ヴィースバーデン（西ドイツ）◎●□■
グラーツ（オーストリア）○→
ハンブルク（西ドイツ）◉●□
ヘルシンキ（フィンランド）◎●➡
インヴァネス（イギリス）◎●□
イズミル（トルコ）●□
カールスルーエ（西ドイツ）◎●□
キングストンアポンハル（イギリス）◎●□
ローザンヌ（スイス）◎●□■
リーズ（イギリス）◎●□
リエージュ（ベルギー）○→
リスボン（ポルトガル）●□
ロンドン（イギリス）◎●□
ルクセンブルク（ルクセンブルク）●□➡
マルメ（スウェーデン）◎●□
マンチェスター（イギリス）◎●□
モナコ（モナコ）●□➡
ミュンヘン（西ドイツ）●□
ナンシー（フランス）◎□■
ナント（フランス）◎□■
ニューリスボン（ポルトガル）●■
オーゼンセ（デンマーク）◎●□■
オポルト（ポルトガル）●□■
オスロ（ノルウェー）●□■
パリ（フランス）◎●□■
プリマス（イギリス）◎●□
ザールブリュッケン（西ドイツ）●□
サンナゼール（フランス）◎●□■

北アメリカ

［アメリカ合衆国］
オールバニー（ニューヨーク州）○→
アルバカーキ（ニューメキシコ州）●■→
アンカレジ（アラスカ州）●■
アトランタ（ジョージア州）●□
オースティン（テキサス州）●□➡
バトンルージュ（ルイジアナ州）●□■

諸島）
アデレード（オーストラリア，サウスオーストラリア州）◉
オーバーン（オーストラリア，ニューサウスウェールズ州）○
オークランド（ニュージーランド）●□➡
バララット（オーストラリア，ヴィクトリア州）◎●□
バンクスタウン（オーストラリア，ニューサウスウェールズ州）○→
ベンディゴー（オーストラリア，ヴィクトリア州）○◎
ブライトン（オーストラリア，サウスオーストラリア州）◎◉➡
ブリズベーン（オーストラリア，クイーンズランド州）◉→
ケーンズ（オーストラリア，クイーンズランド州）◉
カンバーウェル（オーストラリア，ヴィクトリア州）◎◉➡
キャンベラ（オーストラリア，ニューサウスウェールズ州）○➡
コーバーグ（オーストラリア，ヴィクトリア州）◎●➡
フッツクレー（オーストラリア，ヴィクトリア州）◎●➡
ゴールドコースト（オーストラリア，クイーンズランド州）◉●□■→
ハイデルバーグ（オーストラリア，ヴィクトリア州）◎◉→
ホバート（オーストラリア，タスマニア州）◉→
イプスウィッチ（オーストラリア，クイーンズランド州）◉
カトゥーンバ（オーストラリア，ニューサウスウェールズ州）○→
ローンストン（オーストラリア，タスマニア州）●□→
メートランド（オーストラリア，ニューサウスウェールズ州）○
マリオン（オーストラリア，サウスオーストラリア州）○
メルボルン（オーストラリア，ヴィクトリア州）◎●□■➡
ミッチャム（オーストラリア，サウスオーストラリア州）◉
パラマッタ（オーストラリア，ニューサウスウェールズ州）○
ペンリス（オーストラリア，ニューサウスウェールズ州）○
パース（オーストラリア，ウエスタンオーストラリア州）○→
ポートアデレード（オーストラリア，サウスオーストラリア州）●□→
リッチモンド（オーストラリア，ヴィクトリア州）◎■
ロックデール（オーストラリア，ニューサウスウェールズ州）○→
サザーランド（オーストラリア，ニューサウスウェールズ州）○→
シドニー（オーストラリア，ニューサウスウェールズ州）●□→
トゥーンバ（オーストラリア，クイーンズランド州）●■
アンリー（オーストラリア，サウスオーストラリア州）●□
ウェーヴァーリー（オーストラリア，ニューサウスウェールズ州）○
ウェリントン（ニュージーランド）◉
ウェストトーレンス（オーストラリア，サウスオーストラリア州）●□
ワイヤラ（オーストラリア，サウスオーストラリア州）○
ウランゴング（オーストラリア，ニューサウスウェールズ州）○→

中央および南アメリカ

アカプルコ（メキシコ）○
カンピナス（ブラジル）●■
チクラヨ（ペルー）●□■

付録［Ⅲ］　世界各地の都市における騒音規制の法令

いくつかの一般的な相違点をできるだけ明確に表わすため，共同体は大陸別に列記されている。明快にするため，情報を提供してくれた地方自治体のうちでも，比較的小さなもの，特にオーストラリアとカナダのいくつかの自治体は含まれていない。カナダの状況に関する詳細な評価については，WSP の調書『カナダの共同体騒音条例調査・1972年』を参照されたい。国際調査において，われわれは残念ながら共産圏からは正確な情報を十分に入手できなかった。以下の表では，車の排気騒音に対する高速道路条例もしくは規約の一部としての条項しか持たない共同体は，法令を持たない共同体として記載した。

- ○　騒音規制条例なし
- ◉　不法妨害その他についての条例で，騒音への言及を含むもの
- ◎　州法・国民保健法・環境保護法で，騒音についての条項を含むもの
- ●　騒音規制条例
- □　質的規制
- ■　量的規制
- →　新規の騒音規制法制定を考慮中もしくは着手した共同体
- ➡　量的な規制を検討中

アフリカ

バンジュール（ガンビア）◉
ベイラ（モザンビーク）○
ビゼルト（チュニジア）●□
ブランタイア（マラウィ）◉
ブラワーヨ（ジンバブエ）◉●□
ケープタウン（南アフリカ）●□
ダーバン（南アフリカ）◉●□
イーストロンドン（南アフリカ）○
フリータウン（シエラレオネ）○
ジャディダ（モロッコ）●□
ヨハネスバーグ（南アフリカ）●□➡
キンバリー（南アフリカ）○
ルアンダ（アンゴラ）○
モンバサ（ケニア）◉
パール（南アフリカ）◉→
プレトリア（南アフリカ）○→
ラバト－サレ（モロッコ）●□
ソールスベリイ（ジンバブエ）●□
セコンディ－タコラディ（ガーナ）○
スファクス（チュニジア）●□
チュニス（チュニジア）●□
ウムタリ（ジンバブエ）◉
ウースター（南アフリカ）○

アジアおよび極東

ボンベイ（インド）○
セブ（フィリピン）●□
ダマスカス（シリア）●□
デリー（インド）○
ペナン（マレーシア）◉
函館（日本）◎■
広島（日本）◎■
香港（中国）●□
クアラルンプル（マレーシア）◉→
マニラ（フィリピン）●□
那覇（日本）◎■
大阪（日本）●■➡
静岡（日本）◎■
シンガポール（シンガポール）◉→
東京（日本）■
ジョクジャカルタ（インドネシア）○
ザンボアンガ（フィリピン）◉

オーストラレイシア

（オーストラリア，ニュージーランドと近海

		オークランド（ニュージーランド）		ヴァンクーヴァー（カナダ）		ポートアントニオ（ジャマイカ）		チューリッヒ（スイス）	
		快	不快	快	不快	快	不快	快	不快
音響装置	アンプ	0	0	0	6	0	1	0	1
	異常をきたした音響機器	0	0	0	8	0	0	0	1
	ラジオやテレビのコマーシャル	0	9	0	7	0	0	0	0
	その他	0	0	0	2	4	0	4	1
家庭	ドアの閉まる音	0	10	4	0	0	8	0	12
	時計	2	12	1	6	0	0	4	8
	電話	2	6	0	5	0	1	1	13
	その他	9	4	10	19	1	18	5	14
交通	交通騒音	0	43	0	32	0	0	4	6
	特定の乗物	8	30	6	58	13	26	4	94
	航空機	1	4	0	5	7	0	2	36
	列車	0	1	3	1	1	0	4	6
	事故の音	0	6	0	1	0	4	0	1
機械機器類	機械一般	0	23	1	19	0	0	2	46
	建設工事	0	11	0	10	0	0	0	15
	ジャックハンマー	0	15	0	13	0	0	0	14
	歯科医のドリル	0	12	0	13	0	0	0	5
	動力芝刈り機	0	18	1	0	0	0	0	3
	サイレン	0	15	0	25	0	0	0	26
	その他	1	12	0	27	0	0	0	18
その他の音	ベル（鐘・鈴など）	2	0	8	0	1	0	54	2
	大きな衝撃音（銃撃など）	0	8	0	7	1	4	1	13
	ハンマーを打つ音	0	4	0	7	0	0	0	1
	黒板をチョークがひっかく音	0	38	0	32	0	1	0	13
	その他の雑多な音	4	8	11	1	1	4	2	2
	沈黙	8	0	15	0	0	0	1	1
		回答者113名		回答者99名		回答者72名		回答者217名	

付録［II］

国際音選好調査——好きな音・嫌いな音のカテゴリー別パーセンテージ

		オークランド（ニュージーランド）		ヴァンクーヴァー（カナダ）		ポートアントニオ（ジャマイカ）		チューリッヒ（スイス）	
		快	不快	快	不快	快	不快	快	不快
水	雨	31	1	23	0	7	3	25	1
	小川、川、滝	18	0	37	0	6	0	43	0
	海	58	1	42	0	19	8	4	0
	その他	7	0	10	0	0	0	21	2
風	そよ風	50	0	47	0	30	0	28	0
	嵐	0	4	0	0	0	8	1	1
	その他	0	0	0	0	0	0	0	0
自然	夜明け	2	0	0	0	0	0	0	0
	夜	2	2	0	0	0	7	0	0
	雷雨	3	2	2	0	1	6	1	13
	火がパチパチ燃える音	6	0	8	0	0	0	7	0
	木	1	1	5	0	0	3	29	1
	その他の自然音	1	0	0	0	0	6	7	1
	動物	20	7	22	16	33	100	20	15
	鳥	49	3	53	0	68	13	75	7
	昆虫	10	13	2	5	10	18	15	5
人間の声	声	27	43	35	35	11	60	13	16
	赤ん坊の泣き声	2	12	2	8	8	11	0	4
	笑い声	27	3	20	2	31	6	6	0
	泣き声	10	16	0	23	0	40	0	7
	身体（呼吸、げっぷ、いびきなど）	8	9	13	21	7	15	2	6
	口笛	1	0	2	0	17	0	0	2
	性愛行為	6	0	8	0	0	0	0	0
	足音	3	4	3	0	0	3	3	4
	その他	1	3	3	3	1	14	1	11
音楽	特定の楽器	29	0	35	0	58	0	29	4
	声楽	23	0	12	0	49	0	7	4
	音楽の種類（ジャズ、クラシック）	13	4	4	17	15	0	9	1
	その他	28	10	17	3	35	7	40	1

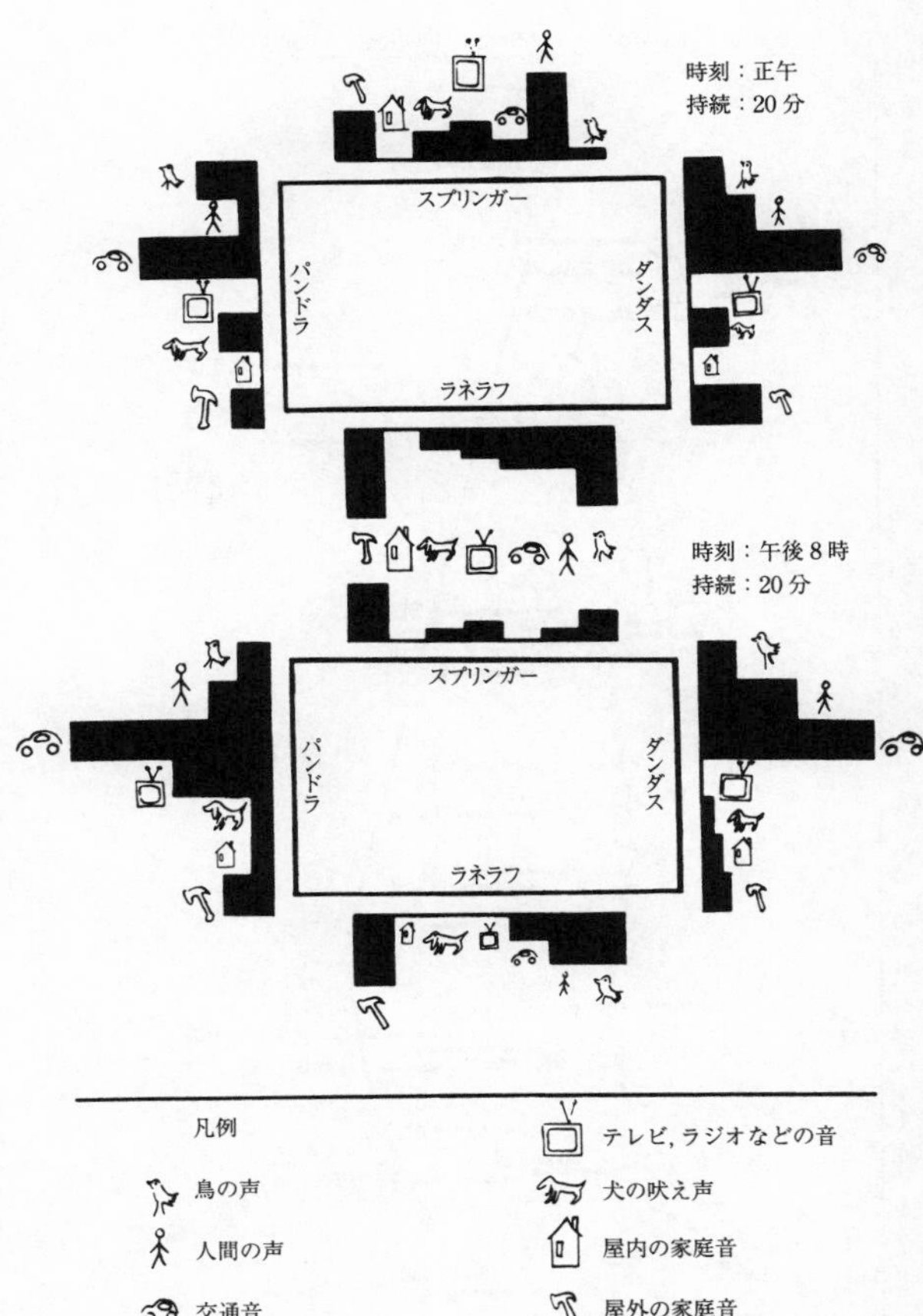

●図4——音の地図の一形式。これは，2つの異なった時間帯に街の一区画をまわる〈音聴き歩き〉をして作ったものである。さまざまな種類の音が，小さいか，中くらいか，大きいかによってグラフ化され，音の全体的な活動と強度が図表に示されている。この方法を用いると，音事象を歴史的あるいは地理的に容易に比較することができる。

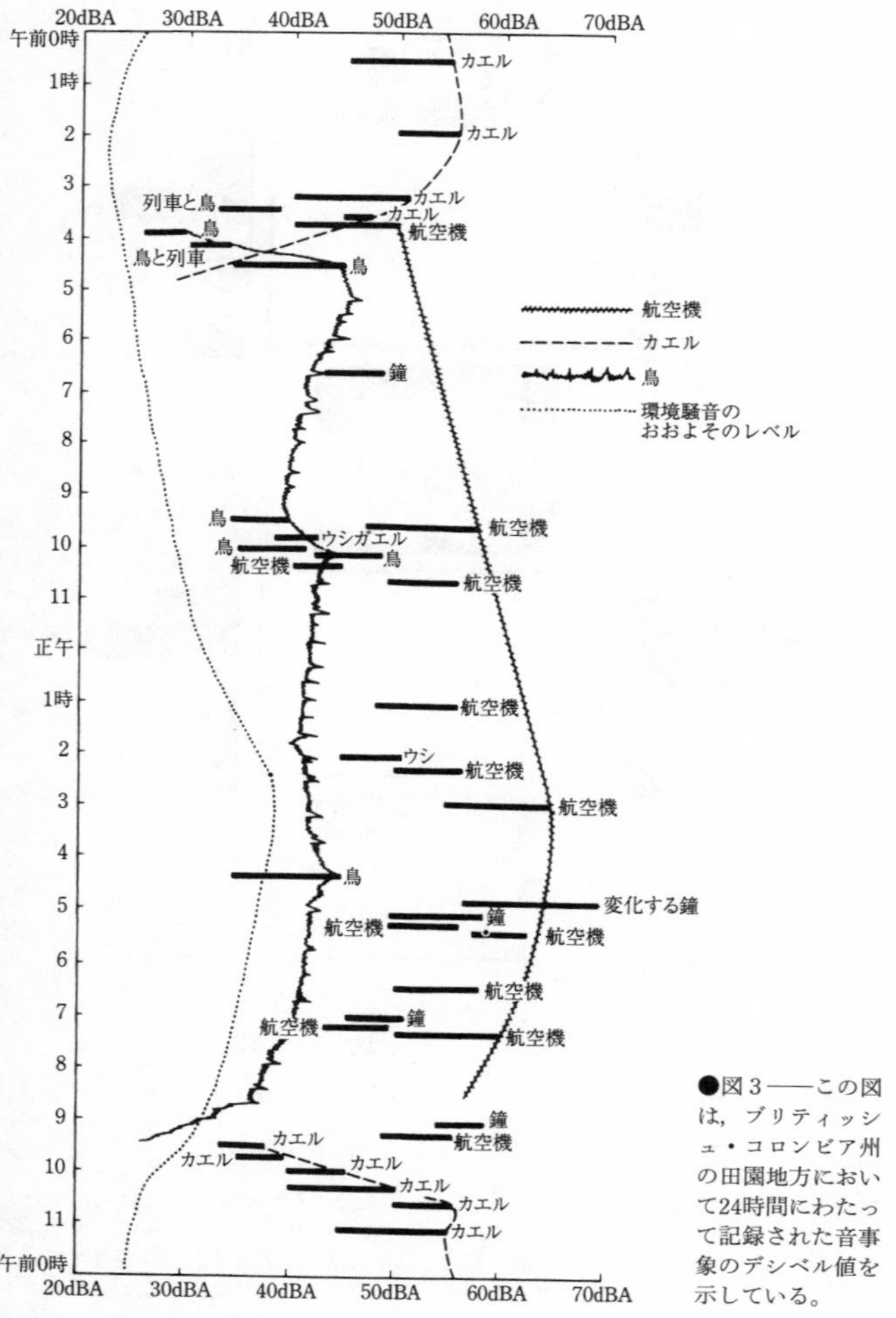

●図3――この図は，ブリティッシュ・コロンビア州の田園地方において24時間にわたって記録された音事象のデシベル値を示している。

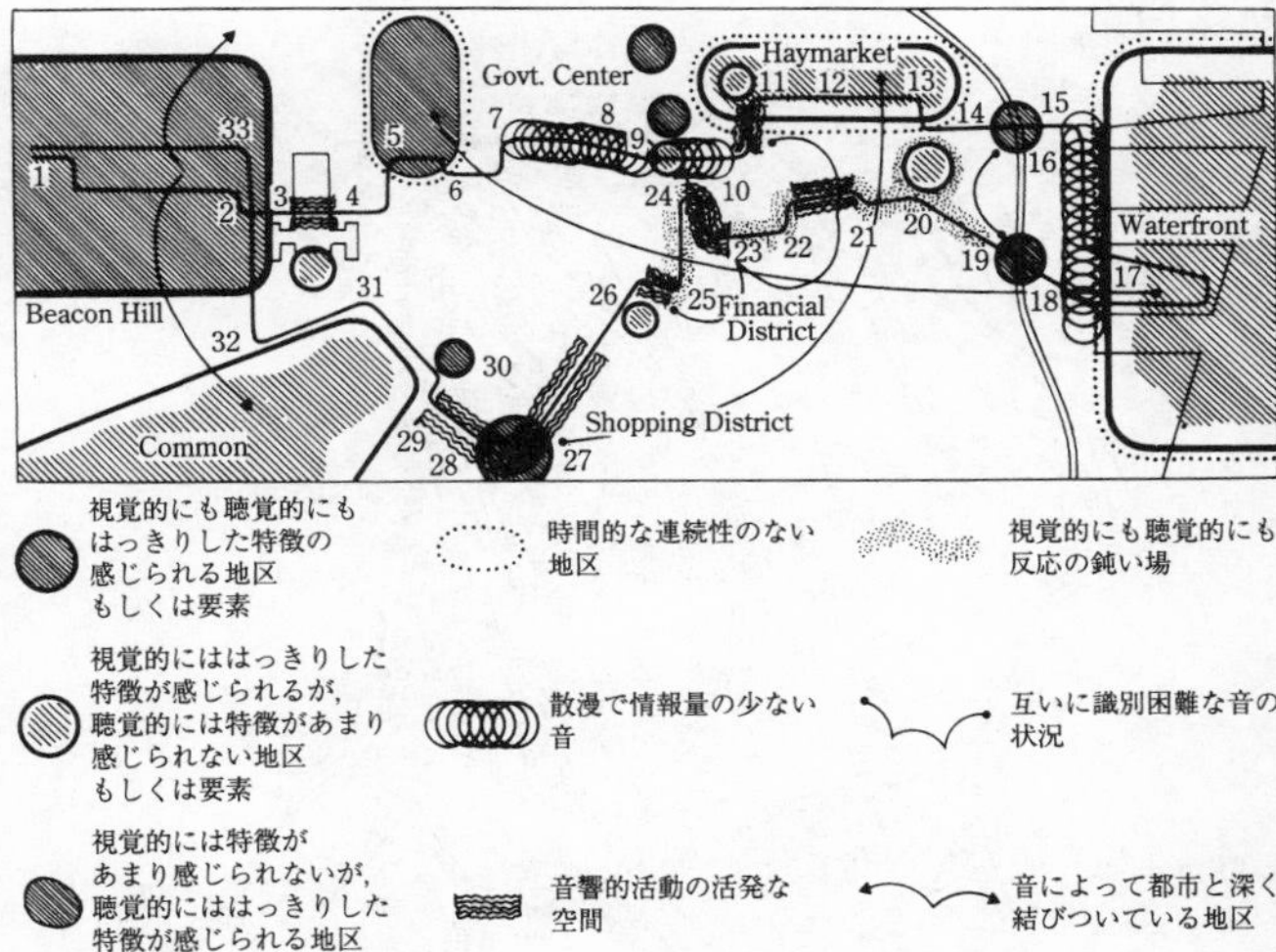

●図２——マイケル・サウスワースがボストンの下町で作製した〈音のイヴェント地図〉である。これは同種の，あるいは対照的な音環境をもったさまざまな地域の関連を明らかにしようとするものである。

付録［I］

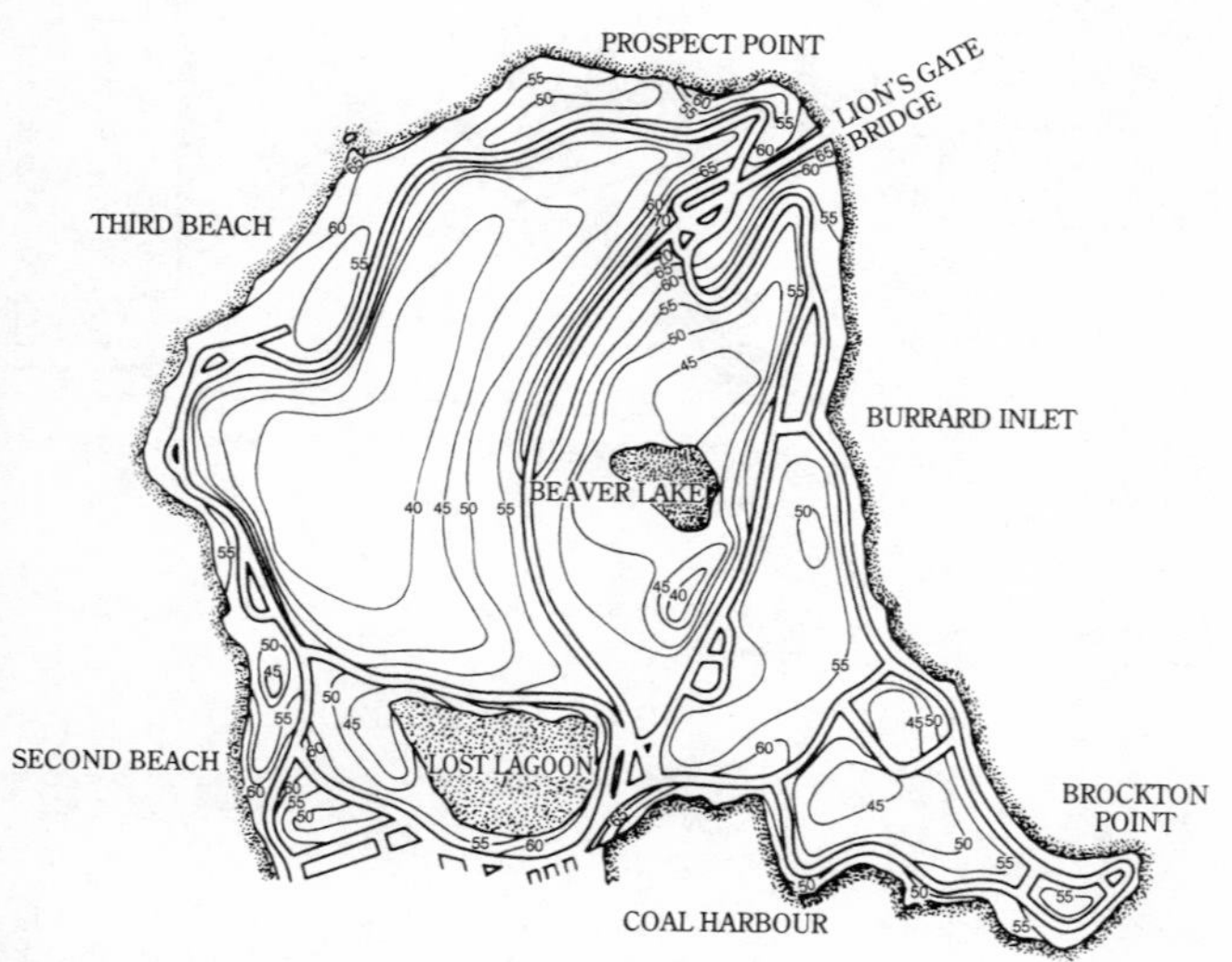

●図１――音の記譜法［ソノグラフィー］の実例。このブリティッシュ・コロンビア州，ヴァンクーヴァーのスタンレー公園の〈等音圧地図（イソベルマップ）〉は，さまざまな地点の騒音レベルの平均値を示している。騒音レベルの測定は，1973年の5月，6月，7月の水曜日毎に数回続けて，午前10時から午後4時の間，約100ヤードの間隔をおいて歩道の上で行なわれた。天候はどの日も似たようなもので，気温は60°F から70°F［15.6℃から21.1℃］の間，快晴だった。それぞれの地点で3回ずつ10秒おきに測定して平均値をとり，図上の各等音圧部分を割り出した。

ミュニケーション学部内のソニックリサーチ・スタジオに本部を置き，世界のサウンドスケープの比較研究に従事したプロジェクト。1971年までに活動を開始し，それ以来カナダ国内および国外でさまざまな調査研究を行ない，耳による知覚，音の象徴作用，騒音公害などの問題を扱ってきた。これらの調査研究はすべて，サウンドスケープ・デザインという学際領域を発展させるため，音に関する研究の諸技術と諸科学を統合しようとするものである。世界サウンドスケープ・プロジェクトの出版物には次のようなものがある。『騒音の本 The Book of Noise』,『環境の音楽 The Music of the Environment』,『カナダの共同体騒音規制条例の調査　A Survey of Community Noise By-Laws in Canada (1972)』,『ヴァンクーヴァー・サウンドスケープ The Vancouver Soundscape』,『音響生態学ハンドブック A Handbook of Acoustic Ecology』,『５つの村のサウンドスケープ Five Village Soundscapes』,『ヨーロッパ音日記 European Sound Diary』。

音響体［SOUND OBJECT］　この用語（l'objet sonore）の生みの親ピエール・シェフェールは，これを「人間の知覚の音響的な対象であり，数学的，電気音響学的な合成の対象ではない」としている。したがって音響体は，人間の耳によって捉えることのできる**サウンドスケープ**中の最も小さな独立要素として定義され，エンベロープの諸特徴によって分析される。音響体は――たとえばそれがベル，太鼓だというように――指示的な機能を持ってはいるものの，基本的には音事象としての指示的な特性からは切り離された現象学的な音響構成として見なされるべきである。**音事象**参照。

サウンドスケープ［SOUNDSCAPE］　音の環境。専門的には，研究のフィールドとしてみなされた音環境の一部分。現実の環境をさす場合もあれば，特にそれがひとつの環境として考えられた場合には，音楽作品やテープ・モンタージュのような抽象的な構築物をさすこともある〔日本語の定訳は「音風景」〕。

サウンドスケープ・デザイン［SOUNDSCAPE DESIGN］　自然科学者，社会科学者，芸術家（特に音楽家）の才能を必要とする新しい学際領域。サウンドスケープ・デザインは，音環境，すなわち**サウンドスケープ**の美的な質を改善するための原理を発見しようとするものである。そのためには，サウンドスケープをわれわれのまわりで絶えず展開している巨大な音楽作品として想像し，そのオーケストレーションと形成をどのように改善すれば豊かで多彩な，それでいて人間の健康と福祉を決して破壊することのないような効果を生み出せるかを問うことが必要である。サウンドスケープ・デザインの原理には，特定の音の削除や規制（騒音規制），新しい音が環境の中に野放図に解き放たれる前にそれらを検討すること，特定の音（**標識音**）の保存，そして何よりも音を想像力豊かに配置して，魅力的で刺激的な音環境を未来にむけて創造することが含まれる。サウンドスケープ・デザインには音環境のモデルを創作することも含まれており，この点において現代音楽の作曲に連続した領域である〔この項目は原書では ACOUSTIC DESIGN であるが，本訳書では「サウンドスケープ・デザイン」に改めた。訳者解説を参照〕。

信号音［SOUND SIGNAL］　人が特に注意を向けるすべての音。サウンドスケープ研究において，信号音は**基調音**と対比され，それらは視覚における図と地と同じような関係をなす。

世界サウンドスケープ・プロジェクト［WORLD SOUNDSCAPE PROJECT］
カナダのブリティッシュ・コロンビア州のサイモン・フレーザー大学コ

る。元の音はそれを生み出したメカニズムと結びついている。電気音響的に再生された音はそのコピーで，別な時間や空間において再び発せられる。このような言わば「神経質な」単語を用いるのは，20世紀における発展が生み出したこの異常な状況を劇的に表現するためである。

響きの庭［SONIFEROUS GARDEN］ 音響的な喜びを与える庭園，およびそれに類した場所。自然のサウンドスケープのままのものもあれば，サウンドスケープ・デザインの原理にしたがったものもある。瞑想のための「沈黙の寺」が，響きの庭の中にその主要な要素のひとつとして設けられることもある。

ソノグラフィー［SONOGRAPHY］ サウンドスケープを表記する方法。ソノグラムや騒音レベル記録装置といった一般的な表記法も含むが，それ以外の方法によっても音事象の地理的分布を記録しようとするものである。等音圧地図 isobel contour map などさまざまな空からのソノグラフィーの技術が用いられる。

音響的能力［SONOLOGICAL COMPETENCE］ 音の形成の理解を可能にする内含的知識。オットー・ラスケによる用語を借用したもの。音響的能力は印象と認識とを結び，音の知覚の明確な形成と表現を可能にする。音響的能力は個々人によって異なると同様に，文化によっても異なることがあり，少なくともその形成の仕方はそれぞれの文化によって違う。音響的能力はイヤー・クリーニングの訓練によって高められる。特に O. Laske, “Musical Acoustics (Sonology): A Questionable Science Reconsidered,” *Numus-West*, Seattle, No. 6, 1974; “Toward a Theory of Musical Cognition,” *Interface*, Amsterdam, Vol. 4, No. 2, Winter, 1975, *inter alia*. を見よ。

音事象［SOUND EVENT］ 「事象」とは，辞書によれば「ある場所で特定の時間経過の中で起きる出来事」という意味である。これは，事象というものがそれを定義している時空連続体から分離できないことを示している。音響体と同じく音事象は，人間の耳によって捉えることのできるサウンドスケープ中の最も小さな独立要素である。音響体と音事象の違いは，前者が抽象的な音の研究対象であり，これに対し後者が象徴的，意味論的，あるいは構造的な研究対象であり，したがってそれ自身よりももっと大きな全体と関連した分離不可能な準拠点だということである。

標識音［SOUNDMARK］ 「陸標 landmark」から造られた用語。その共同体の人々によって特に尊重され，注意されるような特質を持った共同体の音を意味する。

定かではない。この言葉はいろいろな意味を持っており，ニュアンスも多様である。次にその最も重要なものをいくつかあげてみよう。

1．望ましくない音［Unwanted sound］。オックスフォード英語辞典では，noise を望ましくない音として説明し，その起源は1225年にまで遡るとしている。

2．非楽音［Unmusical sound］。19世紀の物理学者ヘルマン・ヘルムホルツは，noise という語を，周期的振動から成る楽音と対照させ，非周期的振動から成る音（たとえば木の葉のさらさらという音）を記述する際の表現として用いた。「ホワイトノイズ」とか「ランダムノイズ」という言い方の場合，noise という語は依然としてこの意味で使われている。

3．大きな音［Any loud sound］。今日の一般的用法では，noise が特別に大きな音を指すことがよくある。騒音規制条例はこの意味において大きな音を禁止したり，デシベルで許容限度を定めている。

4．信号体系を乱すもの［Disturbance in any signaling system］。電子工学をはじめその他の工学において，noise は信号の成分ではない攪乱要素という意味を持っている。たとえば，電話での空電による通話障害やテレビ画面に生ずるスノーなど。

ノイズの一般的用法の定義として最も満足のいくものはやはり「望ましくない音」である。ここではノイズはあくまでも主観的な用語として定義されている。つまり，ある人にとっての音楽も別な人にとっては騒音となりかねないのだ。しかしこの定義は，ある社会においてどの音が望ましくない妨害をつくりあげているかに関しては，一致しない場合よりも一致する場合のほうがはるかに多いであろうという可能性を示している。また，各言語においてノイズを意味する単語がそれぞれ独自のニュアンスを持っていることにも注目したい。たとえばフランス語では，ジェット機の bruit ともいえば，鳥の bruit，波の bruit ともいう。**聖なる騒音**参照。

聖なる騒音［SACRED NOISE］ 社会的禁止をまぬがれている非常に大きな音（騒音）。いわゆる「聖なる騒音」はもともと雷鳴，火山の噴火，嵐などの自然現象を意味し，それらの音は神々の戦いや人間に対する神の怒りを表わすと信じられていた。同じような意味で，少なくともある特定の時代において騒音規制の法律から逃れた社会的な騒音にまでこの表現を用いることができる。たとえば教会の鐘，工場の騒音，増幅されたポップ・ミュージックなどがそれにあたる。

音分裂症［SCHIZOPHONIA］（ギリシア語で schizo は「分裂」，phone は「声／音」の意）『新しいサウンドスケープ』の中で元の音とその音の電気音響的な再生との間の分裂を意味したのがこの語の最初の用法であ

訳者〕。

ハイファイ［Hi-Fi］「高忠実度 high fidelity」の略。S〔信号〕N〔雑音〕比のよいもの。電気音響学の領域で使われるのが最も一般的な用法である。サウンドスケープ研究に用いられた場合，ハイファイな環境とは音が密集したりマスキングすることなく明瞭にきき取られる状態をいう。ローファイ参照。

基調音［KEYNOTE SOUND］ 音楽では、主音 keynote によって，特定の楽曲の調や調性が決定される。主音は基本となる音で，曲がその周囲で転調しても，転調した調もそのもとの主音と何らかの特別な関係を保っている。サウンドスケープ研究において，基調音とは特定の社会において絶えずきこえているような音，あるいは他の音が知覚される背景を形成するのに十分なほど頻繁にきこえているような音である。海辺の共同体における海の音，現代都市における内燃機関の音などがその例である。たいていの場合，基調音は意識的に知覚されないが，他の信号音の知覚においてそれを条件づける因子としてはたらく。したがって基調音は，視覚における図と地の関係においては地にあたるものである。信号音参照。

ローファイ［Lo-Fi］「低忠実度 low fidelity」の略。S〔信号〕N〔雑音〕比の悪いもの。サウンドスケープ研究に用いられた場合，ローファイな環境とは信号が過密になり，その結果マスキングが生じたり明瞭さを欠いた状態をいう。ハイファイ参照。

ムーザック［MOOZAK］（あるいはムーズ［MOOZE］） あらゆる種類の音分裂症的な音楽のたれ流し，特に公共空間におけるものを意味する用語。ミューザック Muzak 社の商標と混同しないこと。

形態学［MORPHOLOGY］ 形態と構造についての学問。もともとは生物学で用いられていたが，その後（1869年までに）言語学で用いられるようになり，抑揚や単語の形成における規則性を意味する。サウンドスケープ研究に用いた場合は，歴史的，地理的にみて同様な形態や機能を持った音のグループを，時間的あるいは空間的に任意に並べた場合の変化をさす。音の形態学の例としては，霧笛の歴史的な変遷を調べたり，遠隔通信（アルプホルンやジャングルの太鼓など）の手段を地域別に比較することなどがある。

ノイズ［NOISE］ 語源的には，古フランス語 noyse と11世紀のプロヴァンス語 noysa, nosa, nausa にまで遡ることができるが，それ以前の起源は

サウンドスケープ用語集

以下のリストは，新しく造った用語と，既製のものではあるが本書の目的のために特別な意味を与えた用語だけを扱っている。普通の用法で使われている一般の音響学用語は取り上げていないので，それらの定義については標準的な参考書を見てほしい。

音響生態学［ACOUSTIC ECOLOGY］ 生態学とは生命体とその環境との関係を研究する学問である。したがって音響生態学とは，聴覚的環境，すなわちサウンドスケープがその中で生きている生物の身体的反応や行動の特徴に与える影響についての研究領域である。なかでも特に，健康を損なう有害な影響をおよぼす可能性のあるアンバランスな状態への注意の喚起をめざす。**サウンドスケープ・デザイン**参照。

音響空間［ACOUSTIC SPACE］ 特定の音が土地の上に描く輪郭（プロフィール）。どのような音の場合もその音の音響空間とは，その音が環境騒音のレベル以下に落ちる前にそれが聞かれる範囲を意味する。

聴覚空間［AURAL SPACE］ 音のさまざまな次元を対比して図示したグラフ上の空間。読み取りやすいように同一グラフ上では2つの次元のみを扱うのが普通である。つまり，時間が周波数に対して，周波数が振幅，振幅が時間に対して図示される。したがって，聴覚空間とは単に表記上の問題であり，音が土地の上に描く輪郭である**音響空間**と混同してはならない。

透聴力［CLAIRAUDIENCE］ 文字通りには，澄んだ聴取。サウンドスケープ研究でこの用語を使う場合，そこには神秘的なことは何もなく，特に環境音に対して発揮される並はずれた聴取能力を意味するだけである。聴取能力は**イヤー・クリーニング**の実践によって透聴的な状態にまで訓練することができる。

イヤー・クリーニング［EAR CLEANING］ 音をはっきりと聴き分けることを目的とした耳の訓練のための体系的プログラム，特に環境音を対象とする。こうした課題の一組が私の著書『イヤー・クリーニング』にある。

耳の証人［EARWITNESS］ 自分がきいたものを証言する人，あるいは証言できる人。〔サウンドスケープ研究においては，ある地域で聞かれた過去の音についての記述を含む文学作品などを意味することが多い――

ワ行

マ行

ヤ行

ラ行

ハ行

タ行

ナ行

カ行

サ行

索引

＊本索引は，原則として原書の索引にもとづくが，多少の変更・訂正を加えた。当該の見出し語が用いられてはおらず，当該の問題への言及があるだけの頁もある。
＊［ ］は日本語のヴァリエーションを示す。また，——は見出し語を繰り返す場合，→は他項目を参照，との意である。

[著者]

R. マリー・シェーファー（R. Murray Schafer 1933-2021）

カナダのオンタリオ州生まれ。現代カナダを代表する作曲家。〈サウンドスケープ〉という用語を通じて音の環境思想、音響生態学を提唱・展開した。1965年ヴァンクーヴァーのサイモン・フレーザー大学に赴任後、世界サウンドスケープ・プロジェクトを設立、世界各地で音環境の調査研究に従事。75年以降は、オンタリオ州を拠点に作曲活動に従事。著書は、音楽教育の分野に『教室の犀』（全音楽譜出版社）、『サウンド・エデュケーション』（春秋社）など、サウンドスケープ研究に関しては、『環境の音楽』『ヴァンクーヴァー・サウンドスケープ』『五つの村のサウンドスケープ』などがある。

[訳者]

鳥越けい子（とりごえ・けいこ）

1955年生まれ。東京藝術大学大学院音楽研究科修了。大阪芸術大学博士（芸術文化学）。青山学院大学総合文化政策学部教授、日本サウンドスケープ協会代表理事。各種プロジェクトの実践を通じて、近代文明の枠組みを問い直している。

小川博司（おがわ・ひろし）

1952年生まれ。東京大学大学院社会学研究科修士課程修了。関西大学名誉教授。専門はメディア文化研究、音楽社会学。

庄野泰子（しょうの・たいこ）

東京学藝大学大学院修了。サウンドスケープ・デザイナー。Ar+d Award 最優秀賞など国内外の賞を受賞。また講演・展覧会・ワークショップも国内外で行う。

田中直子（たなか・なおこ）

1959年生まれ。東京藝術大学大学院音楽研究科修了。環境音楽、サウンドスケープ、日本の音文化の研究、サウンド・エデュケーション等感性ワークショップに従事。

若尾裕（わかお・ゆう）

1948年生まれ。東京藝術大学大学院作曲科修了。作曲家、即興演奏家、神戸大学人間発達環境学研究科名誉特任教授。専門は即興演奏、音楽教育、音楽療法。

平凡社ライブラリー 926

新装版 世界の調律 サウンドスケープとはなにか

発行日…………2022年1月7日 初版第1刷

著者……………R.マリー・シェーファー
訳者……………鳥越けい子、小川博司、庄野泰子、田中直子、若尾裕
発行者…………下中美都
発行所…………株式会社平凡社
〒101-0051 東京都千代田区神田神保町3-29
電話 (03)3230-6579[編集]
(03)3230-6573[営業]

印刷・製本……中央精版印刷株式会社
DTP…………大連拓思科技有限公司+平凡社制作
装幀……………中垣信夫

ISBN978-4-582-76926-5

平凡社ホームページ https://www.heibonsha.co.jp/

落丁・乱丁本のお取り替えは小社読者サービス係まで
直接お送りください(送料は小社で負担いたします)。